清本《庄子》校训析

黄钊 著

崇文书局
长江出版传媒

图书在版编目（CIP）数据

清本《庄子》校训析 / 黄钊著. -- 武汉：崇文书局，2024.1
ISBN 978-7-5403-7439-6

Ⅰ.①清… Ⅱ.①黄… Ⅲ.①《庄子》－研究 Ⅳ.①B223.55

中国国家版本馆 CIP 数据核字（2023）第 194574 号

2023 年度湖北省公益学术著作出版专项资金项目

清本《庄子》校训析
QING BEN ZHUANGZI JIAO XUN XI

出 版 人	韩 敏
出　　品	崇文书局人文学术编辑部·我思
总 策 划	梅文辉（mwh902@163.com）
责任编辑	许　双（xushuang997@126.com）　刘　丹
责任校对	董　颖
装帧设计	甘淑媛
出版发行	长江出版传媒　崇文书局
地　　址	武汉市雄楚大街 268 号 C 座 11 层
电　　话	（027）87677133　邮政编码　430070
印　　刷	湖北新华印务有限公司
开　　本	880 mm×1230 mm　1/32
印　　张	17.75
字　　数	398 千
版　　次	2024 年 1 月第 1 版
印　　次	2024 年 1 月第 1 次印刷
定　　价	98.00 元

（读者服务电话：027－87679738）

本作品之出版权（含电子版权）、发行权、改编权、翻译权等著作权以及本作品装帧设计的著作权均受我国著作权法及有关国际版权公约保护。任何非经我社许可的仿制、改编、转载、印刷、销售、传播之行为，我社将追究其法律责任。

作者简介

黄钊(1938.6.29—2022.5.8),湖北黄梅县人。武汉大学马克思主义学院教授,博士生导师。曾任武汉大学政治与行政管理学院副院长兼思政系主任,武汉大学中外德育研究中心主任,湖北省炎黄文化研究会副会长,国际儒学联合会顾问等。1982年6月—1987年11月,在湘潭大学哲学系教授中国哲学史。1987年底调入武汉大学思想政治教育专业,从事德育、思想教育的教学与研究,该学术领域主要著作有:《中国古代德育思想史论》(上下卷,138万字)、《儒家德育学说论纲》《三德教育论纲》《中国道德文化》《中国古代政治思想史纲》《国学与儒道释文化发微》《中华优秀传统文化概论》等著作18本,发表学术论文200余篇。

黄钊的学术生命,始于《老子》,终于《庄子》,早在1985年湘潭大学任教期间就撰有《帛书<老子>校注析》(1991年台湾学生书局出版),主编《道家思想史纲》(1991年湖南师范大学出版社),而今这本八秩之后的收笔之作《清本<庄子>校训析》与之前的《帛书<老子>校注析》这两书绵延着黄钊不懈的哲学人生追求。

▲ 1961年考入武汉大学就读本科，主修哲学专业

1969年调入东川市委宣传部工作

1971年调入东川市委党校任教

1982年6月调入湘潭大学哲学系任教

1987年12月调入武汉大学任教

序

郭齐勇

黄钊先生是著名的中国哲学史家，对中国哲学及其历史的问题、方法、思潮、流派、人物、典籍的方方面面都有精深的研究，而尤精于道家哲学与文化。

黄钊先生一生与老庄有缘，倾其心力解老注庄，他的一生可谓是与老庄相伴的一生。早在八十年代初，那是一个百废待兴的年代，黄先生就已撰成《帛书〈老子〉校注析》（后于1991年在台湾学生书局出版）。在此书中，黄先生肯定了帛书本对校正今本《老子》具有重大参考价值，同时也反对当时"唯帛是从"的学术风气，认为帛书本有着诸多缺陷。此书深得海内外学界的好评，萧萐父先生曾盛赞道："综核诸家传本，较论异同得失，扬榷古今，慎重裁断。"因此可以说，黄先生这一力作奠定了他在中哲史学界的学术地位，时至今日仍是研究《老子》的必备参考书。同年，黄先生主编的《道家思想史纲》也由湖南师范大学出版社出版，是书不仅填补了道家思想史研究的空白，而且有助于中国文化整体面貌的充实和完善。1987年底，黄钊先生从湖南湘潭大学哲学系调入武汉大学政治与行政学院思想政治教育系。专业的转换，使他的科研方向不得不作相应的调整：由原来研究中国哲学史，改为研究中国德育思想史。其后近三十年的时间，黄先生致力于中国德育思想史研究，似乎与老庄渐行渐远了。然而，令人惊异的是，耄耋之年的黄先生依然情系老庄，再次将目光投向老庄，开始撰写《清本〈庄子〉校训析》。按黄先生自己的话来说，是在研读《庄子》时又有了一些新的体验和理解，同时书中所存在的文字失误使他如鲠在喉，不吐不快，因此促成此书的写作。

《清本〈庄子〉校训析》主要为解决两个问题：一者是对文本中的错讹衍脱等问题进行校勘，剔去累赘，从而使文字通顺、文意清明；二者是对每一篇章做简要评析，让读者迅速把握篇章主旨，进而更快地进入庄子的思想世界。当然，后者以前者为根基。因此，问题之关键在于文字校勘。凡校勘之学，皆不出离陈垣先生提出的"校法四例"——对校、本校、他校、理校，盖黄钊先生亦不例外。首先，依据"对校"原则，黄先生取清代郭庆藩《庄子集释》为底本，与历代诸家版本及既有研究成果进行"对校"，尤为注重陈鼓应先生的《庄子今注今译》，但是又不囿于陈说，常常引入刘文典的《庄子补正》、马叙伦的《庄子义证》等成果，择善而从。其次，善用《庄子》书中前后思想及语言体例的同一性进行"本校"。如在校勘《逍遥游》篇中的"小知不及大知，小年不及大年"两句时，黄先生依《齐物论》中"齐万物"的主旨认为"不"当训为"而"，"庄子明确主张'齐物'，而'齐大小'是其题中应有之义。在他看来,'大'与'小'是相对的……故'大'并不优于'小'。据此,余疑句中前后两个'不'字乃'而'字之误"。复次,黄先生将《庄子》与其他文献对比以做"他校"。如其依《列子·仲尼》的内容认为《天下》篇中"指不至,至不绝"有误,"本句疑字有误,考《列子·仲尼》篇,作'有指不至,有物不绝'。两相对照,似清本后'至'字,应依《列子》作'物'字。其所谓'指',即概念;其所谓'物',即事物。'指不至,物不绝'是说,概念总是有不到之处;概念之所以有不到之处,是因为万物不可穷尽的缘故。万物的无限性,决定了概念反映事物的有限性"。

此外,最能体现黄钊先生思想特色的是依"理校"展开校勘,以下仅举三点以窥其徽。(一)利用现代动物学的知识对名词进行解释。如认为"子独不见狸狌乎"(《逍遥游》)中的"狸"指野猫,"狌"指黄鼠狼,"依据动物学,'狸'属猫科,食鼠,俗名野猫;'狌',即为'鼪',指鼬鼠(即黄鼠狼),亦以捕鼠为食,但属犬科。故'狸狌'一语,乃指两种动物,'狸'指野猫,'狌'指黄鼠狼"。(二)善用民俗学对文字训析。如认为"伯昏无人"(《德充符》)当为"伯昏瞀人","《列御寇》作'伯昏瞀人',比较两字,似以该本'瞀'字为优,因为按本民族取名习惯,一般不用'无'作名中字,'无'疑与'瞀'音近而误,当依该本作'瞀'为是,此据改"。又如其认为"寡人丑乎"(《德充符》)中的"丑",依民俗习惯当为"愧"义,"'丑',按楚地民俗习惯乃与'愧'字相通。楚人若见孩子做了错事,便伸出两个手指刮脸皮,问孩子:'丑不丑?'即'愧不愧'是也。可见,在楚人眼中,'丑'与'愧'是相通的"。又如其认为"常反人，不见观"(《天下》)的"反"当为"烦"，"余疑'常反人'乃'常烦人'之误。'烦'与'反'音近而误。'烦人'，即使人厌烦，乃楚地方言，至今仍常用于人们交往之中"。(三)从现代语言哲学视角，注意逻辑概念的区分。如其在"狗非犬"(《天下》)命题中，对"狗"与"犬"的概念内涵作了区分："在概念使用上，'犬'属于雅称，多用于褒义或雅文表达。如人们称自己喜欢的狗为'爱犬'而不言'爱狗'；古人谦称自己的儿子为'犬子'而不言'狗子'；古代典籍，多用'犬'字，如《老子》所谓'鸡犬之声相闻'，《孟子》所谓'人有鸡犬放'等，均用'犬'字而不用'狗'字。相反，一些带贬义的语言，则多用'狗'字，不用'犬'字，如'狗腿子''狗仗人势''猪狗不如''狗嘴里吐不出象牙来'等，都属此类。所以'狗'与'犬'，在概念使用上确有差异。'狗非犬'命题的提出，对于启示人们重视概念的差异性，有其独到价值，应予肯定。""理校"之类，不限于此，今举以上几条，姑做范例，读者可详索之，亦可见黄先生匠心独运。

本书还有一大特色，即不似前人纠结于现存《庄子》三十三篇的真伪问题，不轻视外、杂篇在庄学的地位，对于清本全文都有校勘、评析，部分必要之处还有训释。尤其是对《让王》《盗跖》《说剑》《渔父》这四篇自苏轼以来即被视为伪作的文本，黄先生都平等待之，甚至还隐隐有为其翻案之意，如在《说剑》篇的章节内容评析上指出，"从文体上看，本篇所涉内容，同战国末年策士们关于治国安民的理论思考紧密相关，故有的作者将之视为纵横家言。客观地说，在本篇中，作者特别推崇'天子之剑'，因为它具有'安诸侯''服天下'的重大价值。这集中表达了儒家大一统的思想理念。就这一点而言，无疑同庄子思想不相吻合，故有的作者云，《说剑》一篇……学非庄子学，文非庄子文'（沈一贯《庄子通》）。然而，作者并非完全站在'天子之剑'的立场上，他对于'诸侯之剑'也给予了适度认可，认为此类剑具有'顺四时''安四乡''和民意'的功能，故'此剑一用'，'上法圆天，下法方地'，可以收到'四封之内无不宾服而听从君命'的政治效果。这里实际上已吐露出广纳博采众家之说的思想理念，其中尤其强调'顺天法地'（因顺自然），这同战国末年之新道家又有其共同之处。据此，将之视为庄子后学的作品，似亦可凑合。有的作者断定'《说剑》篇则恐非庄子学派的作品'（《陈译》），此说暂作为一家之言，仅供参考"。可以说，黄钊先生在撰写此书的过程中，大胆假设，小心求证，不惧权威，唯理是从。对于资料收集，黄先生网罗古今，竭泽而渔；对于文字校勘，黄先生可谓遵循"奥卡姆剃刀"的原则，能简则简，不赘述一言。因此，《庄子》全书三十三篇校勘下来，篇幅精短，言简意赅，但又不失严谨而理性的治学精神。综合言之，不论是从学术研究还是从文化传播上说，黄先生的《清本〈庄子〉校训析》都具有重要学术价值。

《中庸》言"至诚之道，可以前知"，这大概说的就是黄先生吧。他以"勤补"为斋名，自勉自励。近年来，黄先生觉得自己时日无多，但他决意要将自己一生读庄解庄的心得写出，故焚膏继晷、日夜不辍，终于用一年多一点的时间完成了本书的写作。这是一个健康的人也难以完成的啊！

清本《庄子》校训析

  黄先生晚年重病又奋力著述，全过程都得到他的夫人罗萍教授的悉心扶持、照顾与帮助。没有罗萍教授的全力支持，黄先生的这本书是不可能写出来的。最近，罗萍教授细读本书稿，依据专家们的意见作了修改，使本书更加完善。他们伉俪情深，相濡以沫，共同生活了半个多世纪。罗教授是著名的社会学家，在妇女学的理论与实践等方面有甚深造诣，著作等身，享誉学界。这对学者夫妇、金婚伴侣同甘共苦，潜心学术，教书育人，桃李芬芳，堪称楷模！

  黄钊先生一生的学术生命，始于《老子》，终于《庄子》，可谓"生于斯，终于斯"。《清本〈庄子〉校训析》粹黄钊先生一生之功力，是他的炉火纯青之作、生命之作、绝笔之作。一生自在自得的黄先生虽然离开了我们，但他定不孤寂，或许正在天堂与老庄从容论道呢！

  黄先生是我的良师益友，用老话叫"义兼师友"。我们还是芳邻，常常通个电话即下楼，两人在面对面的两栋之间或一边的单元门前碰面交流，或相互赠书。恨不能随黄先生从庄子作逍遥无待之游啊，估计时间也不会太久了吧！

  是为序。

壬寅（2022 年）冬天

目 录

序 / 郭齐勇

引　言 ·· 1

几点说明 ·· 15

上卷　内篇校训析 ··· 19

一、《逍遥游》校训析 ·· 21

二、《齐物论》校训析 ·· 36

三、《养生主》校训析 ·· 61

四、《人间世》校训析 ·· 69

五、《德充符》校训析 ·· 87

六、《大宗师》校训析 ·· 100

七、《应帝王》校训析 ·· 122

中卷　外篇校训析 ··· 133

一、《骈拇》校训析 …………………………………… 135

二、《马蹄》校训析 …………………………………… 145

三、《胠箧》校训析 …………………………………… 152

四、《在宥》校训析 …………………………………… 163

五、《天地》校训析 …………………………………… 181

六、《天道》校训析 …………………………………… 199

七、《天运》校训析 …………………………………… 217

八、《刻意》校训析 …………………………………… 235

九、《缮性》校训析 …………………………………… 243

十、《秋水》校训析 …………………………………… 250

十一、《至乐》校训析 ………………………………… 270

十二、《达生》校训析 ………………………………… 281

十三、《山木》校训析 ………………………………… 299

十四、《田子方》校训析 ……………………………… 317

十五、《知北游》校训析 ……………………………… 330

下卷　杂篇校训析 …………………………………… 349

一、《庚桑楚》校训析 ………………………………… 351

二、《徐无鬼》校训析 ………………………………… 373

三、《则阳》校训析 …………………………………… 395

目录

四、《外物》校训析 …………………………………… 412

五、《寓言》校训析 …………………………………… 430

六、《让王》校训析 …………………………………… 441

七、《盗跖》校训析 …………………………………… 465

八、《说剑》校训析 …………………………………… 483

九、《渔父》校训析 …………………………………… 492

十、《列御寇》校训析 ………………………………… 503

十一、《天下》校训析 ………………………………… 519

《清本〈庄子〉校训析》主要参考文献 ……………… 539

代后记：黄钊学术人生 / 罗 萍 ……………………… 541

读黄钊教授著《清本〈庄子〉校训析》感言 / 李维武 ……… 548

《清本〈庄子〉校训析》读后 / 罗 炽 ……………… 550

校读黄钊老师《清本〈庄子〉校训析》有感 / 吴根友 ……… 552

引　言

　　《庄子》是继《老子》之后我国道家学派传承的又一中华精辟典籍，相传为庄子所著。庄子姓庄名周，字子休，宋国蒙地（今河南商丘东北）人，约生于周烈王七年（前369年），卒于周赧王二十九年（前286年），与孟轲、惠施、公孙龙等大致同时。庄子其人可能出身于破落的小奴隶主贵族，是当时弱势群体的代言人。相传"庄周家贫，故往贷粟于监河侯"（《庄子·外物》），"处穷闾阨巷，困窘织屦，槁项黄馘"（《庄子·列御寇》）。据史书记载，他曾在蒙地做过"漆园吏"小官，并曾拒绝楚王的聘任，而甘作"曳尾于涂中"的"小龟"（《庄子·秋水》），表现出鄙视权贵的人格形象。庄子是道家学派的杰出继承人。

　　《庄子》一书，据《汉书·艺文志》载录，共有五十二篇。魏晋时，因玄学发展的独特需要，注《庄》之风兴起，先后有多种注释本流传于世。其中，除司马彪与孟氏（生平不详）先后撰成五十二篇注本外，还有向秀注本二十六篇（一说二十七或二十八篇）本、崔譔注本二十七篇本、郭象注本三十三篇本、李颐集解三十篇（一说三十五篇）本。在这些注本中，惟郭象注本所保存的《庄子》原本最为可信，被称为"郭本"，"为世所贵"（见陆德明《经典释文·序录》）。其他注本所保存的《庄子》原本，或篇目短缺（如向秀注本、崔𫍲注本）；或混入赝品（如司马彪与孟氏之注本，有"言多诡诞"之失），不尽可信。"郭本"含内篇（七篇）、外篇（十五篇）、杂篇（十一篇）。三篇基本思想大体一致，但文字风格稍有差异，全书似非出自一人之手，亦非一人之作。综观该书，其"内篇"基本是庄周自著（也难免渗入了后学的文字）；"外篇"和"杂篇"则多出自后学之手（也保存了庄周之基本学术见解）。概而言之，这部著作乃是庄周学派学术思想的汇编，它集中体现了战国中段稍后时期以庄子为代表的庄周学派学术思想的基本面貌及其哲学智慧、文化创造和理论贡献，值得后人重视。唐人陆德明、成玄英，宋人吕惠卿、林希逸，以及明人焦竑和清人郭庆藩、王先谦等著名学者，均推崇"郭本"，且以之为研究对象，从不同视角、不同层面，深入探析了庄子其人其书，为之做出种种诠释与校正，从而推出了一系列富有成就的注《庄》之作。他们均为今人的研究开掘了理论先河。

《庄子》既体现了道家学说的核心内容，又充分显示出庄学之复杂体系建构，因而确实将道家学术推向了一个全新的阶段。《庄子》之前，"世之显学"是儒、墨两家。《庄子》之后，"儒道对擂"实际上取代了"儒墨显学"的地位，从而使道家学说更上一层楼：其成果显得更为丰满，特色显得更为鲜明，价值显得更为厚重，影响显得更为强烈。此后，"老庄"一语，成为道家学派的代名词，受到学界推崇。著名学者郭沫若曾指出："真正的道家思想，假使没有庄周的出现，在学术史上恐怕失掉了它的痕迹的。"❶这是讲得很中肯的。它告诉我们，《庄子》之成书，高

---

❶ 见《郭沫若全集·历史编》第 2 卷之《十批判书·庄子的批判》，人

高举起了道家的旗帜，使道家学说在许多方面别具一格，闪烁出自己的光芒。该书成于战国中后期。当时中国境内百家争鸣的学术思潮汹涌澎湃。作为哲学家的庄子，其所获得的哲学成就，处于当时哲学界的先进行列，特别是其思辨哲学和寓言哲学，内容丰富，含意深刻，语出惊人，将之称为"思辨大师"或"寓言大师"，均当之无愧。此外，中国文化史上流传着许许多多重要的成语，其中不少出自《庄子》，例如"鹏程万里""燕雀之志""逍遥之乐""视死如归""人生如梦""道通为一""朝三暮四""恢诡谲怪""吐故纳新""卫生之经""唇亡齿寒""愚智相欺""东施效颦""螳臂当车"，以及"螳螂捕蝉，黄雀在后""鹬蚌相争，渔翁得利"等等，都是从《庄子》中引申出来的经典成语，它们是《庄子》文化积淀的展示，均从特定层面映射出该书在中国文化史上的深远影响。客观地说，该书在学术上的成就，不仅直接激发了中国历史上"儒道互补"这一文化创造格局的发展演进，也诱发出魏晋玄学思潮、隋唐佛学思潮和宋明理学思潮以及明清之际的早期启蒙思潮的理论建构。这一系列学术思潮虽在表现形式和理论追求上各不相同，但有一点却是共同的，那就是都要以自己所处思潮的核心理论对《庄子》作出新的诠释，例如：玄学家以"玄"解《庄》，佛学家以"佛"解《庄》，理学家以"理"解《庄》，启蒙思想家则以"启蒙意识"解《庄》，等等。这些不同的解《庄》成果，在中国文化史上连成一线，类似支支火炬，前后相继，构成一道耀眼的彩虹而闪烁于中国文坛。它们从特定视角透射出庄学的学术之光及其理论价值。

民出版社，1982年版，第197页。

由于《庄子》在学术上的卓越造诣，其学术贡献一直受到学界的特别推崇。在汉代，司马迁曾称赞庄子"著书十余万言"，"以诋訾孔子之徒，以明老子之术"，"其学无所不窥，然其要本归于老子之言"（《史记·老子韩非列传》）。在晋代，它被玄学家尊为"三玄"之一，与《周易》《老子》处于平列地位。当时著名玄学家郭象曾赞扬该书"通天地之统，序万物之性，达死生之变，而明内圣外王之道……其言宏绰，其旨玄妙"（《庄子序》）。在唐代，它又被李唐王朝封为《南华真经》，成为道教徒奉行的重要经典。当时著名的道教学者成玄英在其所著《庄子疏》之《序》中说："夫《庄子》者，所以申道德之深根，述重玄之妙旨，畅无为之恬淡，明独化之窅冥，钳揵九流，括囊百氏，谅区中之至教，实象外之微言者也。"在明清时期，它又受到启蒙思想家特别的青睐，先是李贽写就《〈庄子内篇〉解》，接着方以智撰成《药地炮庄》，后来王夫之又推出《庄子解》《庄子通》等等，均旨在借鉴庄学，以阐发自己的启蒙见解。明末清初的著名评论家金圣叹，特将《庄子》列为"六才子书"之"第一才子书"❶。近人鲁迅更明确地指出：《庄子》"其文则汪洋辟阖，仪态万方，晚周诸子之作，莫能先也"（《汉文学史纲要》）。今人陈鼓应亦说："在儒、道、墨、法几大学派中，庄子学派是道家的集大成者，它运用文学形式所表达的哲学系统之繁复性、诡论性，亦胜过其他各家……中国哲学史上的主要论题和基本观念，不少是引发于《庄子》。"❷曹础基在其撰著的《庄子浅注》

---

❶ 参见金圣叹《〈三国志演义〉序》，其言"六才子书"指：《庄子》《离骚》《史记》、杜甫律诗、《水浒传》《西厢记》。

❷ 见陈鼓应《庄子今注今译·前言》修订版，中华书局，1983年版。

4

一书中亦指出：《庄子》"那浓厚的浪漫主义色彩，创造性的寓言，辛辣的讽刺笔调，生动逼真的描绘，灵活多样的句式，丰富的词汇，在中国古代的散文史上，是很少能够与之伦比的"❶。以上相关学者之所论，均从不同视角展示出古今学者对《庄子》一书的学术价值给予格外推崇的情况，值得我们予以高度重视。

随着经济全球化和国际文化思潮的汹涌激荡，中华文明愈来愈受到举世瞩目，不仅孔子学院进入许多国家，《老》《庄》的学术思想亦受到众多国际友人的特别关注。《庄子》英译本已多达21种，其中全译本7种。有学者指出："《庄子》已走向世界……在日本，庄学专著有数十种之多；在东南亚及美国、英国、德国等，《庄子》的流传越来越广，它博大精深的思想给人们以启迪，成为世界古代文化的瑰宝。"❷中华文化受到世界各民族的肯定与赞美，这既给作为中华儿女的我辈带来骄傲与自豪，也赋予了我们传播本民族文化的职责与义务。当今，我们的国家已进入中国特色社会主义新时代，广大群众作为新时代的主人，不仅关注物质文明，而且也特别重视精神文明，盼望重构具有时代特色的新型精神家园。时下，全社会的读书热潮正风起云涌，波澜壮阔。在这样的新形势下，如何推动广大读者关注《庄子》，这的确给传统文化研究者们提出了一个必须面对的现实问题，那就是重视《庄子》的世界文化价值。

人所共知，《庄子》一书，语言极其美妙，文意古奥难懂，可以说它是"三玄"中最难弄懂的一本书。正因为如此，古往今来，一

---

❶ 参见曹础基《庄子浅注·前言》，中华书局，1982年版。

❷ 参见傅云龙、陆卿校注《老子·庄子》一书，华夏出版社2000年版，第76页。

直受到注释家的特别关注。已问世的注《庄》之作，可谓汗牛充栋，难计其数。然而，前人的注《庄》之作，到了今天多已时过境迁，很难适应读者的需求。为了更好地辅导今人读《庄》，学者必须联系当今实际，写出符合时代特色的注《庄》之作。这是一项十分艰巨的研究任务。要完成这一任务，必须首先选定正确的《庄子》版本。人所共知，《庄子》成书于战国中后期，已跨越两千余年的历史，汉之后，晋、唐、元、明、清各朝各代，均有注《庄》之作问世，所用的《庄子》经文亦各不相同。我们认为，到了今天这个特殊时期，选择清本《庄子》作为校注对象，尤其值得重视。这里说的"清本《庄子》"，指的是清代学者郭庆藩于1894年底出版的《庄子集释》一书中所展示的《庄子》正文。对于该正文，学界说法不一，有的将之称为"旧本"，有的将之称为"今本"，有的将之称为"俗本"，还有的将之称为"郭本"，似都于义未安。我们称它为"清本《庄子》"，既对之涂上了时代标记，又彰扬了清代学人的特殊贡献，从而将它从众多《庄子》文本中突显出来，以引起学术界的高度重视。因为只有抓住"清本《庄子》"，人们才能从整体上看到：中国《庄》学发展到清代（即1894年）所显示出的文字构建、内容特征、形式表述、文化含量等方面的客观情况。它既不同于此前出版的各种《庄子》文本，也不同于以后新冒出的其他类型的《庄子》文本，因而成为中国注《庄》史上一座引人注目的高塔。正是从这时起，在中国大地上掀起了一股新的注《庄》思潮，许多著名学者例如王先谦、陶鸿庆、刘师培、奚侗、马叙伦、朱桂曜、刘文典、王叔岷、闻一多、严灵峰等，均积极参与其中，而且他们参与活动时，几乎千篇一律地均以《庄子集释》中的《庄子》经文作为研究对象，这就使"清本《庄子》"具有极大的典型性、代表性。正是以该本为对象，学者们纷纷注《庄》、校《庄》、释《庄》、补《庄》、疏《庄》、析《庄》，显示出各尽所能、各发其声的理论勇气。这就从一个特定的角度，将近百年来《庄》学的研究，推向了更高的水平。为此，拙作将书名定为"清本《庄子》校训析"，意在以清本《庄子》为研究对象，从中华典籍的视角，对之进行全方位整理与研究，以便从整体上把握《庄子》文化在中国文化史上发展演变的系统历程，并从理论总结的视角，梳理出历代注家在校正与探析《庄子》中所取得的学术成就。可以说，这是历史赋予当代学者们的崇高使命，值得我们给予高度重视。一般说来，注《庄》有两大任务：一是对经文中难解的词语，做出浅显易懂的注释；二是对经文中存在的错讹衍脱字句，做出必要的校正与梳理。前者重在"注"，后者重在"校"。两者相较，虽然都很重要，但就目前的客观情况而言，校正似比注释的任务更为繁重紧迫。因为注释即使有不周全之处，读者尚可依据相关辞书，帮助理解文意。而文字一旦错讹或衍脱，则一般读者便无能为力。

凭实而论，《庄子》一书存在的错讹衍脱情况，确实不容忽视。拿郭庆藩《庄子集释》所保存的《庄子》经文来说，经笔者认真校阅，已发现不少讹误。例如，全书需要纠正的错讹衍脱之字，平均每篇不少于20余处以上（这种情况并非是我个人的主观臆断，而是笔者在阅读前人一系列注《庄》之作的基础上从中梳理总结出来的）。这种情况的出现，乃由多种因素所造成。一是该书自身遣词用字十分独特。人所共知，《庄子》文风"汪洋恣肆"，用语"玄之又玄"。关于这一点，连《庄子·天下》

7

篇的作者也说它"以谬悠之说，荒唐之言，无端崖之辞，时恣纵而不傥……"从而给读者阅读带来相当的难度。所以，古往今来一般读者难以望其项背，致使该书长期伴着相关错误而以讹传讹。二是古籍整理部门对该书的总体校正，未能作出系统性整理安排。应当看到，对于该书中的失误，清末以来已有许多注家纷纷指出其中的失误，但却未见到权威部门将这些好的意见清理出来，并有针对性地对书中存在的问题作出相应的改正，以致新出的《庄子》书，仍未能展示出新的面貌，这不能不让人深感遗憾。这种情况，到了今天当不能再继续下去了。

综观《庄子》文字错讹的缘由，有多种多样，其较为典型者有下述几种：

一是因假借字的使用，带来相关问题。《庄子》书中存在大量的假借字。古书中假借字的使用，一般是由声训导致的。古人把音同而义近的字，视为同音互训，例如"若""而""尔"同音，故可以互相代替；"女"与"汝"同音，亦可互相代替；"冥""溟""瞑"同音，仍可互相代替。这种互相代替，就导致假借字的出现。例如，用"冥"代"溟"，则"冥"成为假借字；用"若"或"而"代"尔"，则"若"或"而"成为假借字；用"女"代"汝"，则"女"成为假借字等等。类似这些假借字的存在，在古代因有声训可依，乃能成立，但是随着时间的推移，当年那些约定俗成的东西，到了今天已过时，当代的青年人，有几人能掌握声训法则去阅读典籍呢？所以在我看来，对那些假借字应当加以整理，不再让它继续存在下去了，以免产生误导的负面效应。20世纪后期，简帛《老子》的出土，学者们亦从中发现大量假借字，相关部门已通过整理，用真字代替了假字，从而适应了学界的阅读需要。对于今天的《庄子》整理，似亦少不了这一重要环节。应当从实际情况出发，尽量改变假字存在的状况。

二是与声训相关联，《庄子》书中亦出现了不少因音近而致误的字。由于同音可以互训，便难免将音近的字视为同音字而作为假借字混入书中。中国地域广大，对于文字读音，因地区不同而存在读音差异，例如，"黄"与"王"的读音，中原地区的人可以区别开来，但广东客家话却是"黄""王"不分的，难以区别。于是，音近的字，也难免被视为同音字而互相代替了，这就必然造成因音近而致误的情况。在该书中，因音近而致误的情况，可谓时有所见，例如，"抑"误为"已"（《天下》）。

三是因形近而致误。古人传播文化典籍，没有今天的印刷条件，他们靠的是读书人用记诵抄写的办法，做文化传承工作。靠抄写把一部书保存下来，这当中就难以避免在抄写中出错，特别是那些字形相近的字，更容易被抄错。所以，因形近而致误的情况就难以避免了。例如，在《齐物论》中，有"不亡以待尽"一句，此句中的"亡"，经刘师培校正，乃因与"化"形近而误，当改作"化"（参见该篇相关文字校训说明）。又如，《列御寇》有"汝处己"一语，此句中的"处"经笔者校正，乃因与"虒"形近而误，当改"处"为"虒"（参见该篇相关文字校训说明）。类似情况，还可以列举许多加以证明。

四是用"反义字替代本字"，这实际上是"反义相训"的运用。所谓"反义相训"，即以反义词互相解释。周大璞指出："在古代训诂中也不乏其例。《尔雅》中就有下面四条：'徂，存也。（《释诂》）乱，治也。（《释诂》）故，今也。（《释诂》）曩，曏也。（《释言》）'"这种"反义相训"的实质，就是"美恶不嫌同名"（郭璞语）。古人的"反义互训"之则，因不明庄子本旨而致误。例如，在《逍遥游》中，有两句名言，叫作"小知不及大知，小年不及大年"，古往今来，人们都把它视为该书的经文，代代相传。然而，经笔者研读，这两句话却有明显失误。因为庄子持相对主义思想，倡导"万物齐同"，故"齐大小"是其题中应有之义。按照"齐大小"之意，则小智不会不及大智，小年不会不及大年。而该文中偏偏出现"小知不及大知，小年不及大年"两语。这两句不合庄子本旨。经推敲，原文中之"不"，乃"而"字之误，则该两句原文应改为"小知而及大知，小年而及大年"，"而"，可训为"乃"；"及"，可训为"如"，其意是说，"小智乃如大智，小年乃如大年"，这就正好体现了《庄子》"齐小大"之旨。故郭象注释指出："苟足于其性，则虽大鹏无以自贵于小鸟，小鸟无羡于天池，而荣愿有余矣。故小大虽殊，逍遥一也。"据此，则原文当为"小知而及大知，小年而及大年"（请参阅本书《逍遥游》校训中相关文字）。显然，此处之失误，乃是由于不明庄子本旨所使然。

五是错将后人注释混为正文而致误。例如，在《齐物论》，有如下一段经文："其发若机栝，（其司是非之谓也）；其留如诅盟，（其守胜之谓也）；其杀若秋冬，（以言其日消也；其溺之所为之，不可使复之也）；其厌也如缄，（以言其老洫也；近死之心，莫使复阳也）。"对于这段经文，闻一多给予了校正，他认为上面括弧中的文字是"后人旁注语羼入正文"。

为了研究的方便，笔者依闻氏之意，特在经文中分别对相关文句加了圆括弧：一为"其司（伺）是非之谓也"，在他看来，这句话旨在注释该句之前"其发若机栝"一语。二为"其守胜之谓也",此语旨在注释其前句"其留如诅盟"一语。三为"以言其日消也,其溺之所为之,不可使复之也",此文旨在注释其前句"其杀若秋冬"一语。四是"以言其老洫也,近死之心,莫使复阳也",此段旨在注释其前句"其厌也如缄"一语。笔者仔细研读括弧中的文字,发现闻氏之说准确可信。例如,关于第一句"其发若机栝",闻释曰:"发动之速,有如弩牙,其伺是非之谓也。"关于第二句"其留如诅盟",闻释曰:"留止不动,如有约誓,其守胜之谓也。"关于第三句"其杀若秋冬",闻释曰:"以言其日消也,其溺之所为之不可使复之也。"关于第四句"其厌也如缄",闻释曰:"厌倦则安静如缄封,以言其老洫也、衰耗也,近死之心,莫使复阳(生)也。"以上闻氏相关疏释,都是对括号中文字内涵所作的具体说明,它有力证明了括弧中的文字确属"后人旁注语羼入正文"(请参阅本书《齐物论》校训相关文字)。当依其说,删去括弧中文字。

类似以上五种情况的存在,在该书中我们还可以找出许多。因篇幅所限,不再列举。仅以上五例,就足以告诉人们,对于《庄子》的文字校正,确实已到了不能再拖延的时候了,值得我们下苦功夫对之作校正性整理,以恢复其本来面目。

随着历史的进步,今人校注《庄子》,条件已有了根本的改善。一是自清代以来,我国学界在考据学、文字学、训诂学、诠释学方面的研究,均取得了重大突破,出版了一系列研究古文虚字方面的经典著作,如阮元的《经籍籑诂》、王引之的《经传释词》、王念孙的《读书杂志》、俞樾的《诸子平议》、杨树达的《词诠》、裴学海的《古书虚字集释》以及王力的《同源字典》等,都在古经、古字研究方面达到了相当的造诣。这些成果,均为今人注释古籍（包括校注《庄子》），创造了优越条件。二是今人研究文化典籍，有了马克思主义这一科学方法作指导。用马克思主义唯物史观和辩证法指导研究文化典籍，如同掌握了放大镜和显微镜，它可以帮助我们透过现象看清问题本质，从而让学者较为正确地把握古籍中的思想灵魂，并敏锐地找出原书中存在的问题而做出相应修正。因此，今人应当利用上述有利条件，在对《庄子》的校注方面，作出自己的有益贡献。

基于上述思考，敝人不自量力，乃积极投入《清本〈庄子〉校训析》一书的撰著工作。全书拟以文字校正为宗旨，进行力所能及的尝试性探索。自开篇以来，夜以继日，潜心思考，不敢懈怠。笔者曾数十年从事中国文化史的教学与研究，并对道家学术用功颇勤，于20世纪80年代中期先后撰成《帛书〈老子〉校注析》（1991年由台湾学生书局出版）和主编《道家思想史纲》（1991年由湖南师范大学出版社出版）两部属于道家类的学术专著，它们为本人撰著本书，奠下了相应基础。近年来，随着自身年岁的增长与学识的递进，在研读《庄子》时又有一些新的体验和理解，特别是发现书中相关文字失误，"如鲠在喉"，不吐不快，这成为激励本人倾心本书撰著的直接动力。故不顾自身已进入耄耋之年的弱体，仍然拿起电脑中的汉王笔，用时常颤抖着的手，尽力写出自己的相关体会，盼能有"千虑一得"之获。感到幸运的是，本人目前思虑还算清晰，学术探求的基本功也尚未丧失。书中的校正性文字，既大胆阐明了本人的肤浅之见，也广纳博采了学界贤哲的校《庄》精华。特别值得提及的是俞樾的《庄子平议》、刘师培的《庄子斠补》、刘文典的《庄子补正》、闻一多的《庄子内篇校释》以及王叔岷的《庄子校释》与严灵峰的《道家四子新编》等著作，均在校正《庄》书方面吐露出许多高深之见。笔者本着择善而从的原则，广泛吸收了他们的研究成果，希望本书在对《庄子》之文字校正方面，能在整体上有所改观。需要说明的是，因本人学识水平有限，难免出现这样或那样的失误，期待学界师友和广大读者不吝赐教。

  2020年10月黄钊于珞珈山勤补书斋 时年八十有二

几点说明

本书名为《清本〈庄子〉校训析》，现就相关体例安排，做如下简要说明。

一、《清本〈庄子〉校训析》所引原文，以郭象《庄子注》之经文为底本。该本保存在郭庆藩《庄子集释》一书中。我手中的《庄子集释》，乃是由中华书局于1961年再版时印制的版本。该书再版时，曾请庄学专家王孝鱼先生对之做过整理工作。特别是郭本中的经文，整理者参照多种善本，谨慎地对之做了校正：凡原刻本中显著错讹衍夺之字，王氏便对之加上圆括弧，以示为旧本所有但应删之字；凡经校改校补的字，王氏则对之加上方括号，以示为原经应有之字。基于这种情况，本书这次引用该书正文时，则一律删去圆括弧中的字，只保存方括号中的字。该底本中若还有错讹脱衍之字，则在校诂中分别加以订正。为了阐述的方便，我将郭庆藩书所保存的《庄子》文本，称为"清本"，并以之为研究对象，写出校训析性的文字。

二、全书分为上、中、下三卷，其中上卷为"内篇校训析"；中卷为"外篇校训析"；下卷为"杂篇校训析"。

三、三卷均以《庄子》清本经文为研究对象，分别展开具体的文字校训析工作。"校",是对清本经文中相关的失误性文字,做出具体校正。"训",是对经文中一些有不同解读的内容进行校训说明。"析",是对各篇经文中心内容的评析。为此,每篇经文设三个栏目:一、经文校正清样,二、文字校训说明,三、"中心内容评析"(此部分,分"节"进行评析,一般是"节"对应相应的自然段,但也有"节"对应几个自然段的情况,其表示方法是节后括号内标明对应的自然段数;凡"节"与自然段相符的则不必另作说明)。

四、在"文字校训说明"方面,着重抓两点:一是找出原经文中若干错讹或衍脱之字,并据理加以删去。二是参照其他《庄子》版本或前贤研究成果,做出校正性的结论。与此相对应,凡错讹或衍生之字,则在该字下面加上黑线,以示其为应删之字;凡被纠正的字或补入的字,则用六角括号括起来,以示其为校正后经文中的字。与此同时,对以上两种做法,均分别做出相应的文字阐释,使读者知情。

五、本书以"校"为主要使命,一般不做注释,但对经文中少数涉及前后文字畅通的疑难词语,则亦有选择性地加以注释,以帮助读者理解文意。

六、文中的校训说明与内容评析,以简明易懂为要,力避繁琐。对于前人的校正文字,本书采取择善而从的原则,只引用那些为笔者所首肯的相关优秀论述,并适当注明出处。关于出处之注,凡出自同一本书的引文,若前面已注释过,则后面仅点明作者,而不再注明出处。在前人的校正文字中,有的已在学界取得共识,则一般只阐明其基本观点,不再详加论析。

七、对于前人的校正文字,若本人不能苟同,则尽力在校注中阐明拙见,以体现与时俱进和不"抱残守缺"之意,并就教于学界同仁。

八、《庄子》作为一本古代典籍,用字较为混乱,其中假借之字特别频繁,例如,借"女"为"汝",借"若"或"而"为"尔",借"说"为"悦",等等,几乎遍地皆是。对此,读者不难分辨,故本书对之暂不加以改变,请读者自己把关。

九、对于相关引文,本书均交代原出处。凡引自古书者,则用"夹注";凡引自现代书籍者,则用"脚注"。书中凡被引用和参阅过的相关著作,拟择其主要者,附录于书后,以供读者查阅参考。

上卷
内篇校训析

一、《逍遥游》校训析

（一）经文校正清样

北冥〔溟〕有鱼，其名为鲲[1]。鲲之大，不知其几千里也。化而为鸟，其名为鹏[2]。鹏之背，不知其几千里也。怒而飞，其翼若垂天之云。是鸟也，海运则将徙〔图〕于南冥〔溟〕[3]。南冥〔溟〕者，天池也。《齐谐》者，志怪者也。《谐》之言曰："鹏之徙〔图〕于南冥〔溟〕也，水击〔激〕三千里[4]，抟〔搏〕扶摇而上者，九万里[5]。去以六月息者也。"野马也，尘埃也，生物之以息相吹也。天之苍苍，其正色邪？其远而无所至极邪？其视下也，亦若是则已矣。且夫水之积也不厚，则其负大舟也无力。覆杯水于坳堂之上，则芥为之舟；置杯焉则胶，水浅而舟大也。风之积也不厚，则其负大翼也无力。故九万里，则风斯在下矣,而后乃今培风;背负青天而莫之夭阏者,而后乃今将图南。蜩与学〔鷽〕鸠笑之曰[6]:"我决起而飞,抢榆枋〔而止〕,时则〔或〕不至而控于地而已矣[7]。奚以之九万里而〔图〕南为[8]?"适莽苍者,三飡而反,腹犹果然;适百里者,宿舂粮;适千里者,三月聚粮。之〔彼〕二虫又何知〔也〕[9]!小知不〔而〕及大知,小年不〔而〕及大年[10]。奚以知其然也?朝菌不知晦朔,蟪蛄不知春秋,此小年也。楚之南有冥灵者,以五百岁为春,五百岁为秋;上古有大椿者,以八千岁为春,八千岁为秋。而彭祖乃今以久特闻,众人匹之,不亦悲乎!汤之问棘也,是已[11]。穷发之北有冥〔溟〕海者,天池也。有鱼焉,其广数千里,未有知其修者,其名为鲲。有鸟焉,其名为鹏,背若泰❶山,翼若垂天之云;抟〔搏〕扶摇羊角而上者九万里。绝云气,负青天,然后图南,且适南冥〔溟〕也。斥鴳笑之曰:"彼且奚适也?我腾跃而上,不过数仞而下,翱翔蓬蒿之间,此亦飞之至也;而彼且奚适也?"此小大之辩也。

故夫知效一官,行比一乡,德合一君,而征

---

❶ "泰"原为"太",整理者据世德堂本改,从之。

一国者,其自视也亦若此矣。而宋荣子犹然笑之。且举世而誉之而不加劝,举世而非之而不加沮。定乎内外之分,辩〔贬〕乎荣辱之境[12],斯已矣。彼其于世未数数然也。虽然,犹有未树也。夫列子御风而行,泠然善也,旬有五日而后反。彼于致福者,未数数然也。此虽免乎行,犹有所待者也。若夫乘天地之正,而御六气之辩,以游无穷者,彼且恶乎待哉!故曰:至人无己,神人无功,圣人无名。

尧让天下于许由,曰:"日月出矣而爝〔烛〕火不息[13],其于光也,不亦难乎!时雨降矣而犹浸灌,其于泽也,不亦劳乎!夫子立而天下治,而我犹尸之,吾自视缺然,请致天下。"许由曰:"子治天下,天下既已治也,而我犹代子,吾将为名乎?名者,实之宾也。吾将为宾〔实〕乎[14]?鹪鹩巢于深林,不过一枝;偃鼠饮河,不过满腹。归休乎君,予无所用天下为!庖人虽不治庖,尸祝不越樽俎而代之矣。"

肩吾问于连叔曰:"吾闻言于接舆,大而无当,往而不返。吾惊怖其言,犹河汉而无极也;大有径庭,不近人情焉。"连叔曰:"其言谓何哉?"曰:"藐姑射之山,有神人居焉,肌肤若冰雪,淖❶约若处子。不食五谷,吸风饮露,乘云气,御飞龙,而游乎四海之外。其神凝,使物不疵疠而年谷熟。吾以是狂而不信也。"连叔曰:"然。瞽者无以与乎文章之观,聋者无以与乎钟鼓之声。岂唯形骸有聋盲哉?夫知亦有之。是其言也,犹时女也。之人也,之德也,将旁礴万物以为一,世蕲乎乱,孰弊弊焉以天下为事!之人也,物莫之伤,大浸稽天而不溺,大旱金石流、土山焦而不热。是其尘垢秕糠,将犹陶铸尧舜者也,孰肯〔纷纷然〕[15]以物为事?宋人资章甫而适诸〔于〕越[16],越人断发文身,无所用之。尧治天下之民,平海内之政,往见四子藐姑射之山,汾水之阳,窅然丧其天下焉。"

惠子谓庄子曰:"魏王贻我大瓠之种,我树之成而实五石,以盛水浆,其坚〔柔〕不能自举也[17]。剖之以为瓢,则瓠〔廓〕落无所容[18]。非不呺〔枵〕然大也,吾为其无用而掊〔剖〕之[19]。"庄子曰:"夫子固拙于用大矣。宋人有善为不龟手之药者,世世以洴澼絖为事。客闻之,请买其方〔以〕百金[20]。聚族而谋曰:'我世世为洴澼絖,不过数金;今一朝而鬻技百金,请与之。'客得之,以

---

❶ "淖"原为"绰",整理者据世德堂本改,从之。

说吴王。越有难,吴王使之将,冬与越人水战,大败越人,裂地而封之。能不龟手,一也;或以封,或不免于洴澼绕,则所用之异也。今子有五石之瓠,何不虑[摅]以为大樽[罇][21]而浮乎江湖,而忧其瓠落无所容?则夫子犹有蓬之心也夫!"

惠子谓庄子曰:"吾有大树,人谓之樗,其大本拥肿而不中绳墨,其小枝卷[拳]曲[22]而不中规矩,立之涂,匠者不顾。今子之言,大而无用,众所同去也。"庄子曰:"子独不见狸狌乎[23]?卑身而伏,以候敖者;东西跳梁,不辟高下;中于机辟,死于罔罟。今夫斄牛,其大若垂天之云。此能[诚]为大矣[24],而不能执鼠。今子有大树,患其无用,何不树之于无何有之乡、广莫之野,彷徨乎无为其侧,逍遥乎寝卧其下。不夭斤斧,物无害者,无所可用,安所困苦[穷困]哉[25]!"

(二)文字校训说明

[1] "北冥有鱼,其名为鲲",清本原文如此。据学者考证,"冥"当作"溟"。刘文典指出:"《文选·鹪鹩赋》注,江文通《杂体诗》注,谢灵运《游赤石进帆海》诗注,陆士衡《演连珠》注,《御览》九、八百八十七、九百二十七、九百四十,引

'冥'并作'溟',与《释文》一本合。《疏》'溟,犹海也',是成本亦作'溟'。"(参见刘文典《庄子补正》,下引该书,不再注明出处)钊按:作"溟"是,因为古人又称"海"为"溟",作"冥"者,乃是假字,当还原为本字。下文之"冥",均当改为"溟"。又,据刘文典考,此文中之"为鲲",《初学记》(一),《文选》之谢灵运《游赤石进帆海》诗注,陆士衡《演连珠》注,《御览》九、六十,引"为鲲"作"曰鲲"。按:此文中之"为鲲"与"曰鲲"均通,今仍依清本作"为鲲"。(下文"为鹏",亦有他本作"曰鹏"者,仍按清本不再变动)

[2]"化而为鸟,其名为鹏",清本原文如此。钊按:"鹏",与古"凤"字相通。《释文》引《说文》云:"'朋'及'鹏'皆古文'凤'字也。朋鸟象形,凤飞群鸟从以万数,故以朋为朋党字。《字林》云:'朋,朋党也,古以为凤字。'"其说是。"鹏"字即古"凤"字是也。

[3]"是鸟也,海运则将徙于南冥",清本原文如此。刘文典说:"《文选》谢灵运《游赤石进帆海》诗注引'徙'作'图',与下'而后乃今将图南'合。"钊按:其说是。用"图"字,给人以前呼后应之感,故此"徙"当改"图"为是。"图南",即图谋向南。后文"鹏之徙于南冥也"句中的"徙",亦当改作"图"字。

[4]"水击三千里",清本原文如此。此句之"击",学界认为应作"激"。马叙伦说:"'击',借为'激'……《汉书·贾谊传》'遥增击',《文选·鹏鸟赋》'击'作'激',是其例证。"(见马叙伦《庄子义证》,下引该书,不再注)朱桂曜言:"'击',盖通'激',《淮南·齐俗训》'水击则波兴',《群书治要》作'水激'。水激三千里,犹言水激起三千里也。"(《庄子内篇证补》,下

引此书不再注明出处）据王叔岷考，《一切经音义》七八《御览》九二七引"击"并作"激"。（见王叔岷《庄子校释》，下引王氏之说，均出自该书，不再注明出处）钊按：以上诸家之说皆有理有据，从之。

[5]"抟扶摇而上者，九万里"，清本原文如此。陈鼓应《庄子今注今译》（下引此书简称《陈译》）依世德堂本，改"抟"为"搏"。章炳麟说："字当从'搏'，崔说得之。《考工记》注：'搏之言拍也。'作'抟'者形误，风不可抟。"（见章炳麟《庄子解故》，下引章氏之说，均出自该书，不再注明出处）蒋锡昌说："章说是。"王叔岷说："《释文》：'抟，一音博。'则字当作'搏'。赵谏议本、世德堂本并作'搏'。"钊按：当以作"搏"为是。"搏"，指搏击风云；若作"抟"，则为"抟聚风云"，但风云是不可抟聚的。后文之"抟"，亦当作"搏"。

[6]"蜩与学鸠笑之曰"，清本原文如此。刘文典言："《文选》江文通《杂体诗》注引'学'作'鷽'，与《释文》一本合。"钊按：比较两字，以作"鷽"为优，其作"学鸠"者，乃"经后人窜改，非其原文矣"（俞樾《庄子平议》，下引此书不再注明出处）。此据改。

[7]"抢榆枋，时则不至而控于地而已矣"，清本原文如此。据考，"榆枋"下当有"而止"二字。刘文典说："'而止'二字旧脱，今据碧虚子校引文如海本、江南古藏本补。《文选》江文通《杂体诗》注《御览》九百四十四引，亦并作'抢榆枋而止'，与文本、江南古藏本合。上文'去以六月息者也'，郭注'小鸟一飞半朝，抢榆枋而止'，是郭所见本亦有'而止'二字。"钊按：刘说有理。综观全文，此句有"而止"二字为优，当据补。又，此

句中之"则"，俞樾依《经传释词》训为"或"。钊按：其说是，从之。

[8]"奚以之九万里而南为"，清本原文如此。俞樾指出："'南'上本有'图'字，上文曰'而后乃今将图南'，故此即承上文言也。《文选》注正作'奚以之九万里而图南为'。"钊按：其说有理有据，从之。

[9]"之二虫又何知"，清本原文如此。刘文典言："碧虚子校引文如海本作'彼之二虫又何知也'。"钊按：比较两本，似以文本为佳，今据之改"之"为"彼"，并增补一"也"字。又，关于此句中的"二虫"，郭象《注》曰："二虫谓鹏蜩也"。俞樾指出："此恐失之，'二虫'当谓'蜩'与'鹥鸠'。下文曰：'奚以知其然也？朝菌不知晦朔，蟪蛄不知春秋。'是所谓'不知'者，谓小不足以知大也，然则此云'之二虫又何知'，其谓'蜩''鸠'二虫明矣。"钊按：其说是，从之。

[10]"小知不及大知，小年不及大年"，清本原文如此。钊按：体察文意，是说小智不如大智，小年不如大年。然而，此意有违庄生本旨。人所共知，庄子明确主张"齐物"，而"齐大小"是其题中应有之义。在他看来，"大"与"小"是相对的："以差观之，因其所大而大之，则万物莫不大；因其所小而小之，则万物莫不小。"故"大"并不优于"小"。据此，余疑句中前后两个"不"字乃"而"字之误。"而"与"不"形近易误，这在古籍中早有所见，例如，《老子》第十五章"故能蔽不新成"，易顺鼎指出："疑当作'故能蔽而新成'。蔽'者，'敝'之借字；'不'者，'而'之误字也。"可见"不""而"易误。上文若将"不"校为"而"，则两句乃为"小智而及大智，小年而及大年"。这个结论，便同庄生"齐物"之旨完全一致。故郭象《注》曰："苟足于其性，则

虽大鹏无以自贵于小鸟，小鸟无羡于天池，而荣愿有余矣。故小大虽殊，逍遥一也。"此语意在否定"小知不及大知"，而同"小知而及大知"相一致；又，成《疏》曰："且大鹏抟风九万，小鸟决起榆枋，虽复远近不同，适性均也"。则成氏也未赞同"小知不及大知"之语。从郭《注》、成《疏》之意看，可以推知郭、成所见本乃为"小知而及大知，小年而及大年"。因后来"而"字误为"不"字，乃有学者认定郭《注》成《疏》均不合庄生之旨，其说显然不公，今当实事求是，还历史以本来面目。

[11]"汤之问棘也，是已"，清本原文如此。《陈译》依闻一多之说，并据唐僧神清《北山录》引，增补以下二十一字："汤问棘曰：'上下四方有极乎？'棘曰：'无极之外，复无极也。'"钊按：此处之增补，恐未当。因为这段文意已见于《列子·汤问篇》中。对于该篇所涉及的事项，庄子已用"汤之问棘也，是已"一语做了小结，似不必在此再重复它。至于《北山录》所引，疑是后人注释文字混为经文。

[12]"辩乎荣辱之境"，清本原文如此。钊按：此句中之"辩"，注家多训为"辨"，谓辨别荣辱也。愚以为恐非是。因为道家并不主张区分荣辱，宋荣子作为稷下道家学者，曾明确提出"内外双遣，物我两忘"（见成《疏》），他哪会去辨别光荣与耻辱。余以为此"辩"当训"贬"，《辞海》："'辩'，通'贬'，损也"。则"辩乎荣辱之境"，即"贬于荣辱之境"，指宋荣子在世俗之荣辱环境中，遭到贬损。故"辩"当读作"贬"为是。

[13]"而爝火不息"，清本原文如此。此句中之"爝火"，学界注释不一，余以为指"烛火"。《吕氏春秋·本味篇》："汤得伊尹，祓之于庙，爝以爟火……"则"爝火"即"爝以爟火"之

简述。那么，何谓"爝以爟火"？《周礼正义》曰："司爟掌行火之政令……火者所以祓除其不祥，置火于桔皋（'桔皋'，即'桔槔'，指井架），烛以照之。"故"爟火"即"烛火"是也。

[14]"吾将为宾乎"，清本原文如此。俞樾指出："此本作'吾将为实乎'，与上'吾将为名乎'相对成文。'吾将为名乎？名者实之宾也'，其意已足。'吾将为实乎'，当连下文读之。其文曰：'吾将为实乎？鹪鹩巢于深林，不过一枝；偃鼠饮河，不过满腹。归休乎君，予无所用天下为！'盖'无所用天下'，则以实而言，又不足为矣。故云'吾将为实乎！'"钊按：其说允当，当据改。

[15]"孰肯以物为事"，清本原文如此。《陈译》据王叔岷说，依《淮南·俶真训》在"孰肯"下，增补"分分然"三字。王叔岷言："此与上文'孰弊弊焉以天下为事'对言，'孰肯'下疑有脱文，《淮南·俶真训》'孰肯分分然以物为事也'，即用此文，当补'分分然'三字，与上文句法一律。"钊按：此说有理，从之。"分分"，借为"纷纷"，泛言"纷绕"之谓。

[16]"宋人资章甫而适诸越"，清本原文如此。学界认为，此句中之"诸"，当读为"于"。郭庆藩曰："《文选》张景阳《杂诗》注引司马云：'资，取也。章甫，冠名也。诸，于也。'《释文》阙。"李桢曰："'诸越'犹云'于越'……《广雅·释言》：'诸，于也。'《礼记·射义注》：'诸，犹于也。'是叠韵假借。"刘文典言："李说是也。《御览》六百八十五引正作'于越'，是其证。"钊按：以上诸家之说允当，从之。

[17]"其坚不能自举也"，清本原文如此。钊按：此语中之"其"，乃指上面所讲的"大瓠"之"实"（即葫芦），但文中用"坚"来形容葫芦的特征，显然不当。余以为此"坚"当训为"柔"，因

为"柔"为"坚"的反义词，古人有"反义相训"之则，故"坚"可读为"柔"。据此，则本文当为"其柔不能自举也"。意在强调葫芦太柔弱，乃有"不能自举"之缺陷。照此释，文通理顺，似无不当。

[18]"则瓠落无所容"，清本原文如此。马叙伦指出："'瓠落'，叠韵连语，'瓠'借为'雾'，声同'鱼'类。《说文》曰：'雾，雨止云罢貌。'《方言》曰：'张小使大谓之廓。'"刘文典曰："马说是也，《御览》九百七十九引'瓠'正作'廓'，是其证。"钊按：马、刘两家之说有理有据，从之。

[19]"非不呺然大也，吾为其无用而掊之"，清本原文如此。"呺然"之"呺"，俞樾说："呺，本亦作号……《文选》谢灵运《初发都诗》李善注引此文作'枵'，当从之。《尔雅·释天》：'元枵，虚也。''虚'则有'大'义，故曰：'枵然大也'。《释文》引李云：'号然，虚大貌。'是固以'枵'字之义说之。"钊按：俞说是，当改"呺"为"枵"。又，文末"掊"字，据刘文典言："《御览》引作'剖'。"按：作"剖"是，此据改。

[20]"请买其方百金"，清本原文如此。刘文典说："碧虚子校引江南古藏本'百'上有'以'字，旧缺。有'以'字较顺。"钊按：其说是，当据江南古藏本补一"以"字。

[21]"何不虑以为大樽"，清本原文如此。刘文典指出："《文选》谢灵运《永初三年七月十六日之郡初发都诗》注引'虑'作'摅'，'樽'作'鐏'，与《疏》之作'摅'、作'鐏'者相合，疑李善所据本、成本如此。"钊按：其说允当，此句中以"虑"作"摅"、"樽"作"鐏"为优，它们均同古"腰舟"相关联（参见成《疏》），当据改。

31

[22]"其小枝卷曲",清本原文如此。刘文典曰:"《御览》九百五十九引'卷'作'拳'。《人间世》篇'夫仰而视其细枝,则拳曲而不可以为栋梁',与此一例,疑作'拳'是也。"钊按:其说是,此处以"拳曲"为优,当据改。

[23]"子独不见狸狌乎",清本原文如此。此语中之"狸狌",成玄英释为"野猫"。钊按:恐不确。此"狸狌",本为"貍狌",《辞海》言"狸"为"貍"之俗字。依据动物学,"狸"属猫科,食鼠,俗名野猫;"狌",即为"鼪",指鼬鼠(即黄鼠狼),亦以捕鼠为食,但属犬科。故"狸狌"一语,乃指两种动物,"狸"指野猫,"狌"指黄鼠狼。

[24]"此能为大矣",清本原文如此。钊按:此句从上下文之逻辑与语气上看,疑"能"乃为"诚"之误。"能"与"诚"韵近("能",古韵在"十蒸";"诚",古韵属"八庚",今人将"八庚""九青""十蒸"合而为一,规定三者可以通用)易混,且下文有"能"字,故误耳。全句是说,犛牛诚然体大,但不能执鼠。文意清晰明白。今记之于此,供后人研究参考。

[25]"安所困苦哉",清本原文如此。刘文典说:"碧虚子校引文如海本'困苦'作'穷困'。"钊按:两相比较,似以作'穷困'为优。因为"安所困苦哉"只涉及艰苦,而未涉及贫穷;而"安所穷困哉",则既涉及贫穷,又涉及艰难,其涵义更为全面清晰,而能突显出无为之德的玄妙高超。故此处当据文如海本作"穷困"为优。

（三）中心内容评析

本篇题名为《逍遥游》，是全书的首篇。全文分为六个自然段，紧扣题意，描述多种多样的游世模式，希望由此超越功名利禄和贵贱尊卑的束缚，获得人生绝对精神自由的境界。

第一段，写尽天性、达天年之游。为此，作者描述了大智与小智之游、大年与小年之游。大智之游以大鹏为主体："背若泰山，翼若垂天之云，抟扶摇羊角而上者，九万里"，可谓气势磅礴，豪迈无比。小智之游以蜩、鹥鸠及斥鷃三者为代表，它们不羡大鹏之适南海，却满足于自己"抢榆枋""腾跃而上"的小技。关于大年与小年之游，文中说"朝菌不知晦朔，蟪蛄不知春秋，此小年也"；"上古有大椿者，以八千岁为春，八千岁为秋。而彭祖乃今以久特闻"，此大年之游。在作者看来，无论是大智与小智之游，也无论是大年与小年之游，都属于尽天性、达天年之游，他们均倾尽了天赋之性，获得了天赋之年。因而均属逍遥之游。故郭象注曰："苟足于其性，则虽大鹏无以自贵于小鸟，小鸟亦无羡于天池"，"故小大虽殊，而逍遥一也"。应当说，郭象的评述，合乎庄子的基本思想。

第二段，写"有待之游"与"无待之游"。"有待"与"无待"，是后人从庄书中抽象出来的两个重要概念。"有待"，指的是有所依赖、依托；"无待"，则指的是无所依赖、依托。故围绕"游世"，作者特别描述了"有待之游"与"无待之游"两类。其所谓"有待之游"，指的是世俗之人由于受到社会种种束缚，故其游世不可能达到逍遥境界。即使是宋荣子、列子等修道之士，其游世也有局限性。宋荣子虽能"定乎内外之分,辩乎荣辱之境",然而,却仍然"犹有未树也";列子虽能"御风而行,泠然善也",而结果却是"此虽免乎行,犹有所待者也"。可见,他们仍未摆脱"有待"之缚。而"无待之游",是庄子游世的最高境界。文中明确指出:"若夫乘天地之正,而御六气之辩,以游无穷者,彼且恶乎待哉!故曰:至人无己,神人无功,圣人无名。"这段话表达了作者所追求的最完美的逍遥之游,可以说是全文的总纲,意在强调驾驭自然法则,超脱现实人生,从而摆脱俗世纠缠(此属"出世"意境)。

第三、四两段,将上段所设想的"逍遥游"之最高境界,进一步具体化。先写尧让天下给许由,而许由拒绝接受,以表达作者清虚自守的意识,这同"逍遥游"也有某种吻合之处。接着,借肩吾与连叔的对话,描述了藐姑射仙山的神仙们"肌肤若冰雪,淖约若处子。不食五谷,吸风饮露,乘云气,御飞龙,而游乎四海之外"的情境。这实际上写的是神仙之游,是作者所向往的真正的"逍遥游"。从本质上说,这表达了一种"出世"的理念,它带有宗教神学倾向,故庄子被后人封为"南华真人",亦绝非偶然。

第五、六两段,借庄子与惠子的对话,探讨如何看待"无用"与"有用"问题。在惠施看来,大瓠之实毫无用处,主张将之全部捣毁。而庄子则用宋人的"不龟手之药"能变无用为大用之实例,论证只要因任自然,就可以变无用为有用。这从表面看,似乎同"逍遥游"无关,但它强调顺乎自然,也属逍遥之游范畴。需要指出的是,庄子是一位弱势群体的代言人,他所追求的绝对精神自由,在现实生活中是不可能实现的。这使他在精神上无比痛苦。例如，他曾希望将那株"樗树"栽种到"无何有之乡"，借以得到"彷徨乎无为其侧，逍遥乎寝卧其下"的乐趣。但是，世间哪里有"无何有之乡"呢？所谓"无何有"，就是什么也没有，其理论基础是"以无有为有"。《齐物论》说："无有为有，虽有神禹，且不能知，吾独且奈何哉！"可见，庄子自己对"无何有之乡"也表示了怀疑，他哪里还能从中得到真正的逍遥之乐呢？

以上说明《逍遥游》一文，不但未能表达作者的逍遥之乐，而且透露出作者因得不到逍遥之乐而无比痛苦的情状。由此，我们可以窥见庄子撰《逍遥游》一文时，有着多么复杂的精神状态。王先谦评曰：本篇"言逍遥乎物外，任天而游无穷也"。其说可谓深得本旨。

二、《齐物论》校训析

（一）经文校正清样

南郭子綦隐机而坐，仰天而嘘，荅〔嗒〕焉似丧其耦〔寓〕[1]。颜成子游立侍乎前，曰："何居乎？形固可使如槁木，而心固可使如死灰乎？今之隐机者，非昔之隐机者也。"子綦曰："偃，不亦善乎，而问之也！今者吾丧我，汝知之乎？女〔汝〕闻人籁而未闻地籁，女〔汝〕闻地籁而未闻天籁夫！"子游曰："敢问其方。"子綦曰："夫大块噫气，其名为风。是唯无作，作则万窍怒呺，而独不闻之翏翏乎？山林〔陵〕之畏佳〔嵔崔〕[2]，大木百围之窍穴，似鼻、似口、似耳、似枅、似圈、似臼、似洼者、似污者、激者、謞者、叱者、吸者、叫者、譹者、宎者、咬者。前者唱于而随者唱喁。泠风则小和，飘风则大和。厉风济，则众窍为虚。而独不见之调调、之刀刀乎？"子游曰："地籁则众窍是已，人籁则比竹是已。敢问天籁。"子綦曰："夫吹万不同，而使其自己也。咸其自取，怒者其谁邪！"

大知闲闲，小知间间；大言炎炎，小言詹詹〔澹澹〕[3]。其寐也魂交，其觉也形开。与接为构，日以心斗。缦者、窖者、密者。小恐惴惴，大恐缦缦。其发若机栝，(其司是非之谓也；)其留如诅盟，(其守胜之谓也；)其杀若秋冬，(以言其日消也；其溺之所为之，不可使复之也；)其厌也如缄，(以言其老洫也；近死之心，莫使复阳也。)[4]喜怒哀乐，虑叹变慹，姚佚启态；乐出虚，蒸成菌。日夜相代乎前，而莫知其所萌。已乎，已乎！旦暮得此，其所由以生乎！非彼无我，非我无所取。是亦近矣，而不知其所为使。若有真宰，而特不得其眹。可行己信，而不见其形，有情而无形。百骸、九窍、六藏，赅而存焉，吾谁与为亲？汝皆说之乎？其有私焉？如是皆有为臣妾乎？其臣妾不足以相治乎？其递相为君臣乎？其有真君存焉？如求得其情与不得，无益损乎其真。一受其成形，不忘〔化〕以待尽[5]。与物相刃相靡，其行尽〔进〕如驰[6]，而莫之能止，不亦悲乎！终

37

身役役而不见其成功，苶然疲役而不知其所归，可不哀邪！人谓之不死，奚益！其形化〔死〕，其心与之然[7]，可不谓大哀乎？人之生也，固若是芒乎？其我独芒，而人亦有不芒者乎？夫随其成心而师之，谁独且无师乎？奚必知代〔成〕而心自取者有之[8]？愚者与有焉。未成乎心而有是非，是今日适越而昔至也。是以无有为有。无有为有，虽有神禹，且不能知，吾独且奈何哉！

夫言非吹也，言者有言，其所言者特未定也。果有言邪？其未尝有言邪？其以为异于鷇音，亦有辩乎？其无辩乎？道恶乎隐而有真伪？言恶乎隐而有是非？道恶乎往而不存？言恶乎存而不可？道隐于小成，言隐于荣华。故有儒墨之是非，以是其所非而非其所是。欲是其所非而非其所是，则莫若〔及〕以明[9]。物无非彼，物无非是。自彼则不见，自知〔之〕则知之[10]。故曰彼出于是，是亦因彼。彼是方〔并〕生之说也[11]。虽然，方生方死，方死方生；方可方不可，方不可方可。因是因非，因非因是。是以圣人不由而照之于天，亦因是也。是亦彼也，彼亦是也。彼亦一是非，此亦一是非。果且有彼〔此〕是乎〔非〕哉？果且无彼〔此〕是乎〔非〕哉[12]？彼是莫得其偶，谓之道枢。枢始得其环中，以应无穷。是亦一无穷，非亦一无穷也。故曰：莫若〔达〕以明。

以指喻指之〔非〕非指，不若以非指喻指之非指也；以马喻马之〔非〕非马，不若以非马喻马之非马也[13]。天地〔下〕一指也，万物一马也[14]。可乎可，不可乎不可。道行之而成，物谓之而然。恶乎然？然于然；恶乎不然？不然于不然。〔恶乎可，可于可；恶乎不可，不可于不可。〕物固有所然，物固有所可。无物不然，无物不可[15]。故为是举莛与楹、厉与西施，恢〔吊〕恑[16]憰怪，道通为一。其分也，成也；其成也，毁也。凡物无成与毁，复通为一。唯达者知通为一，为是不用而寓诸庸。庸也者，用也；用也者，通也；通也者，得也。适得而几矣。因是已，已而不知其然，谓之道。劳神明为一而不知其同也，谓之"朝三"。何谓"朝三"？狙公赋芧曰："朝三而暮四。"众狙皆怒。曰："然则朝四而暮三。"众狙皆悦。名实未亏而喜怒为用，亦因是也。是以圣人和之以是非而休乎天钧，是之谓两行。古之人，其知有所至矣。恶乎至？有以为未始有物者，至矣，尽矣，不可以加矣。其次以为有物矣，而未始有封也。其次以为有封焉，而未始有是非

39

也。是非之彰也，道之所以亏也。道之所以亏，爱之所以成。果且有成与亏乎哉？果且无成与亏乎哉？有成与亏，故昭氏之鼓琴也；无成与亏，故昭氏之不鼓琴也。昭文之鼓琴也，师旷之枝〔杖〕策[17]也，惠子之据梧也，三子之知几乎，皆其盛者也[18]，故载之末年。唯其好之也，以异于彼，其好之也，欲以明之。彼非所明而明之，故以坚白之昧终。而其子又以文之纶终，终身无成。若是而可谓成乎？虽我〔无成〕，亦〔可谓〕成也〔矣〕[19]。若是而不可谓成乎？物与我无成也。是故滑疑之耀，圣人之所图〔鄙〕[20]也。为是不用而寓诸庸，此之谓以明。

今且有言于此，不知其与是类乎？其与是不类乎？类与不类，相与为类，则与彼无以异矣。虽然，请尝言之。〔有〕有始也者[21]，有未始有始也者，有未始有夫未始有始也者。有有也者，有无也者，有未始有无也者，有未始有夫未始有无也者。俄而有无矣，而未知有无之果孰有孰无也。今我则已有谓矣，而未知吾所谓之其果有谓乎，其果无谓乎？天下莫大于秋豪之末，而大山为小；莫寿于殇子，而彭祖为夭。天地与我并生，而万物与我为一。既已为一矣，且得有言

二、《齐物论》校训析

乎？既已谓之一矣，且得无言乎？一与言为二，二与一为三，自此以往，巧历不能得，而况其凡乎？故自无适有以至于三，而况自有适有乎？无适焉，因是已。夫道未始有封，言未始有常，为是而有畛也。请言其畛：有左，有右，有伦〔论〕，有义〔议〕[22]，有分，有辩，有竞，有争，此之谓八德。六合之外，圣人存而不论；六合之内，圣人论而不议。春秋经世，先王之志，圣人议而不辩。故分也者，有不分也；辩也者，有不辩也。曰：何也？圣人怀之，众人辩之以相示也。故曰：辩也者有不见也。夫大道不称，大辩不言，大仁不仁，大廉不嗛〔廉〕[23]，大勇不忮[24]。道昭而不道，言辩而不及，仁常而不成〔周〕[25]，廉清而不信，勇忮而不成。五者园〔圆〕而几向方矣[26]，故知止其所不知，至矣。孰知不言之辩，不道之道？若有能知，此之谓天府。注焉而不满，酌焉而不竭，而不知其所由来，此之谓葆光。

故昔者尧问于舜曰："我欲伐宗、脍、胥敖，南面而不释然。其故何也？"舜曰："夫三子者，犹存乎蓬艾之间，若不释然，何哉？昔者十日并出，万物皆照，而况德之进乎日者乎！"啮缺问乎王倪曰："子知物之所同是乎？"曰："吾恶乎知之！""子知子之所不知邪？"曰："吾恶乎知之！""然则物无知邪？"曰："吾恶乎知之！虽然，尝试言之。庸讵知吾所谓知之非不知邪？庸讵知吾所谓不知之非知邪？且吾尝试问乎女〔汝〕：民湿寝则腰疾偏死，鳅然乎哉？木处则惴慄恂惧，猨猴然乎哉？三者孰知正处？民食刍豢，麋鹿食荐，蝍蛆甘带，鸱鸦耆鼠，四者孰知正味？猨猵狙以为雌，麋与鹿交，鳅与鱼游。毛嫱丽姬，人之所美也，鱼见之深入，鸟见之高飞，麋鹿见之决骤，四者孰知天下之正色哉？自我观之，仁义之端，是非之涂，樊然殽乱，吾恶能知其辩！"啮缺曰："子不知利害，则至人固不知利害乎？"王倪曰："至人神矣！大泽焚而不能热，河汉冱而不能寒，疾雷破山、飘风振海而不能惊。若然者，乘云气，骑日月，而游乎四海之外。死生无变于己，而况利害之端乎！"

瞿鹊子问乎长梧子曰："吾闻诸夫子，圣人不从事于务，不就利，不违〔为〕害，不喜求，不缘〔远〕道[27]；无谓有谓，有谓无谓，而游乎尘垢之外。夫子以为孟浪之言，而我以为妙道之行也。吾子以为奚若？"长梧子曰："是黄帝之所听荧也，而丘也何足以知之！且женщ[汝]亦大早计，见卵而求时夜，见弹而求鸮炙。

予尝为女[汝]妄言之，女[汝]以[亦]妄听之。奚[若][28]？旁日月，挟宇宙？为其脗合，置其滑涽，以隶相尊。众人役役，圣人愚芚，参万岁而一成纯。万物尽然，而以是相蕴。予恶乎知说生之非惑邪！予恶乎知恶死之非弱丧而不知归者邪！丽之姬，艾封人之子也。晋国之始得之也，涕泣沾襟；及其至于王所，与王同筐床，食刍豢，而后悔其泣也。予恶乎知夫死者不悔其始之蕲生乎！梦饮酒者，旦而哭泣；梦哭泣者，旦而田猎。方其梦也，不知其梦也。梦之中又占其梦焉，觉而后知其梦也。且有大觉而后知此其大梦也，而愚者自以为觉，窃窃然知之。君乎，牧乎，固哉！丘也与女[汝]，皆梦也；予谓女[汝]梦，亦梦也。是其言也，其名为吊诡。万世之后而一遇大圣，知其解者，是旦暮遇之也。既使我与若辩矣，若胜我，我不若胜，若果是也，我果非也邪？我胜若，若不吾胜，我果是也，而果非也邪？其或是也，其或非也邪？其俱是也，其俱非也邪？我与若不能相知也，则人固受其黮闇。吾谁使正[证]之？使同乎若者正[证]之？既与若同矣，恶能正〔证〕之！使同乎我者正〔证〕之？既同乎我矣，恶能正〔证〕之！使异乎我与若者正〔证〕之？既异乎我与若矣，恶能正〔证〕之！使同乎我与若者正〔证〕之？既同乎我与若矣，恶能正〔证〕之！然则我与若与人俱不能相知也，而待彼也邪？〔化声之相待，若其不相待。和之以天倪，因之以曼衍，所以穷年也。〕[29]何谓和之以天倪？曰：是不是，然不然。是若果是也，则是之异乎不是也，亦〔其〕无辩；然，若果然也，则然之异乎不然也，亦无辩[30]。忘年忘义，振于无竟，故寓诸无竟。"

罔两问景曰："曩子行，今子止；曩子坐，今子起；何其无特操与？"景曰："吾有待而然者邪？吾所待又有待而然者邪？吾待蛇蚹蜩翼邪？恶识所以然！恶识所以不然！"昔者庄周梦为胡〔蝴〕蝶，栩栩然胡〔蝴〕蝶也，自喻适志与[31]！不知周也。俄然觉，则蘧蘧然周也。不知周之梦为胡〔蝴〕蝶与，胡〔蝴〕蝶之梦为周与？周与胡〔蝴〕蝶，则必有分矣。此之谓物化。

（二）文字校训说明

[1]"苔焉似丧其耦"，清本原文如此。此句中之"苔"，刘

文典言:"《御览》七百十、八百七十一引'苔'作'嗒'。"《中华大字典》言:"嗒,解体貌。"钊按:当依《御览》本,改作"嗒"。又,关于本句中之"丧其耦",俞樾指出:"'丧其耦',即下文所谓'吾丧我'也。郭《注》曰'若失其配匹',未合'丧我'之义。司马云'耦,身也',此说得之,然云'身'与'神'为耦,则非也,'耦'当读为'寓'。'寓',寄也,'神'寄于'身',故谓'身'为'寓'。"按:俞氏之说是,从之。

[2]"山林之畏佳",清本原文如此。此句之"林",《陈译》依奚侗说改作"陵"。奚侗言:"'林',当为'陵'。《六韬·绝粮》第三十九:'依山陵险阻、水泉林木而为之固。'《通典》五十七引作'山陵',是'陵'误为'林'之例证。"(参见《庄子补注》,下引此书,不再注书名)闻一多、严灵峰等均据奚氏之说,改"林"为"陵"。钊按:诸家之见解是,从之。又,"畏佳"用于描述山陵,则原文当为"崔",因年深月久,上面之"山"脱损,乃变成"畏佳"。闻一多言:"'崔',垒韵连语,''犹'隈'也,从山与从阜同。《文选·风赋》曰:'侵淫谿谷,盛怒于土囊之口,缘大山之阿。'曰'谿谷',曰'土囊之口',曰'阿',皆此所谓'崔'之类。"则此"崔"乃形容"山曲"之貌(参见闻一多《庄子义疏·齐物论》),其说可从。

[3]"大言炎炎,小言詹詹",清本原文如此。此句中之"詹詹",成《疏》为"词费"。钊按:恐非是。此"詹詹",疑为"澹澹"之借字。《中华大字典》:"'詹',读如'澹然无为'之'澹'。"故"詹詹"即"澹澹",同"淡淡",正好与前面之"炎炎"相对应,是猛烈的反义词,犹淡薄是也。则"大言炎炎,小言詹詹",犹云"大言火火烈烈,小言清清淡淡"是也。

45

[4]"其发若机栝,(其司是非之谓也;)其留如诅盟,(其守胜之谓也;)其杀若秋冬,(以言其日消也;其溺之所为之,不可使复之也;)其厌也如缄,(以言其老洫也;近死之心,莫使复阳也)",清本原文如此。钊按:这段文字,闻一多曾从文中撷出四段文句,分别对之加了圆括弧,认为圆括弧中的文字为"后人旁注语羼入正文"。为了研究的方便,我们依闻氏之意,特在这段文中分别对相关文句加了圆括弧:一为"其司是非之谓也",在闻氏看来,这句话旨在注释该句之前"其发若机栝"一语。二为"其守胜之谓也",此语旨在注释其前句"其留如诅盟"一语。三为"以言其日消也,其溺之所为之,不可使复之也",此段旨在注释其前句"其杀若秋冬"一语。四是"以言其老洫也;近死之心,莫使复阳也",此段旨在注释其前句"其厌也如缄"一语。仔细研读括弧中的文字,可知闻氏之说十分正确。例如,关于第一句"其发若机栝",闻氏释曰:"发动之速,有如弩牙,其伺是非之谓也。"关于第二句"其留如诅盟",闻释曰:"留止不动,如有约誓,其守胜之谓也。"关于第三句"其杀若秋冬",闻释曰:"以言其日消也,其溺之所为之不可使复之也。"关于第四句"其厌也如缄",闻释曰:"厌倦则安静如缄封,以言其老洫也、衰耗也,近死之心,莫使复阳(生)也。"(参见《庄子义疏·齐物论》)将闻氏之注语同相关经文相对照,均给人以言之凿凿之感,说明括弧中的字句,确属后人注释羼入正文,当依其说,删去括弧中文字(特分别对之加了黑线,以示应予删去)。

[5]"不忘以待尽",清本原文如此。此句中的"不忘",原作"不亡"(成《疏》曰"不中途亡失",据此可知,成氏所见本作"不亡")。刘师培说:"'不亡',《田子方篇》作'不化',窃

以'亡'即'化'讹。'不化',犹云弗变,下云'其形化',即蒙此言。郭《注》以'中易其性'为诠,'易''化'义,符是郭本亦弗作'亡'也。盖'匕''亡'形近,'匕'讹为'亡'。俗本竟以'忘'易之。"(见《庄子斠补》,下引刘氏此书,不再注出处)钊按:闻一多、严灵峰《陈译》诸家,均据刘说将"不亡"正为"不化",从之。

[6]"其行尽如驰",清本原文如此。此句中之"尽",《陈译》据严灵峰说,将之训为"进"。严灵峰指出:"《列子·天瑞篇》:'终进乎不知也。'张湛注:'进,当为尽,此书"尽"字例多作"进"也。'……《黄帝篇》'内外进矣',注'故曰内外尽矣'。《列子》既有'进''尽'通用之例,则此'尽'字义当作'进'。'其行进如驰',乃应上文'其发若机栝也',亦即《天下篇》'逐万物而不反'是也。因依《列子》文例改。"钊按:严说有理有据,此句当为"其行进如驰",兹照改。

[7]"其形化,其心与之然",清本原文如此。闻一多认为,"化"当为"死"之误,他说:"上云:'人谓之不死,奚益?'此承上为文,'化'当为'死'字之误也。'其形死,其心与之然,可不谓大哀乎',与《田子方篇》'哀莫大于心死,而人死亦次之'语相仿。且上文以不化待尽而哀,此若作'化',则与上文之义相左矣。今改正。"(《〈庄子〉章句(附校补)·齐物论(伦)》❶,下引此文简称《校补·齐物论》)钊按:闻说有理有据,当从之。

[8]"奚必知代而心自取者有之",清本原文如此。闻一多认

---

❶ 载《高等院校社会科学学报论丛·庄子研究》,复旦大学出版社,1986年版,第488页。

为，此句"'知'，读为'智'，与下'愚'字对举。'代'当为'成'字之误也。今正。此当以'奚必知成而心自取者有之'十一字为句。'成''盛'古通，后文曰'三子之知几乎皆其盛者也'，《大宗师篇》曰'是知之盛也'。此'知盛'即'知成'。《德充符篇》曰'以其知得其心，以其心得其常心'，此云'不必知成而心自取'，亦'知'与'心'并言，义与彼同。"（同上）钊按：其说言之凿凿，当据改。

[9]"莫若以明"，清本原文如此。关于此语，《陈译》释曰："不如用明静之心去观照。"钊按：此释有增字改经之嫌，不确。笔者以为，此句中的"若"，当训为"及"，《古书虚字集释》言："若，犹及也。"则"莫若以明"，犹"莫及以明"，此"及"通"达"，故"莫若以明"，即"莫达以明"是也。"莫达以明"，即不可能达到明。其上下语意是说，按照儒墨两家"是其所非而非其所是"（即把对方的"非"看作"是"，把对方的"是"看作"非"）那一套去探讨问题，则不可能达到明。照此训释，文通理顺，当无疑义。

[10]"自彼则不见，自知则知之"，清本原文如此。钊按：仔细研读这两句，不难看出前句与后句是相互对应的，前言"自彼则不见"，后句应为"自此则知之"。然而，核对文本，用的不是"此"而是"知"字。问题何在？余以为第二句中的前一"知"字，乃为"之"字之误，"知"与"之"音同易误。此"之"可以训为"此"或"是"，则"自之则知之"，犹言"自此则知之"。于是，全文豁然贯通。

[11]"彼是方生之说也"，清本原文如此。此句中的"方生"，《陈译》据马叙伦、张默生之说，将"方"训为"并"，言"方生"为两方并生，则"彼是方生"，指的是"彼此的观念是相

对而生,相依而存的"。钊按:其说是。此"并生"即"互生"是也。因为本句是对前两句(即"彼出于是,是亦因彼")的小结,说明"彼"与"是"的存在,是互为条件的。既然互为条件,则"彼"与"是"之生,均有赖于对方。故"方生"可理解为"并生",即"互生"是也。

[12]"果且有彼是乎哉?果且无彼是乎哉?"清本原文如此。钊按:仔细推敲这两句话,不难发现,文字晦涩不通。"彼"与"是"作为一对范畴,本已客观存在,作者还要在此连续发问:"果且有彼是乎哉?果且无彼是乎哉?"其问似乎纯属多余。余疑该两句文字有脱误。前面说"彼亦一是非,此亦一是非",意为彼有彼的是非,此有此的是非。下面要问的当是"果且有彼此是非哉?果且无彼此是非哉?"然而今本原文却为"果且有彼是乎哉?果且无彼是乎哉?"两相对照,可知两句均有脱误。第一句当为"果且有彼此是非哉?"第二句当为"果且无彼此是非哉",照此释,则两句各在"彼"下脱一"此"字,且"非"字均误为"乎"字("乎"与"非"形近易误),当据补正。作者意在告诉人们,真的存在彼与此的是非吗?真的不存在彼与此的是非吗?这两个问题正是对前面提出的"彼亦一是非,此亦一是非"之说的深化和发展,故后文说"彼是莫得其偶,谓之道枢",意为彼此均无是非对立,这就抓住了道的中枢。很显然,作者的本意是要否定彼此是非的客观性。

[13]"以指喻指之非指,不若以非指喻指之非指也;以马喻马之非马,不若以非马喻马之非马也",清本原文如此。钊按:这段文字,是《庄子》书中著名的"指马之论",它包括前后两个命题,前命题可称为"甲命题",后命题可称为"乙命题"。两个

命题，文字有异，但含意是一致的。它的提出，旨在抨击名家公孙龙的指马观。我们知道，公孙龙撰有著名的两论：一为《指物论》，一为《白马论》。《指物论》曰："物莫非指，而指非指。""物莫非指"，是说任何事物都有与之相对应的名称或概念；"而指非指"，是说这个概念或名称有别于那个概念或名称。《白马论》曰："白马非马。"其中"白马"指的是马的"个别"，而"马"则指的是马的"一般"，即个别的马有别于一般的马。两者均突显出概念的差异性。庄生的指马之论，之所以出在《齐物论》中，是因为作者要借助齐同论来鞭挞公孙龙重视差异性的思想。从表面看，上述两论似乎文字没有问题，但将之用现代汉语译出后，其所表达的思想，则有违庄生本旨。例如，《陈译》将上述"甲命题"翻译为"以大拇指来解说大拇指不是手指，不如以非大拇指（即手指）来解说大拇指不是手指"；同时，又将"乙命题"翻译为"以白马来解说白马不是马，不如以非白马（即马）来解说白马不是马"。其结论为"甲命题"强调了"大拇指不是手指"；"乙命题"则强调了"白马不是马"。两者均突出了概念的差异性。显然，这个结论不符合《齐物论》作者的本意。它不但未能鞭挞公孙氏之说，反而倒帮公孙氏做了补证，同时，也在客观上背离了作者自己的"齐物"之说。那么问题出在哪里呢？对之仔细研读，才发现今本文字有脱失。具体地说，甲、乙两命题均在第一个"非"字之前脱一"非"字。"甲命题"应为"以指喻指之非非指，不若以非指喻指之非指也"。"乙命题"应为"以马喻马之非非马，不若以非马喻马之非马也"。下面，我们分别对这两个命题做出具体诠释。我们将"甲命题"中的前两个单"指"及后一个单"指"，分别代表个别的具体概念；而前后两个"非指"，则代表抽象性的一般概念；前后两个"之"，助词；新增的"非"，可释为"不是"（见《古书虚字集释》）。将之译出，意为：以具体的概念来说明具体的概念不是一般概念，不如用一般概念来说明具体概念也是一般概念。若将之具体化，我们可仿照《陈译》的做法，将"甲命题"中的"指"，用"大拇指"代之；将"非指"用"手指"代之，则译文为：以大拇指来说明大拇指不是手指，不如用手指来说明大拇指也是手指。对于"乙命题"，我们的具体做法是将该文中前两个单"马"及后一个单"马"，分别代表具体的马，如"白马"；而将前后两个"非马"，用来代表抽象性的一般的"马"。据此，该命题可译为：以白马来说明白马不是马，不若以马来说明白马也是马。以上，按"甲命题"之意，译得"大拇指也是手指"；按"乙命题"之意，译得"白马也是马"。这两个结论，均论证了"个别"与"一般"的同一性。这既符合"个别就是一般"的辩证法，又体现了《齐物论》重齐同的本意，同时，还有力抨挞了名家公孙龙的指马观。特别需要指出的是，文中增加一个"非"字，就使文意发生根本的变化，这绝非偶然，而说明该"非"字乃属于原命题构建时所不可缺少的用字，后来脱去该字，也可能是被浅人所删，当据补。

[14]"天地一指也，万物一马也"，清本原文如此。闻一多认为"天地"乃为"天下"之误。他指出："'指'谓名称，'马'谓符号……'一'犹'皆'也。'天下一指也，万物一马也'，'天下'与'万物'，'指'与'马'皆同义，二句实只一意耳。今本'天下'作'天地'，盖学者不达指马之义而妄改。《疏》曰：'天下虽大，一指可以蔽之；万物虽多，一马可以尽理。'其解说虽误，似所见本犹作'天下'。"钊按：其说允当，当从之。

[15]"可乎可，不可乎不可。道行之而成，物谓之而然。恶乎然？然于然；恶乎不然？不然于不然。物固有所然，物固有所可。无物不然，无物不可"，清本原文如此。刘文典据王闿运说，疑文字有误。王言："以《寓言篇》证之，'不然于不然'下，似应更有'恶乎可，可于可；恶乎不可，不可于不可'四句，而今本夺之。"典案："王说是也，此文本以'然不然''可不可'对言，故下文云：'物固有所然，物固有所可。无物不然，无物不可。'今本'不然于不然'句下脱此四句，又误移'可乎可，不可乎不可'二句于上文。句既错乱，义遂不可通矣。《释文》引崔本'无物不然，无物不可'句下有'可于可，而不可于不可；不可于不可，而可于可也'十九字。文虽小异，而'不然于不然'句下之有脱文明矣。"钊按：其说有理有据，今将本段开头两句删去，并在"不然于不然"之下增补"恶乎可，可于可；恶乎不可，不可于不可"四句，并用六角括号将之括起来，以示区别。

[16]"恢恑憰怪"，清本原文如此。此句中之"恢恑"，刘文典认为乃"吊恑"之误。他指出："'恢'字无义，简文本作'吊'是也。'吊恑'即'吊诡'，故下文云：'是其言也，其名为吊诡。'此'诡'字，既涉'憰''怪'二字偏傍作'恑'，'吊'字又讹为'恢'，义遂不可通矣。'吊''恢'形不相近，无缘致讹。疑此文旧作'俶恑'，《德充符篇》'彼且蕲以俶诡幻怪之名闻'，《天下篇》'其辞虽参差而俶诡可观'，《吕氏春秋·侈乐篇》'俶诡殊瑰'。'吊''叔'古同字，故'俶'或作'俶'，或作'吊'，'诡'以偏傍为'恑'，'俶'又以偏傍为'恢'矣。以简文本之作'吊'，知此字之必从'叔'，则'恢'之为误字明矣。"钊按：刘氏之言，探源溯流，有理有据，当从之。

[17]"师旷之枝策也",清本原文如此。此句中的"枝策",刘文典认为应作"杖策"。他说:"古书多言'杖策',罕言'枝策'。《让王篇》'因杖筴而去之'亦以'杖筴'(按:筴、策相通)连文。《释文》引崔云'举杖以击节',是崔本字正作'杖'。"钊按:刘说合理,此文当依其说改作"杖策"是也。

[18]"三子之知几乎,皆其盛者也",清本原文如此。钊按:此两句之断句,学界有不同见解。《陈译》依武延绪说,将"几乎"二字移至下句"皆其盛者"之上,使全句变成"三子之知,几乎皆其盛者也"。仔细推敲,其说似不妥。因为若将"几乎"两字移入下句,则致"三子之知"句意未完。若不移,则为"三子之知几乎,皆其盛者也",两句皆通,似以不移为优。

[19]"虽我亦成也",清本原文如此。《陈译》据王叔岷说,引陈碧虚《庄子阙误》,补正为"虽我无成,亦可谓成矣"。王叔岷言:"作'虽我无成,亦可谓成矣',文意较完。"钊按:其说有理,此据补。

[20]"圣人之所图也",清本原文如此。闻一多认为,应作"圣人之所鄙"。他指出:"'圖'当为'鄙'。'鄙',古只作'啚',校者误认为'圖',遂改写作'圖'。《天下篇》'圖傲乎救世之士哉',章炳麟谓'圖为啚误',《书·洪范》'洪惟圖天之命''厥圖帝之命''圖欤政''圖忧于正',于省吾亦谓'圖'为'啚'之误,是其例证。此所谓'滑疑之耀'指斥惠子,乃庄子所不取,故曰:'圣人之所鄙也。'"钊按:其说有理,考上下文,当以作"鄙"为是。今据改。

[21]"有始也者",清本原文如此,闻一多认为,依文义,应再加一"有"字。这样,可以同下文"有未始有始也者。有未始

有夫未始有始也者"等语相贯通。钊按：其说是，此照补。

[22]"有伦，有义"，清本原文如此。俞樾认为，当依《释文》所载之"崔本"，作"有论，有议"。他指出："下文云：'六合之外，圣人存而不论；六合之内，圣人论而不议。'又曰：'故分也者，有不分也；辩也者，有不辩也。'彼所谓'分辩'，即此'有分有辩'；然则彼所谓'论议'，即此'有论有议'矣。"钊按：其说文理通达，当从之。

[23]"大廉不嗛"，清本原文如此。《陈译》引李勉说："原句应作'大廉不廉'，与上句'大仁不仁'句法同，下'廉'字动词，谓大廉者不自言其廉也，魏晋注者加'口'旁作'嗛'，又误作'嗛'。"钊按：其说是，当改"嗛"为"廉"耳！但下"廉"字并非动词，而仍是名词，言不自标榜其廉也。

[24]"大勇不忮"，清本原文如此。"不忮"之"忮"，成《疏》释"逆"，恐误。《中华大字典》："忮，很也，引申为'害'。"故"大勇不忮"，犹言大勇不能太狠而生伤害。钊按：此段中的"不称""不言""不仁""不廉""不忮"，均从对立统一的角度，阐明了"不道"中有"道"，"不言"中有"言"，"不仁"中有"仁"，"不廉"中有"廉"，"不勇"中有"勇"，表明庄子对辩证思维尤有独见。

[25]"仁常而不成"，清本原文如此。此句中之"不成"，据刘文典言，碧虚子校引江南古藏本作"不周"。他指出："江南古藏本是也。《注》'常爱必不周'，是郭所见本字亦作'周'，今本作'成'，与下文'勇忮而不成'相复。"钊按：其说是，此处以作"周"为优，当据改。

[26]"五者园而几向方矣"，清本原文如此，"园"，是

"圆"也。有注者依奚侗之说,将之校为"五者无弃而几向方矣"。奚侗说:"《淮南·诠言训》载此文作'五者无弃而几向方矣',高《注》:'方,道也,庶几向于道也。'《尔雅·释诂》:'弃,忘也。'意谓能无忘此五者,其庶几乎向于道矣。疑古本《庄子》'無'作'无','弃'字破烂不可辨,钞者乃作□以识之,后人不察,误'无'为'元',又与'□'相合为'园',解者遂以为'圆'之俗字,而误'方'为'圆'之对文,而书恉大晦,是当据《淮南》订正之。"钊按:奚氏依《淮南》之文对之订正,虽亦持之有故,然而清本究竟怎样由"无弃而几向方矣"变成"圆而几向方矣"之说,并无确凿证据,似出自其本人的臆想与推测,故有迂曲不经之嫌。而且,清本之原文"五者圆而几向方矣"一语,已把该段文意表达得清楚明白,文中所谓"道昭而不道,言辩而不及,仁常而不成,廉清而不信,勇忮而不成"等语,是说"道""言""仁""廉""勇"五者,若做得过于圆满,则会导致物极必反,事与愿违,亦即所谓"五者圆而几向方"。故闻一多释此句曰:"五者本圆,用之过度,则削损而变方矣。"如此释,全文豁然贯通,为什么要以《淮南》之文为据而将之改作"五者无弃而几向方矣"?难道《淮南》之文,就绝对正确吗?

[27]"不就利,不违害,不喜求,不缘道",清本原文如此。钊按:此语中"不违害"语不可通,圣人为大众谋利益,总是会兴利除害,怎么能说圣人"不违害"呢?余以为此"违"乃因与"为"音同而误。古人有同音互假之约,此"违"可能假作"为"。则"不为害",即不制造祸害是也。又,此语中"不缘道"之说,亦难解通,余以为此"缘"乃因与"远"音近而误。据此,则"不缘道"当作"不远道",即不远离大道是也。

[28]"女以妄听之。奚?"清本原文如此。本句中的"以",闻一多认为乃"亦"之误。他说:"'以',当作'亦'。草书形近而讹。《注》曰'故亦妄听之',《疏》曰'我试为汝妄说,汝亦妄听'。是郭、成二本并作'亦',《集解》本作'汝亦以妄听之'……盖一本作'亦',一本作'以',写者误合之,今据改。"钊按:其说有理,此将"以"改作"亦"。又,"奚"下,闻一多据朱桂曜说,认为应补一"若"字。按:此处补一"若"字,语意完整、思路清晰,当从之。再,"女"字,借为"汝",此种情况在《庄》书中较多,后面略而不注。

[29]"化声之相待"至"所以穷年也"二十五字,清本原在"则然之异乎不然也,亦无辩"句下、"忘年忘义,振于无竟"句上,《陈译》据吕惠卿本、宣颖本及蒋锡昌、王叔岷诸家之说,将之移至"何谓和之以天倪"之上。该书引蒋锡昌之语说:"吕惠卿本移'何谓和之以天倪'至'则然之异乎不然也亦无辩'一段文字在'所以穷年也'下,当从之。盖此为后人所误倒也。"又引王叔岷说:"此二十五字,与上下文义似不相属,褚伯秀《义海纂微》引吕惠卿注后附说云:'"化声之相待"至"所以穷年也",合在"何谓和之以天倪"之上,简编脱略,误次于此……'宣颖《南华真经解》直移此二十五字于上文'何谓和之以天倪'上,王先谦《集解》亦从之。"钊按:以上各家之说,均有理有据,今按王氏《集解》及《陈译》本,排列本段经文。

[30]"是若果是也,则是之异乎不是也,亦无辩;然,若果然也,则然之异乎不然也,亦无辩",清本原文如此。刘文典指出:"上下两言'亦无辩',词复而义未晰。碧虚子校引江南古藏本作:'则是之异乎不是也,其无辩矣。然,若果然也,则然之

异乎不然也,亦无辩矣。'词义较长。"钊按:其说是,当据该古本改正本段文字。

[31]"自喻适志与",清本原文如此。刘文典疑此语为衍文,曰:"'自喻适志与'五字,隔断文义,'与'字同'欤',详其语意,似是后人注羼入正文。《艺文类聚》虫豸部《太平御览》九百四十五引并无此五字,三百九十七引有,盖唐代犹有无此五字之本。"钊按:其说有理。重读该段,上面说"栩栩然胡蝶也",下面接上"不知周也",语意完满,清楚明白。而在此两句之间加上"自喻适志与"五字,确有"隔断文义"之嫌,且"自喻适志与"一语,的确可用来注释前面之文义。其为注语无疑,当予以删去。

(三) 中心内容评析

本篇题名《齐物论》,意为关于万物齐同之论。全文共分八节,紧扣题意,从"四齐"(即"齐是非""齐生死""齐万物""齐物我")的视角,展开系统论述。

第一节,描述南郭子綦"隐机而坐"后,出现"吾丧我"的特殊状态,进而探讨"三籁"问题。从表面看,这些似乎同主题"齐物"没联系。但深入思考,就会发现它给"齐物"之论已埋下伏笔:"吾丧我",言"吾"与"我"为异,但实质上指的是"同"(即同一人);又"地籁"导致"万窍怒呺",不仅所涉的"窍"各不相同,而且声音也大相殊异。虽有这些差异,但说到底它们都是同一个东西即"风"在后面起作用。"天籁"与"人籁"在本质上也同于此。毫无疑问,这些乃为全文"齐物"提供了一个"引子"。第二节，集中写"大知""小知""大言""小言"的出现，导致"与接为构，日以心斗"。这就将是非之争提上台面，故曰："其司是非之谓也"。后面进一步强调"真宰"没有征兆，例如，在"百骸""九窍""六藏"中，究竟谁是"真君"却不可知。可见，是非之争是徒劳的。第三节，由于"道隐于小成，言隐于荣华"，才导致"是非"之争的出现，"故有儒墨之是非"。在作者看来，儒墨两家争论是非，"是其所非而非其所是"，其结果只能是"莫及以明"。这就进一步揭示了是非之争的虚渺性。后文接着提出："方生方死，方死方生，方可方不可，方不可方可。"这是明确认为，"生"与"死"没有界限，"生"即"死"，"死"即"生"，两者可以齐同合一。意在强调"齐生死"。第四节，明确指出："举莛与楹、厉与西施，吊诡憰怪，道通为一。"其意是说，世间的草茎与巨木、丑人与美人，乃至社会上千奇百怪的种种矛盾现象，从"道"的眼光来看，它们都是齐同为一的。不难看出，这里突出的乃是"齐万物"之意。接着，作者讲了一个老翁养猴子的故事，老翁分给猴子的食物，猴子喜欢"朝四、暮三"，却不喜欢"朝三、暮四"。其实"朝三、暮四"和"朝四、暮三"在本质上并无差异。作者借此寓言，旨在比喻人们争论是非乃是愚昧之见，其本意是为说明"齐是非"的合理性。故曰："圣人和之以是非而休乎天钧。"指出："是非之彰也，道之所以亏也。"第五节，指出："有有也者，有无也者"，"而未知有无之果孰有孰无也"。这里强调的是"有"与"无"的相对性。又说："天下莫大于秋豪之末，而大山为小；莫寿于殇子，而彭祖为夭。"说明物体之"大"与"小"，时间之"长"与"短"都具相对性。最后总结说："天地与我并生，而万物与我为一"。这句话是全篇的总纲，说明从天地到万物再到"我"，都处于"并生""为一"之中，于是天地、万物及我可以合为一体了，一言以蔽之，叫作"齐物我"。第六节，在前面阐明"不言之辩""不道之道"的基础上，文章借啮缺与王倪之对话，描述三问三不知的情境，旨在告诉人们，由于没有是非之别，故一切都是不可知的。后面用"孰知正处""孰知正味""孰知正色"三个问题，进一步阐明是非的不可知性，故曰："仁义之端，是非之涂，樊然殽乱，吾恶能知其辩！"再次点明是非问题的渺茫性，从而再次为"齐是非"之论增加材料。下面借瞿鹊子与长梧子的对话，为"齐生死"作进一步论证。在作者看来，"悦生"与"恶死"都是偏见，故曰："予恶乎知夫死者不悔其始之蕲生乎！"表现出"视生如死"的厌生倾向。在作者看来，两个人关于是与非的辩论，第三者无法作出公正判断，指出："我与若与人俱不能相知也。"既然两人辩论，第三人无法评定是非，则是非之争的存在就没有任何意义了。作者的结论是："和之以天倪。"第七节，瞿鹊子问乎长梧子曰："吾闻诸夫子，圣人不从事于务，不就利，不违害，不喜求，不缘道；无谓有谓，有谓无谓，而游乎尘垢之外。"第八节，先用罔两与影子的对话，说明现实中所见到的种种物象，都是不可知的，故曰："恶识所以然！恶识所以不然！"这是说，是非之辩完全没有必要。后面借庄周梦蝶的寓言，突显"人生如梦"的消极人生观。

以上全文有关"四齐"之论，表达了一个基本思想，即：是非等同、生死等同、万物等同、物我等同，于是世间没有矛盾，一切都是混而为一的。这些乃是本文所表达的最基本的哲学观念。毋庸讳言，它在哲学上陷入了相对主义诡辩论。虽然存在这一根本失误，但从整体上看，它对中国古代哲学的发展也作出过独特贡献，例如，在反对百家争鸣中存在的独断论方面，也曾产生过积极影响。

三、《养生主》校训析

（一）经文校正清样

吾生也有涯，而知也无涯。以有涯随无涯，殆已。已而为知者，殆而已矣。为善无近名，为恶无近刑。缘督以为经[1]，可以保身，可以全生〔性〕[2]，可以养亲[3]，可以尽年。

庖丁为文惠〔文〕君解牛[4]，手之所触，肩之所倚，足之所履，膝之所踦，砉然嚮然。奏刀騞然，莫不中音。合于《桑林》之舞，乃中《经首》之会。文惠〔文〕君曰："嘻，善哉！技盖至此乎？"庖丁释刀对曰："臣之所好者，道也，进乎技矣。始臣之解牛之时，所见无非〔死〕牛者。三年之后，未尝见全〔生〕牛也[5]。方今之时，臣以神遇而不以目视，官知止而神欲行。依乎天理，批大卻，导大窾，因其固然。技〔枝〕经肯綮之未尝[微碍][6]，而况大軱乎！良庖岁更刀，割也；族庖月更刀，折也。今臣之刀十九年矣，所解数千牛矣，而刀刃若新发于硎[7]。彼节者有间，而刀刃者无厚；以无厚入有间，恢恢乎其于游刃必有余地矣，是以十九年而刀刃若新发于硎。虽然，每至于族，吾见其难为，怵然为戒，视为止，行为迟，动刀甚微，谋[磔]然已解[8]，[牛不知其死也][9]。如土委地，提刀而立，为之四顾，为之踌躇满志，善刀而藏之。"文惠[文]君曰："善哉！吾闻庖丁之言，得养生焉。"

公文轩见右师而惊曰："是何人也？恶乎介也？天与，其人与？"曰："天也，非人也。天之生是使独也，人之貌有与也。以是知其天也，非人也。

泽雉十步一啄，百步一饮，不蕲畜乎樊中，神虽王[旺]，不善也[10]。"

老聃死，秦失吊之，三号而出。弟子曰："非夫子之友邪？"曰："然。""然则吊焉若此，可乎？"曰："然。始也吾以为其[至]人也[11]，而今非也。向吾入而吊焉，有老者哭之，如哭其子；少者哭之，如哭其母。彼其所以会之，必有不蕲言而言，不蕲哭而哭者。是遁天倍情，忘其所受，古者谓之遁天之刑。适来，夫子时也；适去，夫子顺也。安时而处顺，哀乐不能入也，古者谓是帝之县解。"

指穷于为薪〔而〕火传[12]也，不知其尽也。

（二）文字校训说明

[1]"缘督以为经"，清本原文如此。钊按：关于此语之意，众说纷纭，似以李颐、船山之说为当。李曰："'缘'，'顺'也；'督'，'中'也；'经'，'常'也。"船山言："奇经八脉，以任督主呼吸之息。身前之中脉曰任，身后之中脉曰督……缘督者，以清微纤妙之气，循虚而行……"（见郭氏《集释》）则"缘督以为经"者，意在强调把因顺中虚之气作为养生的常则。今日中医重视调养中气，当与道家此说有关。

[2]"可以全生"，清本原文如此。吴汝纶《庄子点勘》言："'生'，读为'性'。"钊按：其说是，"生"可以训"性"，《中华大字典》注"生"曰"谓性也"。本篇重点讲养生之经，而在道家看来，养性是养生的关键所在，故有"可以全性"之论。

[3]"可以养亲"，清本原文如此。《陈译》言"养亲"有误，主张以"养身"代之，曰："'可以养亲'前后文看与'养亲'无关，'亲'或为'身'的借字。《礼记·祭义篇》'亲'字释文：别本作'身'。有此一例……今译依'养身'意译。"钊按：此说恐未当。说老庄未尝论及"养亲"，乃与史实不符。例如，老子曾明确提出"绝仁弃义,民复孝慈"一语。此已透露出老子讲孝道,而要行孝道，就不能不养亲。而且，将"亲"训为"身"，虽有《礼

63

记》一例，但那属孤证。"亲""身"二字并非可以互通，今查《中华大字典》，"亲"有 29 种释义，但却与"身"无关联，故以"身"训"亲"，似不可立。且"养亲"并非与《养生主》全无关系，王先谦注曰："以受于亲者归之于亲，养之至也。"明人方以智曾断定庄子之"养亲"与《孝经》通，曰："孝无终始，通于神明……养传天下人心，续万古之主中主，以事其亲，其达孝何如耶！"（见《药地炮庄》）

[4]"庖丁为文惠君解牛"，清本原文如此。"文惠"，刘文典曰："《北堂书钞》百二十三、《御览》三百四十六引'文惠'并作'惠文'，则文惠君者非梁惠王，而为《说剑篇》之赵惠文王矣。"钊按：此说将"文惠"校为"惠文"较为合理，因为"文惠王"乃梁惠王之谥号，一般说来谥号乃死后封的号，若庖丁为文惠王解牛，那便是为已死之王解牛，这于理不通。刘氏发现有两种古本"文惠"并作"惠文"，则惠文君当指的是赵惠文王。这就使原来存在的问题迎刃而解。当从刘说改正清本经文。

[5]"始臣之解牛之时，所见无非牛者。三年之后，未尝见全牛也"，清本原文如此。刘文典曰："'无非'下脱'死'字，'全'为'生'字之误。《吕氏春秋·精通篇》：'宋之庖丁好解牛，所见无非死牛者，三年而不见生牛。'《论衡·订鬼篇》：'宋之庖丁学解牛，三年不见生牛，所见皆死牛也。'并以'生牛''死牛'对言，是其塙证。"钊按：其说是。从文意上看，作者意在告诉人们，庖丁解牛时，因全神贯注，以致在他眼里，那些被他所杀的牛，全是死牛，没有生牛。

[6]"技经肯綮之未尝"，清本原文如此。《陈译》据俞樾、李桢、严灵峰等之说，校作"枝经肯綮之未尝微硋"，并作了简

要说明。该书引俞樾说："郭《注》以'技经'为'技之所经'，殊不成义。'技经肯綮'四字，必当平列。《释文》曰：'"肯"，《说文》作"肎"，《字林》同，著骨肉也。一曰：骨无肉也。"綮"，司马云："犹结处也。"'是'肯綮'并就牛身言，'技经'亦当同之。'技'，疑'枝'之误。《素问·三部九候论》'治其经络'，王注引《灵枢经》曰：'经脉为里，支而横者为络。'古字'支'与'枝'通。'枝'，谓枝脉；'经'谓经脉。'枝经'犹言经络也。经络相连之处，亦必有碍于游刃。庖丁惟因其固然，故未尝碍也。"又引李桢说："俞氏改'技'为'枝'，训为经络，说信确矣。'未尝'二字须补训义。"（见郭庆藩《庄子集释》引）又引严灵峰说："'微碍'二字原阙，按'未尝'二字，义犹未足，下当有脱文。郭《注》：'常游刃于空，未尝经概于微碍也。'成《疏》：'游刃于空，微碍尚未曾经。'依《注》《疏》，'未尝'下当有'微碍'二字，否则，说不可通。"（《道家四子新编》670页）钊按：以上诸家之说均言之凿凿，当以之为据，将郭本之原文改为"枝经肯綮之未尝微碍"。

[7]"而刀刃若新发于硎"，清本原文如此。此句中的"刀"字，刘文典疑为衍字，曰："'刀'字疑涉'刃'而衍。《吕氏春秋·精通篇》作'刃若新磨研'，《御览》三百四十六引亦无'刀'字。"钊按：其说有据，当据之删去"刀"字。

[8]"謋然已解"，清本原文如此。王闿运《庄子注》曰："'謋'，当作'磔'。"奚侗《庄子补注》亦曰："疑'謋'系'磔'字之误。《广雅·释诂三》：'磔，开也。'与'已解'义相应。"钊按：王、奚之说是，此文中之"謋"当为"磔"之误。《中华大字典》言："'磔'，剔也。"该典又引《尔雅·释天》

言:"'磔','谓披磔牲体,像风之散物'。"这里所谓"披磔牲体",与"庖丁解牛"之意完全一致;所谓"像风之散物",乃是比喻剔剥牲畜,如同风之散物那么迅速、顺利,这刚好同本文"諜然已解"完全吻合,当改"諜"作"磔"是也。

[9]"牛不知其死也",此六字清本原脱。《陈译》据陈碧虚《阙误》引文如海、刘得一本均有此六字,认为补此六字,文意较完美。钊按:其说是,上文言"諜然已解",如风之散物,下面接上"牛不知其死也",给人以前呼后应之感,当据以补之。

[10]"神虽王,不善也",清本原文如此。钊按:此句中之"王",当训为"旺"。《陈译》引林希逸说:"王,音旺。"又引朱桂曜说:"'王'当即'旺'字,古无'旺'字。"《中华大字典》引《正字通》曰:"'王',俗作'旺'。"则此句中之"王",当读为"旺"是也。"神虽旺,不善也",意为精神虽旺,却并非美事。"善",犹"美"也。此乃承上句"不蕲畜乎樊中"而言。被关在樊笼中,精神虽旺,也不是美事。

[11]"始也吾以为其人也",清本原文如此。此句中之"其",碧虚子校引文如海本作"至"。奚侗曰:"'其'当从文本作'至'。下文'遁天倍情'即以为非至人也。"刘文典从其说。钊按:此处当以上述诸家之说为是,将"其"改作"至"。

[12]"指穷于为薪火传也",清本原文如此。据刘文典考《御览》三百七十引"薪"下有"而"字。钊按:有"而"字语意圆满,郭《注》曰"故为薪而火传",可见郭《注》亦含"而"字。当从《御览》本增一"而"字为是。

（三）中心内容评析

　　本篇题名为《养生主》，题中之"主"，含有"主张"或"主见"之意，旨在阐明养生要领。对于这一要领，作者未直叙明述，而是运用相关隐喻，给人以方法论启示。全文共分三节（6自然段）。

　　第一节（第1自然段），讲了两个重要问题：一是从"生"与"知"的比较入手，阐述"生"之"有涯"与"知"之"无涯"的关系，以启示人们要把"重知"及时转移到"重生"的途径上来。旨在提醒人们，要重视生命的价值，更好地开拓人生、安顿生命。二是提出"缘督以为经"之说。此说意在强调把因顺"中虚之气"作为养生的常则。它发挥了稷下道家重视养气的基本观念。第二节（第2自然段），着重讲了"庖丁解牛"的寓言故事。从表面看，"养生"同"解牛"似乎风马牛不相及，毫无联系。但细读该文，不难发现作者之本旨在于借"解牛"之理来喻示养生之道。"解牛"，从表面看极其简单，似乎可让那些屠夫、莽夫去干，就可达到目的。而在庖丁看来，解牛是一件很复杂的事，只有把握牛体的复杂构造并掌握高明的操刀艺术，才能圆满完成复杂任务。庖丁解牛时，"手之所触，肩之所倚，足之所履，膝之所踦，砉然嚮然……"之所以能达到如此境界，是由于庖丁摸准了解牛的规律，能"依乎天理"，去"批大郤，导大窾，因其固然"，展示出极高的剔剥艺术。在他看来，"彼节者有间，而刀刃者无厚；以无厚入有间，恢恢乎其于游刃必有余地矣"。所以，他的"刀"保护得很好，别人"月更刀"或"岁更刀"，而他的"刀"已跨越十九年，其刃却仍然"若新发于硎"。为此，作者借用惠文君之言曰："善哉！吾闻庖丁之言，得养生焉。"这是一句点题的话，表明"庖丁解牛"，已透露出养生之则。第三节（第3、4、5、6自然段），分别讲了四个问题：其一，说明右师遭"偏刖"而仅存一足，乃属天为而非人为。本来，"偏刖"乃因犯罪而被砍去一足，这本属"人为"，但作者却肯定这亦是"天为"，此说似乎令人费解，故成玄英《疏》曰："夫智之明暗，形之亏全，并禀自天然，非关人事。假使犯于王宪，致此形残，亦是天生顽愚，谋身不足……是知有与独，无非命也。"这就把遭"偏刖"说成是"天命"。既然是天命，那就应当顺乎自然，安于性命之情。这也成为养生的重要秘诀。其二，作者描述那些泽中之雉鸟，宁愿过"十步一啄，百步一饮"的艰苦生活，也不愿被人关在樊笼中过着饮食无忧的豪华生活，因为前者生活自由，合于鸟的天性；后者剥夺鸟的自由生活，使鸟丧失天性。这就告诉人们，养生必注重养性，任物自然。其三，秦失吊念老聃，发现在吊念中，"有老者哭之，如哭其子；少者哭之，如哭其母"。由此，秦失意识到，那些哭的人，并不理解老聃其人，乃致"遁天之刑"。作者之意，旨在告诉人们，生与死乃是自然法则，只有"安时处顺"，才能作为养生应遵循的法则。其四，作者明确提出"指穷于为薪而火传"的命题，意在告诉人们，前"薪"虽可烧尽，而"后薪"却可以延续烧之，使火再燃下去。这里已透露出生命延续特别是精神生命延续的可能性。可见"养生"中，不能不注重养神。

综观全文，集中表达了作者关于养生的理论思考。道家由于倡导"长生久视"，故一贯注重对养生之道的探讨，本篇可以作为道家养生论的代表作。文中特别强调了"缘督以为经"的养生价值。这对后来中医倡导保养"中气"的学说，产生了重大理论影响。

四、《人间世》校训析

（一）经文校正清样

颜回见仲尼，请行。曰："奚之？"曰："将之卫。"曰："奚为焉？"曰："回闻卫君其年壮、其行独，轻用其国，而不见其过；轻用民死，死者以〔已〕国量乎泽，若蕉[1]，民其无如矣。回尝闻之夫子曰：'治国去之，乱国就之，医门多疾。'愿以所闻思其〔所行〕，则庶几其国有瘳乎[2]！"仲尼曰："嘻，若〔往而〕殆往，而刑耳[3]！夫道不欲杂，杂则多，多则扰，扰则忧，忧而不救。古之至人，先存诸己，而后存诸人。所存于己者未定，何暇至于暴人之所行！且若亦知夫德之所荡而知之所为出乎哉？德荡乎名，知出乎争。名也者，相轧也；知也者，争之器也。二者凶器，非所以尽行也。且德厚信矼，未达人气，名闻不争,未达人心。而强以仁义绳墨之言术〔衒〕暴人之前者,是以人恶有〔育〕其美[4]也,命之曰菑人。菑人者,人必反菑之,若殆为人菑夫!且苟为悦贤而恶不肖,恶用而求有以异?若唯无诏,王公必将乘人而斗其捷,而目将荧之,而色将平之,口将营之,容将形之,心且成之。是以火救火,以水救水,名之曰益多。顺始无穷,若殆以不信厚言,必死于暴人之前矣。且昔者桀杀关龙逄,纣杀王子比干,是皆修其身以下伛拊人之民[5],以下拂其上者也。故其君因其修以挤之,是好名者也。昔者尧攻丛枝、胥敖,禹攻有扈,国为虚厉,身为刑戮,其用兵不止,其求实无已。是皆求名实者也,而独不闻之乎?名实者,圣人之所不能胜也,而况若乎?虽然,若必有以也,尝以语我来。"颜回曰:"端而虚,勉而一,则可乎?"曰:"恶恶〔乎〕可[6]!夫以阳为充孔扬,采色不定,常人之所不违,因案人之所感,以求容与其心。名之曰日渐之德不成,而况大德乎?将执而不化,外合而内不訾,其庸讵可乎!""然则我内直而外曲,成而上比。内直者,与天为徒。与天为徒者,知天子之与己皆天之所子,而独以己言蕲乎而人善之,蕲乎而人不善之

四、《人间世》校训析

邪？若然者，人谓之童子，是之谓与天为徒。外曲者，与人之为徒也。擎跽曲拳，人臣之礼也。人皆为之，吾敢不为邪！为人之所为者，人亦无疵焉，是之谓与人为徒。成而上比者，与古为徒。其言虽教，谪之实也，古之有也，非吾有也。若然者，虽直而不病，是之谓与古为徒。若是，则可乎？"仲尼曰："恶恶〔乎〕可！大多政，法而不谍[7]，虽固亦无罪。虽然，止是耳矣，夫胡可以及化？犹师心者也。"颜回曰："吾无以进矣，敢问其方？"仲尼曰："斋，吾将语若。有心而为之，其易邪？易之者，暤天不宜。"颜回曰："回之家贫，唯不饮酒、不茹荤者数月矣。如〔若〕此，则可以为斋乎[8]？"曰："是祭祀之斋，非心斋也。"回曰："敢问心斋。"仲尼曰："若一志，无听之以耳，而听之以心；无听之以心，而听之以气。听〔耳〕止于耳〔听〕[9]，心止于符。气也者，虚而待物者也。唯道集虚。虚者，心斋也。"颜回曰："回之未始得使，实自回也；得使之也，未始有回也。可谓虚乎？"夫子曰："尽矣。吾语若。若能入游其樊而无感其名，入则鸣，不入则止。无门无毒，一宅而寓于不得已，则几矣。绝迹易，无行地难。为人使易以伪，为天使难以

71

伪。闻以有翼飞者也，未闻以无翼飞者也；闻以有知知者矣，未闻以无知知者也。瞻彼阕者，虚室生白，吉祥止止[也][10]。夫且不止，是之谓坐驰。夫徇耳目内通而外于心知，鬼神将来舍，而况人乎！是万物之化也，禹舜之所纽也，伏戏几蘧之所行终，而况散焉者乎！"

叶公子高将使于齐，问于仲尼曰："王使诸梁也甚重，齐之待使者，盖将甚敬而不急。匹夫犹未可动，而况诸侯乎！吾甚慄之。子常语诸梁也曰：'凡事若小若大，寡[有]不道以欢成[11]。事若不成，则必有人道之患；事若成，则必有阴阳之患。若成、若不成，而后无患者，唯有德者能之。'吾食也执粗而不臧，爨无欲清之人。今吾朝受命而夕饮冰，我其内热与！吾未至乎事之情，而既有阴阳之患矣；事若不成，必有人道之患。是两也，为人臣者不足以任之，子其有以语我来！"仲尼曰："天下有大戒二：其一，命也；其一，义也。子之爱亲，命也，不可解于心；臣之事君，义也，无适而非君也，无所逃于天地之间。是之谓大戒。是以夫事其亲者，不择地而安之，孝之至也；夫事其君者，不择地而安之，忠之盛也；自事其心者，哀乐不易施乎前，知其不

四、《人间世》校训析

可奈何而安之若命，德之至也。为人臣子者，固有所不得已。行事之情而忘其身，何暇至于悦生而恶死！夫子其行可矣。丘请复以所闻：凡交近则必相靡以信，远则必忠〔固〕之以言[12]，言必或传之。夫传两喜两怒之言，天下之难者也。夫两喜必多溢美之言，两怒必多溢恶之言。凡溢美之类妄，妄则其信之也莫，莫则传言者殃。故《法言》曰：'传其常情，无传其溢言，则几乎全。'且以巧斗力者，始乎阳，常卒乎阴，泰至则多奇巧；以礼饮酒者，始乎治，常卒乎乱，泰至则多奇乐。凡事亦然。始乎谅〔都〕，常卒乎鄙[13]；其作始也简，其将毕也必巨。言者，风波也。行者，实丧也。夫风波易以动，实丧易以危。故忿设〔说〕无由，巧言偏辞[14]。兽死不择音，气息茀然，于是并生心厉。克核大至，则必有不肖之心应之，而不知其然也。苟为不知其然也，孰知其所终！故《法言》曰：'无迁令，无劝成，过度益也。'迁令劝成殆事，美成在久，恶成不及改，可不慎与！且夫乘物以游心，托不得已以养中，至矣。何作为报也！莫若为致命。此其难者。"

颜阖将傅卫灵公大子，而问于蘧伯玉曰："有人于此，其德天杀。与之为无方，则危吾国；与

73

之为有方，则危吾身。其知适足以知人之过，而不知其所以过。若然者，吾奈之何？"蘧伯玉曰："善哉问乎！戒之，慎之，正女〔汝〕身也哉！形莫若就，心莫若和。虽然，之二者有患，就不欲入，和不欲出。形就而入，且为颠为灭，为崩为蹶。心和而出，且为声为名，为妖为孽。彼且为婴儿，亦与之为婴儿；彼且为无町畦，亦与之为无町畦；彼且为无崖〔涯〕，亦与之为无崖〔涯〕[15]。达之，入于无疵。汝不知夫螳螂乎？怒其臂以当车辙，不知其不胜任也，是其才之美者也。戒之，慎之！积伐而美者以犯之，几矣。汝不知夫养虎者乎？不敢以生物与之，为其杀之之怒也；不敢以全物与之，为其决之之怒也；时其饥饱，达其怒心。虎之与人异类而媚养己者，顺也；故其杀者，逆也。夫爱马者，以筐盛矢，以蜄盛溺，适有蚊虻仆〔扑〕缘[16]，而拊之不时，则缺衔毁首碎胸。意有所至而爱有所亡，可不慎邪！"

匠石之齐，至于曲辕〔园〕[17]，见栎社树。其大蔽数千牛[18]，絜之百围。其高临山十仞而后有枝，其可以为舟者旁〔方〕十数[19]。观者如市。匠伯不顾，遂行不辍。弟子厌观之，走及匠石，曰："自吾执斧斤以随夫子，未尝见材如此其美也。先生不肯视，行不辍，何邪？"曰："已矣！勿言之矣！散木也，以为舟则沉，以为棺椁则速腐，以为器则速毁，以为门户则液樠，以为柱则蠹。是不材之木也，无所可用，故能若是之寿。"匠石归，栎社见梦曰："女〔汝〕将恶乎比予哉？〔汝〕将比予于文木邪[20]？夫柤梨橘柚，果蓏之属，实熟则剥，剥则辱；大枝折，小枝泄〔抴〕[21]。此以其能苦其生者也，故不终其天年而中道夭，自掊击于世俗者也。物莫不若是。且予求无所可用久矣，几死，乃今得之，为予大用。使予也而有用，且得有此大也邪？且也若与予也皆物也，奈何哉其相物也？而几死之散人，又恶知散木！"匠石觉而诊其梦。弟子曰："趣取无用，则为社何邪？"曰："密！若无言！彼亦直寄焉，以为不知己者诟厉也。不为社者，且几有翦乎！且也彼其所保与众异，而以义喻之，不亦远乎！"

南伯子綦游乎商之丘，见大木焉有异，结驷千乘，隐将芘其所藾。子綦曰："此何木也哉？此必有异材夫！"仰而视其细枝，则拳曲而不可以为栋梁；俯而视其大根，则轴解而不可以为棺

75

樿；咶其叶，则口〔舌〕烂而为伤[22]；嗅之，则使人狂酲，三日而不已。子綦曰："此果不材之木也，以至于此其大也。嗟乎神人，以此不材！"宋有荆氏者，宜楸柏桑。其拱把而上者，求狙猴之杙者斩之；三围四围，求高名之丽者斩之；七围八围，贵人富商之家求樿傍者斩之。故未终其天年，而中道之夭于斧斤，此材之患也。故解之以牛之白颡者与豚之亢鼻者，与人有痔病者不可以适河。此皆巫祝以知之矣，所以为不祥也。此乃神人之所以为大祥也。

支离疏者，颐隐于脐，肩高于顶，会撮指天，五管在上，两髀为胁。挫针治繲，足以糊口；鼓筴播精，足以食十人。上征武士，则支离攘臂而游于其间；上有大役，则支离以有常疾不受功；上与病者粟，则受三钟与十束薪。夫支离其形者，犹足以养其身，终其天年，又况支离其德者乎！

孔子适楚，楚狂接舆游其门曰："凤兮凤兮，何如德之衰也！来世不可待，往世不可追也。天下有道，圣人成焉；天下无道，圣人生焉。方今之时，仅免刑焉。福轻乎羽，莫之知载；祸重乎地，莫之知避。已乎已乎，临人以德！殆乎殆乎，画地而趋！迷阳迷阳，无伤吾行！吾行〔郤曲〕郤曲，无伤吾足[23]！"

　　山木自寇也，膏火自煎也。桂可食，故〔斧〕伐之；漆可用，故〔人〕割之[24]。人皆知有用之用，而莫知无用之用也。

（二）文字校训说明

　　[1]"死者以国量乎泽，若蕉"，清本原文如此。《陈译》据奚侗说，正为"死者以量乎泽，若蕉"。奚侗说："'国'字涉上'轻用其国'而衍，当断'死者以量乎泽'为句，'以'犹'已'也。《吕览·期贤篇》：'死者量于泽矣。'高注：'量，犹满也。'此言死者已量乎泽，义与彼同。'若蕉'二字为句。"钊按：奚说有理，此句当删去"国"字，读为"死者已量乎泽，若蕉"，意为死去的人，尸骨已填满沼泽，类似蕉草堆满沟泽一般。

　　[2]"愿以所闻思其则，庶几其国有瘳乎"，清本原文如此。《陈译》据刘文典说，将该句正为："愿以所闻，思其所行，则庶几其国有瘳乎！"刘文典言："碧虚子校引江南李氏本'思其'下有'所行'二字，'愿以所闻，思其所行'文义甚明。'则'字当属下读。崔、李以'思其则'绝句，盖不知'思其'下有脱文，姑就缺字之本读之耳！"钊按：刘说既有所依，亦合情合理。将"愿以所闻"与"思其所行"相对仗，文理通达，从之，当在"其"下增补"所行"二字，并将"则"字划入下句。

　　[3]"若殆往，而刑耳"，清本原文如此。全句语意晦涩，令人费解。刘文典言："碧虚子校引张君房本'殆往而'作'往而殆'。"似以张本为是，故该句可正为："若往而殆，刑耳！""殆"，通

77

"怠"。句意是说，如果此次往见卫君，而表现出怠慢之意，则难免受到刑罚。钊按：其说是。颜回对卫君确有怠慢之意，故后文说他以己之美在卫君前卖弄。

[4]"而强以仁义绳墨之言术暴人之前者，是以人恶有其美也"，清本原文如此。《陈译》据刘文典、俞樾等人之说，将之校为："而强以仁义绳墨之言衒暴人之前者，是以人恶育其美也。"刘文典言："'术暴人之前者'，义不可通。'术'，碧虚子校引江南古藏本作'衒'，义较长，今本'術'字疑是形近而误。"俞樾说："《释文》'恶'，音乌路反，非也。美恶相对为文，当读如本字，'有'者，'育'字之误。《释文》云：'崔本作"育"，云：卖也。'……此'育'字即'卖'字之假字，经传每以'鬻'为之，'鬻'，亦音'育'也。以人恶育其美，谓以人之恶鬻己之美也。"钊按：刘、俞两家之说，均言之成理，从之。郭本"術"当为"衒"之误。"衒"，《中华大字典》注："自矜也。"则"衒暴人之前"，指的是颜回自矜于暴君之前。文中"以人恶育其美"，乃指的是颜回以己之美在卫君之前卖弄也。

[5]"是皆修其身以下伛拊人之民"，清本原文如此。俞樾言："'下'字因下文'以下拂其上者也'误衍。"刘文典言："俞说是也。《疏》'以臣下之位，忧君上之民'，是所见本已衍'下'字。《淮南子·俶真篇》'以声华呕苻妪掩万民百姓'，文义与此略同，'呕苻'即'伛拊'也。"钊按：俞、刘两家之说均言之有依，从之，此句宜删去原文中之"下"字。

[6]"恶恶可"，清本原文如此。余疑此文中第二个"恶"字乃为"乎"字之误。因为"恶乎"连用，是庄子的用语习惯，如《寓言篇》载："恶乎然？然于然；恶乎不然？不然于不然。恶

乎可？可于可。恶乎不可？不可于不可。"在这段文字中，作者连续用了四个"恶乎"。又如《齐物论》载："道恶乎隐而有真伪？言恶乎隐而有是非？道恶乎往而不存？言恶乎存而不可？"在这段文字中，同样一口气用了四个"恶乎"。可见"恶乎"一词，是庄子的惯用语，意为"怎么""于何"之意。成《疏》曰"于何而可"，其义同"恶乎可"完全一致，故此文当为"恶乎可"无疑。

[7] "法而不谍"，清本原文如此。此句之"谍"，学者训释殊异，有的释为"稳当"之"当"，有的释为"间谍"之"谍"，有的则释为"平安"之"安"，似都于义未达。笔者以为，此"谍"当依俞樾之说训为"便僻"。俞樾说："'法而不谍'四字为句。《列御寇篇》：'形谍成光。'《释文》曰：'谍，便僻也。'此'谍'字义与彼同，谓有法度而不便僻也。李训'安'，崔训'间谍'，并失其义。"钊按：俞说是，从之。

[8] "如此，则可以为斋乎"，清本原文如此。句中之"如此"，刘文典曰："《御览》五百三十引作'若此'……《书钞十》引'如'亦作'若'"。钊按："如""若"互通，此处仍作"若"为优，当据改。

[9] "听止于耳"，清本原文如此。俞樾以为"耳""听"二字倒误，言："上文云：'无听之以耳，而听之以心；无听之以心，而听之以气。'此文'听止于耳'，当作'耳止于听'，传写误倒也。乃申说'无听之以耳'之义，言耳之为用，止于听而已。故'无听之以耳'也……"钊按：其说是，从之。

[10] "吉祥止止"，清本原文如此。俞樾认为："止止连文，于义无取。《淮南子·俶真篇》作'虚室生白，吉祥止也'，疑此文下'止'字亦'也'字之误。唐卢重元注《列子·天瑞篇》

曰'虚室生白，吉祥止耳'，亦可证'止止'连文之误。"钊按：俞说是，当改"止止"为"止也"。

[11]"寡不道以欢成"，清本原文如此。刘文典言："碧虚子校引江南古藏本，作'寡有不道以成欢'。"钊按：此句增补一"有"字，文字顺畅，当据江南古本补一"有"字为宜。

[12]"凡交近则必相靡以信，远则必忠之以言"，清本原文如此。据刘文典言：《御览》四百三十引"近"作"迩"，四百六引"靡"作"磨"。钊按："迩"与"近"、"磨"与"靡"，均互通，故前句仍依清本原文不变。后句中的"忠之以言"，据武延绪《庄子札记》言："'忠'或疑为'忐'。'忐'，古'固'字。"其说合理。该句"远则必固之以言"似比"远则必忠之以言"更为贴切。人们要保持远交的情谊，仅有"忠"是不够的，还必须借助言语，阐明种种为对方所忧心的方方面面。故"固"字较优，当依其说训为"固"。

[13]"始乎谅，常卒乎鄙"，清本原文如此。俞樾指出："'谅'与'鄙'文不相对。上文云'始乎阳而卒乎阴''始于治而卒乎乱'，阴阳、治乱皆相对，而谅、鄙不相对。'谅'疑'诸'字之误，'诸'，读为'都'。《尔雅·释地》'宋有孟诸'，《史记·夏本纪》作'明都'，是其例也。'始乎都常卒乎鄙'，'都''鄙'正相对。因字通作'诸'，又误作'谅'，遂失其旨矣。《淮南子·诠言篇》曰'故始于都者常大于鄙'，即本《庄子》，可据以订正。彼文'大'字乃'卒'字之误。说见王氏念孙《读书杂志》。"钊按：俞氏之说言之凿凿，古代确可将"都"与"鄙"相对仗，《中华大字典》注"鄙"曰：古"以邦国都鄙对言，郑注'以邦之所居曰国，都之所居曰鄙'"。故"都"可与"鄙"对仗。此处当依

其说，正"谅"为"都"，使该句成为"始乎都，卒乎鄙"，让两者相对仗耳。

[14]"故忿设无由，巧言偏辞"，清本原文如此。愈樾指出："此当以九字为句。'设'疑'说'字之误。《大戴记·子张问入官篇》：'且夫忿数者，狱之所由生也。''岔数'与'忿说'同。《礼记·儒行篇》：'遽数之不能终其物。'《正义》曰：'数，说也。'是其证也。忿怒之说无所用（按：由，用也）其巧言偏辞，故曰：'忿说无由巧言偏辞'。'无由'，即'无用'也，下文'兽死不择音'即申明此句之义。"钊按：其说是，当从之。

[15]"彼且为无崖，亦与之为无崖"，清本原文如此。句中前后两个"崖"字，刘文典言应正为"涯"，曰："'无崖'即'无涯'也。《说文》有'厓'无'涯'，《尔雅·释水》'浒，水厓'，字或作'涯'。《淮南子·原道篇》高注：'浔，涯也。'……'厓'之与'涯'，义实无别。诸家注皆望文生训，未得其谊。《养生主篇》：'吾生也有涯而知也无涯，以有涯随无涯，殆已。'是'无涯'二字之见于本书者。"钊按：此说合理，从之。

[16]"适有蚊虻仆缘"，清本原文如此。"仆"，《释文》引向云"仆仆然，蚊虻缘马稠概之貌"；又引崔云"仆御"。王念孙指出："向、崔二说皆非也。'仆'之言'附'也，言蚊虻附缘于马体也。'仆'与'附'，声近而义同。《大雅·既醉篇》'景命有仆'，《毛传》曰'仆，附也'；郑《笺》曰'天之大命又附着于女'。《文选·子虚赋》注引《广雅》曰：'仆，谓附着于人'（案今《广雅》无此语，《广雅》疑为《广仓》之讹）。"刘文典指出："王说得其谊，《御览》九百四十五引此文，'仆'作'扑'，'扑'亦'附'也。"钊按：王、刘两家之说均是，今依其言及《御览》本，将

81

"仆"正为"扑"。则"适有蚊虻扑缘",指的是蚊虻等害虫附缘于马之体也。

[17]"至于曲辕",清本原文如此。此句中之"辕",刘文典曰:"《类聚》八十九、《御览》九百五十八引'辕'作'园'。"钊按:比较两者,似以作"园"为优。因为本处原指栎社树生存之地。作为树木,总离不开园林,故作"曲园"是也。今据《御览》之本,正"辕"为"园"。

[18]"其大蔽数千牛",清本原文如此。此"数千牛",成玄英言:"江南《庄》本多言'其大蔽牛',无'数千'字。此本应错。且商丘之木,既结驷千乘,曲辕之树,岂蔽一牛?以此格量,数千之本是也。"刘文典亦曰:"《玉烛宝典》《北堂书钞》八十七《艺文类聚》三十九、卷子本《玉篇》引并无'数千'二字,《御览》三百九十九、五百三十二引并无'数'字,碧虚子校云:'文、成、李、张本同。'旧缺。今依碧虚子校补。"钊按:其说合理。从表面看,似乎今本有误。但综观其文,今本无误。诚如成玄英所言:"商丘之木,既结驷千乘,曲辕之树,岂蔽一牛?以此格量,数千之本是也。"文曰"其大蔽数千牛",确有过于夸张之嫌,但尚夸张是庄子的文字风格,其《逍遥游》中言"鹏之背,不知其几千里也",又说"今夫斄牛,其大若垂天之云",均有夸张特色。况且,"其大蔽数千牛",并非清本孤立所有,据碧虚子云"文、成、李、张本同",据此,当保持今本文字。

[19]"其可以为舟者旁十数",清本原文如此。俞樾说:"'旁',读为'方'。古字通用。《尚书·皋陶谟篇》'方施象刑惟明',《新序·节士篇》'方'作'旁'。《甫刑篇》'方告无辜于上',《论衡·变动篇》'方'作'旁',并其证也。《在宥

篇》'出入无旁'即'出入无方'。此本书假'旁'为'方'之证。《诗·正月篇》'民今方殆',郑笺云:'方,且也'。'其可以为舟者方十数',言可以为舟者且十数也。"钊按:其说有理有据,今依其说,改"旁"为"方",指其可以为舟者,且十数耳!

[20]"若将比予于文木邪",清本原文如此。刘文典言:"《御览》三百九十九引'若'作'汝',与上'女(即汝)将恶乎比予哉'一律。"钊按:刘说合理。此句似以换"若"为"汝"为优。以"汝"代替清本之"若",使两字"汝"相衔,给人以前呼后应之感。

[21]"大枝折,小枝泄",清本原文如此。《释文》引崔云:"'泄''洩'同。"俞樾指出:"'洩'字之义于此无取,殆非也。'泄'当读为'抴',《荀子·非相篇》'接人则用抴',杨注'抴,牵引也';'小枝抴',谓见牵引也。"钊按:其说是,从之。

[22]"咶其叶,则口烂而为伤",清本原文如此。刘文典言:"《御览》九百五十二引'口'作'舌'。"钊按:此句以作"舌"为优。因为前言"咶其叶","咶",《中华大字典》注"同'舐'",而"舐"是用"舌"舐,故有"舌烂"之伤。本处当据《御览》之本,改"口"为"舌"。

[23]"吾行卻曲,无伤吾足",清本原文如此。碧虚子云:"'吾行卻曲',张本作'卻曲卻曲'。"明焦竑言:"'吾行卻曲',当从碧虚作'卻曲卻曲',庶与上文相协。盖为传写者误叠'吾行'二字耳。"刘文典言:"张本是也。'卻曲卻曲,无伤吾足',与上文'迷阳迷阳,无伤吾行'一律。"钊按:焦、刘之说合理。前言"迷阳迷阳,无伤吾行",意在强调用韬光养晦的办法,来维护自己品节高尚之行;此言"卻曲卻曲,无伤吾足",意在申述

83

因顺空虚之性，以维护自己知足之德。前唱后和，文字谨严。当依张本正之。

[24]"桂可食，故伐之；漆可用，故割之"，清本原文如此。刘文典言："《御览》九百五十七引'伐'上有'斧'字，《疏》：'俱为才能，夭于斤斧。'是成本亦有'斧'字。又，七百六十六引'割之'上有'人'字。'桂可食，故斧伐之；漆可用，故人割之'相对为文，有'人'字较长。"钊按：刘说合情合理。由于"桂可食"，故难免遭斧斤伐之；漆可用，故常被人们割之。清本原文当补"斧""人"两字。

（三）中心内容评析

本篇题为《人间世》，讲的是人世间为人处世之道。庄子生活于战国中后期，当时的社会矛盾尖锐复杂，存在种种人吃人的丑恶现状。面对这一切，作者站在弱者的立场上，希望以"明哲"自保。全文共分为七节。

第一节，借孔子与颜回的对话，描述当时的统治者无比残忍、昏庸的状况，特别是卫君，"轻用其国，而不见其过，轻用民死"，以致"死者已国量乎泽"，填满沟池，如同草芥一般。看到这一惨状，颜回打算亲赴卫国，去规劝卫君，并拯救卫民。对颜回此行，孔子十分担心，认为他是"强以仁义绳墨之言衒暴人之前"，这如同"以火救火，以水救水"，只能激化矛盾，招来杀身之祸，故曰："必死于暴人之前矣。"孔子说颜回企图按名实关系去解决问题是无知的行为，故曰："名实者，圣人之所不能胜也，而况若乎？"为此，颜回又提出一些说服卫君的新方法，均被孔子否定,后来孔子告以"心斋"的方法,曰:"唯道集虚,虚者,心斋也。"指出:"夫徇耳目内通而外于心知,鬼神将来舍,而况人乎!"第二节,借叶公子高出使齐国之前向仲尼请教的寓言,揭示为人子与为人臣在人际交往中所遭遇的无比艰难的情景。在作者看来,人们生活在社会中与他人进行交往,必须面对两种"大戒",即"命"与"义"。"命",指的是由天性赋予的尽孝之命;"义",指的是做臣所担负的安君之事。前者属于孝道,后者属于忠道。这就阐明了处世的艰难性。那么,人们究竟如何才能完成这些使命呢?庄子回答说:"知其不可奈何而安之若命,德之至也。"那么,怎样将此"安之若命"付诸实践呢?作者的基本方法是"无迁令,无劝成",即不要改变上天的使命,不要勉强求得事业的成功,这在实质上就是强调因任自然。庄子指出:"迁令劝成殆事,美成在久,恶成不及改,可不慎与!"此乃处世"明哲",符合弱者"自保"之道。第三节,写颜阖在做卫灵公太子傅时,与蘧伯玉的一段对话。作者借蘧伯玉之言,提出与人交往时,可坚持"形莫若就,心莫若和"的基本原则,若这一原则也应付不了本性刻薄之人,那就只好采用与世沉浮之道,即世沉亦与之沉、世浮亦与之浮,用作者的话说,就是"彼且为婴儿,亦与之为婴儿;彼且为无町畦,亦与之为无町畦;彼且为无涯,亦与之为无涯"。若能如此,则可"入于无疵",于是随波逐流或曰随遇而安,便成为庄子所撷取的又一处世之道。第四、五节,思想内容一致,探讨的是从"无用"中求"有用"的哲理。第四节,既描述了栎社树之高大宏阔因无所可用而不被匠人所顾的情况,又描述了那些"柤、梨、橘、柚、果蓏之属","实熟则剥……大枝折,小枝抴……不终其天年而中道夭"的情况。两相比较，作者看到了"无用"之中有其"大用"。文中借大树之口，曰："使予也而有用，且得有此大也邪？"表明作者从大木之"无用"中悟得全生、处世哲理。与此相似，第五节，作者借南伯子綦之口，描述在商之丘所见大木，乃"不材之木"："仰而视其细枝，则拳曲而不可以为栋梁；俯而视其大根，则轴解而不可以为棺椁。"与之相比，那些"楸、柏、桑"之类的"有用之材"，从"拱把而上"到"三围、四围"乃至"七围、八围"，均遭"斧斤斩之"，"此材之患也"。作者从这种情况中悟出"不材"的特有价值。故郭象《注》曰："不材乃材之所至赖也，故天下乐推而不厌。"第六节，作者用残疾患者支离疏的寓言故事告诉人们，支离疏因患多种疾病而逃脱了当权者的剥夺与役使，得以全生免害，这亦给了作者从"无用"中求"有用"（即自保）的启示："夫支离其形者，犹足以养其身，终其天年，又况支离其德者乎！"认为"支离其德"即不追求德的完美性，有其不可忽略的人生价值。故老子曰："上德不德。"第七节，作者借楚狂接舆之口，深刻揭示了当时社会的黑暗面："福轻乎羽，莫之知载；祸重乎地，莫之知避。"意在告诉人们，整个社会无比险恶，这就需要有自保意识。故文末特别指出："桂可食，故斧伐之；漆可用，故人割之。人皆知有用之用，而莫之无用之用也。"再次突出"无用"之"用"的价值取向。

综观全文，乃从不同视角集中描述了人间世的无比复杂，以启示弱者应借明哲以自保，其中既强调了顺乎自然、安之若命、随波逐流的必要，又突出了以无用为用、以不德为德等安于"心斋"的修养方法。总之，"明哲自保"，已成为作者创作《人间世》这篇不朽之作的思想动机，值得予以高度重视。

五、《德充符》校训析

（一）经文校正清样

鲁有兀者王骀，从之游者与仲尼相若。常季问于仲尼曰："王骀，兀者也。从之游者与夫子中分鲁。立不教，坐不议，虚而往，实而归。固有不言之教，无形而心存者邪？是何人也？"仲尼曰："夫子，圣人也，丘也直后而未往〔王〕耳[1]。丘将以为师，而况不若丘者乎！奚假鲁国！丘将引天下而与从之。"常季曰："彼，兀者也，而王先生，其与庸亦远矣。若然者，其用心也独若之何？"仲尼曰："死生亦大矣，而不得与之变，虽天地覆坠，亦将不与之遗。审乎无假而不与物迁，命物之化而守其宗也。"常季曰："何谓也？"仲尼曰："自其异者视之，肝胆楚越也；自其同者视之，万物皆一也。夫若然者，且不知耳目之所宜，而游心乎德之和；物视其所一而不见其所丧，视丧其足犹遗土也。"常季曰："彼为己以其知，得其心，以其心，得其常心，物何为最之哉？"仲尼曰："人莫鉴于流水而鉴于止水，唯止能止众矣。受命于地，唯松柏独也〔正〕，在冬夏青青；受命于天，唯〔尧〕舜独也正，〔在万物之首。〕[2]幸能正生，以正众〔养〕生。夫保始之征，不惧之实。勇士一人，雄入于九军。将求名而能自要者，而犹若是，而况官天地，府万物，直寓六骸，象耳目，一知之所知，而心未尝死者乎！彼且择日而登假〔遐〕[3]，人则从是也。彼且何肯以物为事乎！"

　　申徒嘉，兀者也，而与郑子产同师于伯昏无〔瞀〕人[4]。子产谓申徒嘉曰："我先出则子止，子先出则我止。"其明日，又与合堂同席而坐。子产谓申徒嘉曰："我先出则子止，子先出则我止。今我将出，子可以止乎，其未邪？且子见执政而不违，子齐执政乎？"申徒嘉曰："先生之门，固有执政焉如此哉？子而说子之执政而后人者也？闻之曰：'鉴明则尘垢不止，止则不明也。久与贤人处则无过。'今子之所取大者，先生也，而犹出言若是，不亦过乎！"子产曰："子既若是矣，犹与尧争善，计子之德，<u>不</u>足以自反邪[5]？"申徒嘉曰："自状其过以不当亡者众，不状其过以不当存者寡。知不可奈何而安之若命，唯有德者能之。游于羿之彀中。中央者，中地也；然而不中者，命也。人以其全足笑吾不全足者多矣，我怫然而怒；而适先生之所，则废然而反。不知先生之洗我以善邪？〔吾之自寤耶。〕[6]吾与夫子游十九年矣，而未尝知吾兀者也。今子与我游于形骸之内，而子索我于形骸之外，不亦过乎！"子产蹴然改容更貌曰："子无乃称！"[7]

鲁有兀者叔山无趾，踵见仲尼。仲尼曰："子不谨，前既犯患若是矣。虽今来，何及矣！"无趾曰："吾唯不知务而轻用吾身，吾是以亡足。今吾来也，犹有尊足者存〔焉〕[8]，吾是以务全之也。夫天无不覆，地无不载，吾以夫子为天地，安知夫子之犹若是也！"孔子曰："丘则陋矣，夫子胡不入乎？请讲以所闻！"无趾出。孔子曰："弟子勉之！夫无趾，兀者也，犹务学以复补〔其〕前行之恶[9]，而况全德之人乎！"无趾语老聃曰："孔丘之于至人，其未邪？彼何宾宾〔频频〕以学子为[10]？彼且蕲以諔〔吊〕诡幻怪之名闻[11]，不知至人之以是为己桎梏邪？"老聃曰："胡不直使彼以死生为一条，以可不可为一贯者，解其桎梏，其可乎？"无趾曰："天刑之，安可解！"

鲁哀公问于仲尼曰："卫有恶人焉，曰哀骀它。丈夫与之处者，思而不能去也。妇人见之，请于父母曰'与〔其〕为人妻，宁为夫子妾'者，十数而未止者[12]。未尝有闻其唱者也，常和人而已矣。无君人之位以济乎人之死，无聚禄以望人之腹。又以恶骇天下，和而不唱，知不出乎四域，且而雌雄合乎前。是必有异乎人者也。寡人召而观之，果以恶骇天下。与寡人处，不至以月数，而寡人有意乎其为人也；不至乎期年，而寡人信之。国无宰，寡人传国焉。闷然而后应，氾若辞。寡人丑乎[13]，卒授之国。无几何也，去寡人而行，寡人恤焉若有亡也，若无与乐是国也。是何人者也？"仲尼曰："丘也尝使于楚矣，适见㹠子食于其死母者，少焉眴若皆弃之而走。不见己焉尔，不得类焉尔。所爱其母者，非爱其形也，爱使其形者也。战而死者，其人之葬也不以翣资；刖者之屦，无为爱之；皆无其本矣。为天子之诸御，不爪翦〔翦爪〕，不穿耳[14]，取妻者止于外，不得复使。形全犹足以为尔，而况全德之人乎！今

五、《德充符》校训析

哀骀它未言而信，无功而亲，使人授己[其]国，唯恐其不受也[15]，是必才全而德不形者也。"哀公曰："何谓才全？"仲尼曰："死生存亡，穷达贫富，贤与不肖毁誉，饥渴寒暑，是事之变，命之行也；日夜相代乎前，而知不能规乎其始者也。故不足以滑和，不可入于灵府。使之和豫，通而不失于兑；使日夜无郤，而与物为春，是接而生时于心者也。是之谓才全。""何谓德不形？"曰："平者，水停之盛也，其可以为法也，内保之而外不荡也。德者，成和之修也。德不形者，物不能离也。"哀公异日以告闵子曰："始也吾以南面而君天下，执民之纪而忧其死，吾自以为至通矣。今吾闻至人之言，恐吾无其实，轻用吾身而亡其国。吾与孔丘，非君臣也，德友而已矣。"

闉跂支离无脤说卫灵公，灵公说之；而视全人，其脰肩肩。瓮㼜大瘿说齐桓公，桓公说之；而视全人，其脰肩肩。故德有所长而形有所忘。人不忘其所忘而忘其所不忘，此谓诚忘。故圣人有所游而知为孽，约为胶，德为接，工为商。圣人不谋，恶用知？不斲，恶用胶？无丧，恶用德[得][16]？不货，恶用商？四者，天鬻也。天鬻者，天食也。既受食于天，又恶用人！有人之形，无

91

人之情。有人之形，故群于人；无人之情，故是非不得于身。眇乎小哉，所以属于人也！謷乎大哉，独成其天！

惠子谓庄子曰："人故无情乎？"庄子曰："然。"惠子曰："人而无情，何以谓之人？"庄子曰："道与之貌，天与之形，恶得不谓之人？"惠子曰："既谓之人，恶得无情？"庄子曰："是非吾所谓情也。吾所谓无情者，言人之不以好恶内伤其身，常因自然而不益生也。"惠子曰："不益生，何以有其身？"庄子曰："道与之貌，天与之形，无以好恶内伤其身。今子外乎子之神，劳乎子之精，倚树而吟，据槁梧而瞑[17]。天选子之形，子以坚白鸣！"

（二）文字校训说明

[1]"丘也直后而未往耳"，清本原文如此。句中之"未往"，成《疏》曰"未得往事"，《释文》引李云"未得往师之耳"，似都于义未安。钊按：疑此语中之"往"乃"王"之借字，因"王"与"往"古字通。"王"，"盛"也，与后面常季之语"而王先生"之"王"相通。则全句是说：丘也落在后面，而未能胜过他。毫无疑义，此语中之"往"，应读为"王"。

[2]"受命于地，唯松柏独也，在冬夏青青；受命于天，唯舜独也正"，清本原文如此。焦竑、刘文典等主张依陈碧虚引张

君房本，对之作如下补正："受命于地，唯松柏独也正，在冬夏青青；受命于天，唯尧舜独也正，在万物之首。"这段文字，今本原无前句中之"正"及后面之"尧"和"在万物之首"等七字。焦竑曰："'受命于地'至'唯舜独也正'文句不齐，似有脱略。张君房校本作'受命于地，唯松柏独也正，在冬夏青青；受命于天，唯尧舜独也正，在万物之首'，补亡七字。因郭注有'下首唯松柏，上首唯圣人'故也。"刘文典曰："'松柏独也'下'正'字、'尧'字、'在万物之首'五字旧脱，文不成义，今依碧虚子校引张君房本补。郭注'下首则唯有松柏，上首则唯有圣人'，是其所见本当有'在万物之首'句。"钊按：焦、刘诸家之说，均言之成理，从之。

[3]"彼且择日而登假"，清本原文如此。此句之"假"，乃为"遐"之借字。刘文典言："'登假'即'登遐'也。《列子·黄帝篇》：'又二十有八年而天下大治，几若华胥氏之国，而帝登假。'张注'假当为遐'，《周穆王篇》'世以为登假焉'，注同。'假''遐'古字通用。郭注：'故假借之人由此而最之耳。'以'假'字属下，既失其读，又非其指矣。《大宗师篇》：'是知之能登假于道者也若此。'《淮南子·精神篇》'此精神之所以能登假于道也'，亦并以'登假'连文，与此文一例，尤其确证。"钊按：刘说精辟，今依其说，将"假"校为"遐"，以方便读者识文达义。

[4]"伯昏无人"，清本原文如此。钊按：《列御寇》作"伯昏瞀人"，比较两字，似以该本"瞀"字为优，因为按本民族取名习惯，一般不用"无"作名中字，"无"疑与"瞀"音近而误，当依该本作"瞀"为是，此据改。

[5]"不足以自反邪"，清本原文如此。疑"不"字为衍字。刘

文典曰："碧虚子校引文如海、成玄英、李氏、张君房本，'不'字皆作'□'，疑当据删。"钊按：刘说是。经文说："子既若是矣，犹与尧争善。"此语下接上"足以自反"，文通理顺。若加上"不"字，就令人费解了，故此文中以删去"不"字为宜。

[6]"吾之自寤耶"五字，清本原脱，此依刘文典之说予以增补。刘文典言："'吾之自寤耶'五字旧脱，惟碧虚子校引张君房本有。郭《注》：'不知先生洗我以善道故耶，我为能自反耶。'是所见本有此句，今依张本补。"其说是，从之。

[7]"子无乃称"，清本原文如此。此句中之"乃"，《陈译》训为"仍"，曰："'乃'读为'仍'，'乃称'犹'复言'"。钊按：此说似不确。此句中之"乃"，当训为"如此"。《古书虚字集释》："'乃'犹'如此'也。"文中"子无乃称"，犹言"请先生别如此说"。这样译，文意清楚明白，何必将"乃"训为"仍"呢？

[8]"犹有尊足者存"，清本原文如此。刘文典曰："《御览》六百七引'存'下有'焉'字。文义较完。《御览》引书多删削，少增益。此必旧有'焉'字，而今本脱之也。"钊按：此说合理，今据其说，补一"焉"字，以完善经文。

[9]"以复补前行之恶"，清本原文如此。据刘文典所见："《御览》六百七引'补'下有'其'字。"钊按：此句有"其"字，文句通畅，当据《御览》本，补一"其"字为优。

[10]"彼何宾宾以学子为"，清本原文如此。钊按：对于此句中之"宾宾"，注家说法纷纭，《释文》引司马云"恭貌"，张云"犹贤贤也"，崔云"有所亲疏也"，《简文》云"好名貌"。似都于义未安。唯俞樾将"宾宾"训为"频频"，较为稳当。他指出："'宾宾'之义，《释文》所引皆望文生义，未达古训。'宾

宾'犹'频频'也。《汉书·司马相如传》'仁频并闾',颜注曰'频字或作宾',是其例也。《诗·桑柔篇》'国步斯频',《说文·目部》作'国步斯矉',《书·禹贡篇》'海滨广斥',《汉书·地理志》作'海瀕广潟',是皆'宾'声、'频'声相通之证。《广雅·释训》'频频,比也',《杨子法言·学行》'频频之党,甚于鷽斯',皆可说此'宾宾'之义。"俞氏之说,言之凿凿,当据之校"宾宾"为"频频",以便于读者理解经文。

[11]"彼且蕲以諔诡幻怪之名闻",清本原文如此。此句中之"諔诡",俞樾指出:"'淑'与'诡'语意不伦,'淑诡'当读为'吊诡'。《齐物论篇》'其名为吊诡',正与此同。'吊'作'淑'者,古字通用。哀十六年《左传》'昊天不吊',《周官》'大祝职先'郑《注》引'旻天不淑',是其证矣。"刘文典说:"俞说是也。《天下篇》:'其辞虽参差而諔诡可观。''諔'亦当读为'吊'。《齐物论篇》'恢恑憰怪,道通为一',《释文》云'恢,《简文》本作吊',是其证。"钊按:俞、刘两家之说均言之有据,当据以校"諔"为"吊"。请参见本书"《齐物论》校训析"之"文字校训说明"第16条相关内容。

[12]"请于父母曰'与为人妻,宁为夫子妾'者,十数而未止者",清本原文如此。句中之"十数"据王孝鱼所见,赵谏议本作"数十"。钊按:"十数"或"数十",均为约数,旨在说明此类妇人之多,此处姑依清本,不必改动。又,该句中"与"下疑脱一"其"字,原经当为"与其为人妻,宁为夫子妾",两相对仗,句意清晰,似当补一"其"字为宜。

[13]"寡人丑乎",清本原文如此。本句中之"丑"字,《陈译》注曰:"丑,惭愧。喻鲁哀公感自愧不如。"钊按:其说

是。"丑",按楚地民俗习惯乃与"愧"字相通。楚人若见孩子做了错事,便伸出两个手指刮脸皮,问孩子:"丑不丑?"即"愧不愧"是也。可见,在楚人眼中,"丑"与"愧"是相通的。

[14]"不爪翦,不穿耳",清本原文如此。《陈译》据武延绪说,对之做了调整。武延绪说:"'爪翦'疑当作'翦爪',与下'穿耳'对文。后人据《礼记》改。"《陈译》言:"虽说古人有倒装句法,但与下句不对文,应据武延绪之说改正。"钊按:武、陈之说合理,从之。

[15]"使人授己国,唯恐其不受也",清本原文如此。钊按:此句中的"己"字,疑为与"其"音近而误。这句话是孔子说的,站在孔子的立场上,说哀骀它"使人授己国",于义不通。若将"己"读为"其",则文通理顺。故"己"为"其"之误无疑。

[16]"无丧,恶用德",清本原文如此。钊按:本句中之"德",当读为"得",以便与上面之"丧"字相对仗。该文前后涉及四项对仗,即"不谋,恶用智?不斫,恶用胶?无丧,恶用德?不货,恶用商",均成对仗,故"德"当读为"得",以与"丧"(失)相对仗。

[17]"倚树而吟,据槁梧而瞑",清本原文如此。《陈译》依王叔岷说,删去"据"下之"槁"字。王说:"《事类赋》二五木部二引,'梧'上无'槁'字,《艺文类聚》八八、《御览》九五六、《事文类聚·后集》二三、《合璧事类·别集》五二,引亦并无'槁'。《注》:'坐则据梧而睡。'疑郭本原无'槁'字。《齐物论篇》:'惠子之据梧也。'《注》'或据梧而瞑',即用此文,亦无'槁'字。'倚树而吟,据梧而瞑'文正相耦。"此言有理,今从其说,亦删去"槁"字。又"据梧而瞑"之"瞑",《释文》:"音

眠，崔云：'据琴而睡也'。"刘文典亦言："李注：'瞑，古眠字'。"钊按：将"瞑"释为"睡眠"，恐非是。疑此"瞑"乃是"鸣"的假字，谓鸣放也。则"据梧而瞑"，并非据梧而睡，而是指惠子依据梧桐树而鸣放自己的学术见解，此"倚树而吟，据梧而瞑"，同下文"子以坚白鸣"，正好互相呼应，说明重视鸣放是惠子的突出特征，值得重视。故"瞑"当读为"鸣"。将"瞑"释为"睡眠"，乃属将错就错之释，不可取。

（三）中心内容评析

本篇题名《德充符》，意为道德充实的符验。此"符验"，类似"表征"，则本文探讨的是道德充实的验证问题。全文共分为六节。

第一节借孔子与常季的对话，围绕"兀者"王骀的经历，展开论述。王骀虽是"兀者"，但他在鲁国十分受人尊重，随从他的弟子，与孔子的弟子数相当，故有"与夫子中分鲁"之说。其为人"立不教，坐不议，虚而往，实而归"，在"行不言之教"方面很有成就，他不因自己丧足而背包袱，"视丧其足犹遗土也"。作者借孔子之口，赞扬他"唯松柏独也正""唯尧舜独也正"。正是由于其德高尚，连孔子也明确表示"将以为师"，"将引天下而与从之"。第二节，重点描述兀者申徒嘉其人。文章借申徒嘉与子产的对话，阐明申徒嘉之贤而鞭挞子产之狂。申徒嘉与子产本是同门学友，但子产因为自己任"执政"之官，不愿与申徒嘉平等交往。对此，申徒嘉指出："吾与夫子游十九年矣，而未尝知吾兀者也。今子与我游于形骸之内，而子索我于形骸之外，不亦过乎!"他的一席话,说得子产"蹴然改容更貌"。这就告诉人们,子产虽外形完整,但在内德修养方面,却远不及申徒嘉其人。可见,即使是"兀者",也仍可具备美德的表征。第三节,借孔丘与鲁国兀者叔山无趾的对话,描述叔山重视道德修养。某次,叔山拐着脚去见孔子,孔子讽刺他:"前既犯患若是矣,虽今来,何及矣!"大有轻蔑叔山之意。叔山正容回答说:"吾唯其不知务而轻用吾身,吾是以亡足。今吾来也,犹有尊足者存焉……吾以夫子为天地,安知夫子之犹若是也!"其意是说:"我以前幼稚愚昧,而以刖足为代价,教训够深的了。今日来,是想保存我身上比足更重要的东西,我把先生视为可覆载万物的'天地',哪知先生如此轻慢我?"孔子听了后,觉得自己太浅陋,曰:"夫无趾,兀者也。犹务学以复补其前行之恶。"表彰叔山注重修德的高尚情操。第四节,借鲁哀公与仲尼的对话,描述卫国容貌丑恶的哀骀它的高尚德行。哀骀它,乃卫国人,善于为人处世。"丈夫与之处者,思而不能去也。妇人见之,请于父母曰'与其为人妻,宁为夫子妾者',十数而未止者。"此人"无君人之位以济乎人之死,无聚禄以望人之腹",却能如此得到人们的好感。他的最大优势,是在与人相交往时,能做到"和而不唱",随遇而安。故鲁哀公特别称赞他,以至乐意"传国"给他而又恐他不接受。仲尼亦赞扬说:"今哀骀它未言而信,无功而亲,使人授其国,唯恐其不受也,是必才全而德不形者也。"第五节,重点描述闉跂支离无脤及瓮㼜大瘿两位外貌丑恶而品德完美的贤者形象。其中,"闉跂支离无脤说卫灵公,灵公说之;而视全人";"瓮㼜大瘿说齐桓公,桓公说之;而视全人"。此两人,虽然都是"其脰肩肩"式的丑恶外貌者,但他们却能赢得卫灵公与齐桓公的好感，并将他们视为体貌完全的贤者。故形貌虽丑而仍可成为品德高尚之人。第六节，重点阐述庄子与惠施围绕人之"有情"与"无情"所展开的论辩。从表面看，"有情"与"无情"似乎同立德无关。但从本质上看，两者紧密相关。因为庄子所说的"无情"，指的是"不以好恶内伤其身"。仔细推敲，这种"无情"，乃是人们理智完善的体现，无疑也是一种道德素养，不能忽略。

总之，本篇紧扣主题，先后用几则寓言故事，深入细致地描述了"兀者"王骀等人的高尚德行。综观其文，作者特别注重个体内在的精神安顿。在他看来，人的德性并非表现于外在的轰轰烈烈，而是见之于内心世界的冰清玉洁，文中所谓"受命于地，唯松柏独也正，在冬夏青青；受命于天，唯尧舜独也正，在万物之首"等论述，就集中地表达了作者的高尚追求。其题名为《德充符》，实实在在，毫未夸张。

六、《大宗师》校训析

（一）经文校正清样

知天之所为，知人之所为者，至矣。知天之所为者，天而生也；知人之所为者，以其知之所知以养其知之所不知，终其天年而不中道夭者，是知之盛也。虽然，有患。夫知有所待而后当，其所待者特未定也。庸讵知吾所谓天之非人乎？所谓人之非天乎？且有真人而后有真知。何谓真人？古之真人，不逆寡，不雄成，不谟士〔谋事〕[1]。若然者，过而弗悔，当而不自得也。若然者，登高不慄，入水不濡，入火不热，是知之能登假于道者也若此。古之真人，其寝不梦，其觉无忧，其食不甘，其息深深。真人之息以踵，众人之息以喉。屈服者，其嗌言若哇。其耆欲深者，其天机浅。古之真人，不知说生，不知恶死；其

六、《大宗师》校训析

出不䜣〔欣〕,其入不距〔歫〕[2];翛然而往,翛然而来而已矣。不忘其所始,不求其所终;受而喜之,忘而复〔愎〕之[3],是之谓不以心捐〔负〕道[4],不以人助天。是之谓真人。若然者,其心志〔忘〕[5],其容寂,其颡頯;凄然似秋,煖然似春,喜怒通四时,与物有宜而莫知其极。故圣人之用兵也,亡国而不失人心,利泽施乎万世,不为爱人,故乐通物,非圣人也;有亲,非仁也;天时,非贤也;利害不通,非君子也;行名失己,非士也;亡身不真,非役人也。若狐不偕、务光、伯夷、叔齐、箕子、胥馀、纪他、申徒狄,是役人之役,适人之适,而不自适其适者也。[6]古之真人,其状义而不朋,若不足而不承;与乎其觚而不坚也,张乎其虚而不华也;邴邴乎[7]其似喜乎〔也〕!崔乎其不得已乎〔也〕!滀乎进我色也,与乎止我德也;厉〔广〕乎其似世乎〔也〕[8]!謷乎其未可制也;连乎其似好闭也,悗乎忘其言也。以刑为体,以礼为翼,以知为时,以德为循。以刑为体者,绰乎其杀也;以礼为翼者,所以行于世也;以知为时者,不得已于事也;以德为循者,言其与有足者至于丘也;而人真以为勤行者也。[9]故其好之也一,其弗好之也一。其一也一,其不一也一。其一与天为徒,其不一与人为徒。天与人不相胜也,是之谓真人。死生,命也;其有夜旦之常,天也。人之有所不得与,皆物之情也。彼特以天为父,而身犹爱之,而况其卓乎!人特以有君为愈乎己,而身犹死之,而况其真乎!泉涸,鱼相与处于陆,相呴以湿,相濡以沫,不如相忘于江湖。与其誉尧而非桀也,不如两忘而化其道。夫大块载我以形,劳我以生,佚我以老,息我以死。故善吾生者,乃所以善吾死也。[10]夫藏舟于壑,藏山〔汕〕于泽,〔人〕谓之固矣[11]。然而夜半有力者负之而走,昧〔寐〕者不知[12]也。藏小大有宜,犹有所遁。若夫藏天下于天下而不得所遁,是恒物之大情也。特犯人之形而犹喜之。若人之形者,万化而未始有极也,其为乐可胜计邪!故圣人将游于物之所不得遁而皆存。善妖〔少〕、善老、善始、善终[13],人犹效之,又况万物之所系,而一化之所待乎!夫道,有情有信,无为无形;可传而不可受,可得而不可见;自本自根,未有天地,自古以固存;神鬼神帝,生天生地;在太极之先〔上〕而不为高[14],在六极之下而不为深,先天地生而不为久,长于上古而不为老;狶韦氏得之,以挈天地;伏戏氏得之,以袭气母；维斗得之，终古不忒；日月得之，终古不息；堪坏得之，以袭昆仑；冯夷得之，以游大川；肩吾得之，以处大山；黄帝得之，以登云天；颛顼得之，以处玄宫；禺强得之，立乎北极；西王母得之，坐乎少广，莫知其始，莫知其终；彭祖得之，上及有虞，下及五伯；傅说得之，以相武丁，奄有天下，乘东维，骑箕尾，而比于列星。[15]

南伯子葵问乎女偊曰："子之年长矣，而色若孺子，何也？"曰："吾闻道矣！"南伯子葵曰："道可得学邪？"曰："恶，恶可！子非其人也。夫卜梁倚有圣人之才而无圣人之道，我有圣人之道而无圣人之才，吾欲以教之，庶几其果为圣人乎！不然，以圣人之道告圣人之才，亦易矣。吾犹守而告之〔告而守之〕[16]，参日而后能外天下；已外天下矣，吾又守之，七日而后能外物；已外物矣，吾又守之，九日而后能外生；已外生矣，而后能朝彻；朝彻，而后能见独；见独，而后能无古今；无古今，而后能入于不死不生。〔故〕杀生者不死[17]，生生者不生。其为物，无不将也，无不迎也；无不毁也，无不成也。其名为撄宁。撄宁也者，撄而后成者也。"南伯子葵曰："子独恶乎闻之？"曰："闻诸副墨之子，副墨之子闻诸洛诵之孙，洛诵之孙闻之瞻明，瞻明闻之聂许，聂许闻之需役，需役闻之於讴，於讴闻之玄冥，玄冥闻之参寥，参寥闻之疑始。"

子祀、子舆、子犁、子来四人相与语曰："孰能以无为首，以生为脊，以死为尻，孰知死生存亡之一体者，吾与之友矣。"四人相视而笑，莫逆于心，遂相与为友。俄而子舆〔来〕有病[18]，子祀往问之，曰："伟哉！夫造物者，将以予为此拘拘也！曲偻发背，上有五管，颐隐于齐〔脐〕[19]，肩高于顶，句赘指天。"阴阳之气有沴，其心闲而无事，跰䠔而鉴于井，曰："嗟乎！夫造物者又将以予为此拘拘也！"子祀曰："女〔汝〕恶之乎？"曰："亡，予何恶？浸假而化予之左臂以为鸡，予因以求时夜[20]；浸假而化予之右臂以为弹，予因以求鸮炙；浸假而化予之尻以为轮，以神为马，予因以乘之，岂更驾哉！且夫得者，时也；失者，顺也。安时而处顺，哀乐不能入也。此古之所谓县解也。而不能自解者，物有结之。且夫物不胜天久矣，吾又何恶焉！"俄而子来〔舆〕有病[21]，喘喘然将死，其妻子环而泣之。子犁往问之，曰："叱！避！无怛化！"倚其户与之语曰："伟哉！造化！又将奚以汝为，将奚以汝适？以汝为鼠肝乎？以汝为虫臂乎？"子来〔舆〕曰："父母于子，东西南北，唯命之从。阴阳于人，不翅于父母；彼近吾死而我不听，我则悍矣，彼何罪焉！夫大块载我以形，劳我以生，佚我以老，息我以死。故善吾生者，乃所以善吾死也。今大冶铸金，金踊跃曰'我且必为镆铘'，大冶必以为不祥之金〔物〕[22]。今一犯〔范〕人之形[22]，而曰'人耳，人耳'，夫造化者必以为不祥之人。今一〔亦〕以天地为大炉[23]，以造化为大冶，恶乎往而不可哉！"成然寐，蘧然觉。

子桑户、孟子反、子琴张[24]三人相与友，曰："孰能相与于无相与，相为于无相为？孰能登天游雾，挠挑无极；相忘以生，无所终穷？"三人相视而笑，莫逆于心，遂相与为友。莫然有间而子桑户死，未葬。孔子闻之，使子贡往侍事焉。或编曲，或鼓琴，相和而歌曰："嗟来桑户乎！嗟来桑户乎！而已反其真，而我犹为人猗！"子贡趋而进曰："敢问临尸而歌，礼乎？"二人〔子〕相视而笑[25]，曰："是恶知礼意！"子贡反，以告孔子，曰："彼何人者邪？修行无有，而外其形骸，临尸而歌，颜色不变，无以命之。彼何人者邪？"孔子曰："彼，游方之外者也；而丘，游方之内者也。外内不相及，而丘使女〔汝〕往吊之，丘则陋矣。彼方且与造物者为人，而游乎天地之一气。彼以生为附赘县疣，以死为决疣溃痈。夫若然者，又恶知死生先后之所在！假于异物，托于同体；忘其肝胆，遗其耳目；反覆终始，不知端倪；芒然彷徨乎尘垢之外，逍遥乎无为之业。彼又恶能愦愦然为世俗之礼，以观众人之耳目哉！"子贡曰："然则夫子何方之依？"孔子曰："丘，天之戮民也。虽然，吾与汝共之。"子贡曰："敢问其方。"孔子曰："鱼相造乎水，人相造乎道。相造乎水者，穿池而养给；相造乎道者，无事而生定〔足〕[26]。故曰：'鱼相忘乎江湖，人相忘乎道术'。"子贡曰："敢问畸人。"曰："畸人者，畸于人而侔于天。故曰：'天之小人，人之君子；人〔天〕之君子，天〔人〕之小人[27]也'。"

颜回问仲尼曰："孟孙才，其母死，哭泣无涕，中心不戚，居丧不哀。无〔有〕是三者[28]，以善处丧盖鲁国。固有无其实而得其名者乎？回壹〔亦〕怪之。"仲尼曰："夫孟孙氏尽之矣，进于知矣，唯简之而不得，夫已有所简矣。孟孙氏不知所以生，不知所以死；不知就先，不知就后；若化为物，以待其所不知之化已乎！且方将化，恶知不化哉？方将不化，恶知已化哉？吾特与汝，其梦未始觉者邪？且彼有骇形而无损心，有旦宅而无情死。孟孙氏特觉，人哭亦哭，是自其所以乃〔及〕[29]。且也相与吾之耳矣！庸讵知吾所谓吾之乎？且汝梦为鸟而厉〔飞〕乎天[30]，梦为鱼而没于渊。不识今之言者，其觉者乎，其梦者乎？造适不及笑，献〔默〕笑不及排[31]，安排而去化，乃入于寥天一。"

意而子见许由，许由曰："尧何以资汝？"意而子曰："尧谓我'汝必躬服仁义而明言是非'。"许由曰："而奚来为轵？夫尧既已黥汝以仁义，而劓汝以是非矣，汝将何以游夫遥荡恣睢转徙之涂乎？"意而子曰："虽然，吾愿游于其藩。"许由曰："不然。夫盲者无以与乎眉目颜色之好，瞽者无以与乎青黄黼黻之观。"意而子曰："夫无庄之失其美，据梁之失其力，黄帝之亡其知，皆在炉捶之间耳。庸讵知夫造物者之不息我黥而补我劓，使我乘成以随先生邪？"许由曰："噫！未可知也。我为汝言其大略。吾师乎！吾师乎！齑万物而不为义，泽及万世而不为仁，长于上古而不为老，覆载天地、刻雕众形而不为

107

巧。此所游矣。"

颜回曰:"回益矣。"仲尼曰:"何谓也?"曰:"回忘仁义〔礼乐〕矣。"[32]曰:"可矣,犹未也。"他日,复见,曰:"回益矣。"曰:"何谓也?"曰:"回忘礼乐〔仁义〕矣。"曰:"可矣,犹未也。"他日,复见,曰:"回益矣。"〔仲尼〕曰:"何谓也[33]?"曰:"回坐忘矣。"仲尼蹴然曰:"何谓坐忘?"颜回曰:"堕肢体,黜聪明,离形去知,同于大通,此谓坐忘。"仲尼曰:"同则无好也,化则无常也,而果其贤乎!丘也请从而后也。"

子舆与子桑友,而霖雨十日。子舆曰:"子桑殆病矣!"裹饭而往食之。至子桑之门,则若歌若哭,鼓琴曰:"父邪!母邪!天乎!人乎!"有不任其声而趋举其诗焉。子舆入,曰:"子之歌诗,何故若是?"曰:"吾思夫使我至此极者而弗得也。父母岂欲吾贫哉?天无私覆,地无私载。天地岂私贫我哉?求其为之者而不得也。然而至此极者,命也夫!"

(二)文字校训说明

[1] "不谟士",清本原文如此。《陈译》依林希逸及朱桂曜

说，训"谟士"为"谋事"。其引林希逸说："'士'与'事'同，古字通用。如《东山诗》曰：'勿士行枚也。''谟'，谋也。无心而为之，故曰'不谟事'。"又引朱桂曜说："'不谟士'即'不谋事'也。《管子·君臣上》：'官谋士。'注：'士，事也，官各谋其职事也。'盖'士''事'义通，《说文·士部》：'士，事也。'又，'谟'与'谋'通，《尔雅·释诂》：'谟，谋也。'"钊按：以上《陈译》引林、朱之说，均有理有据，从之。

[2]"其出不䜣，其入不距"，清本原文如此。钊按：此句中之"䜣"，《陈译》据朱桂曜说，将之校为"欣"，从之。又本文中之"距"，疑为与"懅"音同而误。前面之"䜣"同"欣"，指情感；后面之"距"却不指情感，显然与前面不对称。若改为"懅"（恐惧），则前言"其出不欣"，后言"其入不恐"，两句正好对应，则"距"乃"懅"之误无疑。

[3]"受而喜之，忘而复之"，清本原文如此。钊按：此文前后两句当为对仗句，但前"喜"字与后"复"字却不对仗，"喜"表示情感，而"复"则不表情感。疑"复"为"愎"之假字。"愎"，戾也，指暴戾，亦为表情之字。据此，则原文可读为"受而喜之，忘而愎之"，两相对仗，文通理顺。

[4]"是之谓不以心捐道"，清本原文如此。《陈译》据武延绪、朱桂曜等家之说，认为此句中之"捐"乃"损"之误。但俞樾却认为，此"捐"乃"偝"字之误。他指出："《释文》云郭作'揖'，崔云或作'楫'，所以行舟也。其义弥不可通。疑皆'偝'字之误，'偝'即'背'字，故郭《注》曰'真人知用心则背道，助天则伤身'，是郭所据本正作'偝'也。"钊按：将俞说与武、朱、陈之说比较，似俞说更为贴切，此从其说，将"捐"正为"偝"。此

109

"偕"当读为"负"(两字互通,"负"与"心"结合更适宜),成为"不以心负道",与下句"不以人助天"相对应更为贴切。

[5]"其心志",清本原文如此。褚伯秀曰:"'志'字诸解多牵强不通,赵氏正为'忘'字,与'容寂'义协,所论甚当,原本应是如此,传写小差耳。"(见《南华真经义海纂微》,下引此书不再注出处)林云铭曰:"'其心忘'是通篇扼要语,俗本作'志',非也。"(见《庄子因》,下引此书不再注明出处)王懋竑曰:"'志'当作'忘',郭解误。'其心忘,其容寂',文义之显然者,'志'字明是误文。"(见《庄子存校》)钊按:以上诸家之说均言之成理,今亦依其说,校"志"为"忘"。

[6]"故圣人之用兵也"至"而不自适其适者也"共一百零一字,乃为清本原文。《陈译》据闻一多之说,认为"这一百零一字是别处错入,应删去"。闻氏言:"自篇首至'天与人不相胜也,是之谓真人',中间凡四言'古之真人',两言'是之谓真人',文意一贯,自为片段。惟此一百一字与上下词指不类,疑系错简。且'圣人之用兵也,亡国而不失人心',宁得为《庄子》语?可疑者一也。务光事与许由同科,许由者,《逍遥游》篇既拟之于圣人,此于务光乃反讥之为'役人之役,适人之适,而不自适其适者'。可疑者二也。……'利泽施于万世',又见《天运》,'适人之适,而不自适其适者也',又见《骈拇》,并在外篇中。以彼例此,则此一百一字盖亦庄子后学之言,退之外篇可耳。"《陈译》指出:"闻说可从。上下段文字都在描述真人,突然插进这一段文字,隔断了上下段文义的一贯性,应予删除。"钊按:闻、陈之说均有理有据,此一百零一字的内容,确实同其前、后有关"真人"之说风马牛不相及,应予删去。今在经文中用黑线标示,以

示其为应删之文。

[7]"邴邴乎其似喜乎",清本原文如此。此句中"邴邴乎",严灵峰认为,应删去一"邴"字,说:"'邴'上原叠'邴'字,作'邴邴乎'。按上下并作'与乎''崔乎''滀乎''厉乎''謷乎''连乎''挽乎',俱不叠字,依例似不应有,兹依上下文例删去一字。"钊按:其说合理,从之。

[8]"厉乎其似世乎",清本原文如此。本句中之"厉",郭庆藩考崔譔本为"广",言:"'厉',当从崔本作'广'者是……经传中'厉''广'二字,往往而混。如《礼·月令》'天子乃厉饰',《淮南·时则篇》作'广饰';《史记·平津侯传》'厉贤予禄',徐广曰'厉,亦作广';《儒林传》'以广贤材',《汉书》'广'作'厉'……皆其证。"钊按:郭氏之说,言之凿凿,"厉"当为"广"之误。"广乎其似世",语意一目了然,若作"厉乎其似世",则晦涩难解。又,"广乎其似世乎",句末之"乎",疑为"也"字之误。因为此句前后共有八句并列的句子,其中有五句之句末为"也"字,只有三句之句末为"乎"字,即"邴乎其似喜乎""崔乎其不得已乎""广乎其似世乎"三句,且此三句每句之第二个字均为"乎"字,从行文艺术来看,一般在同一句中,避免使用重复的字,比照上下句之句末多为"也"字,则此三句句尾之"乎"亦当为"也"字。考陈碧虚《庄子阙误》引文如海、张君房本"其似喜乎",作"其似喜也",且成《疏》言"故云似喜者也",则成所见本该句亦为"也"字收尾。有此一例,则其他两句句末之"乎"亦当为"也"字之误无疑,当据改。

[9]"怳乎忘其言也"句下,清本有"以刑为体"至"而人真以为勤行者也"一段文字,共十三句七十二字。《陈译》据张

默生之说，认为"和庄子思想极不相类，和《大宗师》主旨更相违"，主张将之"删除"。张默生言："自'以刑为体'至'而人真以为勤行者也'若干句，在本节中虽可勉强解释，终觉不类庄子思想，时人已有疑者，或为他书错简。若删去此若干句，则上下文义悉顺。"钊按：张、陈之说，均言之有依。所谓"以刑为体，以礼为翼，以知为时"，均同庄子一贯鞭挞"刑""礼""知"的宗旨相悖，当非内篇之文，特对之用黑线标出，以示应予删去。

[10]"不如两忘而化其道"句下，清本原有如下六句："夫大块载我以形，劳我以生，佚我以老，息我以死。故善吾生者，乃所以善吾死也。"此六句，已见于本文后面第五部分"子来曰"之相关文字中，《陈译》据王懋竑、马叙伦说，判为"错简重出"。该书引王氏说："'大块载我以形'六语，又见后子祀章，其为错简重出无疑也。"又引马氏曰："此节疑为下文错简，校者以未错者对之，未敢删除，遂成羡（衍）文。"钊按：以上王、马诸家判定该六句为"错简重出"，确无疑议。且此六句放在本处同其前后文之意亦难以协调，当据以删去（已对之用黑线标示）。

[11]"藏山于泽，谓之固矣"，清本原文如此。俞樾指出："山非可藏于泽，且亦非有力者所能负之而走，其义难通。'山'，疑当读为'汕'。《尔雅·释器》：'翼谓之汕。'《诗·南有嘉鱼篇》《毛传》曰：'汕，汕樔也。'《笺》云：'今之撩罾也。''藏舟''藏汕'，疑皆以渔者言，恐为人所窃，故藏之。乃世俗常有之事，故庄子以为喻耳。"钊按：俞氏之说十分正确，"藏山于泽"，确实"其义难通"，且长期以来以讹传讹，误人不浅。人所共知，泽之水深度极为有限，故《左传·宣公十二年》言"川壅为泽"，认为"泽"是河川壅塞之后形成的，故水较浅，则"泽"未必能"藏

山"！而且山丘在大地上，到处皆是，何须去藏？又有谁去盗窃呢？俞氏将"山"训为"汕"，指捕鱼之网，则文理豁然贯通。"舟"与"汕"皆为渔家所有，渔家爱惜，将之珍藏，合乎常理。今从俞氏之说，校"山"为"汕"。又，"人谓之固矣"，清本原无"人"字，刘文典言："《淮南子·俶真》'谓'上有'人'字。"钊按：有"人"字文意完整，今当补一"人"字为是。

[12]"昧者不知"，清本原文如此。杨树达说："'昧'，郭《注》如字读之，非也。当读为'寐'。负走者以夜半，故卧者不知，义正相贯。'昧''寐'声类同，故得通假。如字读之，则失义矣。《淮南子·俶真训》作'寐'，其明证也。"（见《庄子拾遗》，下引杨氏此书，不再注明出处）钊按：杨氏之说，入情入理，"昧"当为"寐"之假字，今从其说，并注他本将"昧"校为"寐"。

[13]"善妖、善老、善始、善终"，清本原文如此。此语中之"妖"，陈碧虚《庄子阙误》引张君房本作"少"。钊按：比较两本用字，似以张本"少"字为优，此处以"善少"对"善老"，较为严谨。若将"善妖"或"善夭"与"善老"相对，则较为晦涩。当从张本作"少"。

[14]"在太极之先而不为高"，清本原文如此。俞樾认为"先"乃"上"之误，指出："下云：'在六极之下，而不为深。'则此当云：'在太极之上。'方与'高'义相应。今作'在太极之先'，则不与'高'义相应，而转与下文'先天地生而不为久'，其义相复矣。《周易·系辞传》曰：'易有太极。'释文曰：'太极，天也。'然则《庄子》原文，疑本作'太极之上'，犹云'在天之上也'。后来说《周易》者，皆以'太极'谓天地未分之前，于是疑'太极'当以先后言，不当以上下言，乃改'太极之上'为

'太极之先'，而于义不可通矣。《淮南子·览冥训》曰：'引类于太极之上。'"钊按：俞说文理透彻，令人信服，从之。

[15]"夫道有情有信"至"而比于列星"一段文字，属《大宗师篇》之第三节，对于该节文字，有作者"疑是后人添加"。例如，施天侔认为"此节非庄周之学"；严复也说："自'夫道'以下数百言，皆颂叹道妙之词，然是庄文最无内心处。"其所论，均有贬抑之意。另，有的作者虽肯定从"夫道，有情有信"至"长于上古而不为老"一段，"承老子之道义，有其深意"，但却肯定自"狶韦氏得之"至"而比于列星"一段，"疑是后人添加"，主张"无妨删去"（参见《陈译》）。钊按：以上诸家之说，似亦持之有故，但从总体上看，似乎言之过重，有贬损该书之嫌。笔者认为，客观地说，此段文字集中体现了《大宗师》一文的核心内容。该文的基本思想，在于论述"道"的内涵、价值以及真人体道的思想境界。它从两个方面展开论述：一是在"狶韦氏"之前，以七十七字的篇幅，集中描述了"道"的表现形式、特征及其作为化生世界万物之"本体"的特有功能，这集中表达了庄子以"道"为化生宇宙本原的本体论观念。张岱年、任继愈、萧萐父等在论证庄子的本体论观念时，几乎都无有遗漏地引述了该段文字。二是从"狶韦氏"至"而比于列星"一段，共一百三十四字，集中描述了"道"的威严性、神圣性，其所谓"得道者"，先后涉及"狶韦氏"等十余位神灵。意在告诉人们，不管什么神灵得到"道"，均可大显神通，这对于突出"道"的神妙作用，无疑有其特定意涵。上下两段均从总体上继承发挥了老子关于"道"论的观念。前一段集中体现了老子"道生万物"的思想；后一段仿照老子第三十九章"天得一以清，地得一以宁……"的逻

辑，描述众神灵"得道"后的理想结果。应当说，此处前后两段都同道家学说一脉相承，似并非后人增益。需要指出的是，庄子之文，时常渗入一些离奇性、怪异性、神秘性的文字，这既体现了庄子书"汪洋恣肆"的特色，也难免削弱该书的人文性、可读性。本节文字中一下子描述了十几位少为人知的神灵，就难免给人以离奇怪异之感，故有的学者将之视为赝品，也情有可原。虽然如此，但从整体上看，我们还是要肯定该文的基本价值，而不要轻易将之删去。这也叫作不苛求于古人吧。

[16]"守而告之"，清本原文如此。闻一多将之正为"告而守之"。他指出："《疏》曰：'告示甚易，为须修守，所以成难。'又曰：'今欲传告，犹自守之。'是成本正作'告而守之'。今据乙正。"钊按：闻氏依成《疏》所作考证，言之成理，此依其说，改正本文。

[17]"杀生者不死"，清本原文如此。刘文典言："碧虚子校引江南古藏本'杀'上有'故'字。"钊按："杀"上有"故"字，文意完整，当据江南古藏本增一"故"字为是。

[18]"俄而子舆有病"，清本原文如此。俞樾指出："此当作'子来有病'，下文曰'俄而子来有病'，当作'子舆有病'。何以明之？《淮南子·精神篇》曰：'子来行年五十有四，而病伛偻，脊管高于顶，膈下迫颐，两脾在上，烛营指天，匍匐自窥于井曰：伟哉！造化者其以我为此拘拘邪。'即本《庄子》之文，而作'子求'，'求'者，'来'字之误。《尚书·吕刑篇》：'惟货惟来。'马融本'来'作'求'是其例也。《释文》引崔譔云：'《淮南》作子永行年五十四而病伛偻。'《抱朴子·博喻篇》亦云'子永叹天伦之伟'，'永'亦'求'字之误也。若是，'子舆'则与'求'、

与'永'绝不相似,无缘致误。故知此文本作'子来',与下文传写互易矣。"钊按:其说言之凿凿,当据改。

[19]"颐隐于齐",清本原文如此。刘文典言:"'齐',《御览》三百六十四、三百八十二并引作'脐',《鹤林玉露》引同,与《人间世篇》合。此文作'齐','脐'之坏字也。《疏》:'头低则颐隐于脐。'是成本字亦作'脐'。"此说稳当,当据之将"齐"改为"脐",指肚脐。

[20]"予因以求时夜",清本原文如此。俞樾言:"一本无'求'字,当从之。下云:'浸假而化予之右臂以为弹,予因以求鸮炙。'盖以弹求鸮,乃可为炙,故曰:'因以求鸮炙。'若鸡则自能时夜,既'化予之左臂以为鸡',则因以时夜可矣,又何求焉,'求'字即涉下句而衍。"钊按:其说精当。成《疏》:"弹则求于鸮鸟,鸡则夜候天时。"似成所依本无"求"字,当据删。

[21]"俄而子来有病",清本原文如此。钊按:依上面第十八条之说,此句"子来"当作"子舆",此据改。

[22]"大冶必以为不祥之金。今一犯人之形",清本原文如此。此句之"金"字,刘文典言:"《御览》八百十引'金'作'物'。"钊按:综观全文,此句以作"不祥之物"为优,因为此"不祥之物",正好与下文"不祥之人"相对仗。故"金"当从《御览》本作"物"是也。又"犯",当是"范"之假当,古人同音字可以通假。

[23]"今一以天地为大炉",清本原文如此。钊按:此句中之"一"疑涉前面"今一范人之形"之"一"而误,原字应为"亦",此"亦"因与"一"音同而误。此文前面已讲过"大冶铸金"之事,此处再言以"天地为大炉",故需用"亦",以示重复,若作"一",则

于义迂曲，当据改。

[24]"子琴张"。此"子琴张"，有人认为是孔子的学生"琴张"。马叙伦曰："孔子弟子有琴张，见《春秋·昭二十年·左氏传》及《孟子·万章篇》。"刘文典言："《御览》五百三十一引'子琴张'作'禽张'。"钊按：此句中之"子桑户、孟子反、子琴张"三人，均为寓言中的角色，三人志同道合乃是关键，至于他们究竟是谁，并不重要，我们不必在此深加考究。

[25]"二人相视而笑"，清本原文如此。刘文典言："《御览》五百三十一引'人'作'子'。"钊按：比较两者，似以作"子"为优。前文涉及子桑户、孟子反、子琴张三子，此言"二子"给人以前呼后应之感，当从《御览》本改"人"为"子"。

[26]"无事而生定"，清本原文如此。俞樾指出："'定'疑'足'字之误。'穿池而养给'，'无事而生足'，两句一律。'给'，亦'足'也。'足'与'定'字形相似而误。《管子·中匡篇》：'功定以得天与失天，其人事一也。'今本'定'误作'足'，与此正可互证。"钊按：俞说合理，从之。

[27]"人之君子，天之小人"，清本原文如此。《陈译》据王先谦、奚侗等人说，将之校为"天之君子，人之小人"。陈曰："上两句为'天之小人，人之君子'，与此两句重复。"王先谦说："疑复语无义，当作'天之君子，人之小人'。"奚侗说："此文四句义复，下二句'人'字、'天'字互误。"王叔岷说："旧钞本《文选》江文通《杂体诗》注引，下二句正作'天之君人，民之小人'。今本'民'作'人'，唐人避太宗讳改。"钊按：以上诸家之说，均有理有据，今据改。

[28]"无是三者"，清本原文如此。钊按：此句中之"无"，据

古人反义互训之则，当读为"有"。此"有"指上面孟孙才之母死后，表现出"哭泣无涕，中心不戚，居丧不哀"三者。故此句应读为"有是三者"而非"无是三者"。正因为"有是三者"（此三者在儒家看来不合孝道），子贡才指责孟孙才所谓"以善处丧盖鲁国"之说，乃是"无其实而得其名"，即认为他不善处丧。这是以儒者的立场说这一番话的，但孟孙才的行为合乎道家"生死一如"之见。

[29]"是自其所以乃"，清本原文如此。钊按：此句中之"乃"，注家说法不一。余以为当训为"及"。《中华大字典》："乃，犹及也。"故"乃"是"及"的假字。"及"，有由此及彼之意。"孟孙氏特觉，人哭亦哭"，他的"哭"，是从别人那里学来的。故曰："是自其所以及。"

[30]"且汝梦为鸟而厉乎天"，清本原文如此。此句中之"厉"，《陈译》考《淮南·俶真训》引作"飞"。钊按：作"飞"为宜，则"汝梦为鸟而飞乎天"，文意清明，当从之。

[31]"献笑不及排"，清本原文如此。钊按：疑"献笑"乃"默笑"之误。"献笑"于义晦涩，原文当为"默笑"，指默然而笑。此种笑乃属自然之笑，故给人以"不及排"之感。"默"与"献"形近易误。郭《注》、成《疏》皆提及"献笑"，则此误当在郭、成之前。

[32]"回忘仁义矣"，清本原文如此。刘文典言："《淮南子·道应篇》'仁义'作'礼乐'，下'礼乐'作'仁义'，当从之。礼乐有形，固当先忘；仁义无形，次之。坐忘最上。今仁义、礼乐互倒，非道家之指矣。"钊按：刘说是，当据以改正上下文。

[33]"仲尼曰：'何谓也'"，此句清本原无"仲尼"二字，此

据相关资料补。刘文典言:"叶大庆《考古质疑》引'曰何谓也'上有'仲尼'二字。"钊按:此处乃记述仲尼与颜回对话,前面已有几轮对话未提及仲尼,此处考有"仲尼",使读者更为明晰,当据补。

(三)中心内容评析

本篇题名为《大宗师》,"宗"者,本也,故"大宗师",即大本之师。谁是"大本之师"呢?简单地说,就是"道"。这个"道",是道家世界观、人生观的集中体现。全文共分为八节。

第一节,重点阐明"天人合一"的宇宙观。这一宇宙观,集于"真人"之身,他们既具有"登高不慄、入水不濡、入火不热"的超人特性,又具有"其寝不梦、其觉无忧、其食不甘、其息深深"的本能,还具有"不知说生、不知恶死、其出不欣、其入不慄"的神妙能耐。这些能耐的出现,从本质上说,都是"天人合一"的特性所使然,故曰:"天与人不相胜也,是之谓真人。""真人"之优势,在于能从根本上体现"大道"。第二节,重点阐述"死生一如"的生死观。在作者看来,"生"与"死"均属自然法则,二者轮流交换,好比白天与黑夜正常交替一样,故曰:"死生,命也;其有夜旦之常,天也。"在作者看来,人和人相互交往,与其彼此依赖,不如顺乎自然而共化,故曰:"泉涸,鱼相与处于陆,相呴以湿,相濡以沫,不如相忘于江湖";"与其誉尧而非桀也,不如两忘而化其道"。作者所追求的是不给大盗以可乘之机,指出"故圣人将游于物之所不得遁而皆存"。第三节,重点描述了"道"的表现形态、基本特征以及"得道"之后所显示出的无比广大的神通。"道"，是生育世界万物的最高本体，它超越空间、超越时间而永存于宇宙间，故曰："自本自根，未有天地，自古以固存；神鬼神帝，生天生地；在太极之上而不为高，在六极之下而不为深，先天地生而不为久，长于上古而不为老。"因此，"道"是宇宙的本根，它既可"神鬼神帝"，又能"生天生地"。这就赋予了"道"的本质特性。故狶韦氏、伏戏氏等十余位神灵得道后，都显示出特有的神通。第四节，重点描述年长的女偊闻道后，"而色若孺子"的人生体验。在女偊看来，要闻道，必须具备闻道的基本素质。她认为，只有具备"圣人之才"，传道者才可"以圣人之道告圣人之才"，并借助"撄宁"（在扰乱中保持安静）的方法达到目的。故曰："撄宁也者，撄而后成者也。"第五节，重点讲述了子祀、子舆、子犁、子来四人"相与为友"的寓言故事。这四人之所以能为友，是由于他们志同道合，深知"死生存亡之一体"，即懂得"死生一如"的道理，并将之贯穿到整个生命中。在作者看来，人之死与生，都是造化安排的结果，是自然法则所使然，故曰："今亦以天地为大炉，以造化为大冶，恶乎往而不可哉！"第六节，与上节相似，本节亦安排了子桑户等三人相与为友的寓言故事。他们志同道合，视死如归。故当子桑户死时，另外两人"或编曲，或鼓琴"乃至"相和而歌"，对此，儒家学者子贡很不理解。孔子说："彼，游方之外者也；而丘，游方之内者也。外内不相及，而丘使汝往吊之，丘则陋矣。"可见，道家的生死观与儒家有本质区别。道家坚持"出世"，即游于方之外，儒家本着"入世"，即游于方之内。第七节，借助颜回与仲尼的对话，揭示孟孙才"其母死，哭泣无涕，中心不戚，居丧不哀"的态度，合乎道家的生死观。原因在于：孟孙氏抱有生死是自然之化的观点,从而能"入于寥天一",即得道是也;借助意而子与许由的对话,集中表达了许由所倡导的"鳖万物而不为义,泽及万世而不为仁,长于上古而不为老,覆载天地、刻雕众形而不为巧"的处世之道和人生追求;借助颜回与孔子的对话,集中描述了颜回所体验的有关"坐忘"的修身法则。这一法则,在我国养生学史上,有其相应的学术价值,后来的内丹学和气功说,都吸收过其中的合理因素。第八节,借子舆之口,表达了作者的"命定论"。在作者看来,人的死生富贵种种遭遇,都不是人们自己所能控制,一切皆为"命"中注定,这同《人间世篇》所谓"知其不可奈何而安之若命"之说完全一致,表明作者最终陷入"命定论"的人生归宿。

综观全文,集中表达了道家"天人一体""死生一如""道生万物""道法自然""安之若命"等为道家所一再推崇的世界观和人生观。故本文是《庄子》书中一篇重要代表作,作者将之命名为《大宗师》,可谓深得本旨,值得认真研习。

七、《应帝王》校训析

（一）经文校正清样

啮缺问于王倪，四问而四不知。啮缺因跃而大喜，行以告蒲衣子。蒲衣子曰："而〔尔〕乃〔方〕今知之乎？[1]有虞氏不及泰氏。有虞氏，其犹藏仁以要人；亦得人矣，而未始出于非人。泰氏，其卧徐徐，其觉于于；一以己为马，一以己为牛；其知情信，其德甚真，而未始入于非人。"

肩吾见狂接舆。狂接舆曰："日中始何以语女〔汝〕[2]？"肩吾曰："告我君人者以己出经式义〔仪〕，度〔庶〕人〔民〕孰敢不听而化诸[3]！"狂接舆曰："是欺德也；其于治天下也，犹涉〔塞〕海凿河而使蚊负山也[4]。夫圣人之治也，治外乎？正而后行，确乎能其事者而已矣。且〔百〕鸟高飞，以避矰弋之害；鼷鼠深穴乎神丘之下，以避熏凿〔灌〕之患[5]，而曾二虫之无知〔如〕[6]！"

　　天根游于殷阳，至蓼水之上，适遭无名人而问焉，曰："请问为天下。"无名人曰："去！汝鄙人也，何问之不豫〔厌〕[7]也！予方将与造物者为人，厌则又乘夫莽眇之鸟，以出六极之外，而游无何有之乡，以处圹埌之野。汝又何帠〔异〕以治天下感予之心为[8]？"又复问。无名人曰："汝游心于淡，合气于漠，顺物自然而无容私焉，而天下治矣。"

　　阳子居见老聃，曰："有人于此，嚮疾强梁，物彻疏明，学道不倦。如是者，可比明王乎？"老聃曰："是于圣人也，胥易技係，劳形怵心者也。且也虎豹之文来田，猨狙之便执嫠之狗来藉[9]，如是者，可比明王乎？"阳子居蹴然曰："敢问明王之治。"老聃曰："明王之治，功盖天下而似不自己，化贷万物而民弗恃；有莫举名，使物自喜；立乎不测，而游于无有者也。"

　　郑有神巫曰季咸，知人之死生存亡，祸福寿夭，期以岁月旬日，若神。郑人见之，皆弃而走。列子见之而心醉，归，以告壶子，曰："始吾以夫子之道为至矣，则又有至焉者矣。"壶子曰："吾与汝既〔无〕其文，未既其实[10]，而固得道与？众

123

雌而无雄，而又奚卵焉！而以道与世亢，必信，夫故使人得而相汝。尝试与来，以予示之。"明日，列子与之见壶子，出而谓列子曰："嘻！子之先生死矣！弗〔不〕活矣！不〔可〕以旬数矣！[11]吾见怪焉，见湿灰焉。"列子入，泣涕沾襟以告壶子。壶子曰："乡吾示之以地文，萌乎不震〔䐜〕不正〔止〕[12]。是殆见吾杜德机也。尝又与来。"明日，又与之见壶子。出而谓列子曰："幸矣，子之先生遇我也！有瘳矣，全然有生矣！吾见其杜权矣。"列子入，以告壶子。壶子曰："乡吾示之以天壤，名实不入，而机发于踵。是殆见吾善者机也。尝又与来。"明日，又与之见壶子。出而谓列子曰："子之先生不齐，吾无得而相焉。试齐，且复相之。"列子入，以告壶子。壶子曰："吾乡示之以太冲莫胜〔朕〕[13]，是殆见吾衡气机也。鲵桓之审为渊，止水之审为渊，流水之审为渊。渊有九名，此处三焉[14]。尝又与来。"明日，又与之见壶子。立未定，自失而走。壶子曰："追之！"列子追之不及。反，以报壶子曰："已灭矣，已失矣，吾弗及已。"壶子曰："乡吾示之以未始出吾宗。吾与之虚而委蛇，不知其谁何，因以为弟靡，因以为波流，故逃也。"然后列子自以为未始学而归，三年不出。为其妻爨，食豕如食人。于事无与亲，雕琢复朴，块然独以其形立。纷〔然〕而封哉〔戎〕[15]，一以是终。

无为名尸，无为谋府；无为事任，无为知主。体尽无穷，而游无朕；尽其所受乎天而无见得，亦虚而已。至人之用心若镜，不将不迎，应而不藏，故能胜物而不伤。

南海之帝为儵，北海之帝为忽，中央之帝为浑沌。儵与忽时相与遇于浑沌之地，浑沌待之甚善。儵与忽谋报浑沌之德，曰："人皆有七窍以视听食息，此独无有，尝试凿之。"〔一〕日凿一窍，七日而浑沌死。

（二）文字校训说明

[1]"而乃今知之乎？"清本原文如此。钊按：此句中的"而"，当假为"尔"。"乃"宜读为"方"。《古书虚字集释》："乃，犹方也。"据此，则全句之意是说："尔方今知道了吧？"照此译，文通理顺。

[2]"日中始何以语女"，清本原文如此。此句之"日"字，《释文》引李云："'日中始'，人姓名，贤者也。崔本无'日'字，云：'中始，贤人也。'"俞樾认为，以"日中始"为人姓名，"恐不然"，曰："'中始'，人名，'日'，犹云'日者'也，谓日者中始何以语女也。"钊按：既然"崔本无'日'字"，则此处以崔本为

125

据，将"日"字删去即可。至于"中始"其人是否为"日者"，在此句中无关大局，似不必考证。

[3]"告我君人者以己出经式义度，人孰敢不听而化诸！"清本原文及句读均如此。王念孙曰："《释文》曰：'出经'绝句，'式义度人'绝句，引诸说皆未协。案：此当以'以己出经式义度'为句，'人孰敢不听而化诸'为句。'义'，读为'仪'。'义''仪'古字通……'仪'，法也（见《周语》注、《淮南·精神篇》注、《楚词·九叹》注）。'经式仪度'，皆谓法度也，解者失之。"刘文典指出："《释文》以'出经'绝句，'式仪度人'绝句，并非，王读亦未审。此当以'出经式义'绝句。'度'当为'庶'，形近而误也。'人'当为'民'，唐人避太宗讳改之耳。碧虚子校引张君房本正作'庶民孰敢不听而化诸'。《疏》：'必须己出智以经纶，用仁义以导俗，则四方氓庶，谁不听从！'是成所见本亦正作'庶民'，与张本合。《御览》九百四十五引'人'亦作'民'，可为旁证。'庶'讹为'度'，'民'字改为'人'，义不可通，诸家乃失其读矣。"钊按：刘氏之说，理实据确，令人信服，当照改。

[4]"犹涉海凿河而使蚊负山也"，清本原文如此。钊按：此句中"涉海"之"涉"疑为与"塞"音近而误。"塞海"，犹"填海"也。作者之意是说，若按有为之治那一套去治理天下，那就如同填塞大海、开凿江河、蚊子负山那样，永远办不到。若用"涉"代替"塞"，则"涉海"并非永远办不到的事，故"涉"当为"塞"之误无疑。

[5]"且鸟高飞，以避矰弋之害；鼷鼠深穴乎神丘之下，以避熏凿之患"，清本原文如此。关于此段文字，刘文典指出："《御览》九百十一引'且'作'百'，'害'作'患'。又案：古书于

鼠多言'薰灌'，罕言'熏凿'，'凿'字疑涉上文'涉海凿河'而误，《御览》九百十一引正作'薰灌'。"钊按：刘氏之说，有理有据，今依其说，改"且"为"百"，"凿"为"灌"。另，清本"害"字亦通，且可与下文"患"字相对应，似不必依《御览》本改作"患"。

[6]"而曾二虫之无知"，清本原文如此。此句中的"知"，《陈译》依奚侗之说，正为"如"。奚侗指出："'知'当作'如'，其义较长。'无如'犹言'不如'也。郭《注》言：'曾不如此二虫之各存而不待教乎？'是郭本'知'正作'如'。"钊按：奚说虽有依，只是他所见的郭本之《注》，今已发生变化，例如郭庆藩之《集释》本，郭《注》仍为"知"字，幸运的是，王孝鱼所见到的世德堂本之郭《注》，"知"亦作"如"。有此一证，则奚说当可成立，此据改。

[7]"何问之不豫也"，此句中之"豫"，《简文》原释为"悦"。俞樾指出："《尔雅·释诂》'豫，厌也'；《楚词·惜诵》篇'行婞直而不豫兮'。王逸注亦曰：'豫，厌也。'是'豫'之训'厌'，乃是古义。无名人深怪天根之多问，故曰：'何问之不豫。'犹云：'何许子之不惮烦也。'"钊按：据上面俞氏所言，则《简文》将"豫"释为"悦"不确。此依俞氏之说，训"豫"为"厌"。

[8]"汝又何帠以治天下感予之心为"，清本原文如此。本句中之"帠"，俞樾言："'帠'未详何字，以诸说参考之，疑此'帠'乃'臬'字之误……一本作'寱'者，破假字而为正字耳。《一切经音义》引《通俗文》曰：'梦语谓之寱。'无名人盖谓天根所问皆梦语也，故曰：'汝又何寱以治天下感予之心为'。"钊按：俞氏此解虽亦可通，但仍有牵强之嫌。余疑"帠"乃因与"臬"字

形近而误。《中华大字典》:"'舁',举也。"则原文可释为"汝又何举以治天下感予之心为"。此释,全文豁然贯通,其为"舁"字之误无疑也。

[9]"虎豹之文来田,猨狙之便执斄之狗来藉",清本原文如此。王叔岷指出:"'执斄之狗'四字,疑涉《天地篇》文窜入。'虎豹之文来田,猨狙之便来藉',文正相耦。《淮南子·缪称训》:'虎豹之文来射,猨狄之捷来措。'(注:'措,刺也')《诠言训》:'故虎豹之彊来射,猨狄之捷来措。'《说林训》:'虎豹之文来射,猨狄之捷来乍。'(王念孙云'措与乍古同声通用',亦籍之借字。)凡三用此文,皆无'执斄之狗'四字,是其明证。"钊按:王氏之论,言之凿凿,当据以删去"执斄之狗"四字。

[10]"吾与汝既其文,未既其实",清本原文如此。王孝鱼言:上"既"字,《阙误》引江南古藏本作"无"。刘文典亦言:"上'既'字当为'无'。碧虚子校引江南古藏本作'吾与汝无其文,未既其实',《列子·黄帝篇》亦正作'无其文',是其证也。"钊按:其说是,当据江南古藏本改"既"为"无"。

[11]"出而谓列子曰:'嘻!子之先生死矣!弗活矣!不以旬数矣'",清本原文如此。刘文典言:"《御览》八百七十一引'谓列子曰'上有'咸'字,又,《御览》八百七十一引'弗'作'不';又'不以旬数矣'作'不可以旬数矣',与《列子·黄帝篇》同。"钊按:比较以上所涉相关版本,当参阅《列子·黄帝篇》,改清本之"弗"为"不",并改清本"不以旬数矣"为"不可以旬数矣"。因为后者较前者思想更为明晰、肯定。但须指出,《御览》"谓列子曰"上有"咸"字,不必照改,因此"咸"无关大局,且后文两处"出而谓列子曰",均无"咸"字,当以无

"咸"为是。

[12] "萌乎不震不正"，清本原文如此。俞樾指出："《列子·黄帝篇》作'罪乎不诊不止'……'诊'即'震'之异文，'不诊不止'者，不动不止也……据《释文》，则崔本作'不诊不止'，与《列子》同，可据以订正。"又，"不诊不止"之前，郭本有"萌乎"，俞氏认为应从《列子》作"罪乎"，判定"萌"乃"罪"之误。对此，王叔岷持异议，曰："作'萌'者是也。'萌'有'生'义（《淮南子·俶真篇》：'孰知其所萌'，高注：'萌，生也'），'萌乎不震不止'，犹云'生于不动不止'（有潜滋暗长之意），正对上文'子之先生死矣'而言，意甚明白。"钊按：以上俞氏判定清本之"不震不正"当从崔本和《列子》文作"不诊不止"是；又"萌乎"当依王叔岷说，保存清本原文，不应仿《列子》改作"罪乎"，则《列子》之"罪"乃因与"萌"形近致误。

[13] "吾乡示之以太冲莫胜"，清本原文如此。刘文典指出："'莫胜'义不可通，且与'太冲'不协，《列子·黄帝篇》'胜'作'朕'，义较长。"钊按：依刘氏之说，作"莫朕"为是。向秀《注》曰："居太冲之极，皓然泊心，玄同万方，莫见其迹。"综观其旨意，似所见本亦作"莫朕"。

[14] "鲵桓之审为渊，止水之审为渊，流水之审为渊。渊有九名，此处三焉"，清本原文如此。俞樾指出："《列子·黄帝篇》……九渊全列，然于上下文殊不相属，疑为它处之错简，《庄子》所见已然，虽不敢径去，而实非本篇文义所系，故聊举其三耳。"钊按：此"聊举"，似亦可以不举，但若将之删去，则该段文义未完，故姑且保存于此，留待后贤作出更适宜的处置。

[15] "纷而封哉"，清本原文如此。《释文》引李桢曰："'纷

而封哉'，《列子·黄帝篇》作'岕然而封戎'。按'封戎'是也。六句并韵语，'食豖'二句，'人''亲'为韵；'雕琢'二句，'朴''立'为韵；'纷而'二句，'戎''终'为韵。'哉'字传写之讹。下四亦韵语，惟崔本不误，与《列子》同。《尚书》'公无困哉'，《汉书》两引作'公无困我'，此以'我'讹'哉'，亦是一证。"钊按：李氏之说有理有据，此句当从崔本和《列子》作，"纷然而封戎"为是，且据王孝鱼考，《阙文》引张君房本"纷"下亦有"然"字，当据补。

（三）中心内容评析

本篇题名为《应帝王》，郭《注》释曰："夫无心而任乎自化者，应为帝王也。"依据这一阐释，可知本文旨在表达作者所向往的"无为而自化"的治国理想。全文共分七节。

第一节，借蒲衣子之口，赞美泰氏之治超越有虞氏之治。认为有虞氏"藏仁以要人"，不符合无为而治。而泰氏"其卧徐徐，其觉于于；一以己为马，一以己为牛；其知情信，其德甚真"，故"未始入于非人"。此"未始入于非人"，意为未曾实施人治，故有顺物自化之优势，因而比有虞氏治国高明。第二节，借肩吾之口，批评中始所追求的治道是："君人者以己出经式仪，庶民孰敢不听而化诸！"显然，中始所强调的"以己出经式仪"那一套，乃是按照王侯的办法去治国安民，是典型的有为之治，故狂接舆斥曰："是欺德也！"认为若按此法去治理天下，则必"犹涉海凿河而使蚊负山"，永远达不到目的。再一次表达了"无为而治"的治国方略。第三节，借天根与无名人之对话，突出无为而顺自然的治道观。天根向无名人提问："请问为天下。"无名人斥之曰："去！汝鄙人也，何问之不厌也！予方将与造物者为人，厌则又乘夫莽眇之鸟，以出六极之外，而游无何有之乡，以处圹垠之野，汝又何帠以治天下感予之心为？"这段话的基本涵义，在于强调超然物外，任物自化，而主张将治天下抛在脑后。第四节，借老聃之口，阐述"明王之治"的基本内涵。何谓"明王之治"？老聃曰："明王之治，功盖天下而似不自己，化贷万物而民弗恃；有莫举名，使物自喜；立乎不测，而游于无有者也。"这里所赞美的"明王之治"具有"不自己"的特性，且"化贷万物"而老百姓却无所"依恃"，这些说到底，都是"无为自化"所使然。第五节，重点描述神巫季咸给列子之师壶子看相的寓言故事。对于本段文义，陈鼓应概括说：本节主题"在写'虚'、写'藏'，推之于为政，则虚己无为，人民乃可无扰，含藏己意而无容私，百姓乃得以自安"。钊以为，陈氏以"虚己无为"概括此节文意，似有牵强之嫌。凭实而论，这节文字集中描述列子之师壶子以机巧伪装，戳穿了神巫的骗人之术。仅此而已，岂有他哉！余疑该节之文字，可能系由他处混入此处，故同本文宗旨难以吻合。姑且记载于此，以待后贤正之。第六节，进一步强调"虚"在治国中的重要性，作者肯定"无为名尸，无为谋府；无为事任，无为知主。体尽无穷，而游无朕"。这一切就是告诉人们，治国为政必须遵循无为而任自然的基本法则。第七节，借助北海之帝忽、南海之帝儵，欲报答中央之帝浑沌之恩德，乃采用违背自然的法则，给本就没有窍穴的浑沌"一日凿一窍"，导致"七日而浑沌死"的悲剧，再次说明为政治国坚持顺乎自然的重要性和必要性，违反自然法则，只能走向失败。

综观全文，基本符合"无心而任乎自化"之旨，这再一次表达了庄子向往精神自由的人生追求，它同《逍遥游》《人间世》的思想倾向大体一致，可算是庄子的又一篇代表作，应认真予以对待。

中卷
外篇校训析

一、《骈拇》校训析

（一）经文校正清样

　　骈拇枝〔歧〕指[1]，出乎性〔生〕哉！而侈于德。附赘县疣，出乎形哉！而侈于性〔生〕[2]。多方乎仁义而用之者[3]，列于五藏哉！而非道德之正也。是故骈于足者，连无用之肉也；枝〔歧〕于手者，树无用之指也；多方骈枝于五藏之情者[4]，淫僻于仁义之行〔也〕，而多方于聪明之用也。是故骈于明者，乱五色，淫文章，青黄黼黻之煌煌非〔作〕乎[5]？而〔如〕离朱是已[6]。多于聪者，乱五声，淫六律，金石丝竹黄钟大吕之声非乎？而师旷是已。枝〔歧〕于仁者，擢德塞〔搴〕性[7]，以收名声，使天下簧鼓以奉不及之法非〔作〕乎？而〔如〕曾、史是已。骈于辩者，累瓦结绳窜句，游心于坚白同异之间，而敝跬誉无用之言非〔作〕乎？而〔如〕杨墨是已。故此皆多骈旁枝之道，非天下之至正也。彼正〔至〕正者[8]，不失其性命之情。故合者不为骈，而枝者不为跂。长者不为有余，短者不为不足。是故凫胫虽短，续之则忧；鹤胫虽长，断之则悲。故性长非所断，性短非所续，无所去忧也。意仁义其非人情乎！彼仁人何其多忧也？且夫骈于拇者，决之则泣；枝〔歧〕于手者，龁之则啼。二者，或有余于数，或不足于数。其于忧一也。今世之仁人，蒿〔蔑〕目而忧世之患[9]；不仁之人，决性命之情而饕贵富，故意仁义其非人情乎！自三代以下者，天下何其嚣嚣也？

且夫待钩绳规矩而正者，是削其性者也；待绳约胶漆而固者，是侵其德者也；屈折礼乐，呴俞仁义，以慰天下之心者，此失其常然也。天下有常然。常然者，曲者不以钩，直者不以绳，圆者不以规，方者不以矩，附离不以胶漆，约束不以纆索。故天下诱然皆生而不知其所以生，同焉皆得而不知其所以得。故古今不二，不可亏也。则仁义又奚连连如胶漆纆索而游乎道德之间为哉，使天下惑也！

夫小惑易方，大惑易性。何以知其然邪？自

一、《骈拇》校训析

〔有〕虞氏[10]招仁义以挠天下也[11],天下莫不奔命于仁义,是非以仁义易其性与?故尝试论之,自三代以下者,天下莫不以物易其性矣。小人则以身殉利,士则以身殉名,大夫则以身殉家,圣人则以身殉天下。故此数子者,事业不同,名声异号,其于伤性以身为殉,一也。臧与穀,二人相与牧羊而俱亡其羊。问臧奚事,则挟筴读书;问穀奚事,则博塞〔搏毂〕以游[12]。二人者,事业不同,其于亡羊均也。伯夷死名于首阳之下,盗跖死利于东陵之上。二人者,所死不同,其于残生伤性均也。奚必伯夷之是而盗跖之非乎!天下尽殉也。彼其所殉仁义也,则俗谓之君子;其所殉货财也,则俗谓之小人。其殉一也,则有君子焉,有小人焉。若其残生损性,则盗跖亦伯夷已,又恶取君子小人于其间哉!且夫属其性乎仁义者,虽通如曾、史,非吾所谓臧也;属其性于〔乎〕[13]五味,虽通如俞儿,非吾所谓臧〔尝〕[14]也;属其性乎五声,虽通如师旷,非吾所谓聪也;属其性乎五色,虽通如离朱,非吾所谓明也;吾所谓臧者,非仁义之谓也,臧于其德而已矣。吾所谓臧〔尝〕者,非所谓仁义〔五味〕之谓也[15],任其性命之情而已矣;吾所谓聪

137

者，非谓其闻彼也，自闻而已矣；吾所谓明者，非谓其见彼也，自见而已矣。夫不自见而见彼，不自得而得彼，是得人之得而不自得其得者也，适人之适而不自适其适者也。夫适人之适而不自适其适，虽盗跖与伯夷，是同为淫僻也。余愧乎道德，是以上不敢为仁义之操，而下不敢为淫僻之行也。

（二）文字校训说明

[1]"枝指"，清本原文如此。此"枝"当读为"歧"，崔云："音歧，谓指有歧也。"言多生出的手指或足指，故此"枝"，宜直接用"歧"代之，不必转弯抹角将之释为"歧"。

[2]"骈拇枝指，出乎性哉！而侈于德。附赘县疣，出乎形哉！而侈于性"。此段文前后两个"性"字，俞樾训为"生"，他说："'性'之言'生'也。骈拇枝指，生而已然者也，故曰'出乎性'。附赘县疣，成形之后而始有者也，故曰'出乎形'。德者，所以生者也，《天地篇》曰'物得以生谓之德'，是也。骈拇枝指出乎性，而以'德'言之，则侈矣；附赘县疣出乎形，而以'性'言之，则侈矣。崔云：'德，犹容也。'司马云：'性，人之本体也。'混'性'与'德'与'形'而一之，殊失其旨。"钊按：俞氏之说有理，此段之"性"当训为"生"，是也。

[3]"多方乎仁义而用之者"，清本原文如此。余疑此句中的"方"，乃为"仿"字之假，则"多仿乎仁义而用之者"，意为多

生出的手指或足指，如同仿照社会中过剩的仁义将它列入"五藏"（即五德）一样。

[4]"多方骈枝于五藏之情者"。此句中清本原有"多方"二字，《陈译》据明焦竑与朱得之等家之说，将"多方"二字予以删去。焦氏言："'多方骈枝于仁义之情'，此'多方'字疑衍。"陈言"删去'多方'两字，与下两句正相对文"。钊按：陈依诸家之说，删去"多方"二字，完全正确。删去该二字后，则"骈枝于五藏之情者""淫僻于仁义之行也""而多方于聪明之用也"三句，确实可以"相对成文"，只是从上下语意看，第二句"行"下疑脱一"也"字，当补之，以便畅通文意。

[5]"青黄黼黻之煌煌非乎"，清本原文如此。余疑句中之"非"乃"作"字之讹。此"作"指兴作。作者之意是说，由于"骈于明"，而导致"乱五色、淫文章"的出现，故引起"青黄黼黻"等煌煌光彩的兴作，刮起此风者，当如离朱之类。与此相似，下面还有三处：一为"金石丝竹黄钟大吕之声非〔作〕乎"，意为由于"多于聪"，而导致"乱五声、淫六律"的出现，故引起"金石丝竹黄钟"等乐器的兴作，刮起此风者，当如师旷之类。二为"天下簧鼓以奉不及之法非〔作〕乎"，意为由于"歧于仁"，而导致"擢德搴性，以收名声"，故引起"天下簧鼓"以奉不及之法的兴作，括起此风者，当如曾参、史鰌之类。三为"而敝跬誉无用之言非〔作〕乎"，意为由于"骈于辩者，累瓦结绳窜句"，而导致"敝跬誉无用之言"的兴作，刮起此风者，当如杨朱、墨翟之类。文中的"敝跬"，《中华大字典》释为"分外用力之貌"，则"敝跬誉无用之言"，指分外用力制造的言论。不难看出，上述三个"非"字，当为"作"字之误。成《疏》将"非"划入下句，释

曰"岂非离朱乎""岂非是师旷乎""杨墨岂非乱群之师乎",等等,虽勉强可通,但仍有附会之嫌。故此"非"字,余疑与"作"字形近而致误。

[6]"而离朱是已",清本原文如此。俞樾认为,"而"字应读为"如"字。他说:"'而''如'古通用,'而离朱是已',犹云'如离朱是已',下文'而师旷''而曾史''而杨墨'并同。"钊按:俞说是,从之。

[7]"擢德塞[搴]性",此句清本原为"擢德塞性"。今据王念孙说,改为"擢德搴性"。王氏指出:"'塞'与'擢'义不相类,'塞'当为'搴','擢''搴'皆谓拔取之也。《广雅》云:'搴,取也,拔也。'此言世之人皆擢其德、搴其性,务为仁义,以收名声,非谓塞其性也。《淮南·俶真篇》曰:'俗世之学,擢德搴性,内愁五藏,外劳耳目,乃始招蚑振缱物之毫芒,摇消掉捎仁义礼乐,暴行越智于天下,以招号名声于世。'又曰:'今万物之来擢拔吾性,搴取吾情。'皆其证也。隶书'手'字或作'扌',故'搴'字或作'寒',形与'塞'相似,因讹而为'塞'矣。"钊按:王氏之说理实据确,当从之。

[8]"彼正[至]正者,不失其性命之情",此语清本原作"彼正正者……"。俞樾认为,此语中前一个"正"字,乃"至"字之误。他说:"上文云:'故此皆多骈旁枝之道,非天下之至正也。'此云'彼至正者,不失其性命之情',两文相承,今误作'正正',义不可通。郭曲为之说,非是。"钊按:俞氏之说,深得文理,当从其说,改"正正"为"至正"是也。

[9]"蒿目而忧世之患",清本原文如此。句中之"蒿",学界说法不一,有训为"眊"者,意为"目少精"(马叙伦据朱骏

声说），有训为"睢"者（俞樾《诸子平议》），言："'睢'为望视之貌，仁人之忧天下，必然为之睢然远望"。仔细推敲两家之训，似都于义未安。因为原文之"蒿目"，旨在鞭挞"今世之仁人"瞎操弄，若将"蒿"训为"眊"或"睢"，则均于"今世之仁人"无损。余以为原文之"蒿"，乃因与"冥"字形近而误。"冥"，假为"瞑"，《说文》："瞑，翕目也。"此"翕目"犹"闭目"是也。则"蒿目而忧世之患"，犹云"闭目而忧世之患"也，毫无疑问，此意乃在鞭挞"今世之仁人"瞎操其心。

[10]"自虞氏"，清本原文如此。句中之"自"，据严灵峰说，乃"有"字之误，则"自虞氏"应为"有虞氏"，严氏指出："成《疏》：'虞氏，舜也。'按：《庄子》书中，无有称'舜'为'虞氏'者。"他指出，《应帝王》《天地》《田子方》《知北游》诸篇，均提及"有虞氏"，"而《列子·说符篇》'虞氏者，梁之富人也'，此则别有所指。此'自'字当系'有'字之缺坏，并涉下文'自三代以下者'句而讹，因据全书例，改'自'作'有'。"钊按：严氏之说，有理有据，当从之。

[11]"招仁义以挠天下"，清本原文如此。句中之"招"，韦注"举"。但俞樾言："此文'招'字，亦当训'举'，而读为'翘'，言举仁义以挠天下。"似乎"招"又可代替下文之"挠"，乃给人以模棱两可之感，恐不确。钊按：此句中之"招"，当从韦注训"举"，下文"挠天下"之"挠"，古与"捄"（即"救"）相通，故"挠天下"，犹"救天下"也。则全句之意是说，"有虞氏举仁义以救天下"，文意清明，当无疑义。

[12]"则博塞以游"，清本原文如此。此句中之"博塞"，《陈译》据林希逸说，释为"犹掷骰子"。钊按：若此说可立，则"博

塞"当为"搏骰"之讹，因前二字与后二字之音同而致误。"搏"犹"掷"也。故"搏骰"，即掷骰子的游戏，它是一种赌博的方式。

[13]"属其性于〔乎〕五味"，此句清本原作"属其性于五味"。余疑"于"乃"乎"字之误，因为此句前有"属其性乎仁义"，后有"属其性乎五声""属其性于五色"，三句中均用的是"乎"字，从行文前后一致来考虑，此句中之"于"亦应为"乎"字，虽然"于"字亦通，但以用"乎"为优。

[14]"非吾所谓臧〔尝〕也"，此句清本原作"非吾所谓臧"。余疑此"臧"为"尝"之误。因为俞儿在历史上以善尝五味著名，故此处当用"尝"，若作"臧"，则既与前句"虽通如曾、史，非吾所谓臧也"重复，又未能揭示俞儿善尝的本能。可能因"尝"与"臧"音同而致误。此处改为"尝"，则可同前面曾史之"臧"、后面师旷之"聪"、离朱之"明"相对应，于是"非吾所谓臧也""非吾所谓尝也""非吾所谓聪也""非吾所谓明也"四句并列有序。故原文之"臧"改为"尝"，当无疑议。

[15]"吾所谓臧〔尝〕者，非所谓仁义〔五味〕之谓也，任其性命之情而已矣"，同前面相一致。此段中之"臧"亦当为"尝"之误，而原句中之"仁义"当为"五味"之误。只有这样，才能使全文逻辑严谨，前后畅通："吾所谓臧者，非仁义之谓也，臧于其德而已矣；吾所谓尝者，非所谓五味之谓也，任其性命之情而已矣。"照此行文，既避免了原文的重复，又突出了俞儿的优势，似可成立。

一、《骈拇》校训析

（三）中心内容评析

本篇取篇首二字"骈拇"为题，这同内篇以题为贯通全文之旨有别。此"骈拇"，指增生的足指或手指，亦属文中的关键词。全篇分两节，其主旨在于倡导合于性命之情。

第一节，开篇后便指出："是故骈于足者，连无用之肉也；歧于手者，树无用之指也。"下面接着说："多于聪者，乱五声，淫六律……歧于仁者，擢德塞性，以收名声……骈于辩者，累瓦结绳窜句……此皆多骈旁枝之道，非天下之至正也。"这就清楚明白地告诉人们：曾史的仁义说教、师旷的声律追求、杨墨的"窜句"等等，皆属"多骈旁枝之道"，因而都违反自然，不合乎"天下之至正"。那么，什么是"天下之至正"呢？作者明确指出："彼至正者，不失其性命之情。"这是说，只有合乎"性命之情"的事物，才属"天下之至正"。而所谓"合乎性命之情"，乃指顺乎自然而生者，故后文说："凫胫虽短，续之则忧；鹤胫虽长，断之则悲。"这是说，若对自然生长的东西进行人为改造，则难免制造悲剧，破坏自然属性。这同《应帝王篇》所讲的"儵与忽谋报浑沌之德"，最终导致"浑沌死"的寓意是一致的，旨在强调维护自然之性，反对用人为破坏自然。第二节，重点鞭挞用人为破坏自然的几种社会现象。它类似木匠造物，需要"待钩绳规矩而正""待绳约胶漆而固"，而如此做去，既"削其性"，又"侵其德"，破坏自然。与此相类似，那些倡导仁义礼乐的做法，均"失其常然"。那么，何谓"常然"？作者说："常然者，曲者不以钩，直者不以绳，圆者不以规，方者不以矩，附离不以胶漆，约束不以缰索。故天下诱然皆生而不知其所以生，同焉皆得而不知其所以得。"那些鼓吹仁义礼乐之行，乃是用"胶漆绳索"来捆绑道德的行为，违反自然之道。在作者看来，小的迷惑，导致变换方位；大的迷惑，则导致违反自然之性。以有虞氏为例，他"举仁义以救天下"，导致天下人"莫不以物易其性"，进而出现"小人以身殉利""士以身殉名""大夫以身殉家""圣人以身殉天下"的局面，这一切均直接导致"伤性"的恶果。最后一段文字，作者严厉鞭挞了"属其性乎仁义"的曾史、"属其性乎五味"的俞儿、"属其性乎五声"的师旷、"属其性乎五色"的离朱，认为他们有一个共同的失误，那就是将修身的重点放在闻彼、见彼、适彼、得彼方面，而不能自闻、自见、自适、自得。所谓"闻彼""见彼""适彼""得彼"，指的是以身殉物，为物而伤身也；所谓"自闻""自见""自适""自得"，指的是爱身而忘物。就"以身殉物"而言，盗跖和伯夷是相同的，故曰："虽盗跖与伯夷，是同为淫僻也。"可见，若能维护自然之性，则不必去区分盗贼与贤圣也。这正好紧紧扣住了"骈拇"之意。

总之，在作者看来，凡不合于自然、有违性命之情的事物，如同增生的足指或手指一般，乃纯属累赘，令人反感。其推崇自然之性的基本理念，清楚明白。

二、《马蹄》校训析

(一) 经文校正清样

马,蹄可以践霜雪,毛可以御风寒,龁草饮水,翘足〔尾〕而陆〔踛〕[1],此马之真性也。虽有义〔仪〕台路〔正〕寝[2],无所用之。及至伯乐,曰:"我善治马。"烧之,剔之,刻之,雒〔烙〕之[3],连之以羁馽〔绊〕[4],编之以皂栈,马之死者十二三矣;饥之,渴之,驰之,骤之,整之,齐之,前有橛饰之患[5],而后有鞭筴〔策〕之威[6],而马之死者已过半矣。陶者曰:"我善治埴,圆者中规,方者中矩。"匠人曰:"我善治木,曲者中钩,直者应绳。"夫埴木之性,岂欲中规矩钩绳哉?然且世世称之曰"伯乐善治马而陶匠善治埴木",此亦治天下者之过也。吾意善治天下者不然。彼民有常性,织而衣,耕而食,是谓同德;一而不党，命曰天放。故至德之世[7]，其行填填，其视颠颠。当是时也，山无蹊隧，泽无舟梁；万物群生，连属其乡；禽兽成群，草木遂长。是故禽兽可系羁而游，鸟鹊之巢可攀援而窥。夫至德之世，同与禽兽居，族与万物并，恶乎知君子小人哉！同乎无知，其德不离；同乎无欲，是谓素朴。素朴而民性得矣。及至圣人，蹩躠为仁，踶跂为义，而天下始疑矣；澶漫为乐，摘僻为礼，而天下始分矣。故纯朴不残，孰为牺尊！白玉不毁，孰为珪璋！道德不废，安取仁义！性情不离，安用礼乐！五色不乱，孰为文采！五声不乱，孰应六律！夫残朴以为器，工匠之罪也；毁道德以为仁义，圣人之过也。

夫马，陆居则食草饮水，喜则交颈相靡，怒则分背相踶，马知已此矣。夫加之以衡扼，齐之以月题，而马知介倪闉扼鸷曼诡衔窃辔，故马之知而态至盗者，伯乐之罪也。夫赫〔华〕胥氏之时[8]，民居不知所为，行不知所之，含哺而熙，鼓腹而游，民能以〔止〕此矣[9]。及至圣人，屈折礼乐以匡天下之形，县跂仁义以慰天下之心，而民乃蹩跂好知，争归于利，不可止也。此亦圣人之过也。

二、《马蹄》校训析

（二）文字校训说明

[1]"翘足而陆"，清本原文如此。郭庆藩认为，"足"应据崔本作"尾"，言"作'尾'是也"；"陆"，应作"蹋"，言"'陆'，乃'蹋'之讹"。钊按：其说是，作"翘尾而蹋"为优，"陆"虽亦有"跳"义，但"跳"总离不开"足"，经文当以"蹋"为切。此"跳"即跳跃，则"翘尾而蹋"，犹言翘尾而跃是也。此句描写了马奔驰的动态。

[2]"虽有义台路寝"，清本原文如此。关于"义台"，俞樾指出："'义'，徐音'仪'，当从之。《周官·肆师职》郑注曰：'故书仪为义。'是'义'即古'仪'字也。'仪台'，犹言'容台'。《淮南子·览冥篇》'容台振而掩覆'，高注曰'容台，行礼容之台'。'仪'与'容'异名同实，盖是行礼仪之台，故曰'仪台'也。"关于"路寝"，成《疏》曰："'路'，大也，正也，即正寝之大殿也。"钊按：俞氏及成氏之说，均言之成理，从之。则"义台路寝"，即"仪台正寝"，其意是说，对于马来说，即使给予仪台正寝等舒适宽敞之处，也无所用之。

[3]"烧之，剔之，刻之，雒之"，清本原文如此。文中的"雒"，司马彪释为"络"，言"谓羁络其头"，此说被多位学者否定。王念孙说："下文'连之以羁䩛'，乃始言羁络耳。"郭嵩焘曰："疑上四者，专就马身言之，下文羁䩛皂栈，始及衔勒之事。'雒'，当为'烙'，所谓'火针曰烙'也。杜甫诗'细看六印带官字'，'六印'亦作'火印'。'刻'，谓凿蹄；'雒'，谓印烙。烧之剔之，以理其毛色；刻之雒之，以存其表识，作'络'者非也。"俞樾亦

147

言：" '雒'，疑当为'烙'，《说文·火部》新附有'烙'字，曰'灼也'，今官马以火烙其皮毛为识，即其事矣。"钊按：以上诸家之说均有理有据，句中之"雒"，乃为"烙"之假字，指的是用火灼其毛以为标识，非系络之"络"，当据改。

[4]"连之以羁䌽"，清本原文如此。此句中之"䌽"，成《疏》云："'䌽'，谓约前两脚也。"《释文》引崔云："'䌽'，绊前两足也。"刘文典言："《御览》八百九十六引'䌽'作'绊'。"钊按："䌽"与"绊"之义古通，则本句作"䌽"与作"绊"均可。但从历史演进来看，似以御览本作"绊"为优，因为"䌽"是古字，今人罕见，作"绊"可适合大众口味。当改"䌽"为"绊"。

[5]"前有橛饰之患"，清本原文如此。文中之"橛饰"，指的是"橛"与"饰"两项。其"橛"，《释文》引司马云：衔也。"郭庆藩言："《文选》潘安仁《西征赋》注引司马云：'橛，騑马口中长衔也。'与《释文》异。……《史记·索引》引《周·舆服志》云'钩逆上者为㯆，㯆在衔中，以铁为之，大如鸡子'，《汉书·司马相如传》张揖注曰'衔，马勒衔也。㯆，騑马口长衔也'……是'衔'与'橛'皆所以制马者。"其"饰"，《释文》引司马云："排衔也，谓加饰于马镳也。"钊按：以上两家之说各有所依，笔者认为，此"橛饰"，泛指马的管理者在马的头部安装的用于制服马的相关部件与装饰，似不必作具体解说。

[6]"而后有鞭筴之威"，关于"鞭筴"，成《疏》曰："带皮曰鞭，无皮曰筴。"刘文典曰："'便莢'，《文选》司马相如《上书谏猎》注，《御览》三百五十九、八百九十六引并作'鞭策'。"钊按：以上两家之言，依各有所据。其"鞭筴"，当依《文选》及《御览》所引，作"鞭策"为优。"鞭策"，泛指用马鞭击打马身。全

148

句所谓"前有橛饰之患，而后有鞭策之威"两语，旨在批评马的管理者对马的过分压抑，以致使马丧失自然之性而不能正常生存，故下文言"而马之死者已过半矣"。

[7]"故至德之世"，清本原文如此。句中之"世"，刘文典说："《御览》九百二十八引'世'作'君'。"钊按：此"君"字似误，因为后文说"其行填填，其视颠颠"，若"世"字为"君"字，则此"其"字必指"君"，而说"君""其行填填，其视颠颠"，显然不合原旨。因为此段文字着重阐述的是"彼民有常性"问题，故"其行填填，其视颠颠"，只能是指民，而不是指君。显然《御览》本以"君"字代"世"字，纯属讹误。还需指出的是，"至德之世"是庄子的常用语，不仅在本文中先后出现两次，而且在其他篇章中（如《胠箧》）也出现过。故以"至德之世"为优，而不必从《御览》本。

[8]"夫赫胥氏之时"，清本原文如此。俞樾说："《释文》引司马云：'赫胥氏，上古帝王也。'此为允当。又曰：'一云有赫然之德，使民胥附，故曰赫胥，盖炎帝也。'此望文生训，殊不足据。炎帝即神农也。《胠箧》篇既云'赫胥氏'，又云'神农氏'，其非一人明矣。'赫胥'疑即《列子》书所称'华胥氏'，'华'与'赫'一声之转耳。《广雅·释器》：'赫，赤也。'而古人名'赤'者多字'华'，'羊舌赤'字'伯华'，'公西赤'字'子华'是也。是'华'亦'赤'也。'赤'谓之'赫'，亦谓之'华'，可证'赫胥'之即'华胥'矣。"钊按：俞氏在此解"赫胥"为"华胥"，言之凿凿，当无疑议，从之。

[9]"民能以此矣"，清本原文如此。此句中之"以"，刘文典认为当从御览本作"止"，他说："'民能以此矣'，文不成义，且

与下文'而民乃踶跂好知,争归于利,不可止也'之义不相应。《御览》七十六引此文作'民能止此矣',疑当从之。"钊按:其说有理有据,当据改。

(三)中心内容评析

本篇题名为《马蹄》,亦是以文前二字为标帜。其本旨在于倡导道家的无为之治和返朴归真之德;与此相对应,作者严厉批评了儒墨法诸家宣扬的有为之治和仁义礼乐之德。全文亦分为两节。

第一节,重点阐述了"马之真性",曰:"马,蹄可以践霜雪,毛可以御风寒,龁草饮水,翘尾而陆,此马之真性也。"但是,由于伯乐"治马"的罪过,使马遭遇"烧之,剔之,刻之,烙之""饥之,渴之,驰之,骤之"等灾难,以致不断死亡。故作者一针见血地指出:"此亦治天下者之过也"。显然,这是用伯乐治马来比喻王侯治天下的弊病,从而给推行有为之治者以有力鞭挞。在作者看来,治天下应当因乎民性,顺乎民心,故曰:"彼民有常性,织而衣,耕而食,是谓同德;一而不党,命曰天放。故至德之世,其行填填,其视颠颠。当是时也,山无蹊隧,泽无舟梁,万物群生,连属其乡;禽兽成群,草木遂长……"不难看出,这是对"至德之世"所存在的民之"常性"的赞美,表明作者向往这样的世情。然而,这样的世情却在后来被有为之治所破坏,"及至圣人,蹩躠为仁,踶跂为义,而天下始疑矣;澶漫为乐,摘僻为礼,而天下始分矣。"故作者强烈指出:"夫残朴以为器,工匠之罪也;毁道德以为仁义,圣人之过也。"显然,这是对有为之治的有力鞭挞。第二节,作者继续将伯乐治马与圣人治民相提并论。指出:"夫马,陆居则食草饮水,喜则交颈相靡,怒则分背相踶,马知止此矣。"然而,马的这些真性,却被治马者所破坏,他们给马"加之以衡扼,齐之以月题",以致使马产生种种变态,这无疑也是"伯乐之罪也";与此相似,上古之时,"民居不知所为,行不知所之,含哺而熙,鼓腹而游……"可谓自由自在,真性常存。然而,"及至圣人,屈折礼乐以匡天下之形;县跂仁义以慰天下之心。而民乃踶跂好知,争归于利,不可止也。此亦圣人之过也"。显然,这些都同追求无为之治一脉相承。

综观全文,作者的本意,在于推崇无为自化之道,毫不留情地鞭挞了儒墨诸家所推行的有为而治。

三、《胠箧》校训析

（一）经文校正清样

将为胠箧探囊发匮之盗[1]，而为守备则必摄缄縢、固扃鐍，此世俗之所谓知也。然而巨盗至，则负匮揭箧担囊而趋，唯恐缄縢、扃鐍之不固也。然则乡之所谓知者[2]，不乃为大盗积者也〔乎〕[3]？故尝试论之，世俗之所谓知者，有不为大盗积者乎？所谓圣者，有不为大盗守者乎？何以知其然邪？昔者齐国邻邑相望，鸡狗之音相闻，罔罟之所布，耒耨之所刺〔利〕[4]，方二千余里。阖四竟〔境〕之内，所以立宗庙社稷，治邑屋州闾乡曲者，曷尝不法圣人哉？然而田成子一旦杀齐君而盗其国。所盗者，岂独其国邪？并与其圣知之法而盗之。故田成子有乎盗贼之名，而身处尧舜之安，小国不敢非，大国不敢诛，十二世〔专〕有齐国[5]。则是不乃窃齐国，并与〔资〕其圣知之法，以守其盗贼之身乎[6]？尝试论之，世俗之所谓至知者，有不为大盗积者乎？所谓至圣者，有不为大盗守者乎？何以知其然邪？昔者龙逢斩，比干剖，苌弘胣，子胥靡，故四子之贤而身不免乎戮，故跖之徒问于跖曰："盗亦有道乎？"跖曰："何适而无有道邪？"夫妄意室中之藏，圣也；入先，勇也；出后，义也；知可否，知也；分均，仁也。五者不备而能成大盗者，天下未之有也。由是观之，善人不得圣人之道不立，跖不得圣人之道不行；天下之善人少而不善人多，则圣人之利天下也少而害天下也多，故曰：唇竭则齿寒[7]。鲁酒薄而邯郸围，圣人生而大盗起。掊击圣人，纵舍盗贼，而天下始治矣。夫川竭〔谷虚〕而谷虚〔川竭〕[8]，丘夷而渊实。圣人已死，则大盗不起，天下平而无故矣。圣人不死，大盗不止。虽重圣人而治天下，则是重利盗跖也。为之斗斛以量之，则并与斗斛而窃之；为之权衡以称之，则并与权衡而窃之；为之符玺以信之，则并与符玺而窃之；为之仁义以矫之，则并与仁义而窃之。何以知其然邪？彼窃钩者诛，窃国者为诸侯，诸侯之门而仁义存焉〔焉

153

存]^[9]，则是非窃仁义圣知邪？故逐于大盗，揭诸侯，窃仁义并斗斛权衡符玺之利者[10]，虽有轩冕之赏弗能劝，斧钺之威弗能禁，此重利盗跖而使不禁者，是乃圣人之过也。故曰："鱼不可脱于渊，国之利器不可以示人。"彼圣人者，天下之利器也，非所以明天下也。故绝圣弃知，大盗乃止；擿玉毁珠，小盗不起；焚符破玺，而民朴鄙；掊斗折衡[10]，而民不争；殚残天下之圣法，而民始可与论议。擢乱六律，铄绝竽瑟，塞瞽旷之耳，而天下始人含其聪矣；灭文章，散五采，胶离朱之目，而天下始人含其明矣；毁绝钩绳而弃规矩，攦工倕之指，而天下始人有其巧矣。故曰："大巧若拙。"削曾、史之行，钳扬、墨之口，攘弃仁义，而天下之德始玄同矣。彼人含其明，则天下不铄矣；人含其聪，则天下不累矣；人含其知，则天下不惑矣；人含其德，则天下不僻矣。彼曾、史、杨、墨、师旷、工倕、离朱，皆外立其德而以爚乱天下者也。法之所无用也。

子独不知至德之世乎？昔者容成氏、大庭氏、伯皇氏、中央氏、栗陆氏、骊畜氏、轩辕氏、赫胥氏、尊卢氏、祝融氏、伏牺氏、神农氏，当是时也，民结绳而用之，甘其食，美其服，乐其俗，安其居，邻国相望，鸡狗之音相闻，民至老死而不相往来。若此之时，则至治〔也〕已[12]。今遂至使民延颈举踵曰"某所有贤者"，赢粮而趣之，则内弃其亲而外去〔弃〕其主之事[13]，足迹接乎诸侯之境，车轨结乎千里之外。则是上好知之过也。上诚好知而无道，则天下大乱矣。何以知其然邪？夫弓弩毕弋机变之知多，则鸟乱于上矣；钩饵罔罟罾笱之知多，则鱼乱于水矣；削格罗落罝罘之知多，则兽乱于泽矣；知诈渐毒<u>颉滑坚白解垢同异</u>之变多[14]，则俗惑于辩矣。故天下每每大乱，罪在于好知。故天下皆知求其所不知而莫知求其所已知者，皆知非其所不善而莫知非其所已善者，是以大乱。故上悖日月之明，下烁山川之精，中堕四时之施；惴耎之虫，肖翘之物，莫不失其性。甚矣夫好知之乱天下也！自三代以下者是已。舍夫种种之民而悦夫役役之佞，释夫恬淡无为而悦夫啍啍之意，啍啍已乱天下矣。

（二）文字校训说明

[1]"将为胠箧探囊发匮之盗"，清本原文如此。《陈译》用今语将之翻译为："为了防备撬箱、掏布袋、破柜子的小贼。"钊

155

按：此释恐不确。因为句中无有与"防备"相对应的词，若依此释，则给人以增字解经之嫌。笔者认为，此句中的"为"，应训为"有"，《古书虚字集释》引《经传释词》言："为，犹有也"。全句之意是说，"将有开箱、探袋、取柜之盗"，语意清楚明白，同陈氏之译相比，既避免了增字解经之嫌，又准确地揭示了"为"字的真意，全句似应如此读。下句的"为"字，可释为"为了"。

[2]"然则乡之所谓知者"，清本原文如此。王孝鱼言："'乡'，赵谏议本作'向'。"钊按："乡"与"向"古通，原字当为"嚮"或"曏"，此语中乃作副词，意为"以前"或"刚才"，《山木》篇言"向也不怒，今也怒"，意为以前不怒，而今乃怒。本句"乡之所谓知者"犹言刚才所谓智者。故本句作"乡"或作"向"均可，今按清本作"乡"。

[3]"不乃为大盗积者也"，清本原文如此。句末之"也"，据俞樾说，乃为"乎"字之误。刘文典指出："此疑问之词'也'当为'乎'，《后汉书·光武纪》注《御览》四百九十九引'也'并作'乎'，是其证。"钊按：其说是，当据改。

[4]"耒耨之所刺"，清本原文如此。钊按：疑该句中之"刺"字，乃因与"利"字形近而讹。因为古之"耒"，犹今之"犁"；"耨"，犹今之"锄"。将"耒""耨"同"刺"连起来，给人以不切合之嫌，此"刺"原文可能是"利"字，"利"，即便利。则"耒耨之所利"，指的是犁、锄所具有的便利特性，如此读，文通理顺。故"刺"当为"利"之误。与此相关联，成《疏》中有一句"耒耨刺以修农业"，此句中之"刺"，亦当为"利"之误，因为"刺以修农业"，语不成义，只有读成"利以修农业"，才文意清明。可能成氏所见之经文，原文是"利"字，故《疏》曰"耒

耨利以修农业"，因后来经文误为"刺"，浅人不识，乃将《疏》中之"利"，亦改为"刺"，故《疏》亦误。

[5]"十二世有齐国"，清本原文如此。文中之"十二世"，有误。俞樾言："《释文》曰：'自敬仲至庄子，九世知齐政；自太公和至威王，三世为齐侯，故云十二世。'此说非也。本文是说田成子，不当追从敬仲数起。疑《庄子》原文本作'世世有齐国'，言自田成子之后，世有齐国也。古书遇重字，止于字下作'二'字（钊按：就是点两点）以识之，应作'世二有齐国'，传写者误倒之，则为'二世有齐国'。于是，其文不可通，而从田成子追数至敬仲，适得'十二世'，遂臆加'十'字于其上耳。"钊按：此说虽可作一家之言。但据严灵峰考证，此"十二世有齐国"，乃为"专有齐国"之误。他指出："上明言'田成子一旦杀齐君而盗其国'，彼既于'一旦'得之，则简公被杀之日，即陈恒窃国之时，奚必待'十二世'之久邪？《列子·杨朱篇》：'田恒专有齐国。'当是此文所本。疑《庄子》原文亦作'专'，因漫漶残缺分而为三，校者不察，以其形近，遂改作'十二世'，驯致讹误。且作'十二世'既乖史实，因据《列子》文臆改。"此说有理有据，原"十二世有齐国"，当据《列子》文改为"专有齐国"为是。

[6]"则是不乃窃齐国，并与其圣知之法，以守其盗贼之身乎？"清本原文如此。钊按：仔细研读，此语中"并与其圣知之法，以守其盗贼之身乎"之语，文意难顺。余疑句中之"与"字乃借为"资"。"资""与"古通，《中华大字典》言"资，与也"，又，"资，取也"。从文意看，作者是说，田氏不仅窃了齐国，而且连同"圣知之法"也一并窃取，故全句当为："则是不乃窃齐国，并资其

圣知之法,以守其盗贼之身乎?"如此读去,文通理顺,则"与"乃为"资"之假,明矣。成《疏》言:"揭仁义以窃国,资圣智以保身。"似亦训"与"为"资"。

[7]"故曰:唇竭则齿寒",清本原文如此。其句中之"竭",俞樾言:"当读为'竭其尾'之'竭'。《说文》豕篆说解曰'竭其尾,故谓之豕'是也。盖'竭'之本义为负举,'竭其尾',即'举其尾'也。此云'唇竭'者,谓反举其唇以向上。"钊按:此说虽亦可成一家之言,但读后仍嫌迂曲。句中之"竭",当训为"亡",《中华大字典》"竭"字第五条言:"'竭',亡也,《吕览·权勋》'唇竭而齿寒'即唇亡而齿寒是也。"文意已清楚明白,何须再作解说?

[8]"夫川竭而谷虚",此句清本原文如此。《陈译》依李勉说,认为:"原作'川竭而谷虚',应作'谷虚而川竭',与下句'丘夷而渊实'对文,谓谷虚则川亦竭,盖川之水由众谷而来。"钊按:其言有理,应当是先有"谷虚",而后才有"川竭",而非相反。今据改。

[9]"而仁义存焉",清本原文如此。《释文》引王引之曰:"'存焉'当为'焉存'。'焉',于是也,言仁义于是乎存也。……此四句以'诛''侯'为韵,'门''存'为韵,其韵皆在句末,《史记·游侠传》作'窃钩者诛,窃国者侯。侯之门,仁义存',是其明证也。"钊按:王氏之说允当,此文中之"焉",既可释为"于是",亦可释为"乃",《古书虚字集释》言:"焉,犹'于是'也。"又曰:"'焉',犹'乃'也。"据此,则"仁义焉存"犹"仁义于是存"或"仁义乃存",照此释,既可使文意清晰,又可使韵律协调,当从之。

[10]"故逐于大盗，揭诸侯，窃仁义并斗斛权衡符玺之利者"，清本原文如此。俞樾指出："此二十一字作一句读，盖'揭诸侯''窃仁义'云云，皆大盗之利也。人苟逐于大盗之利，则必'轩冕弗能劝，斧钺弗能禁'，如下文所云矣。郭《注》曰：'重赏罚以禁盗，然大盗者又逐而窃之。则反为盗用矣。'是误以'逐'属大盗言，失其旨，并失其读。"钊按：俞氏之说，有其独到之处，"逐"的主体不是大盗，明矣。但若按"逐"字训释，则追逐的主体可能指向普通人。这显然不合原旨。余以为"逐"字可能是"遂"字之误。"遂"，因年深月久上面两点缺失，便成"逐"字。"遂"，犹顺从也，指圣人顺从大盗"揭诸侯，窃仁义并斗斛权衡符玺之利者"，十分明白，其鞭挞的对象乃指向圣人。故后文说："是乃圣人之过也"。又，文中"揭诸侯"之"揭"，《陈译》引福永光司说，释为"高举标示"之意，恐不确。此"揭"，当借为"竭"，可训为"亡"（请参见前面"唇竭则齿寒"之释），则"竭诸侯"，犹"亡诸侯"是也。若将"揭诸侯"释为"高举标示诸侯"，则既迂曲又显然难与"窃仁义"对应。

[11]"掊斗折衡"，清本原文如此。刘文典言："《御览》七百六十五引'掊'作'剖'。"钊按：此处言"掊斗"或"剖斗"，都旨在说明对"斗"的毁坏，此处用"掊"或用"剖"均可，似不必强求。但从上下对仗来看，二字均以用提手旁动词为优，故当从清本作"掊斗"。

[12]"则至治已"，清本原文如此。刘文典言："《御览》七十六引'至治'下有'也'字。"钊按：从全文语意来看，此处有"也"较为顺畅，似以《御览》本为优，当从该本，在句中增一"也"字。

[13]"则内弃其亲而外去其主之事",清本原文如此。刘文典言:"《治要》引'去'作'弃',上'弃'字亦作'弃','内弃其亲'与'外弃其主之事',文义正相对。又案:《御览》七百七十五引'车轨结乎千里之外'作'轨结于千里之外,轮不迹乎他',疑今本此句下有脱文。"钊按:刘氏之说较为可信,此句以用"弃"代"去"为优,其疑清本"车轨结乎千里之外"下有脱文,亦言之有据。至于缺文之内容,当与《御览》所引"轮不迹乎他"有关,原文之具体表述,很难猜测,只好等待未来有识之士的新发现。

[14]"知诈渐毒颉滑坚白解垢同异之变多",清本原文如此。刘文典言:"《治要》引无'渐毒'以下八字。"钊按:此说极为重要,既然《治要》引无"渐毒以下八字"(即"颉滑坚白,解垢同异"),余疑此八字乃后人注语羼入正文,其旨在于对"知诈渐毒"作一阐释。文中"颉滑坚白,解垢同异"八字,当是用来对名家公孙龙、惠施等人的具体鞭挞。其所谓"坚白",指公孙龙"离坚白"论;其所谓"同异",指公孙龙"白马非马"论。它们在当时均引起人们反感,故可作为对"知诈渐毒之变"的注释。则此八字,很可能是后人注《庄》之语混入正文。当据《群书治要》本,删去此八字为是。

(三)中心内容评析

本篇题为《胠箧》,其中心思想,在于表达作者对仁义圣智的有力鞭挞。全文分为两节。

第一节,明确指出所谓"圣智"乃是大盗的工具。在作者看来,"世俗之所谓知者",乃是为大盗积聚财富提供资助;"所谓圣者",也是为大盗守身提供支撑。文中以田成子为例,"一旦杀齐君而盗其国",其所盗不仅是齐国,而且连"圣知之法"也一并盗窃了去,所以"田成子有乎盗贼之名,而身处尧舜之安"。与此相似,那些斩龙逢、剖比干、脆苌弘、靡子胥的大盗们,都得到了圣智的庇护。由此,作者意识到"盗亦有道",其"道"具体说来,以"妄意室中之藏"为"圣",以"入先"为"勇",以"出后"为"义",以"知可否"为"知",以"分均"为"仁",可见盗也讲究"圣、勇、义、知、仁"五德。由此,作者体悟到:"掊击圣人,纵舍盗贼,而天下始治矣";"圣人不死,大盗不止"。这些并非疯话,而是对"返朴归真"之德深刻体验后的真情表达。在作者看来,那些窃国大盗,无恶不作,以致"为之斗斛以量之,则并与斗斛而窃之;为之权衡以称之,则并与权衡而窃之;为之符玺以信之,则并与符玺而窃之;为之仁义以矫之,则并与仁义而窃之。何以知其然邪?彼窃钩者诛,窃国者为诸侯,诸侯之门而仁义焉存"。这就清楚明白地告诉人们,"圣知"乃是资助大盗的工具,只有否定"圣知",才能根除盗贼的产生。故曰:"绝圣弃知,大盗乃止;擿玉毁珠,小盗不起;焚符破玺,而民朴鄙……灭文章,散五采,胶离朱之目,而天下始人含其明矣;毁绝钩绳而弃规矩,攦工倕之指,而天下始人有其巧矣……"这些论述都告诉人们,"圣知"是导致社会动乱的万恶之源,必须加以堵塞。第二节,着重阐明"至德之世"容成氏等执政时,老百姓过着"结绳而用之,甘其食,美其服,乐其俗,安其居,邻国相望,鸡狗之音相闻,民至老死不相往来"的生活,可谓自由自在,无拘无束,表明作者对"至治"社会的向往。到后来,由于圣智的出现,"足迹接乎诸侯之境,车轨结乎千里之外",于是"天下大乱"。作者认为,"夫弓弩毕弋机变之知多,则鸟乱于上矣;钩饵罔罟罾笱之知多,则鱼乱于水矣;削格罗落罝罘之知多,则兽乱于泽矣……"这就再一次鞭挞了圣智仁义在乱天下中的严重罪行。

总之,全文集中表达了作者对"仁义圣智"的有力鞭挞。需要指出的是,其所论也有偏激过当之处。它完全否定了圣智仁义在社会文明进步中的客观价值,如果照它说的去办,在全社会实施"绝圣弃知""擿玉毁珠""焚符破玺""灭文章,散五采"等简单的破坏行为,那必然导致天下大乱,使社会文明遭到种种践踏。可见,任何事物都有两面性,对圣智全盘否定,似也存在片面性缺陷,若任其发展下去,亦有损社会文明,当引起重视。

四、《在宥》校训析

（一）经文校正清样

闻在〔存〕宥天下[1]，不闻治天下也。在〔存〕之也者[2]，恐天下之淫其性也；宥之也者，恐天下之迁其德也。天下不淫其性，不迁其德，〔岂〕有治天下者哉！[3]昔尧之治天下也，使天下欣欣焉人乐其性，是不恬也；桀之治天下也，使天下瘁瘁焉人苦其性，是不愉也。夫不恬不愉，非德也。非德也而可长久者，天下无之。

人大喜邪〔焉〕毗于阳，大怒邪〔焉〕毗于阴。阴阳并毗，四时不至，寒暑之和不成，其反伤人之形乎[4]！使人喜怒失位，居处无常，思虑不自得，中道不成章，于是乎天下始乔诘卓鸷[5]，而后有盗跖、曾、史之行。故举天下以赏其善者不足，举天下以罚其恶者不给，故天下之大不足以赏罚。自三代以下者，匈匈焉终以赏罚为事，彼何暇安其性命之情哉？而且说明邪〔焉〕是淫于色也；说聪邪〔焉〕是淫于声也；说仁邪〔焉〕是乱于德也；说义邪〔焉〕是悖于理也；说礼邪〔焉〕是相〔向〕于技也；说乐邪〔焉〕是相〔向〕于淫也；说圣邪〔焉〕是相〔向〕于艺也；说知邪〔焉〕是相〔向〕于疵也[6]。天下将安其性命之情，之八者，存可也，亡可也；天下将不安其性命之情，之八者，乃始脔卷㹅囊而乱天下也。而天下乃始尊之惜之，甚矣天下之惑也！岂直过也而去之邪！乃齐戒以言之，跪坐以进之，鼓歌以儛之，吾若是何哉！故君子不得已而临莅天下，莫若无为。无为也而后安其性命之情。故贵以身于为天下，则可以托天下；爱以身于为天下，则可以寄天下[7]。故君子苟能无解其五藏〔常〕[8]，无擢其聪明；尸居而龙见，渊默而雷声，神动而天随，从容无为而万物炊〔去〕累焉[9]，吾又何暇治天下哉？

　　崔瞿问于老聃曰："不治天下，安藏〔臧〕人心？"[10]老聃曰："女〔汝〕慎无撄人心。人心排下而进上，上下囚杀，淖约柔乎刚强。廉刿雕琢，其热焦火，其寒凝冰。其疾俯仰之间而再抚四海之外，其居也渊而静，其动也县而天[11]。偾骄而不可系者，其唯人心乎？昔者黄帝始以仁义撄人之心，尧、舜于是乎股无胈、胫无毛，以养天下之形，愁其五藏以为仁义[12]，矜其血气以规法度。然犹有不胜也。尧于是放讙兜于崇山，投三苗于三峗，流共工于幽都，此不胜天下也。夫施及三王而天下大骇矣。下有桀、跖，上有曾、史，而儒、墨毕起。于是乎喜怒相疑，愚知相欺，善否相非，诞信相讥，而天下衰矣；大德不同，而性命烂漫矣；天下好知，而百姓求竭矣。于是乎斤锯制焉，绳墨杀焉，椎凿决焉。天下脊脊大乱，罪在撄人心。故贤者伏处大山嵁岩之下[13]，而万乘之君忧栗乎庙堂之上。今世殊死者相枕也，桁杨者相推也，刑戮者相望也，而儒、墨乃始离跂攘臂乎桎梏之间。意〔噫〕，甚矣哉！其无愧而不知耻也甚矣！吾未知圣知之不为桁杨椄槢也，仁义之不为桎梏凿枘也，焉知曾、史之不为桀、跖嚆矢也。故曰：'绝圣弃知而天下大治。'"

黄帝立为天子十九年，令行天下，闻广成子在于空同〔崆峒〕之上〔山〕[14]，故往见之，曰："我闻吾子达于至道，敢问至道之精。吾欲取天地之精，以佐五谷，以养民人。吾又欲官阴阳，以遂群生，为之奈何？"广成子曰："而所欲问者，物之质也；而所欲官者，物之残也。自而治天下，云气不待族而雨，草木不待黄而落，日月之光益以荒矣，而佞人之心翦翦者，又奚足以语至道〔哉〕！"[15]黄帝退，捐天下，筑特室，席白茅，闲居三月，复往邀之。广成子南首而卧，黄帝顺下风膝行而进，再拜稽首而问曰："闻吾子达于至道，敢问'治身奈何而可以长久？'"广成子蹶然而起，曰："善哉问乎！来，吾语女〔汝〕至道。至道之精，窈窈冥冥；至道之极，昏昏默默。无视无听，抱神以静，形将自正。必静必清，无劳女〔汝〕形，无摇女〔汝〕精，乃可以长生。目无所见，耳无所闻，心无所知，女〔汝〕神将守形，形乃长生。慎女〔汝〕内，闭女〔汝〕外，多知为败。我为女〔汝〕遂于大明之上矣，至彼至阳之原也；为女〔汝〕入于窈冥之门矣，至彼至阴之原也。天地有官，阴阳有藏，慎守女〔汝〕身，物将自壮。我守其一以处其和，故我修身千二百岁矣，吾形未常衰。"黄帝再拜稽首曰："广成子之谓天矣！"广成子曰："来！余语女〔汝〕。彼其物无穷，而人皆以为有终；彼其物无测，而人皆以为有极。得吾道者，上为皇而下为王；失吾道者，上见光而下为土。今夫百昌皆生于土而反于土，故余将去女〔汝〕，入无穷之门，以游无极之野。吾与日月参光，吾与天地为常。当我缗乎，远我昏乎！人其尽死，而我独存乎！"

云将东游，过扶摇之枝而适遭鸿蒙。鸿蒙方将拊脾雀跃而游。云将见之，倘然止，贽然立，曰："叟何人邪？叟何为此？"鸿蒙拊脾雀跃不辍，对云将曰："游！"云将曰："朕愿有问也。"鸿蒙仰而视云将曰："吁！"云将曰："天气不和，地气郁结，六气不调，四时不节。今我愿合六气之精，以育群生，为之奈何？"鸿蒙拊脾雀跃掉头曰："吾弗知！吾弗知！"云将不得问。又三年，东游过有宋之野而适遭鸿蒙。云将大喜，行趋而进曰："天忘朕邪？天忘朕邪？"再拜稽首，愿闻于鸿蒙。鸿蒙曰："浮游，不知所求；猖狂，不知所往。游者鞅掌，以观无妄。朕又何知！"云将曰："朕也自以为猖狂，而民随予所往。朕也不得已于民，今则民之放也。愿闻一言。"鸿蒙曰："乱天之经，逆物之情，玄天弗成。解兽之群，而鸟皆夜鸣。灾及草木，祸及止〔豸〕虫。意〔噫〕，治人之过也。"[16]云将曰："然则吾奈何？"鸿蒙曰："意〔噫〕，毒哉！僊僊乎归矣!"云将曰:"吾遇天难,愿闻一言。"鸿蒙曰:"意〔噫〕,心养!汝徒处无为,而物自化。堕尔形体,吐〔绌〕尔聪明[17],伦与物忘;大同乎涬溟,解心释神,莫然无魂。万物云云,各复其根,各复其根而不知;浑浑沌沌,终身不离;若彼知之,乃是离之。无问其名,无窥其情,物固自生。"云将曰:"天降朕以德,示朕以默;躬身求之,乃今也得。"再拜稽首,起辞而行。

世俗之人,皆喜人之同乎己而恶人之异于己也。同于己而欲之,异于己而不欲者,以出乎众为心也。夫以出乎众为心者,曷常出乎众哉!因众以宁所闻,不如众技众矣。而欲为人之国者,此揽乎三王之利而不见其患者也。此以人之国侥倖也,几何侥倖而不丧人之国乎!其存人之国也,无万分之一;而丧人之国也,一不成而万有余丧矣。悲夫,有土者之不知也!夫有土者,有大物也。有大物者,不可以物;物而不物,故能物物[18]。明乎物物者之非物也,岂独治天下百姓而已哉!出入六合,游乎九州,独往独来,是谓独有。独有之人,是谓至贵。

大人之教,若形之于影,声之于响。有问而应之,尽其所怀,为天下配。处乎无响,行乎无方，挈汝适复之挠挠，以游无端；出入无旁，与日无始；颂论形躯，合乎大同，大同而无己。无己，恶乎得有有！睹有者，昔之君子；睹无者，天地之友。

◎贱而不可不任者，物也；卑而不可不因者，民也；匿而不可不为者，事也；粗而不可不陈者，法也；远而不可不居者，义也；亲而不可不广者，仁也；节而不可不积者，礼也；中而不可不高者，德也；一而不可不易者，道也；神而不可不为者，天也。故圣人观于天而不助，成于德而不累，出于道而不谋，会于仁而不恃，薄于义而不积，应于礼而不讳，接于事而不辞，齐于法而不乱，恃于民而不轻，因于物而不去。物者，莫足为也，而不可不为。不明于天者，不纯于德；不通于道者，无自而可；不明于道者，悲夫！何谓道？有天道，有人道。无为而尊者，天道也；有为而累者，人道也。主者，天道也；臣者，人道也。天道之与人道也，相去远矣，不可不察也。[19]

（二）文字校训说明

[1]"闻在宥天下"，清本原文如此。钊按：此句中之"在"，郭

《注》及成《疏》，均训"在"为"自在"，而郭庆藩引司马云："在，察也"。以上两训，似都于义未安。李勉则认为此"在"为"任"之讹，言："观全文，'在宥'二字应是'任宥'二字之误，'任''在'形似，故以互混。'任'者，放任之也。放任者，不予拘范，任其自在也。"（参见《陈译》所引）其说可作一家之言，但言"在"为"任"之误，因无他本可据，故有猜测之嫌。笔者认为，此句中之"在"，乃是"存"之假字，"存"与"在"古时互通，《说文》言"在，存也"。"在宥"之"宥"，林希逸释"宽容自得之意"，此释符合原旨，《说文》言"宥，宽也"。据此，则"存宥"即"存宽"之谓，故"存宥天下"，犹言"保存宽容心态于天下"，似这种用保存宽容的心态来对待天下人，确实比儒墨诸家向往的"治天下"更为高明。它合乎道家的"无为"意境，同老子倡导的"容乃公"理念一脉相通。故"在宥"当为"存宥"无疑。

[2]"在之也者，恐天下之淫其性也"，清本原文如此。句中之"在"亦当训为"存"。关于"淫"，从郭《注》语意看，似乎是以"荡"释"淫"，其言"莫之荡，则性命不过"，是其证；成《疏》用"淫僻丧性"释"淫其性"，可知是以"僻"释"淫"。"僻"，即邪僻之谓。郭、成之释，虽亦持之有故，但此"淫"，余以为应释为"过"，《中华大字典》言："淫，过也。《尚书·大禹谟》'罔淫于乐'，《疏》'淫，过度之意'。"照此释，则"恐天下之淫其性"，意为"恐天下之过其性"。此"过其性"，正好与下句"迁其德"相对应。综观全文，似应如此释，才合原旨。

[3]"不淫其性，不迁其德，有治天下者哉"，清本原文如此。刘文典指出："《御览》六百二十四引'有'上有'岂'字。"钊按：通观全文，"有"上有"岂"字，语意完整，当据该本补一"岂"字

为是。

[4]"人大喜邪？毗于阳；大怒邪？毗于阴。阴阳并毗。四时不至，寒暑之和不成，其反伤人之形乎！"清本原文如此，不仅文字有误，而且句读也严重失正。钊按：首先，文字有误，一是文中两个"邪"字，是"焉"字之误。此"焉"之所以被误为"邪"，是由于一些人不懂得"焉"与"邪"两字的特殊关系："邪"既与"焉"有其相同的一面（两字在作发问式的语尾虚词时，可以互相代替），又有其不同的一面（当"焉"作为实词释为"乃"时，则"邪"不能代替"焉"）。此文中之"邪"，原字可能是"焉"，此"焉"本应训为实词"乃"（《古书虚字集释》引《经传释词》云："焉，犹乃也"），因浅人不知，便用"邪"代替"焉"，故铸成大错。二是句中之"毗"，司马训为"助也"。对于此训，俞樾提出了异议，他认为"毗"，"当读为'毗刘暴乐'之'毗'……'暴乐'，毛公传作'爆烁'……然则'爆烁'犹'剥落'也。喜属阳，怒属阴。故大喜则伤阳，大怒则伤阴"。不难看出，俞氏是训"毗"为"伤"，此训较为贴切，《淮南子·原道篇》"人大怒破阴，大喜坠阳"，与此相合。其次，原文句读有误。按照文意，句中不应出现问号，因"焉"被误为"邪"，浅人不知，乃在两个"邪"字下添上问号，再次铸成大错。基于以上分析，本段可直读为："人大喜，乃伤阳；大怒，乃伤阴。阴阳并伤，四时不至，寒暑之和不成，其反伤人之形乎！"如此读，文通理顺，含意清明。可知原文用字及句读均有失误，当正之！

[5]"于是乎天下始乔诘卓鸷"。此句中的"乔诘卓鸷"一语，可能是楚地当时的方言，因时过境迁，今人很难还其本来面目。从其上下文意看，此四字乃在于描述当时社会矛盾重重的状态。于

省吾言："'乔诘'，应读作'狡黠'。"似较有理。又，"卓"疑为"戮"之误（二字音同易误）；"鸷"指鸟之相杀，则"卓鸷"含有戮杀之意。故全句可读为"狡黠戮鸷"，指社会人们勾心斗角，相互拼杀也。

[6]"而且说明邪？是淫于色也；说聪邪？是淫于声也；说仁邪？是乱于德也；说义邪？是悖于理也；说礼邪？是相于技也；说乐邪？是相于淫也；说圣邪？是相于艺也；说知邪？是相于疵也"，此段清本原文如此。钊按：同上面第三条之误相类似，此段中先后八个"邪"字亦为"焉"之误。如前所述，当"焉"作语尾虚词时，可以用"邪"代"焉"；但"焉"若为实词"乃"时，则"邪"不能代"焉"。此句中原字应为"焉"，同样亦应训为"乃"。而不能用"邪"替代。"说"，借为"悦"，犹喜悦。文中之"淫于声""乱于德""悖于理""相于技""相于淫""相于艺"均有贬义，旨在阐明"悦明""悦聪"等带来的恶果。全文亦属正面阐述，未带问的口气，故八个问号均为误用。句中之"相"，《释文》释为"助"，不知据何说，查相关字书，"相"古无"助"义。余疑"相"原字可能作"向"，因两字音近而误。此"向"，指趋向。所谓"向于技""向于淫""向于艺""向于疵"，即指"趋向于技""趋向于淫""趋向于艺""趋向于疵"也，文意清楚明白，当无疑义。全句可直读为："而且喜欢明，乃是淫于色；喜欢聪，乃是淫于声；喜欢仁，乃是乱于德；喜欢义，乃是悖于理；喜欢礼，乃是趋于技；喜欢乐，乃是趋于淫；喜欢圣，乃是趋于艺；喜欢智，乃是趋于疵。"照此读去，文通理顺，句读中完全用不着问号，则"邪"为"焉"之误，"相"为"向"之误，明矣。

[7]"故贵以身于为天下，则可以托天下；爱以身于为天下，则

可以寄天下"，此段清本原文如此。王念孙指出："《老子》作'故贵以身为天下''爱以身为天下'，此衍'为'字。盖《庄子》本作'故贵以身于天下''爱以身于天下'，'于'犹'为'也，后人依《老子》傍记'为'字，而写者因讹入正文。《老子释文》：'为，于伪反。'此释文不出'为'字，以是明之。"刘文典赞同其说，言："《淮南子·道应篇》作'贵以身为天下，焉可以托天下；爱以身为天下，焉可以寄天下矣'，亦不以'于''为'二字连用，可证必衍其一也。"钊按：王、刘两家之说，虽亦言之成理，但未必符合原作本旨。"为"与"于"作为介词，两者确实可以互通，但"于"并非同"为"完全等同。例如，当"为"被读作"为人民服务"之"为"时，乃含有"为了……"之意，此"为了……"表达主体奉献的目的性，如"为了祖国""为了民族""为了天下人"等等，都表达了主体奉献的目的性。所以，当"为"用来表达"为了……"之意时，则"于"不可以替代"为"。《老子》第十三章曰："故贵以身为天下，若可寄天下；爱以身为天下，若可托天下。"此文中"以身为天下"，指的是以身为了天下人，相当于献身于天下人（若不能献身于天下人，岂能托天下？岂能寄天下？）故此句中不能用"于"代替"为"。正是有鉴于此，《淮南子·道应篇》之引文，亦用的是"为"字而非"于"字。本文中，庄子仍保存"为"字，亦当与此相关。那么，该句中的"于"是否为衍字？笔者以为此"于"在本文中作为介词，同"为"并不冲突，虽可省略，但并非赘瘤，似仍有其立足之地，不必视为衍字。

[8]"故君子苟能无解其五藏"，清本原文如此。钊按：此句文意浑浊不清，疑"五藏"为"五常"之误。"藏"与"常"音近致误。此"五常"即"仁、义、礼、智、信"是也。"无解"之"解"，可

173

训为"讲",《中华大字典》"解,讲也,见《广韵》"。据此,全句之意是说,所以君子能做到不讲仁义礼智信等五德,此释正好符合作者崇尚无为之治的基本理念。

[9] "从容无为而万物炊累焉",清本原文如此。此句中的"炊累",《释文》引司马云:"炊累,犹动升也。"《陈译》以此为据,释曰:"形容万物的藩殖如炊气积累而升。"钊按:其说似亦有依,但仍有添字解经之嫌。余疑此"炊累"乃"去累"之误,"去"与"炊"一音之转,故易误。"去累",犹言抛去拖累。全句之意是说,坚持无为而任自然,则万物可以抛去拖累,自由成长。故后文接上"吾又何暇治天下哉?"文清理顺,贴近原旨。

[10] "不治天下,安藏人心?"清本原文如此。王孝鱼言:"《世德堂》本'藏'作'臧'。"钊按:"藏"与"臧"古通,此文中"臧"为本字,"藏"为假字。《说文》:"臧,善也。"故本处以用"臧"为优,当从《世德堂》本改为"臧"。据此,则"不治天下,安臧人心",犹言"不治天下,安善人心?"文意清晰,一读即明。

[11] "其动也县而天",清本原文如此。俞樾指出:"《释文》曰:'向本无而字。'当从之。郭《注》曰:'动之则系天而踊跃也。'以'系天'释'县天',疑其所据本亦无'而'字也。'而'与'天'篆文相似,'而'即'天'字之误而衍者。"钊按:俞氏之说允当,今据其说删去"而"字。

[12] "愁其五藏以为仁义",清本原文如此。钊按:此句文意晦涩难解,疑字有讹误。一是"愁",可能为"憖"之误,《中华大字典》:"憖,愿也。""愁"与"憖"两字形近,故易误;二是"藏"可能为"常"之误,则"五藏"亦应为"五常"(参见

前面"无解其五藏"之释）；三是"其"，可训为"于"；四是"以"可训为"因"；五是"为"，可训为"有"。（以上三训，均见《古书虚字集释》）基于以上训释，则原文可读为："愿于五常，因有仁义"。此读正好同下文"矜其血气，以规法度"相对应。照这样释，文意豁然贯通。在作者看来，由于"五常"的出现，才导致"喜怒相疑，愚智相欺，善否相非，诞信相讥，而天下衰矣"。十分明显，庄生是在鞭挞尧舜带头推行"五常"而导致"天下衰矣"的罪过。下文所谓"天下脊脊大乱，罪在撄人心"，就是对黄帝及尧舜等"圣人"兴"仁义"、倡"五常"的坚决控诉。

[13]"故贤者伏处大山嵁岩之下"，清本原文如此。俞樾指出："《释文》：'大山，音泰，亦如字。'当以读如字为是，此泛言山之大者，不必东岳泰山也。'嵁'，当为'湛'。《文选·封禅文》'湛恩庞鸿'，李注曰'湛，深也'，'湛岩'犹'深岩'，因其以山岩言，故变从水者而从山耳，山言其大，岩言其深，义正相应。学者不达其义，而音'大'为'泰'，失之矣。"钊按：此说已将道理讲得很透彻，"大"字当读为"大"，不必转训"泰"是也。

[14]"闻广成子在于空同之上"，清本原文如此。刘文典言："《御览》六百二十四引'空同'作'崆峒'；又碧虚子校引张君房本'上'作'山'，《疏》'空桐山，凉州北界'，是成本字亦作'山'。"钊按：刘氏言之有据，原文"空同之上"，当依《御览》本及张君房本，改作"崆峒之山"。

[15]"而佞人之心翦翦者，又奚足以语至道"，清本原文如此。刘文典言："《御览》六百二十四引'者'作'焉'，'至道'下有'哉'字，此慨叹之词，《御览》有'哉'字是。"钊按：刘说是，应在"至道"下增一"哉"字。另，前句用"焉"或"者"均

合，两者相较，似以用"焉"为优，以与下句"哉"字相对应。

[16]"灾及草木，祸及止虫。意，治人之过也"，清本原文如此。俞樾言："'止虫'，即'豸虫'也。《尔雅·释虫》'有足谓之虫，无足谓之豸'是也。《史记·五帝纪》：'鸟兽虫蛾。'《正义》曰：'蛾，音豸，直起反。''直起'之音与'止'相近。宣十七年《左传》：'庶有豸乎。''豸'即'止'也。此云'祸及止虫'，'止'即'豸'也。"钊按：俞氏将"止"训为"豸"，言之凿凿。此"止虫"，赵谏议本作"昆虫"，当从之。另"意"，赵本作"噫"，亦当从之，以突出"语气"之叹，前面"意，甚矣哉"之"意"，亦当读为"噫"。

[17]"堕尔形体，吐尔聪明"，清本原文如此。其言"吐尔聪明"，学界认为文不成义，纷纷加以纠正。王引之认为："'吐'，当为'咄'，'咄'与'黜'同。"俞樾言："'吐'当作'杜'，言杜塞其聪明也。"刘文典言："'吐'，疑'绌'字之坏，《淮南子·览冥》篇'堕肢体，绌聪明'，即袭用此文，字正作'绌'，是其墒证。《大宗师》篇作'堕肢体，黜聪明'，'黜''绌'音义同。"钊按：三家之说，均言之有依，当以王引之与刘文典言较为贴近本文原旨。从失误的起源看，王引之说较合乎客观实际。"吐"乃为"咄"字之误，"咄"，因上半截损坏，乃被人误为"吐"耳。"咄"与"绌"或"黜"，在古代均可互通，故"吐尔聪明"，当作"绌尔聪明"或"黜尔聪明"为是。

[18]"有大物者，不可以物物；而不物，故能物物"，清本原文及句读如此。俞樾指出："郭断'不可以物物'五字为句，失其读矣。此当读'不可以物'为句，'物而不物'为句。"钊按：俞氏之说深得庄生本旨，此句应读为："有大物者，不可以物；物

而不物，故能物物。"当据改正。

[19]本篇末自"贱而不可不任者，物也"至"相去远矣，不可不察也"，全段共240字（为了标示它的独特性，我在段前添加了一个双圆符号"◎"，以示区别）。对于这段文字，《陈译》指出："这段文义，和本篇主旨相违，且与庄学思想不合。"该书引述宣颖、刘凤苞、胡文英、马叙伦、冯友兰诸家之言，以证该段文字有违全篇主旨，或曰"全不似庄子之笔"；或言"不类南华笔意"；或说"无甚精义……为赝手所窜"；或斥其"文意俗杂，尤多矛盾之句"，主张予以删去。钊按：《陈译》及诸家之见，虽亦持之有故，言之有因，但笔者以为此段文字，似不可草率删去。因为它透露出战国末年黄老新道家的基本理念。人所共知，战国末年黄老新道家曾活跃于文坛，其中尤以《文子》《鹖冠子》《黄老帛书》的文字最为典型，它们的主要特色，一是力主采儒墨名法之善，二是归本于道家，三是力主君无为、臣有为的治国之道（例如《文子》这一观念尤为鲜明）。这两大特色，已浸染了庄子后学。本段的文字中，所谓"出于道而不谋，会于仁而不恃，薄于义而不积，应于礼而不讳，接于事而不辞，齐于法而不乱"等表述，都同当时新道家"采儒墨名法之善"的观念相一致；而其所谓"无为而尊者，天道也；有为而累者，人道也"之说，乃正好同新道家追求的"君无为，臣有为"政治谋略相吻合。有鉴于此，此段文字似应予以保留，因为它从特定角度透视出庄子后学中确有战国末年黄老新道家学者参与其中。至于有人说它"不似庄生之笔""不类南华笔意"等等，都无关紧要。因为外篇、杂篇中的文字，本来就不全属庄生自著，我们又有何必要在其中寻找纯而又纯的庄生原文呢？如果将这段文字删去，那难免过于

草率，以致损害《庄子》的学术体系构成，乃至削弱该书的文化价值。据此，笔者主张保留该段文字。

（三）中心内容评析

本篇原题名《在宥》，可能是《存宥》之误（参见本篇文字校训说明第1条）。其中心内容，在于倡导无为而任自然的人生追求。全文共分五节。

第一节，作者明确主张保存宽容心态以待天下，而不要去治天下。在作者看来，只有做到"存宥"，才能收到"不淫其性""不迁其德"（即不过其性、不变其德）的良好效果。反之，若去治天下，那势必把天下弄得"欣欣焉"（犹喧喧嚷嚷）、"瘁瘁焉"（犹憔悴），使天下出现"不恬"（不安逸）、"不愉"（不快乐）的混乱状态，故曰："夫不恬不愉，非德也。非德也而可长久者，天下无之。"作者进一步指出，若搞有为之治，"使人喜怒失位，居处无常，思虑不自得，中道不成章"，于是天下争斗不息，而盗跖、曾史之流纷纷登场，千方百计搞赏善罚恶那一套："自三代以下者，匈匈焉终以赏罚为事，彼何暇安其性命之情哉！"作者的结论是："故君子不得已而临莅天下，莫若无为。"又说"从容无为而万物去累焉"，意为做到了"无为"，则万物乃可抛去拖累，自由成长。其追求无为而治的旨意十分清晰。第二节，借崔瞿与老聃的对话，说明搞有为之治，必然扰乱人心。而人心是不能扰乱的。作者认为，"人心排下而进上，上下囚杀，淖约柔乎刚强"，故曰"偾骄而不可系者"。若去治天下，则必扰乱人心。例如昔日黄帝、尧、舜等治天下，既大讲仁义，又大兴法度，结果

"施及三王而天下大骇矣。下有桀、跖，上有曾、史，而儒、墨毕起"，最终导致"喜怒相疑，愚知相欺，善否相非，诞信相讥，而天下衰矣"。不仅如此，到了"今世"，还出现"殊死者相枕也，桁杨者相推也，刑戮者相望也"等惨状。有鉴于此，作者得出"绝圣弃知而天下大治"的总结性认识。第三节，借广成子之口，批评黄帝所搞的有为之治使"云气不待族而雨，草木不待黄而落，日月之光益以荒矣"。可谓陷于极大失败。接着，广成子又对黄帝阐述了养生之道，曰："至道之精，窈窈冥冥；至道之极，昏昏默默。无视无听，抱神以静，形将自正。必静必清，无劳汝形，无摇汝精，乃可以长生。"这里关于养生的基本法则，也同无为之道不可分割，意为无为而任自然。第四节，借云将与鸿蒙的对话，阐明"心养"之意。鸿蒙曰："噫，心养！汝徒处无为，而物自化。堕尔形体，绌尔聪明，伦与物忘；大同乎涬溟，解心释神，莫然无魂。万物云云，各复其根……"这里所阐明的"心养"，就是强调"无为自化"。在作者看来，要坚持"心养"，那必须按照上述相关方法，才能达到最终目的。第五节（5、6、7三段并为一节），集中阐明有国者坚持无为而治的必要性。作者指出："夫有土者，有大物也。有大物者，不可以物；物而不物，故能物物。明乎物物者之非物也，岂独治天下百姓而已哉！"这里所谓"有土者"，指享有国土和掌管百姓的王侯。在作者看来，身为王侯的人，乃是拥有"大物"，而对于"大物"，则不能用简单的普通之物来看待，故曰："不可以物"。是"物"而不把它看作"物"，乃能"物物"，这就是说，"物而不物，故能物物"。意为享有大物的人，必须坚持无为而治。"明乎物物者之非物也，岂独治天下百姓而已哉！"他还可以"出入六合，游乎九州，独往独来"而达"至贵"境界。

　　综观全文,作者从不同视角批评了有为之治,赞扬了无为自化之道。

五、《天地》校训析

（一）经文校正清样

天地虽大，其化均也；万物虽多，其治〔始〕一也[1]；人卒虽众，其主君也。君原于德而成于天，故曰，玄古之君天下，无为也，天德而已矣。以道观言而天下之君〔名〕正[2]，以道观分而君臣之义明，以道观能而天下之官治，以道泛观而万物之应备。故通于天地者，德也；行于万物者，道也。[3]〔故通于天者，道也；顺于地者，德也；行于万物者，义也；〕上治人者，事也；能有所艺者，技也。技兼于事，事兼于义，义兼于德，德兼于道，道兼于天。故曰，古之畜天下者，无欲而天下足，无为而万物化，渊静而百姓定。《记》曰："通于一而万事毕，无心得而鬼神服。"

夫子曰："夫道，覆载万物者也[4]。洋洋乎大哉！君子不可以不刳心焉。无为为之之谓天，无为言之之谓德，爱人利物之谓仁，不同同之之谓大，行不崖异之谓宽，有万不同之谓富。故执德之谓纪，德成之谓立，循于道之谓备，不以物挫志之谓完。君子明于此十者，则韬乎其事心之大也，沛乎其为万物逝也。若然者，藏金于山，藏〔沉〕珠于渊[5]，不利货财，不近贵富；不乐寿，不哀夭；不荣通，不丑穷；不拘一世之利以为己私分，不以王天下为己处显，显则明。万物一府，死生同状。[6]"

夫子曰："夫道，渊乎其居也，漻乎其清也。金石不得，无以鸣。故金石有声，不考〔敲〕不鸣[7]。万物孰能定之！夫王德之人，素逝而耻通于事，立之本原而知通于神。故其德广，其心之出，有物采之。故形非道不生，生非德不明。存形穷生，立德明道，非王德者邪！荡荡乎！忽然出，勃然动，而万物从之乎！此谓王德之人。视乎冥冥，听乎无声。冥冥之中，独见晓焉；无声之中，独闻和焉。故深之又深而能〔有〕物焉，神之又神而能〔有〕精焉[8]；故其与万物接也，至无而供其求，时聘而要其宿。大小，长短，修远[9]。"

黄帝游乎赤水之北，登乎昆仑之丘而南

望,还归,遗其玄珠。使知索之而不得,使离朱索之而不得,使喫诟索之而不得也。乃使象罔〔罔象〕,象罔〔罔象〕得之[10]。黄帝曰:"异哉!象网〔罔象〕乃可以得之乎?"

尧之师曰许由,许由之师曰啮缺,啮缺之师曰王倪,王倪之师曰被衣。尧问于许由曰:"啮缺可以配天乎?吾藉王倪以要之。"许由曰:"殆哉圾乎天下!啮缺之为人也,聪明睿知,给数以敏,其性过人,而又乃以人受天。彼审乎禁过,而不知过之所由生。与之配天乎?彼且乘人而无天,方且本身而异形,方且尊知而火驰,方且为绪使,方且为物绖[11],方且四顾而物应,方且应众宜,方且与物化而未始有恒。夫何足以配天乎?虽然,有族,有祖,可以为众父,而不可以为众父父。治,乱之率也,北面之祸也,南面之贼也。"

尧观乎华。华封人曰:"嘻,圣人,请祝圣人。""使圣人寿!"尧曰:"辞!""使圣人富!"尧曰:"辞!""使圣人多男子!"尧曰:"辞!"封人曰:"寿、富、多男子,人之所欲也。女〔汝〕独不欲,何邪?"尧曰:"多男子则多惧,〔多〕富则多事,〔多〕寿则多辱。是三者,〔皆〕非所以养德也〔意〕，故辞。[12]"封人曰："始也，我以女〔汝〕为圣人邪，今然，君子也。天生万民，必授之职。多男子而授之职，则何惧之有！富而使人分之，则何事之有！夫圣人，鹑居而鷇食，鸟行而无彰；天下有道，则与物皆昌；天下无道，则修德就闲；千岁厌世，去而上僊；乘彼白云，至于帝乡；三患莫至，身常无殃；则何辱之有！"封人去之。尧随之，曰："请问。"封人曰："退已！"

尧治天下，伯成子高立为诸侯。尧授舜，舜授禹，伯成子高辞为诸侯而耕。禹往见之，则耕在野。禹趋就下风，立而问焉，曰："昔尧治天下，吾子立为诸侯。尧授舜，舜授予，而吾子辞为诸侯而耕，敢问：其故何也？"子高曰："昔尧治天下，不赏而民劝，不罚而民畏。今子赏罚而民且不仁，德自此衰，刑自此立，后世之乱，自此始矣。夫子阖行邪？无落吾事！"[13]俋俋乎耕而不顾。

泰初有无，无有无名；一之所起，有一而未形。物得以生，谓之德；未形者有分，且然无间，谓之命；留动而生物，物成生理，谓之形；形体保神，各有仪则，谓之性。性修反德，德至同于初。同乃虚，虚乃大。合喙鸣，喙鸣合，与天地为合。其合缗缗，若愚若昏，是谓玄德，同乎大顺。

夫子问于老聃曰："有人治道若相放[14]，可不可，然不然。辩者有言曰：'离坚白，若县寓。'若是，则可谓圣人乎？"老聃曰："是胥易技系，劳形怵心者也。执留之狗成思，猿狙之便自山林来。丘，予告若，而所不能闻与而所不能言。凡有首有趾无心无耳者众，有形者与无形无状而皆存者尽无。其动，止也；其死，生也；其废，起也。此又非其所以也。有治在人，忘乎物，忘乎天，其名为忘己。忘己之人，是之谓入于天。"

将闾葂见季彻曰："鲁君谓葂也曰：'请受教。'辞不获命，既已告矣，未知中否，请尝荐之。吾谓鲁君曰：'必服恭俭，拔出公忠之属而无阿私，民孰敢不辑！'"季彻局局然笑曰："若夫子之言，于帝王之德，犹螳螂之怒臂以当车轶，则必不胜任矣。且若是，则其自为处危，其观台多，物将往，投迹者众。"蒋闾葂觑觑然惊曰："葂也，汒若于夫子之所言矣。虽然，愿先生之言其风也[15]。"季彻曰："大圣之治天下也，摇荡民心，使之成教易俗，举灭其贼心而皆进其独志，若性之自为，而民不知其所由然。若然者，岂兄尧、舜之教民，溟涬然弟之哉！欲同乎德而心居矣。"

子贡南游于楚，反于晋，过汉阴，见一丈人方将为圃畦，凿隧而入井，抱瓮而出灌，搰搰然用力甚多而见功寡。子贡曰："有械于此，一日浸百畦，用力甚寡而见功多，夫子不欲乎？"为圃者仰而视之曰："奈何？"曰："凿木为机，后重前轻，挈水若抽，数如泆汤，其名为槔。"为圃者忿然作色而笑曰："吾闻之吾师，有机械者必有机事，有机事者必有机心。机心存于胸中，则纯白不备；纯白不备，则神生不定；神生不定者，道之所不载也。吾非不知，羞而不为也。"子贡瞒然惭，俯而不对。有间，为圃者曰："子奚为者邪？"曰："孔丘之徒也。"为圃者曰："子非夫博学以拟〔疑〕圣，於于〔华诬〕以盖〔胁〕众[16]，独弦哀歌以卖名声于天下者乎？汝方将忘汝神气，堕汝形骸，而庶几乎！而身之不能治，而何暇治天下乎！子往矣，无乏吾事！"子贡卑陬失色，顼顼然不自得，行三十里而后愈。其弟子曰："向之人何为者邪？夫子何故见之变容失色，终日不自反邪？"曰："始吾以为天下一人耳，不知复有夫人也。吾闻之夫子，事求可，功求成，用力少，见功多者，圣人之道。今徒不然。执道者德全，德全者形全，形全者神全。神全者，圣人之道也。托生与民并行而不知其所之，汒乎淳备哉！功利机巧必忘夫人之心。若夫人者，非其志不之，非其心不为。虽以天下誉之，得其所谓，謷然不顾；以天下非之，失其所谓，傥然不受。天下之非誉，无益损焉，是谓全德之人哉！我之谓风波之民。"反于鲁，以告孔子。孔子曰："彼假修浑沌氏之术者也；识其一，不知其二；治其内，而不治其外。夫明白入素，无为复朴，体性抱神，以游世俗之间者，汝将固惊邪[17]？且浑沌氏之术，予与汝何足以识之哉！"

谆芒将东之大壑，适遇苑风于东海之滨。苑风曰："子将奚之？"曰："将之大壑。"曰："奚为焉？"曰："夫大壑之为物也，注焉而不满，酌焉而不竭；吾将游焉。"苑风曰："夫子无意于横目之民乎？愿闻圣治。"谆芒曰："圣治乎？官施而不失其宜，拔举而不失其能，毕见其情事而行其所为，行言自为而天下化，手挠顾指，四方之民莫不俱至，此之谓圣治。""愿闻德人。"曰："德人者，居无思，行无虑，不藏是非美恶。四海之内共利之之谓悦，共给之之为安；怊乎若婴儿之失其母也，傥乎若行而失其道也。财用有余而不知其所自来,饮食取足而不知其所从,此谓德人之容。""愿闻神人。"曰:"上神乘光,与形灭亡,此谓照旷。致命尽情,天地乐而万事销亡,万物复情,此之谓混冥。"

门无鬼与赤张满稽观于武王之师。赤张满稽曰:"不及有虞氏乎!故离此患也。"门无鬼曰:"天下均治而有虞氏治之邪?其乱而后治之与?"赤张满稽曰:"天下均治之为愿,而何计以有虞氏为!有虞氏之药疡也,秃而施髢,病而求医,孝子操药以修慈父,其色燋然,圣人羞之。至德之世,不尚贤,不使能;上如标枝,民如野鹿;端正而不知以为义,相爱而不知以为仁,实而不知以为忠,当而不知以为信,蠢动而相使,不以为赐。是故行而无迹,事而无传。"

孝子不谀其亲,忠臣不谄其君,臣、子之盛也。亲之所言而然,所行而善,则世俗谓之不肖子;君之所言而然,所行而善,则世俗谓之不肖臣。而未知此其必然邪?世俗之所谓然而然之,所谓善而善之,则不谓之道谀之人也。然则俗故严于亲而尊于君邪?谓己道人,则勃然作色;谓己谀人,则怫然作色。而终身道人也,终身谀人也,合譬饰辞聚众也,是终始本末不相坐。垂衣裳，设采色，动容貌，以媚一世，而不自谓道谀，与夫人之为徒，通是非，而不自谓众人，愚之至也。知其愚者，非大愚也；知其惑者，非大惑也。大惑者，终身不解；大愚者，终身不灵。三人行而一人惑，所适者犹可致也，惑者少也；二人惑则劳而不至，惑者胜也。而今也以天下惑，予虽有祈〔所〕向，不可得也[18]。不亦悲乎！大声不入于里耳，《折杨》《皇䔢》，则嗑然而笑。是故高言不止于众人之心，至言不出，俗言胜也。以二缶〔一企〕锺〔踵〕惑，而所适不得矣[19]。而今也以天下惑，予虽有祈〔所〕向，其庸可得邪！知其不可得也而强之，又一惑也，故莫若释之而不推。不推，谁其比忧！厉之人夜半生其子，遽取火而视之，汲汲然唯恐其似己也。

百年之木，破为牺尊，青黄而文之，其断在沟中。比牺尊于沟中之断，则美恶有间矣，其于失性一也。〔桀〕、跖与曾、史，行义有间矣[20]，然其失性均也。且夫失性有五：一曰五色乱目，使目不明；二曰五声乱耳，使耳不聪；三曰五臭薰鼻，困惾中颡；四曰五味浊口，使口厉爽；五曰趣舍滑心，使性飞扬。此五者，皆生之害也。而杨、墨乃始离跂自以为得，非吾所谓得也。夫得

189

者困，可以为得乎？则鸠鸮之在于笼也，亦可以为得矣。且夫趣舍声色以柴其内，皮弁鹬冠搢笏绅修以约其外，内支盈于柴栅，外重缰缴，睆睆然在缰缴之中而自以为得，则是罪人交臂历指而虎豹在于囊槛，亦可以为得矣。

（二）文字校训说明

[1]"万物虽多，其治一也"，清本原文如此。严灵峰指出："'治'，疑当作'始'，形近致误。"钊按：严说是，按传统说法，世间开端之时，是混沌为一的，故曰："其始一也。"当据改。

[2]"以道观言，而天下之君正"，清本原文如此。严灵峰据钱穆说，认为文中"君"为"名"之讹，曰："钱说是也。按：《论语》'名不正，则言不顺'，反之，'言'顺则'名'正，故云：'以道观言，而天下之名正。''言'与'正'上下相蒙，兹依钱说并文义臆改。"钊按：此改有理有据，当从之。

[3]"故通于天地者，德也；行于万物者，道也"，清本原文如此。碧虚子校引江南古藏本，此二句作："故通于天者，道也；顺于地者，德也；行于万物者，义也。"刘文典曰："江南古藏本是也。下文'事兼于义，义兼于德，德兼于道'，即承上'道''德''义'而言，今本脱一句，'义'讹为'道'，则与下文不相应矣。王懋竑曰：'此下当脱"□□□者义也"一句。'其说是也。"钊按：刘说有理有据，原文当依据江南古藏本校改。

[4]"夫子曰：'夫道，覆载万物者也'"，清本原文如此。对于文中的"夫子"其人，学界说法不一。俞樾提出自己的见

解，曰："此与下节并冠以'夫子曰'，《释文》引司马云'庄子也'，一云'老子也'。然下文有云'夫子问于老聃曰'，则'夫子'非老子明矣。据下老子答辞曰：'丘，予告若，而所不能闻与而所不能言。'则问老聃者，自是孔子。故《释文》曰：'夫子，仲尼也。'以后例前，则此两'夫子曰'，亦是孔子之言矣。"钊按：俞说前后贯通，深得本旨，当从之。

[5]"藏金于山，藏珠于渊"，清本原文如此。据王孝鱼考，下"藏"字《阙误》引张君房本作"沉"。刘文典指出："二'藏'字于词为复，碧虚子校引张本下'藏'字作'沉'，班固《东都赋》'捐金于山，沉珠于渊'，与张本合。惟《淮南子·原道》篇作'藏珠于渊'，疑后人依《庄子》改之也。"钊按：刘说有理，此两句按文法当作"藏金于山，沉玉于渊"，今据改。

[6]"不以王天下为己处显，显则明。万物一府，死生同状"，清本原文如此。钊按：综观全文，此文中两个"显"字，疑衍一"显"。因为前言"不以王天下为己处显"，已经很高尚了，故后文只需用"则明"二字就已语意完满，该结句了。若作"显则明"，则此语中的"显"字就令人费解了。该"显"究竟是"处显"之"显"还是"不处显"之"显"呢？无法分清。若去掉一"显"字，则此文应为："不以王天下为己处显，则明。万物一府，死生同状。"这样译，文通理顺。若照原文用字句读，则难免有迂曲之嫌。

[7]"故金石有声，不考不鸣"，清本原文如此。此句中之"考"，成《疏》训为"击"。王叔岷引《淮南子·诠言训》"不考不鸣"作"弗叩弗鸣"言，"'考''叩'一声之转"。钊按："考""叩"义近，确可互训。但此句中之"考"，余以为是"敲"之讹，两字因音近致讹，故"考"当训为"敲"更为贴切。

[8]"故深之又深而能物焉,神之又神而能精焉",清本原文如此。李勉认为,此文中两个"能"字或为"有"之误,曰:"《老子》'恍兮惚兮,其中有物;窈兮冥兮,其中有精',据此,'能'或'有'字之误。言道处于深之又深,但有物存在(确有道之质在也),道虽神之又神,但有其精焉(确乎有道之精在也)。"(参见李勉《庄子总论及分篇评注》)钊按:李氏之说有理有据,从之。

[9]"大小,长短,修远",清本原文如此。《陈译》引吴汝纶说,言:"'大小长短修远'六字,当为郭氏注文。郭注:'大小长短修远,皆恣而任之,会其所极而已。'盖释'时骋而要其宿'之义。今注文无上六字,夺入正文也。又据《淮南子·原道训》作'大小修短,各有其具'云云,则姚鼐谓'有缺文者是也'。"(参见《庄子点勘》)。《陈译》按:"吴说是,此六字似可删除。"钊按:吴、陈两家之见,有理有据,从之。

[10]"乃使象罔,象罔得之",清本原文如此。刘文典指出:"'象罔'当为'罔象'。《文选·舞赋》注、《御览》八百三引并作'罔象',是其证。《疏》亦作'罔象',是成所见本未倒。《文选·广绝交论》注引作'乃使象罔,求而得之',当是异本。"钊按:刘说是。此文中之"象罔",当作"罔象",成《疏》已两次言及"罔象"。又据王叔岷言:"覆宋本'象罔'并作'罔象'。"当是原文如此,此据改。

[11]"方且为绪使,方且为物絯",清本原文如此。文中之"绪",于省吾训为"事",他说:"《尔雅·释诂》:'绪,事也。''方且为绪使',言'方且为事使也'。下句'方且为物絯','事''物'对文。"钊按:于说是。此两句以"事使"与"物絯"相对应,"物絯"即为物所拘也。从之。

[12]"尧曰：多男子则多惧，富则多事，寿则多辱。是三者，非所以养德也，故辞。"此段文字，经刘文典校对，句中"富则多事，寿则多辱"两句，《御览》八十引作"多富则多事，多寿则多辱"。又，据刘文典言，《治要》引"是三者"下有"皆"字，"德"作"意"，无"也"字。钊按：比较此段与两书引文，似较清本为优，今依该二本，将此段正为："尧曰：'多男子则多惧，多富则多事，多寿则多辱。是三者，皆非所以养意，故辞。'"

[13]"无落吾事"，清本原文如此。句中之"落"，于省吾言："'落''格'古通，'格'之通诂为止为拒。然则'无落吾事'，谓'无阻吾事'。"钊按：于氏之说虽亦可成立，但需要说明的是，此句中之"落"，古与"络"通，此"络"可以直训为"格"，故"无落吾事"，犹无阻吾事也。

[14]"有人治道若相放"，清本原文如此。对于句中之"放"，于省吾指出："郭注'若相放效'，按注说非是。'放'，《释文》作'方'，《孟子·梁惠王》'方命虐民'，赵注：'方，犹逆也。'是'方命'犹'逆命'。'有人治道若相放'，谓有人治道若相背逆也。下文'可不可，然不然'，郭注谓'以不可为可，不然为然'，正伸相背逆之义。"钊按：于氏之说切合原旨，此句中之"放"，当读为"方"，训作"逆"也。

[15]"虽然，愿先生之言其风也"，清本原文如此。俞樾指出："'风'，当读为'凡'，犹云言其大凡也。"钊按：俞氏在此将"风"训为"凡"，不知据何说。今查相关字书，"风"未见与"凡"相通。余以为，此"风"当训为"汜"。《中华大字典》："'风'，汜也，其气博汜而动物。"故"汜"含有广博扩散之意，则"愿先生之言其风也"，犹言愿先生之言广泛传播是也。

193

[16]"子非夫博学以拟圣，於于以盖众"，清本原文如此。此语中之"於于"二字，晦涩难解。李勉引《齐物论》之"前者唱于而随者唱喁"以释之，认为："'于喁'，随和之意。此处'於于'同'于喁'，谓子贡随和世俗，媚上欺世，取得显位以盖众。"钊按：李氏之说虽亦言之成理，但仍有附会之嫌。关于此文，刘文典引《淮南子·俶真》篇，作"于是博学以疑圣，华诬以胁众"。两者相较，如刘文典所言："汉儒旧说，最得其谊。"此处当取《淮南》之迹为是。清本中的"於于"，疑为《淮南》"华诬"之音误，"於于"与"华诬"仅一音之转，浅人不识，故误耳！

[17]"汝将固惊邪"，清本原文如此。俞樾指出："'固'，读为'胡'，'胡''固'皆从'古'声，故得通用。'汝将胡惊邪'，言汝与真浑沌遇则不惊也。郭注曰：'故与世同波而不自失，则虽游于世俗而泯然无迹，岂必使汝惊哉。'正得其意。古书'胡'字或以'故'字为之，《管子·侈靡篇》'公将有行，故不送公'，《墨子·尚贤中篇》'故不察尚贤为政之本也'，皆以'故'为'胡'之证。《礼记·哀公问》篇郑注曰：'固，犹故也。'是以'固'为'胡'，犹以'故'为'胡'矣。"钊按：俞氏之说，言之凿凿，令人信服，从之。

[18]"而今也以天下惑，予虽有祈向，不可得也"，清本原文如此。俞樾指出：文中"'祈'字无义。司马云'祈，求也'，则但云'予虽祈向'，足矣。郭注云'虽我有求向至道之情'，则又增出'情'字，殆皆非也。'祈'，疑'所'字之误。言天下皆惑，予虽有所向往，不可得也。'祈''所'字形相似，故误耳。下同。"钊按：俞氏之说切合原旨，当从之。

[19]"以二缶锺惑，而所适不得矣"，清本原文如此。俞樾

指出："'二缶锺'之文，未知何义。《释文》云：'缶，应作垂；锺应作踵，言垂脚空中，必不得有之适也。'此于《庄子》之意不合。'所适'谓所之也。郭注曰'各自信据，故不知所之是也'，是也。如陆氏说，则以'适'为适意之'适'，当云'不得其适'，不当云'所适不得'也。今案'锺'当作'踵'，而'二'则'一'字之误，'缶'则'企'字之误。'企'下从'止'。'缶'字俗作'缶'，其下亦从'止'，两形相似，因致误耳。《文选·叹逝赋》注引《字林》曰'企，举踵也'；《一切经音义》十五引《通俗文》曰'举踵曰企'。然则'企踵'犹'举踵'也。人一企踵，不过步武之间耳。然'以一企踵惑'，则已不得其所适矣，故下云'而今也以天下惑，予虽有所向，其庸可得邪？''以天下惑'，极言其地之大。'以一企踵惑'，极言其地之小也。上文'二人惑则劳而不至，惑者胜也。而今也以天下惑，予虽有所向，不可得也'，以'天下'对'二人'言，则以人之多寡言。此以'天下'对'一企踵'言，则以地之广狭言。'一企踵'误为'二缶锺'，则不得其义矣。"钊按：俞氏之说，已把道理讲透了，清本之"二缶锺"乃为"一企踵"之误，今据改。

[20]"跖与曾、史，行义有间矣"，清本原文如此。刘师培认为，此句"跖"上脱"桀"字，言："成《疏》云：'桀跖之纵凶残。'是成疏故本作'桀跖'也。《在宥》篇云'上有桀跖，下有曾史'；又云'焉知曾史之不为桀跖嚆矢也'。佥以曾史、桀跖并词，本篇之文当亦然也。"钊按：刘氏之说言之凿凿，此句当增补一"桀"字为当。

（三）中心内容评析

本篇题名为《天地》，亦以篇首二字为题。全文共十五节，各节寓意不相关联，故有作者将之称为"杂记"文体。但在总体上倾向道家。

第一节，特别强调"道"的价值，提出"以道观言而天下之名正，以道观分而君臣之义明，以道观能而天下之官治，以道泛观而万物之应备"。又说"故通于天者，道也；顺于地者，德也；行于万物者，义也；上治人者，事也；能有所艺者，技也"。在这里，"道"不仅是"观言""观分""观能""泛观"的最高标准，而且也在"德""义""事""技"中居于统领地位。其"重道"理念十分清晰。此外，文章还提出"玄古之君天下"的意境，言"古之畜天下者，无欲而天下足，无为而万物化，渊静而百姓定"，认为这是"天德"的体现。第二节重点仍在突出"道"的权威性，指出："夫道，覆载万物者也。洋洋乎大哉！"进而讲"无为之道"，曰："无为为之之谓天。无为言之之谓德。"反复强调"无为"之旨，指出："藏金于山，沉珠于渊，不利货财，不近富贵，不乐寿，不哀夭，不荣通，不丑穷……"不难看出，这一系列做法背后，都同将"无为"付诸实践紧密相关。第三节，继续强调"道"的高尚性，指出："夫道，渊乎其居也，漻乎其清也，金石不得，无以鸣。"又曰"故形非道不生，生非德不明"，可见"立德明道"多么重要！在作者看来，道是生物化精之本："深之又深而有物焉，神之又神而有精焉"。第四节重点记述黄帝"游乎赤水之北"的简况。第五节简要介绍尧与许由、啮缺、王倪、被衣等人相互间的师承关系，文中重点鞭挞了有为之治，曰："治，乱之率也，北面（指为臣者）之祸也，南面（指为君者）之贼也。"第六节，重点表达作者对神仙生涯和追求出世的向往，所谓"天下有道，则与物皆昌；天下无道，则修德就闲；千岁厌世，去而上僊；乘彼白云，至于帝乡……"即体现此意。第七节借子高之口，讲述尧治天下，赢得"不赏而民劝，不罚而民畏"的圣治盛誉；批评禹治天下导致"赏罚而民且不仁"的恶劣后果，旨在鞭挞有为之治。第八节，重点描述"泰初有无，无有无名；一之所起，有一而未形"的朴真状态："与天地为合，其合缗缗（犹'泯泯'，没有痕迹），若愚若昏，是谓玄德，同乎大顺"。第九节，重点批评"胥易技系"（泛指复杂的官治）、"劳形怵心"（意为伤形费神）的有为之道，突出"忘己"的"无为之道"，曰："忘己之人，是之谓入于天"。第十节，借将闾葂与季彻的对话，阐明实施"摇荡民心"（即任其自然）的"无为而治"，优于"必服恭俭，拔出公忠之属"的有为之治。前者可以使"民不知其所由然"且"欲同乎德而心居矣"；后者"犹螳螂之怒臂以当车轶，则不必胜任矣"。第十一节，借子贡与"为圃者"之间的对话，描述儒、道两家价值观的本质性差异，既鞭挞儒家推崇圣智之行（如安于机械、机事、机心而神生不定），又赞扬道家"明白入素，无为复朴，体性抱神，以游世俗之间"之德。第十二节，借谆芒与苑风的对话，简要表达作者关于"圣治""德人""神人"的基本观念。第十三节，借赤张满稽之口，阐明"至德之世"的远古朴真之民的生活状况："不尚贤，不使能；上如标枝，民如野鹿；端正而不知以为义，相爱而不知以为仁，实而不知以为忠，当而不知以为信"。第十四节，简述"忠臣""孝子"之道，所谓"孝子不谀其亲，忠臣不谄其君，臣、子之盛也",即是该节提要。第十五节,重点强调"失性"在养生中的危害性。作者指出:"桀、跖与曾、史,行义有间矣,然其失性均也。"作者把追求"五色""五声""五臭""五味"以及"趣舍滑心",都视为"失性"的具体表现,由于它们"使性飞扬",从而"皆生之害也"。可见,养生必须防止"失性"。

综观全篇旨意,确实给人以"杂"的感受。从整体而言,基本倾向道家。其中无疑渗入战国末年新道家之说,文中不仅提出"爱人利物之谓仁"的理念,而且浸染了儒家关于"忠臣""孝子"的相关说教,这就使该文具有"采儒墨之善"的特征。

六、《天道》校训析

（一）经文校正清样

天道运而无所积，故万物成；帝道运而无所积，故天下归；圣道运而无所积，故海内服。明于天，通于圣，六通四辟于帝王之德者，其自〔然〕为也，昧然无不静者矣[1]。圣人之静也，非曰静也善，故静也；万物无足以铙心者，故静也。水静则明烛须眉，平中准，大匠取法焉。水静犹明，而况精神！圣人之心静乎！天地之鉴也，万物之镜也。夫虚静恬淡寂漠无为者，天地之平〔本〕[2]而道德之至〔实〕[3]，故帝王圣人休焉。休则虚，虚则实，实者〔则〕伦〔备〕矣[4]。虚则静，静则动，动则得矣。静则无为，无为也则任事者责矣。无为则俞俞〔愉愉〕，俞俞〔愉愉〕者〔则〕忧患不能处，年寿长矣[5]。夫虚静恬淡寂漠无为者，万物之本也。明此以南乡，尧之为君也；明此以北面，舜之为臣也。以此处上，帝王天子之德也；以此处下，玄圣素王之道也。以此退居而闲游，〔则〕江海山林之士服[6]；以此进为而抚世，则功大名显而天下一也。静而圣，动而王，无为也而尊，朴素而天下莫能与之争美。夫明白于天地之德者，此之谓大本大宗，与天和者也。所以均调天下，与人和者也。与人和者，谓之人乐；与天和者，谓之天乐。庄子曰："吾师乎！吾师乎！𩐳万物而不为戾，泽及万世而不为仁，长于上古而不为寿，覆载天地、刻雕众形而不为巧，此之谓天乐。故曰：'知天乐者，其生也天行，其死也物化。静而与阴同德，动而与阳同波。'故知天乐者，无天怨，无人非，无物累，无鬼责。故曰：'其动也天，其静也地，一心定而<u>王天下</u>〔天地正〕[7]；其鬼〔魄〕不祟〔虚〕[8]，其魂不疲，一心定而万物服。'言以虚静推于天地，通于万物，此之谓天乐。天乐者，圣人之心，以畜天下也。"

（A）夫帝王之德，以天地为宗[9]，以道德为主，以无为为常。无为也，则用天下而有余；有为也，则为天下用而不足。故古之人贵夫无为

六、《天道》校训析

也。上无为也,下亦无为也,是下与上同德,下与上同德则不臣;下有为也,上亦有为也,是上与下同道,上与下同道则不主。上必无为而用天下,下必有为为天下用,此不易之道也。故古之王天下者,知〔智〕虽落〔络〕天地,不自虑也;辩虽雕〔明〕万物,不自说也[10];能虽穷海内,不自为也。天不产而万物化,地不长而万物育,帝王无为而天下功〔成〕[11]。故曰莫神于天,莫富于地,莫大于帝王。故曰帝王之德配天地,此乘天地,驰万物,而用人群〔君〕之道也[12]。(B)本在于上,末在于下;要在于主,详在于臣。三军五兵之运,德之末也;赏罚利害,五刑之辟,教之末也;礼法度数,形〔刑〕名比详[13],治之末也;钟鼓之音,羽旄之容,乐之末也;哭泣衰绖,隆杀之服,哀之末也。此五末者,须精神之运,心术之动,然后从之者也。(C)末学者,古人有之,而非所以先也。君先而臣从,父先而子从,兄先而弟从,长先而少从,男先而女从,夫先而妇从。夫尊卑先后,天地之行也,故圣人取象焉。天尊地卑,神明之位也;春夏先,秋冬后,四时之序也。万物化作,萌区有状;盛衰之杀,变化之流也。夫天地至神〔矣〕[14],而有尊卑先后之序,而况人道乎！宗庙尚亲，朝廷尚尊，乡党尚齿，行事尚贤，大道之序也。语道而非其序者，非其道也；语道而非其道者，安取道〔哉〕[15]！（D）是故古之明大道者，先明天而道德次之，道德已明而仁义次之，仁义已明而分守次之，分守已明而形〔刑〕名次之，形〔刑〕名已明而因任次之，因任已明而原省次之，原省已明而是非次之，是非已明而赏罚次之，赏罚已明而愚知〔智〕处宜，贵贱履位；仁贤不肖袭情，必分其能，必由其名。以此事上，以此畜下，以此治物，以此修身，知谋不用，必归其天，此之谓大平，治之至也。（E）故书曰："有形〔刑〕有名。"形〔刑〕名者，古人有之，而非所以先也。古之语大道者，五变而形〔刑〕名可举，九变而赏罚可言也。骤而语形〔刑〕名，不知其本也；骤而语赏罚，不知其始也。倒道而言，迕道而说者，人之所治也，安能治人！骤而语形〔刑〕名赏罚，此有知治之具，非知治之道；可用于天下，不足以用天下。此之谓辩士，一曲之人也。礼法数度，形〔刑〕名比详，古人有之，此下之所以事上，非上之所以畜下也。

昔者舜问于尧曰："天王之用心何如？"尧曰："吾不敖无告，不废穷民，苦死者，嘉孺子而哀妇人，此吾所以用心已。"舜曰："美则美矣，而未大也。"尧曰："然则何如？"舜曰："天德而出〔土〕宁[16]，日月照而四时行，若昼夜之有经，云行而雨施矣。"尧曰："胶胶扰扰乎！子，天之合也；我，人之合也。"

夫天地者，古之所大也，而黄帝、尧、舜之所共美也。故古之王天下者，奚为哉？天地而已矣。

孔子西藏书于周室，子路谋曰："由闻周之征藏史有老聃者，免而归居，夫子欲藏书，则试往因焉。"孔子曰："善。"往见老聃，〔至老聃之门〕，而老聃不许[17]，于是繙十二〔六〕经以说[18]。老聃中其说[19]，曰："大谩，愿闻其要。"孔子曰："要在仁义。"老聃曰："请问，仁义，人之性邪？"孔子曰："然。君子不仁则不成，不义则不生。仁义，真人之性也，又将奚为矣？"老聃曰："请问，何谓仁义？"孔子曰："中心物恺，兼爱无私，此仁义之情也。"老聃曰："意〔噫〕！几乎后言！[20]夫兼爱不亦迂乎！无私焉，乃私也。夫子若欲使天下无失其牧乎？则天地固有常矣，日月固有明矣，星辰固有列矣，禽兽固有群矣，树木固有立矣。夫子亦放德而行，循道而趋，已至矣；又何偈偈乎揭仁义[21]，若击鼓而求亡子焉？意〔噫〕！夫子乱人之性也！"

士成绮见老子而问曰："吾闻夫子圣人也，吾固不辞远道而来愿见，百舍重趼而不敢息。今吾观子，非圣人也。鼠壤有余蔬，而弃妹之者，不仁也；生熟不尽于前，而积敛无崖。"老子漠然不应。士成绮明日复见，曰："昔者吾有刺于子，今吾心正却矣，何故也？"老子曰："夫巧知神圣之人，吾自以为脱焉。昔者子呼我牛也而谓之牛，呼我马也而谓之马。苟有其实，人与之名而弗受，再受其殃。吾服也恒服，吾非以服有服。"士成绮雁行避影，履行遂进而问："修身若何？"老子曰："而容崖然，而目冲然，而颡頯然，而口阚然，而状义然，似系马而止也。动而持，发也机，察而审，知巧而睹于泰，凡以为不信。边竟有人焉，其名为窃。"

夫子曰："夫道，于大不终，于小不遗，故万物备。广广乎，其无不容也；渊〔渊〕乎，其不可测也[22]。形德仁义，神之末也，非至人孰能定之！夫至人有〔在〕世[23]，不亦大乎！而不足以为之累。天下奋棅而不与之偕，审乎无假而不与利迁，极物之真，能守其本，故外天地，遗万物，而神未尝有所困也。通乎道，合乎德，退仁义，宾〔摈〕礼乐[24]，至人之心有所定矣！"

世之所贵道者，书也。书不过语，语有贵也。语之所贵者，意也。意有所随。意之所随者，不可以言传也，而世因贵言传书。世虽贵之，我犹不足贵也，为其贵非其贵也。故视而可见者，形与色也；听而可闻者，名与声也。悲夫，世人以形色名声为足以得彼之情！夫形色名声果不足以得彼之情，则知者不言，言者不知，而世岂识之哉！〔齐〕桓公读书于堂上，轮扁斫轮于堂下[25]，释椎凿而上，问桓公曰："敢问，公之所读者何言邪〔之书何言也？〕"[26]公曰："圣人之言也。"曰："圣人在乎？"公曰："已死矣。"曰："然则，君〔公〕之所读者，古人之糟魄已夫！"[27]桓公曰："寡人读书，轮人安得议乎！有说则可，无说则死。"轮扁曰："臣也以臣之事观之。斫轮，徐则甘而不固，疾则苦而不入。不徐不疾，得之于手而应于心，口不能言，有数存焉于其间。臣不能以喻臣之子，臣之子亦不能受之于臣，是以行年七十而老斫轮。古之人与其不可传也死矣，然者君之所读者，古人之糟魄已夫！"

205

（二）文字校训说明

[1]"明于天，通于圣，六通四辟于帝王之德者，其自为也，昧然无不静者矣"，清本原文如此。关于本段中的"六通四辟"，《释文》言："'六通'谓'六气'：阴阳风雨晦明。'四辟'毗赤反，谓四方开也。"对此，俞樾提出不同见解，曰："上文天道、帝道、圣道并列，此云'明于天'，承天道而言；'通于圣'，承圣道而言；'六通四辟于帝王之德'，承帝道而言，曰'六'曰'四'，极言其无所不通，无所不辟也。《天下篇》'六通四辟小大精粗，其运无乎不在'，是其义也。《释文》以六气四方说之，则非言帝王之德矣。"钊按：俞说有理。此段中的"六通四辟"，只是泛言帝王之德无往而不胜，故不必按"六气四方"去训释。又，"其自为也"句中，《阙误》引张君房本"自"下有"然"字，当从之，补一"然"字。

[2]"天地之平"，清本原文如此。文中"平"字，《陈译》据马叙伦说，改为"本"字。马叙伦指出："'平'，《刻意篇》作'本'……当从之。下文曰：'夫虚静恬淡寂漠无为者，万物之本也。'是其证。'平''本'形声相近而讹。"钊按：其说是，但他所见《刻意篇》不知出自何本？今读郭庆藩《集释》本之《刻意》，该句并非"本"字，而仍是"平"字。尽管如此，我仍然坚信马说不会假，而且综观全文，此处以用"本"字为宜，今照改。

[3]"而道德之至"，清本原文如此。文中之"至"，郭庆藩认为应读作"实"，指出："'至'，实也。《礼·杂记》'使某实'，郑注：'实当为至。'……《汉书·东方朔传》'非至数也'，师古

曰：'至，实也。'《刻意》篇正作'道德之质'。"钊按：郭说有理有据，此句中之"至"当训为"实"。《中华大字典》："至，实也。"

[4]"实者伦矣"，清本原文如此。句中之"伦"，碧虚子引江南古藏本作"备"。刘文典指出："江南古藏本是也……'实者备矣'与下'动则得矣'为韵，《荀子·劝学》篇：'积善成德而神明自得，圣心备焉'；《淮南子·原道》篇：'不在于人，而在于我身。身得则万物备矣'……并以'得''备'为韵，与此文一例，'备'以形近（钊按：指两字繁体形近）讹为'伦'，既非其指，又失其韵。郭注……望文生训，不可从也。"钊按：刘说是，从之。又，本句中之"者"，马叙伦《庄子义证》认为应读为"则"，其说是。"则"与"者"古通，《古书虚字集释》："则，犹者也。"

[5]"无为则俞俞，俞俞者忧患不能处，年寿长矣"，清本原文如此。句中之"俞俞"，《陈译》据林云铭《庄子因》，校为"愉愉"。钊按：其说可从。此"愉愉"，意在强调愉快而又愉快，即常保持乐观心态，有益于身心健康，故曰："忧患不能处，年寿长矣。"又，文中之"者"，亦当训为"则"，言"愉愉则忧患不能处"，"不能处"，犹不能存。

[6]"以此退居而闲游，江海山林之士服"，清本原文如此。《陈译》据武延绪说，在"江"前加一"则"字。钊按：武说是。此处加一"则"字，成为"以此退居而闲游，则江海山林之士服"，正好与下句"以此进为而抚世，则功大名显而天下一也"相对仗。文意清明流畅，当从之。

[7]"一心定而王天下"，清本原文如此。武延绪指出："'王'疑'正'字之讹，本在句末。后人不知其误，又嫌于义未协，故移

于'天下'之上耳，'天下'，疑当作'天地'，'天地正'与'万物服'对文。下文'推于天地，通于万物'正承此而言。"钊按：武说有理有据，如严灵峰所说："后文'乘天地，驰万物'，亦以'天地'与'万物'对言。"当从之。

[8]"其鬼不祟"，清本原文如此。句中之"鬼"字，王懋竑言："'鬼'当为'魄'字。"钊按：其说是。此"魄"与下面"魂"字相对应。又此句中之"祟"，余疑乃"虚"字之讹。"祟"与"虚"，音近易误。如此读，则"其魄不虚"，正好与下文"其魂不疲"相对成文。似应据改。

[9]本篇从第二自然段首句"夫帝王之德，以天地为宗"起，至段末句"此下之所以事上，非上之所以畜下也"止，共含纳五段计745字的文句［为了将它们单独标示出来，我在五段前分别添加了（A）（B）（C）（D）（E）等符号，以示区别］。对于这几段文句，《陈译》引欧阳修语及刘凤苞《南华雪心编》、吴汝纶《庄子点勘》、王夫之《庄子解》、胡文英《庄子独见》、钱穆《庄子纂笺》、关锋《庄子外杂篇初探》、冯友兰《中国哲学史新编》、李勉《庄子总论及分篇评注》诸家之说，认为这些文字，"俱不似《庄子》"，或"定非《庄子》之书"，或"非《庄子》之旨"，或"思想更与《庄子》不同"，如此等等，均明确肯定这（A）（B）（C）（D）（E）五段文字，非庄子之文。《陈译》更明确表示："此数段伪作，当删除。"钊按：以上《陈译》及诸家之说，虽持之有故，言之有因。但若简单将之删去，则似乎过于草率。笔者以为，此五段文字同前面《在宥》篇添有双圆符号（◎）的那段文字类似，两者都烙上了战国末年黄老新道家印痕。仔细研读这五段文字，亦有相似特征：一是偏向"采儒墨名

六、《天道》校训析

法之善",例如,在(D)段中,作者虽明确主张在"大道"中,"天道"处于最高位置,应优先看待;但在按尊卑、贵贱顺序的安排去做的前提下,"道德""仁义""形名""赏罚"等,仍可以发挥应有作用,这无疑同"采儒墨名法之善"的意涵相吻合;尤其是在(A)段文字中,作者对于"君无为,臣有为"的理念,阐述得十分深刻,指出:"无为也,则用天下而有余;有为也,则为天下用而不足。故古之人贵夫无为也。上无为也,下亦无为也,是下与上同德,下与上同德则不臣;下有为也,上亦有为也,是上与下同道,上与下同道则不主。上必无为而用天下,下必有为为天下用,此不易之道也。"这里不仅把"君无为""臣有为"方略的必要性讲清楚了,而且说明了两者的本质区别,不可混同。透过这些论述,可以帮助我们识别战国末年黄老新道家学者的特征。因此,这五段文字仍有其价值所在,不应当简单将之删去。如笔者在《在宥》篇第19条文字校训说明中所言,《庄子》的外篇、杂篇,本来就不纯粹是庄生自著,而包括其后学的文章混于其中,既然如此,我们就没有必要去探测该书中哪些不是庄周的文字。因为庄子不复生,谁又能证明书中的哪些文字是真正的庄子之作?如果各取所需,任意删节书中文字,那就难免伤筋动骨,以致损害该书的整体结构,乃至削弱其典籍价值。基于这些认识,对于该五段文字,我们在本书中仍按正文看待,其中有些需要校诂的文字,仍然坚持作必要的文字校诂。

[10]"知虽落天地,不自虑也;辩虽雕万物,不自说也",清本原文如此。钊按:"知虽落天地"之"知",当读为"智";"落"当读为"络"(两字古通,参见《中华大字典》)。据刘文典言,《御览》四百六十四引作"络"。据此,则疑"雕"为"明"字之误,两

字形近易误。若此猜测无误，则"辩虽明万物"，犹言辩才可以明辨万物（形容辩才高超）是也。则两句含义是说，智慧之大虽能包络天地，但不必自己去思虑；辩才之高虽能明辨万物，但不必自己去解说。两句本旨，在于突出"君道无为"的必要性。

[11]"帝王无为而天下功"，清本原文如此。郭注释曰："功自彼成。"对此，王念孙指出："案如郭解，则'功'下须加'成'字而其义始明。不知'功'即'成'也，言无为而天下成也。"对此，刘文典评曰："王校是也。《治要》引'功'下有'成'字，疑涉注衍。"钊按：王、刘两家之说，虽亦言之成理，但未必是正确结论。因为，谁又能证明《治要》之引，是"涉郭注而衍"？恰恰相反，《治要》之引，正好证明郭注的合理性。而且成《疏》曰："故天下之功成矣。"说明成所见本"功"下亦有"成"字。古人用字，十分灵活。"功"虽含有"功成"之意，但为了更好地表达本旨，在"功"下添一"成"字，也未尝不可。正是由于这一需要，故《治要》引该句，"功"下有"成"字。有鉴于此，笔者以为应据《治要》本，在"功"下增一"成"字为宜。

[12]"而用人群之道也"，清本原文如此。此句中的"群"字，刘文典言："《御览》七十六引'群'作'君'。"钊按：当从之。此段重点在于阐述帝王应承载天地无为之道，故曰："此乘天地，驰万物，而用人君之道也。"所谓"人君之道"，即指人君无为之道。

[13]"形名比详"，清本原文如此。刘文典言："'形'，碧虚子校引张君房本作'刑'，下同。《治要》引并作'刑'，与张本合，'形''刑'古亦通用。"钊按："形"与"刑"，古义相通，此"刑名"，盖指法令条例，故以"刑"字为是，当依刘氏之说，将"形"改作"刑"为是，下同。

[14]"夫天地至神",清本原文如此。据王孝鱼言:"《阙误》引张君房本,'神'下有'也'字。"又据刘文典言,碧虚子校引张君房本"神"下有"矣"。钊按:两家之说相矛盾。"也"与"矣",均属语尾虚词,用其中之一,均当。此据刘氏所见,在"神"下增一"矣"字。

[15]"安取道",清本原文如此。据王孝鱼言:"《阙误》引文如海本,'道'下有'哉'字。"刘文典指出:"'语道而非其道者,安取道哉',与上'语道而非其序者,非其道也'义正相应,无'哉'字则不相应矣。今依文本补。"钊按:刘说合理,此处当据文本,补一"哉"字。

[16]"天德而出宁",清本原文如此。孙诒让言:"'出',当为'土',形近而误。《墨子·天志篇》:'君临下土。'今本'土'误'出',是其证。'天'与'土','日月'与'四时',文皆平列。"又,章炳麟说:"'德',音同'登',《说文》:'德,升也。''升'即'登'之借,《公羊·隐五年传》'登来'亦作'得来'。故'德'可借为'登'。《释诂》:'登,成也。''天登而土宁',所谓'地平天成',与下'日月照而四时行'相俪。"钊按:孙与章两家之说,均持之有故,言之有依。本句中之"出"乃为"土"之误,"天德"当读为"天登",照这样校释,上下句意正好对仗成文,当从之。

[17]"孔子曰:'善。'往见老聃,而老聃不许",清本原文如此。刘文典言:"'孔子曰善,往见老聃',《御览》六百十八引作'孔子至老聃之门'。"钊按:比较两种版本文字,似以《御览》之引为优,因为后文接上的是"老聃不许",所谓"不许",是指不许进门,则全句之意是说,孔子至老聃之门,老聃不许,文意清楚明白,当据改。

211

[18]"于是繙十二经以说",清本原文如此。严灵峰指出:"《释文》引说者云:'《诗》《书》《礼》《乐》《易》《春秋》,六经,又加六纬,合为十二经也。'一说云'《易》上下经并《十翼》为十二';又一云'《春秋》十二公经也'。诸说并傅会也。按:孔子之时无纬书,《十翼》亦未成。《天运》篇云:'丘治《诗》《书》《礼》《乐》《易》《春秋》六经。'又云:'夫六经,先王之陈迹也。'《天下》篇云:'《诗》以道志,《书》以道事,《礼》以道行,《乐》以道和,《春秋》以道名分。'皆举六经,未及六纬,则十二经之说,在先秦无有。又,《天运》篇:'不与化为人。'郭注:'若播六经则疏也。'是郭注《庄》时,亦以六经为说。'十二'二字,疑系'六'字缺坏,折而为二,核者不察,改为'十二'耳。兹据《天运》篇文改。"钊按:严说有理有据,当照改。

[19]"老聃中其说",清本原文如此。此句中之"中",注家训释不一。成《疏》言:"中其说者,许其有理也。"林希逸言:"中其说者,言方及半。"严灵峰言:"中,犹半也,谓孔子未终其言而老子中止之也。"钊按:以上诸家之说虽亦言之成理,余以为此句中之"中",当训为"穿",《中华大字典》:"中,穿也"。此"穿"即穿插之谓,言老聃在孔子阐述六经,乃穿插打断他的发言,要他不要太繁,而应简明扼要。

[20]"老聃曰:意!几乎后言",清本原文如此。钊按:此句中之"意",当读为"噫",叹息之语,说明儒、墨兼爱之说,几近迂曲。后文之"意"同此训。

[21]"又何偈偈乎揭仁义",清本原文如此。钊按:此句中之"偈偈",成《疏》训为"励力貌",《释文》解为"用力之貌",两

说似均欠妥。《中华大字典》言："偈，疾也。"（见《集韵》引《广雅》）据此，则"偈偈"犹"疾疾"，比喻匆匆忙忙的样子。又，"揭仁义"之"揭"，《中华大字典》训为"举"，并引《汉书·陈项列传》"揭竿为旗"即"举竿为旗"以证。据此，则"又何偈偈乎揭仁义"，犹言"又何疾疾乎举仁义"，此语正好同前面"夫子亦放德而行，循道而趋，已至矣"相对应。意在告诉孔子，先生只要放德而行，即顺着"道"的法则去做，就可以达到目的，又何必匆匆忙忙去高举仁义之旗呢？照此解，似较符合原旨。

[22]"渊乎，其不可测也"，清本原文如此。《陈译》言："'渊渊乎'，今本作'渊乎'。陈碧虚《庄子阙误》引江南古藏本叠'渊'字，当据补。以与上句'广广乎'对文，'渊渊乎'语亦见于《知北游》。"钊按：其说合理。此句中之"渊乎"，当据江南古藏本，改作"渊渊乎"，以与上句之"广广乎"（郭庆藩言"广广"犹言"旷旷"也）相对应。

[23]"夫至人有世"，清本原文如此。文中"有世"，《陈译》采林希逸"有天下"说，言："《论语·泰伯》：'巍巍乎，舜、禹之有天下也。'此'有世'和'有天下'同义。"钊按：林氏之说，虽亦可算一家之言，但综观全文，仍给人以迂曲之嫌。按照他的解释，至人有天下，故责任重大，那么，是不是至人无天下，就没有责任了呢？其实，按道家观念，至人也就是圣人，对于圣人来说，即使无天下，也对民生负有重大责任啊！所以，将"有世"训为"有天下"，恐不确。余疑此句中之"有"，乃为"在"之误。"在"与"有"形近易误。例如《天运》篇"有上彷徨"，碧虚子《庄子阙误》引张君房本，"有"为"在"，即是一例。关于"在"，《中华大字典》："在，居也。"则"至人在世"，犹言"至人居世"，故

后文接上"不亦大乎!"言至人居世,责任十分重大。照此解,文通理顺,似无不当。

[24]"退仁义,宾礼乐",清本原文如此。俞樾言:"'宾'当读为'摈',谓摈斥礼乐也,与上句'退仁义'一律。郭注曰:'以性情为主也。'则以本字读之,其义转迂。《达生》篇曰:'宾于乡里,逐于州部。'此即假'宾'为'摈'之证。"钊按:俞氏之说中肯,此句之"宾"当读为"摈",指摈斥礼乐也。此"摈礼乐"正好同前面"退仁义"对应成文,从之。

[25]"桓公读书于堂上,轮扁斫轮于堂下,释椎凿而上,问桓公曰",清本原文如此。刘文典指出:"《书钞》一百、一百四十一、《御览》四百五十九、七百六十三引'桓公'上并有'齐'字。"钊按:比较《书钞》《御览》本与清本之异,似以有"齐"字为优,这样让读者明白此"桓公"即齐桓公是也。当照补。

[26]"敢问,公之所读者何言邪",清本原文如此。刘文典言:"《御览》六百十六引'敢问公之所读者何言邪'作'敢问公所读之书何言也'。"钊按:比较两书文字,似以《御览》本更为明晰,今以该书为据,作简要修改。

[27]"曰:'然则,君之所读者'",清本原文如此。刘文典指出:"'君'当为'公'字之误也。此承上文'敢问公之所读者何言邪'而言,《书钞》百《御览》六百十六引'君'并作'公',是其证。"钊按:刘说有理有据,这里记载的是制轮工人与齐桓公的对话。此前,该工人多次称桓公为"公",而到此处,却突然变成"君",显然此"君"乃"公"之误,当照改。

六、《天道》校训析

（三）中心内容评析

本篇题名为《天道》，以篇首二字为题，全文共分八节，各节含义不相关联，亦属杂记体文字，其中较多阐述了道家顺应自然的法则。

第一节，着重讲虚静之道的价值。指出："万物无足以铙心者，故静也。水静则明烛须眉，平中准，大匠取法焉。水静尤明，而况精神！圣人之心静乎！天地之鉴也，万物之镜也。夫虚静恬淡寂漠无为者，天地之本而道德之实，故帝王圣人休焉。"这就从总体上阐明了虚静的崇高价值。作者着重讲"天乐"的价值，何谓"天乐"？"言以虚静推于天地，通于万物"，具体地说，就是"鳌万物而不为戾，泽及万世而不为仁，长于上古而不为寿，覆载天地、刻雕众形而不为巧，此之谓天乐"。不难看出，这里说的"天乐"，都属无为自化所成，故要成就"天乐"，必须坚持无为自化，故曰："天乐者，圣人之心，以畜（养）天下也"。A段着重阐述"君无为""臣有为"的治国理念，强调"上必无为而用天下，下必有为为天下用，此不易之道也。故古之王天下者，智虽络天地，不自虑也；辩虽雕万物，不自说也；能虽穷海内，不自为也"。这里所谓"不自虑""不自说""不自为"，均是对君王的要求，而所"虑"、所"说"、所"为"者，则是对臣的要求。第二节（B、C、D、E 四段）着重阐明采儒、墨、名、法之善的必要性。作者认为，对于儒、墨、名、法的学术成果，只要合理运用，亦可为民谋利，例如，对于"道德""仁义""分守""刑名"等相关理念和治国方略，只要按"贵贱履位、仁贤不肖袭情"的原则去处

215

理,亦可赢得"治之至也"的结局。第三节,借尧与舜的对话,阐明"王天下"必须运用"天地无为之道",所谓"古之王天下者,奚为哉? 天地而已矣",就是典型的表述。第四节,描述黄帝、尧、舜之所共美。第五节,写孔子与老子的对话,借老子之口,批判仁义之说违反"道法自然"法则,指出"天地固有常矣,日月固有明矣,星辰固有列矣,禽兽固有群矣,树木固有立矣",从而既突出了天道自然的客观性,又鞭挞了仁义之说的主观臆造性。第六节,写士成绮与老子的对话,借老子之口,说明随遇而安、顺乎自然的必要性,所谓"昔者子呼我牛也而谓之牛,呼我马也而谓之马。苟有其实,人与之名而弗受,再受其殃"。这种强调与世沉浮、随遇而安的心态,正好表达了道家"明哲保身"的意识。第七节,借老子之口,阐明"道"的价值,进而说明"通乎道,合乎德,退仁义,摈礼乐",是至人追求的最高境界。第八节,论贵道、贵书、贵意之间的关系。作者认为:"世之所贵道者,书也。书不过语,语有贵也。语之所贵者,意也。"意虽贵,但意却不易被人掌握,因为"意之所随者,不可以言传也"。正因为如此,则读书是不可能明意的,故轮扁意识到,桓公读书,乃读的是"古人之糟魄",不可能从书中得到真正的"意"。这种情况,用庄子的话说,叫作"知者不言,言者不知,而世岂识之哉!"所以,还是不要去求知,大家都顺应自然吧!

综观全文,总体上表达了道家无为自化的人生追求,其中也渗入了战国末年新道家倡导的"采儒墨之善,撮名法之要"的思想观念,故给人以"杂"的感受。

七、《天运》校训析

（一）经文校正清样

"天其运乎？地其处乎？日月其争于所乎？孰主张是？孰维纲是？孰居无事推而〔推〕行是[1]？意者其有机缄而不得已邪？意者其运转而不能自止邪？云者为雨乎？雨者为云乎？孰隆〔降〕施是[2]？孰居无事淫乐而劝是？风起北方，一西一东，有〔在〕上彷徨[3]，孰嘘吸是？孰居无事而披拂是？敢问何故？"巫咸祒曰："来，吾语女〔汝〕。天有六极五常[4]，帝王顺之则治，逆之则凶。九洛之事，治成德备，监照下土，天下戴之，此谓上皇。"

商大宰荡问仁于庄子。庄子曰："虎狼，仁也。"曰："何谓也？"庄子曰："父子相亲，何为不仁？"曰："请问至仁。"庄子曰："至仁无亲。"大宰曰："荡闻之，无亲则不爱，不爱则不孝。谓至仁不孝，可乎？"庄子曰："不然。夫至仁尚矣，孝固不足以言之。此非过孝之言也，不及孝之言也。夫南行者至于郢，北面而不见冥山，是何也？则去之远也。故曰：以敬孝易，以爱孝难；以爱孝易，以忘亲难；忘亲易，使亲忘我难；使亲忘我易，兼忘天下难；兼忘天下易，使天下兼忘我难。夫德遗尧舜而不为也，利泽施于万世，天下莫知也，岂直大息而言仁孝乎哉！夫孝悌仁义，忠信贞廉，此皆自勉以役其德者也，不足多也。故曰：'至贵，国爵并焉；至富，国财并焉；至愿〔显〕，名誉并焉[5]。'是以道不渝。"

北门成问于黄帝曰："帝张《咸池》之乐于洞庭之野，吾始闻之惧，复闻之怠，卒闻之而惑。荡荡默默，乃不自得。"帝曰："汝殆其然哉！吾奏之以人，徵之以天，行之以礼义，建之以大清。夫至乐者，先应之以人事，顺之以天理，行之以五德，应之以自然，然后调理四时，太和万物。[6]四时迭起，万物循生；一盛一衰，文武伦经；一清一浊，阴阳调和，流光其声；蛰虫始作，吾惊之以雷霆；其卒无尾，其始无首；一死一生，一偾一起；所常无穷，而一不可待。汝故惧也。吾又奏之以阴阳之和，烛之以日月之明；其声能短能长，能柔能刚；变化齐一，不主故常；在谷满谷，在坑满坑；涂却守神，以物为量。其声挥绰，其名高明。是故鬼神守其幽，日月星辰行其纪。吾止之于有穷，流之于无止。予〔子〕欲虑之而不能知也[7]，望之而不能见也，逐之而不能及也；傥然立于四虚之道，倚于槁梧而吟。目〔心穷乎所欲〕知，〔目〕穷乎所欲见，力屈乎所欲逐[8]，吾既不及已夫！形充空虚，乃至委蛇。汝委蛇，故怠。吾又奏之以无怠之声，调之以自然之命，故若混逐丛生，林乐而无形；布挥而不曳，幽昏而无声。动于无方，居于窈冥；或谓之死，或谓之生；或谓之实〔贵〕，或谓之荣[9]；行流散徙，不主常声。世疑之，稽于圣人。圣也者，达于情而遂于命也。天机不张而五官皆备，〔无言而心说〕，此之谓天乐。无言而心说。[10]故有焱氏为之颂曰：'听之不闻其声，视之不见其形，充满天地，苞裹六极。'汝欲听之而无接焉，而故惑也。乐也者，始于惧，惧故祟；吾又次之以怠，怠故遁；卒之于惑，惑故愚；愚故道，道可载而与之俱也。"

孔子西游于卫。颜渊问师金曰："以夫子之

行为奚如?"师金曰:"惜乎!而夫子其穷哉!"颜渊曰:"何也?"师金曰:"夫刍狗之未陈也,盛以箧衍,巾〔饰〕以文绣[11],尸祝齐戒以将之。及其已陈也,行者践其首脊,苏者取而爨之而已;将复取而盛以箧衍,巾〔饰〕以文绣,游居寝卧其下,彼不得梦,必且数眯焉。今而夫子,亦取先王已陈刍狗,聚弟子游居寝卧其下。故伐树于宋,削迹于卫,穷于商周,是非其梦邪?围于陈蔡之间,七日不火食,死生相与邻,是非其眯邪?夫水行莫如用舟,而陆行莫如用车。以舟之可行于水也而求推之于陆,则没世不行寻常。古今非水陆与?周、鲁非舟车与?今蕲行周于鲁,是犹推舟于陆也,劳而无功,身必有殃。彼未知夫无方之传,应物而不穷者也。且子独不见夫桔槔者乎?引之则俯,舍之则仰。彼,人之所引,非引人也,故俯仰而不得罪于人。故夫三皇五帝之礼义法度,不矜于同而矜于治。故譬三皇五帝之礼义法度,其犹柤梨橘柚邪!其味相反而皆可于口。故礼义法度者,应时而变者也。今取猿狙而衣以周公之服,彼必龁啮挽裂,尽去而后慊。观古今之异,犹猿狙之异乎周公也。故西施病心而矉〔颦〕其里,其里之丑人见之而美之,归亦捧心而矉[颦]其里[12]。其里之富人见之,坚闭门而不出;贫人见之,挈妻子而去走。彼知矉[颦]美而不知矉[颦]之所以美。惜乎!而夫子其穷哉!"

孔子行年五十有一而不闻道,乃南之沛见老聃。老聃曰:"子来乎?吾闻子北方之贤者也,子亦得道乎?"孔子曰:"未得也。"老子曰:"子恶乎求之哉?"曰:"吾求之于度数,五年而未得也。"老子曰:"子又恶乎求之哉?"曰:"吾求之于阴阳,十有二年而未得〔也〕。[13]"老子曰:"然。使道而可献,则人莫不献之于其君;使道而可进,则人莫不进之于其亲;使道而可以告人,则人莫不告其兄弟;使道而可以与人,则人莫不与其子孙。然而不可者,无它也,中无主而不止,外无正而不行。由中出者,不受于外,圣人不出;由外入者,无主于中,圣人不隐。名,公器也,不可多取。仁义,先王之蘧庐也,止可以〔用〕一宿,而不可久处[14],觏而多责。古之至人,假道于仁,托宿于义,以游逍遥之虚,食于苟简之田,立于不贷之圃。逍遥,无为也;苟简,易养也;不贷,无出也。古者谓是采真之游。以富为是者,不能让禄;以显为是者,不能让名;亲权者，不能与人柄。操之则栗，舍之则悲，而一无所鉴，以窥其所不休者，是天之戮民也。怨恩取与谏教生杀，八者正之器也，唯循大变无所湮者为能用之。故曰：'正者，正也。'其心以为不然者，天门弗开矣。"

孔子见老聃而语仁义。老聃曰："夫播糠眯目，则天地四方易位矣；蚊虻噆肤，则通昔不寐矣。夫仁义憯然乃愤〔愦〕吾心[15]，乱莫大焉。吾子使天下无失其朴，吾子亦放风而动，总德而立矣，又奚傑〔傑〕然〔揭仁义〕若负建鼓而求亡子者邪[16]？夫鹄不日浴而白，乌不日黔而黑，黑白之朴，不足以为辩；名誉之观，不足以为广。泉涸，鱼相与处于陆，相呴以湿，相濡以沫，不若相忘于江湖！"

孔子见老聃归，三日不谈。弟子问曰："夫子见老聃，亦将何规哉？"孔子曰："〔吾与汝处于鲁之时，人用意如飞鸿者，吾走狗而逐之；用意如井鱼者，吾为钩缴以投之。〕吾乃今于是乎见龙！[17]龙，合而成体，散而成章，乘云气而养〔翔〕乎阴阳[18]，予口张而不能嗋，〔舌举而不能讱，〕[19]予又何规老聃哉？"子贡曰："然则〔至〕人固有尸居而龙见，雷声而渊默〔渊默而雷声][20],发动如天地者乎？赐亦可得而观乎？"遂以孔子声见老聃。老聃方将倨堂而应,微曰："予年运而往矣,子将何以戒我乎？"子贡曰："夫三王〔皇〕五帝之治天下不同[21],其系声名一也。而先生独以为非圣人,如何哉？"老聃曰："小子少进！子何以谓不同？"对曰："尧授舜,舜授禹,禹用力而汤用兵,文王顺纣而不敢逆,武王逆纣而不肯顺,故曰不同。"老聃曰："小子少进！余语汝三皇五帝之治天下。黄帝之治天下,使民心一,民有其亲死不哭而民不非也。尧之治天下,使民心亲,民有为其亲杀其杀而民不非也。舜之治天下,使民心竞,民孕妇十月生子,子生五月而能言,不至乎孩而始谁,则人始有夭矣。禹之治天下,使民心变,人有心而兵有顺,杀盗非杀〔人〕,人自为种〔利〕而天下〔乱〕耳[22]！是以天下大骇,儒、墨皆起。其作始有伦,而今乎〔焉〕妇〔归〕,女〔汝〕何言哉[23]！余语汝,三皇五帝之治天下[24],名曰治之,而乱莫甚焉。三皇之知,上悖日月之明,下睽山川之精,中堕四时之施,其知憯于蛎虿之尾,鲜规之兽,莫得安其性命之情者,而犹自以为圣人,不可耻乎？其无耻也！"子贡蹴蹴然立不安。

孔子谓老聃曰："丘治《诗》《书》《礼》《乐》《易》《春秋》六经，自以为久矣，孰知其故矣；以奸者七十二君[25]，论先王之道而明周、召之迹，一君无所钩用。甚矣夫！人之难说也，道之难明邪？"老子曰："幸矣，子之不遇治世之君也！夫六经，先王之陈迹也，岂其所以迹哉！今子之所言，犹迹也。夫迹，履之所出，而迹岂履哉！夫白鶂之相视，眸子不运而风化；虫〔螣蛇〕，雄鸣于上风，雌应〔之〕于下风而风化[26]；类自为雌雄，故风化。性不可易，命不可变，时不可止，道不可壅。苟得于道，无自而不可；失焉者，无自而可。"孔子不出三月，复见曰："丘，得之矣。乌鹊孺，鱼傅沫，细要者化，有弟而兄啼。久矣！夫丘不与化为人！不与化为人，安能化人！"老子曰："可，丘得之矣！"

（二）文字校训说明

[1] "推而行是"，清本原文如此。奚侗说："'推'字当在'而'下，'推行'连语，与'主张''纲维'相耦。"王叔岷更明确指出："《注》：'然则无事而推行者谁乎哉？'是郭本'推'字正在'而'下。湛然《辅行记》一三，《朱子语类》一二五引并同。今本误倒。"钊按：奚、王两家之说，有理有据，当据改。

[2]"孰隆施是？"清本原文如此。俞樾指出："此承上云雨而言，'隆'当作'降'，谓降施此云雨也。《书·大传》'隆谷'，郑注曰'隆，读如厖降之降'。盖'隆'从'降'声，古音本同。《荀子·天论》篇'隆礼尊贤而王'，《韩诗外传》'隆'作'降'；《齐策》'岁八月降雨下'，《风俗通义·祀典篇》'降'作'隆'，是古字通用之证。"钊按：俞说是，此"隆"当读为"降"，两字虽古通，但对于今人来，以用"降"字为宜。又，此句中的"施"字，"碧虚子校引江南李氏本，'施'作'弛'"。刘文典言："《道藏本》《唐写本》'施'并作'弛'。"钊按：比较上述两种本子，似以用"施"字为优。"弛"与"施"古相通，《中华大字典》："弛，施也"。在本句中，"弛"为假字，"施"为本字，用"施"字适合今人阅读。

[3]"风起北方，一西一东，有上彷徨"，据刘文典言："李注引'风起北方'上有'云者'二字。……又，'在'旧作'有'，碧虚子校引张君房本作'在'，唐写本同。"钊按：刘说"风起北方"上李注引有"云者"二字，余疑此二字是李所见本涉前面"云者为雨乎"之"云者"而误，因为"云者"二字，在本句中对"风起北方，一西一东"并非不可缺少，似不必增添此二字。又，"有上彷徨"之"有"，当是"在"字之误，今据张氏本改正。

[4]"天有六极五常"，清本原文如此。对此语中的"六极五常"，学界说法不一。俞樾言："'六极五常'疑即《洪范》之'五福六极'也。'常'与'祥'古字通，《仪礼·士虞礼记》'荐此常事'，郑注曰'古文常为祥'，是其证也。《说文·示部》：'祥，福也。'然则'五常'即'五福'也。"《陈译》言："'六极'即'六合'，指东、南、西、北、上、下。'五常'即'五行'，指金、木、水、

火、土。"钊按：比较两家之说，各有所依，似乎俞说更为贴近古代意涵，"六极五常"，即《洪范》所言的"五福六极"是也。

[5]"至愿，名誉并焉"，清本原文如此。奚侗指出："'愿'为'显'讹。本篇下文'以显为是者，不能让名'。《庚桑楚》篇：'贵、富、显、严、名、利六者勃志也。'皆足为本文'愿'当作'显'之证。"钊按：奚说有理有据，本文之"愿"为"显"之误无疑，当据改。

[6]"建之以太清。夫至乐者，先应之以人事，顺之以天理，行之以五德，应之以自然，然后调理四时，太和万物"，清本原文如此。《陈译》引苏舆、马叙伦、于省吾诸家之说，认为本段"建之以太清"句下三十五字，乃是郭象之注文羼入经文。于省吾指出："苏舆云：'夫至乐者以下三十五字是注文。'按：苏说是也。郭庆藩《集释》竟未采此说，疏矣。兹列五证以明之：敦煌古钞本无此三十五字，其证一也；'先应之以人事，顺之以天理'，与上'奏之以人，征之以天'词复，其证二也；'调理四时，太和万物'与下'四时迭起，万物循生'词义俱复，其证三也；上言'行之以礼义，建之以太清'，'清'字与下文'生''经'为韵。有此三十五字，则'清'字失韵，其证四也；郭于三十五字之以无注，其证五也。"钊按：于氏之说，言之凿凿，令人信服，此三十五字当为郭象注文。此段注文据马叙伦说，"宜在下文'流光其声'下注文'自然律吕'云云之上"。从之。此据诸家之说，删去此三十五字，以恢复本来面目。

[7]"予欲虑之而不能知也"，清本原文如此。刘文典指出："唐写本'予'作'子'，世德堂本同，《道藏》注疏本与今本合。"钊按：比较以上几种本子，可知唐写本及世德堂本优，此句当以

"子"字合乎本旨。因为前面有"吾止之于有穷，流之于无止"，则下句不应再重复"吾"（"吾"与"予"同义），而应换为"子"，才合乎情理，当据唐写本改"予"为"子"。

[8]"目知穷乎所欲见，力屈乎所欲逐"，清本原文如此。《陈译》据马叙伦之说，将之改为"心穷乎所欲知，目穷乎所欲见，力屈乎所欲逐"。马叙伦指出："上文'子欲虑之而不能知也，望之而不能见也，逐之而不能及也'，是'目穷乎所欲见'，应'望之'句；'力屈乎所欲逐'，应'逐之'句；则上宜有一句以应'虑之'句，此'目'下'知'字，即夺文之迹犹可寻者。今在'目'下，则文义不顺，盖本有'口穷乎所欲知'一句，今夺失耳。"钊按：其说有理有据，如陈氏所言："惟'口穷乎所欲知'，当为'心穷乎所欲知'，则'知'与'虑'都是'心'的作用……"此据马、陈之说，修改原文。

[9]"或谓之实，或谓之荣"，清本原文如此。钊按：疑此句中之"实"乃"贵"字之讹。"贵"与繁体之"實"，形近易误。照此释，则全句当为"或谓之贵，或谓之荣"，以"贵"对"荣"，全文语通意达，似无疑义。

[10]"此之谓天乐，无言而心说"，清本原文如此。王懋竑言："'无言而心说'当在'此之谓天乐'上。"《陈译》指出："王说是"，"语句疑是倒错。从文势看，'此之谓天乐'应是承接'无言而心说'的结语"。钊按：王、陈两家之说，均持之有故，言之有理。清本此两句位置颠倒，当予以纠正。

[11]"巾以文绣"，清本原文如此。对于此句，成《疏》曰："覆以文绣之巾。"郭庆藩言："'巾'字疑'饰'字之误。《太平御览》引《淮南》'绢以绮绣'作'饰以绮绣'。"钊按：比较成、

郭两家之训，似郭言可信。此"饰"因脱坏，仅留下"巾"字，抄者不识，系致误。此"巾"当正为"饰"字为是（下同）。

[12]"故西施病心而矉其里，其里之丑人见之而美之，归亦捧心而矉其里"，清本原文如此。刘文典言："《御览》三百九十二、七百四十一引'矉'作'嚬'，并不重'其里'二字。"钊按：比较两种本子，《御览》之"嚬"与本文之"矉"，古代互通，《中华大字典》"'嚬'，通'矉'，眉蹙貌"。可知本句中用"矉"与"嚬"皆可，古成语"东施效颦"，乃源于此寓言，其用的是"颦"字，此"颦"与"嚬"音义皆同。据此，似以用"颦"为优。又，"其里"重复，于义难安，如俞樾所言："'病心而矉''捧心而矉'文义甚明，若作'矉其里'则不可通矣，皆涉下句而衍。"今据俞说及《御览》本删去重复之文。

[13]"十有二年而未得"，清本原文如此。刘文典据唐写本，在句末补一"也"字，言"'十有二年而未得也'与上'五年而未得也'句法一律"，其说有理有据，从之。

[14]"止可以一宿，而不可久处"，清本原文如此。钊按：此句中的"以"当读为"用"，《古书虚字集释》："以，犹用也。"据此，全句可读为"止可用一宿，而不可久处"。

[15]"夫仁义憯然乃愦吾心"，清本原文如此。郭庆藩指出："'愦'，《释文》本又作'愤'，当从之。'贲''贵'形相近，故从'贲'从'贵'之字常相混。《潜夫论·浮侈》篇'怀忧愤愤'，《后汉书·王符传》作'愦愦'，即其证也。"刘文典评曰："郭校是也。《御览》三百六十六引正作'愤'，是其证。"钊按：郭、刘两家之说，理充据确，当从之，今据改。

[16]"又奚傑然若负建鼓而求亡子者邪？"清本原文如此。对

照《天道篇》相似文句,"又何偈偈乎揭仁义,若击鼓而求亡子焉",可知此处文字有脱误。对此,刘师培、于省吾、王叔岷、王孝鱼均表达了类似见解。王叔岷说:"刘师培据《天道篇》及郭《注》,以证'傑然'下总'揭仁义'三字。其说是也。惟'傑然'亦当作'傑傑然',与《天道篇》作'揭揭乎'一律('傑'与'偈'音义并同)。唐写本、赵谏议本、陈碧虚《阙误》引张君房本,并叠'傑'字。"钊按:王说精辟,本段文字当正为"又奚傑傑然揭仁义若负建鼓而求亡子者邪?"意为又何必匆匆忙忙举仁义,如击大鼓而寻求逃亡之子呢?(请参见《天道篇》文字校训说明第21条)。

[17]"孔子曰:'吾乃今于是乎见龙'",清本原文如此。刘文典指出:"'孔子曰'下,《文选·东方朔画像赞》注、《御览》六百十七引有'吾与汝处于鲁之时,人用意如飞鸿者,吾走狗而逐之;用意如井鱼者,吾为钩缴以投之'三十四字,《困学纪闻·十》同。《论衡·龙虚篇》:'孔子曰:游者可为网,飞者可为矰,至于龙也,吾不知其乘风云而上升'……文虽多异,可为傍证。"钊按:刘氏之说有理有据,他不仅列举了《御览》等三种文献所保存的三十四字原经,而且列举了《困学纪闻·十》《论衡·龙虚篇》《艺文类聚·鳞介部》,葛洪《神仙传》以及《史记·老子韩非列传》等多种文献所记载的类似文字,这就有力地证明本段"孔子曰"下确有脱文,今依其说,取《御览》等三种文献保存的相同文字,补之。

[18]"乘云气而养乎阴阳",清本原文如此。句中之"养",刘师培训为"翔",指出:"'养''翔'古通,《月令》'群鸟养羞',《淮南子·时则训下》'群鸟翔'是其比。"钊按:刘说是,从之。

229

[19]"予口张而不能嗋",清本原文如此。《陈译》据奚侗、马叙伦等校,言:"陈碧虚《阙误》引江南古藏本'嗋'下有'舌举而不能讱'六字。"钊按:比较两本文字,似以江南古藏本文本为优,该书之"舌举而不能讱"一语,正好与"口张而不能嗋"之语相对仗,文意清明,当照改。

[20]"然则人固有尸居而龙见,雷声而渊默",清本原文如此。《陈译》据《在宥篇》"尸居而龙见,渊默而雷声"之语,认为此处之"雷声而渊默"系倒误,当据改。钊按:其说是,从之。又,据王孝鱼言:"《阙误》引江南古藏本'人'上有'至'字。"按,有"至"字优,则"尸居而龙见,渊默而雷声",乃为"至人"之行,一般人是办不到的,当据该古本,在"人"前补一"至"字。

[21]"夫三王五帝之治天下不同",清本原文如此。据王孝鱼言:"《阙误》'王'作'皇'。"钊按:作"皇"优。如《陈译》所言"下文'三皇'两字出现三次",且林希逸本亦作"皇",则此"王"当为"皇"之误无疑,当据改。

[22]"杀盗非杀,人自为种而天下耳!"清本原文及句读均如此。已有多位学者指出,"人"字应属上句,作"杀盗非杀人"。孙诒让曰:"郭读'非杀'句断,《荀子·正名》篇云'杀盗非杀人',杨注云'杀盗非杀人,亦见《庄子》',则杨倞读人字断句亦通。"刘文典指出:"孙读是也,《墨子·小取篇》'杀盗非杀人也',亦以'杀盗非杀人'为句,《注》《疏》并以'人'字属下为句,失其读矣。"钊按:孙、刘诸家之说,均言之有据,"杀盗非杀人",已成为我国文化史上享有盛名的格言,本句之句读,当从之。又,"人"字既属上读,则"自为种而天下耳"应

如何解？余疑此句文字有脱误。句中之"种"，疑为"利"字之误（两字形近易误）；又"天下"后，疑脱一"乱"字。郭注曰："言圣知之迹，非乱天下，而天下必有斯乱。"其两次言及"天下乱"或"乱天下"。据此，则经文中必有一"乱"字（应在"耳"字之上），才合情理。若此推测不错，则"自为种而天下耳"，当为"自为利而天下乱耳"，文意清楚明白，似可作为一说。

[23] "而今乎妇女，何言哉！"清本原文及句读均如此。奚侗指出："'乎'，当为'焉'，《逸周书·序》'周道于是乎大备'，《玉海》三七及七八引'乎'作'焉'，可为证。《广雅·释诂》：'焉，安也。''妇'为'归'字之误，'女'属下读（训'汝'），谓子贡也。"钊按：奚氏之说，文理俱通，本句之"乎"当训为"焉"（安也），"妇"当正为"归"，"女"读为"汝"，划入下句。则全句应为："而今焉归，汝何言哉？"文字通顺。余以为"焉"当训为"乃"。《经传释词》："焉，犹乃也。"据此，则"而今焉归"，可读为"而今乃归"，似更贴切。

[24] "三皇五帝之治天下"，清本原文如此。刘文典言："'五帝'二字涉上文'三皇五帝'而衍，《疏》'夫三皇之治，实自无为'，不及'五帝'，下文'三皇之知，上悖日月之明'，亦不言'五帝'，唐写本无'五帝'二字。"钊按：刘说有理有据，令人信服，当照删"五帝"二字。

[25] "以奸者七十二君"，清本原文如此。严灵峰指出："《史记·孔子世家》孔子所历者，鲁、齐、宋、卫、陈、蔡六国，而所遇者，齐景公、鲁定公、鲁哀公而已，其余史书莫详。且春秋时只十二诸侯，亦无七十二国，其经所记为鲁十二君而已，似孔子未能见七十二君之多，疑'七'乃'已'字之讹，兹以意改。"钊

231

按：严氏之说，虽亦持之有故，但仍有迂曲之嫌。他把"奸"解为"见"，说"孔子未能见七十二君"，于是将"七十二"改为"十二"，其实孔子一生也未能见到十二君，如此改，既不符历史真貌，又有"无据改经"之失。余以为此句中的"奸"，当训为"干"，《中华大字典》："奸，干也。"此"干"，《辞海》曰："干，犹关涉也。"则"以奸者七十二君"，可以理解为孔子一生涉猎过七十二君事迹。人所共知，孔子修《春秋》，必然要考察鲁国国君以及相关国家的国君事迹。孔子在世时，鲁国曾有十六位国君执政，这样，孔子要完成《春秋》一书，不仅要考察鲁国十六位国君的事迹，而且要考察与这十六位国君交往过的其他国家的国君的事迹。如此推算下去，孔子考察过七十二位国君事迹的情况，并非子虚乌有。所以，在没有新的证据之前，我们不宜随意改变经文。

[26]"虫，雄鸣于上风，雌应于下风而风化"，清本原文如此。刘文典指出："碧虚子校引张君房本'风化'上并有'感'字；又案：上言'白䴉'，此不得泛言'虫'，'虫'当为'螣蛇'二字之坏。《淮南子·泰族》篇：'螣蛇雄鸣于上风，雌鸣于下风，而化成形，精之至也。'刘氏《新论·类感》篇：'螣蛇雄鸣于上风，雌鸣于下风，而化成形。'是其确证矣。……《御览》八百八十八引'应'下有'之'，唐写本同，今据唐写本补。"钊按：刘氏之说，言之凿凿。此段文字，当将"虫"字改为"螣蛇"二字，并在"应"下增一"之"字。

七、《天运》校训析

（三）中心内容评析

本篇题为《天运》，取自篇前一、三两字，共分七节，各节关联疏松，文意较杂，亦属杂记体文字。

第一节，写"天其运""地其处""日月其争于所"的自然现象，从总体上看，作者似乎是在探讨自然界风雨之变背后的真正动因。文中提出："孰维纲是？孰居无事而推行是？意者其有机缄而不得已邪？"这一连串问题，可以说是中国哲学史上最早的"天问"之思。后来，爱国诗人屈原以诗的体裁创作了《天问》这首不朽长诗，其中也对"天"的运行，提出了许多发人深思的问题，如"冯翼惟象，何以识之？明明暗暗，惟时何为？阴阳三合，何本何化"等等，可以说它是庄子思考自然界变化之道的继续。第二节，借商大宰荡与庄子的对话，贬低"孝悌仁义、忠信贞廉"的价值。所谓"夫孝悌仁义，忠信贞廉，此皆自勉以役其德者也"，即表明此意。第三节，写北门成与黄帝论乐的寓言故事，阐明黄帝"张《咸池》之乐于洞庭之野"所造成的深远影响，以致北门成"始闻之惧，复闻之怠，卒闻之而惑"，从而表现出"荡荡默默，乃不自得"的迷惑之情。北门成之所以由"惧"而"怠"、由"怠"而"惑"，是由于未得"道"的缘故。对此，作者借黄帝之口，说："乐也者，始于惧……卒之于惑，惑故愚，愚故道，道可载而与之俱也。"成《疏》曰："荡荡默默，类彼愚迷。不怠不惧，雅符真道，既而运载无心，与物俱至也。"可见要得道，必须经历由惧而怠，由怠而惑，由惑而愚，由愚而道的过程。第四节，借颜渊与师金的对话，阐明孔子携弟子周游列国，而遭遇"伐树于宋，削迹于卫"等惨状，此好比已陈之"刍狗"，只能带来噩梦，而不能得到应有的尊重。原因在于孔子"行周于鲁"，"是犹推舟于陆也，劳而无功，身必有殃"。模仿古代，如同东施效颦，不可能有好的结果。第五节（5、6两个自然段），借孔子与老子对话的寓言，阐明"道"不可献、不可进、不可告、不可与，据此，老子告诉孔子，"仁义，先王之蘧卢也，止可用一宿，而不可久处"。第六节（第7自然段），借孔子、子贡与老子的对话，阐明作者对孔子"傑傑然揭仁义若负建鼓而求亡子"之行的全面否定，进而说明尧、舜、禹三王之治，不是什么"圣人"之治。因为"三皇之知，上悖日月之明，下睽山川之精，中堕四时之施……莫得安其性命之情"。即不合乎"无为"之意。第七节（第8自然段），借孔子与老子的对话，阐明"与化为人"的极端重要性，所谓"与化为人"，就是强调顺时而变，与时俱进，时化人亦化，故曰："不与化为人，安能化人！"

总之，以上七节文字，各自相对独立，互不关联。但从总体上看，基本倾向仍属道家理念，特别是"无为自化"意识较为强烈。

八、《刻意》校训析

（一）经文校正清样

刻意尚行，离世异俗，高论怨诽，为亢而已矣，此山谷之士，非世之人，枯槁赴渊者之所好也；语仁义忠信，恭俭推让，为修而已矣，此平世之士，教诲之人，游居学者之所好也；语大功，立大名，礼君臣，正上下，为治而已矣，此朝廷之士，尊主强国之人，致功并兼者之所好也；就薮泽，处闲旷，钓鱼闲处，无为〔为无〕而已矣[1]，此江海之士，避世之人，闲暇者之所好也；吹呴呼吸，吐故纳新，熊经鸟申，为寿而已矣，此道〔导〕引之士[2]，养形之人，彭祖寿考者之所好也。若夫不刻意而高，无仁义而修，无功名而治，无江海而闲，不道〔导〕引而寿，无不忘也，无不有也，澹然无极而众美从之，此天地之道，圣人之德也。

故曰：夫恬惔寂漠、虚无无为，此天地之平〔本〕而道德之质〔实〕也[3]。故曰：圣人休休焉,〔休〕则平易矣[4]，平易则恬惔矣。平易恬惔，则忧患不能入，邪气不能袭，故其德全而神不亏。故曰：圣人之生也，天行；其死也，物化。静而与阴同德，动而与阳同波。不为福先，不为祸始；感而后应，迫而后动，不得已而后起。去知与故，循天之理。故无天灾〔怨〕，无物累，无人非，无鬼责[5]。不思虑，不豫谋。光矣，而不耀；信矣，而不期。其寝不梦，其觉无忧，其生若浮，其死若休[6]。其神纯粹，其魂不罢。虚无恬惔，乃合天德。

故曰：悲乐者，德之邪〔也〕；喜怒者，道之过〔也〕；好恶者，德〔心〕之失〔也〕[7]。故心不忧乐，德之至也；一而不变，静之至也；无所于忤，虚之至也；不与物交〔毂〕，惔之至也[8]；无所于逆，粹之至也。故曰，形劳而不休，则弊；精用而不已，则劳；劳则竭[9]。水之性，不杂则清，莫动则平，郁闭而不流，亦不能清，天德之象也。故曰，纯粹而不杂，静一而不变，惔而无为，动而以天行[10]，此养神之道也。夫有干、越之剑者，柙〔匣〕而藏之，不敢〔轻〕用也，宝之至也[11]。精神四达并流，无所不极，上际于天，下蟠于地，化育万物，不可为象，其名为同帝[12]。纯素之道，唯神是守；守而勿失，与神为一；一之精通，合于天伦。野语有之曰："众人重利，廉士重名，贤人〔士〕尚志，圣人贵精。"[13]故素也者，谓其无所与杂也；纯也者，谓其不亏其神也。能体纯素，谓之真人。

（二）文字校训说明

[1] "无为而已矣"，清本原文如此。奚侗认为，"无为"乃"为无"之误，指出："上文'为亢而已矣''为修而已矣''为治而已矣'，下文'为寿而已矣'，皆言有所为也。此不得独言'无为'，当作'为无'。《说文》：'无，亡也；亡，逃也。''为无'，犹'为逃'，谓逃世也。"（见《庄子补注》）钊按：奚氏之言允当。此文前面涉及"为亢""为修""为治"，后面又说"为寿"，均将"为"作为首字，此处却将"为"字退居下位，而在"为"前加一"无"字，使句法大变。这一变，既造成上下文句混乱，又有违原作旨意（因为"无为"不能简单看作是"江海之士，避世之人……之所好也"）。奚疑"无为"乃"为无"之误，确系难能可贵之见。此"为无"，亦即"为逃避""为隐匿"，乃体现了隐士之志。故曰："为江海之士，避世之人……之所好也。"今依其说，调正经文。

[2] "此道引之士"，清本原文如此。王孝鱼言："'道'，赵谏议本作'导'。"据考，敦煌写本亦作"导"。钊按：比较两本

用字，以作"导"为优。此"道"与"导"古通，在此句中虽均可说得过去，但"道"是假字，"导"是真字，"导引"是气功学上的专有名词，言导引精气是也，故在本句中应以用"导"为是，当据改。

[3]"此天地之平而道德之质也"，清本原文如此。此语亦见于《天道》篇，该篇之"平"已依马叙伦说正为"本"。今此处之"平"，当仍依其说，正为"本"字。又，"质"，《天道》篇作"至"。"至"与"质"古通，均可训为"实"，则"道德之实"与上面"天地之本"，正好相对成文。可请参见本书《天道》篇之文字校训说明第2条与第3条。

[4]"故曰：圣人休休焉，则平易矣"，清本原文如此。俞樾指出："'休焉'二字，传写误倒，此本作'故曰圣人休焉，休则平易矣'。《天道》篇：'故帝王圣人休焉，休则虚。'与此文法相似，可据订正。"钊按：俞说有理有据。如王先谦所言，"郭《注》、成《疏》、陆《释》，皆止一'休'字"，此语中"衍"一"休"字，"此后来刊本之误"（见《庄子集解》）。当据删。

[5]"故无天灾，无物累，无人非，无鬼责"，清本原文如此。此义亦见于《天道》篇："故知天乐者，无天怨，无人非，无物累，无鬼责。"两相比较，在用字上该篇用"无天怨"代替"无天灾"，似更为适宜，这样便可与后文"无物累，无人非，无鬼责"，对仗得更为贴切。此外，在顺序安排上，本文将"无物累"放在"无人非"之前，似更为恰当，这样，便可由"天"而"物"而"人"而"鬼"，顺理成章。

[6]"其生若浮，其死若休"，清本此八字原在"无鬼责"句下。《陈译》据严灵峰说，将之移到"其寝不梦，其觉无忧"之

下。严氏指出:"敦煌写本《列子抄残卷》作'其寝不梦,其觉不忧,圣人也;其生若浮,其死若休也'。此八字在'其觉不忧'下。上文'故无天灾,无物累,无人非,无鬼责'皆三字为句,应径接'不思虑,不豫谋'之上。此八字移此,则成'其寝不梦,其觉无忧;其生若浮,其死若休;其神纯粹,其魂不罢',皆四字为句,文例亦一律。"钊按:严氏之说,言之凿凿,令人信服,此亦依其说,改正清本文句排列。

[7] "故曰:悲乐者,德之邪;喜怒者,道之过;好恶者,德之失",清本原文如此。刘文典指出:"上既言'德之邪',此不当复言'德之失'。《淮南子·精神》篇作'夫悲乐者德之邪也,而喜怒者道之过也,好憎者心之暴也';《原道》篇作'喜怒者,道之邪也;忧悲者,德之失也;好憎者,心之过也';《文子·九守》篇作'夫哀乐者德之邪,好憎者心之累,喜怒者道之过'。文虽小异,皆以'道''德''心'三者并言。《庄子》此文'好恶者,德之失','德'当为'心'字之误。……又案:三'也'字旧脱,依唐写本补。"钊按:刘说有理有据,此依其说,将"德之失"改为"心之失",并在三句语尾分别增加一"也"字,则该段文字当正为"故曰:悲乐者,德之邪也;喜怒者,道之过也;好恶者,心之失也"。

[8] "不与物交,惔之至也",清本原文如此。刘文典指出:"'交'疑当为'爻',借为'敊'字,谓不与物相杂乱也。《说文》曰:'敊,相杂错也。'《广雅》:'敊,杂也,乱也。'不与物相杂乱,故为'惔之至也'。《淮南子·原道》篇作'不与物散,粹之至也'。王引之校云'散,当为敊';《文子·道原》篇作'不与物杂','杂'犹'敊'也。"钊按:刘说理当据实,今

依其说，改"交"为"豛"。

[9]"形劳而不休，则弊；精用而不已，则劳；劳则竭"，清本原文如此。王叔岷指出："'竭'上'劳劳则'三字，疑传写误衍，或浅人妄加。'精用不已'，何待言'劳'乎？《淮南子·精神训》'形劳而不休则蹶，精用而不已则竭'，即袭用此文，正无'劳劳则'三字。"钊按：王说有理有据，令人信服，今删去该三字。

[10]"惔而无为，动而以天行"，清本原文如此。武延绪指出："'以'字衍文。"严灵峰表示赞同，曰："武说是也。'动而天行'与上文'惔而无为'相对为文，因依武说删。"钊按：武、严之说合理，从之。

[11]"夫有干、越之剑者，柙而藏之，不敢用也，宝之至也"，清本原文如此。刘文典言："《书钞》百二十二、《御览》三百四十四引'柙'并作'匣'。"又，"'不敢用也'，《御览》三百四十四引作'不敢轻用'，《书钞》百二十二引'用'上亦有'轻'字"。钊按：将清本用字与《书钞》及《御览》比较，似以该两本用字为优，例如"用"上有"轻"，从郭《注》成《疏》中亦可找到，说明符合原旨，今据该两本文字，改写原文。

[12]"其名为同帝"，清本原文如此。据王孝鱼及刘文典言，唐写本无"同"字。钊按：无"同"字是，"同帝"义不可通，当据删之。

[13]"野语有之曰：'众人重利，廉士重名，贤人尚志，圣人贵精'"，清本原文如此。刘文典指出："唐写本无'曰'字，'贤人'作'贤士'。"钊按：比较两种本子，似以唐写本用字，"野语有之"文意已十分明确，有"曰"字反显累赘。将"贤人"改

为"贤士"，则全段点了两种人：一为众人，二为圣人；点了两种士：一为"廉士"，二为"贤士"。文清意明，当据以改正清本。

（三）中心内容评析

本篇题名《刻意》，取自篇首二字。其中心内容在于突出道家的人格追求。全文共三节。

第一节，描述五种人格模式，一是"为亢"型（指傲慢抗争类），包括"刻意尚行，离世异俗，高论怨诽"等模式。二是"为修"型，包括"语仁义忠信，恭俭推让"等模式。三是"为治"型，包括"语大功，立大名，礼君臣，正上下"等模式。四是"为无"型，指"就薮泽，处闲旷，钓鱼闲处"等模式。五是"为寿"型，指"吹呴呼吸，吐故纳新"等炼身活动。这五种模式，实质上均属有为之治，作者本着道家的人格理念，一概予以否定，指出："若夫不刻意而高，无仁义而修，无功名而治，无江海而闲，不导引而寿……此天地之道，圣人之德也。"不难看出，这里所赞美的"天地之道，圣人之德"，乃是道家无为自化人格的最高境界。第二节，写圣人修养的基本信条，那就是八个字："恬惔寂寞，虚无无为"。作者认为，做到了这八个字，就可收到"天地之本而道德之实"的效应，从而使"忧患不能入，邪气不能袭，故其德全而神不亏"，乃至出现"无天怨，无物累，无人非，无鬼责"的高尚境界，故曰："其寝不梦，其觉无忧。其生若浮，其死若休。其神纯粹，其魂不罢。虚无恬惔，乃合天德"。第三节，重点写养神之道。作者明确指出："纯粹而不杂，静一而不变，惔而无为，动而天行，此养神之道也。"在作者看来，若能做到这一切，就可以达到"守而勿失,与神为一,一之精通,合于天伦"的境界。这些均从不同视角,展示了道家追求"纯素"的人格理念,曰:"故素也者,谓其无所与杂也;纯也者,谓其不亏其神也。能体纯素,谓之真人。"

以上三节,从不同视角展示了道家处素尚朴、寂寞恬淡的人格追求。

九、《缮性》校训析

（一）经文校正清样

缮性于俗俗学，以求复其初[1]；滑〔治〕欲于俗思，以求致其明[2]，谓之蔽蒙之民。古之治道者，以恬养知；知生而无以知为也，谓之以知养恬[3]。知与恬交相养，而和理出其性。夫德，和也；道，理也[4]。德无不容，仁也；道无不理，义也。义明而物亲，忠也；中纯实而反乎情，乐也；信行容体而顺乎义，礼也。礼乐徧〔偏〕行，则天下乱矣[5]。彼正而蒙己德，德则不冒，冒则物必失其性也。古之人，在混芒之中，与一世而得澹漠焉。当是时也，阴阳和静，鬼神不扰，四时得节[6]，万物不伤，群生不夭。人虽有知，无所用之，此之谓至一。当是时也，莫之为而常自然。逮德下衰，及燧人、伏羲始为天下，是故顺而不一。德又下衰，及神农、黄帝始为天下，是故安而不顺。德又下衰，及唐、虞始为天下，兴治化之流，㳷淳散朴，离道以善〔为〕，险德以行[7]，然后去性而从于心。心与心识知而不足以定天下，然后附之以文，益之以博。文灭质，博溺心，然后民始惑乱，无以反其性情而复其初。

由是观之，世丧道矣，道丧世矣。世与道交相丧也，道之人何由兴乎世，世亦何由兴乎道哉！道无以兴乎世，世无以兴乎道，虽圣人不在山林之中，其德隐矣。隐，故不自隐。古之所谓隐士者，非伏其身而弗见也，非闭其言而不出也，非藏其知而不发也，时命大谬也。当时命而大行乎天下，则反一无迹；不当时命而大穷乎天下，则深根宁极而待。此存身之道也。

古之行〔存〕身者[8]，不以辩饰知，不以知穷天下，不以知穷德，危〔安〕然处其所〔素〕而反其性已[9]，又何为哉！道固不小行，德固不小识。小识伤德，小行伤道。故曰：正己而已矣。乐全之谓得志。古之所谓得志者，非轩冕之谓也，谓其无以益其乐而已矣。今之所谓得志者，轩冕之谓也。轩冕在身，非性命〔之有〕也，物之傥来寄者也[10]。寄之，其来不可圉，其去不可止。故不为轩冕肆志，不为穷约趋俗。其乐彼与此同，故无忧而已矣。今寄去则不乐，由是观之，虽乐未尝不荒也。故曰：丧己于物，失性于俗者，谓之倒置之民。

（二）文字校训说明

[1]"缮性于俗，俗学以求复其初"，清本原文及句读如此。苏舆曰："衍一'俗'字。"刘文典指出："下'俗'字衍，'缮性于俗学'与下'滑欲于俗思'句法一律。"钊按：苏、刘之说允当，此处确衍一"俗"字。据王孝鱼言："《阙误》引张君房本，'俗'字作'□'。"说明该句不重"俗"字，当照删。

[2]"滑欲于俗思，以求致其明"，清本原文如此。此句中之"滑"，俞樾据崔说训为"治"，指出："上文'缮性于俗学，以求复其初'，崔云'缮亦训治'，盖二句一义，'缮'也，'滑'也，皆'治'也，故曰：'求复其初''求致其明'。若训'滑'为'乱'，则与'求'字之义不贯矣。"为了训"滑"为"治"，俞氏将"滑"与"汩"沟通起来，认为"汩"有"治水"之意，故"滑"可训为"治"。钊按：此"滑"可直接训"治"，不必借"汩"以沟通。查《中华大字典》，"滑"既可以训"乱"，亦可以训"治"，这是因为"治"与"乱"义相反，反义可以互训。此句将"滑"训为"治"，则可读为"治欲于俗思，以求致其明"，此文正好同上面"缮性于俗学，以求复其初"相对应。当据俞说，训"滑"为"治"。

[3]"古之治道者，以恬养知；知生而无以知为也，谓之以知养恬"，清本原文如此。刘文典指出："碧虚子校云：自'古之

治道者'至'以知养恬',旧阙,见张君房本,今各本有此文者,后人依张本补之也。"钊按:刘氏之说合乎历史情况,特记之于此,以供后来研究者参考。

[4]自"夫德,和也;道,理也"至"则天下乱矣"一段,共十二句五十四字。《陈译》认为该段文字"疑为庄子后学中染有黄老思想之文字"。钊按:这段文字同《天道》篇之A、B、C、D、E五段文字属同一类文字,是战国末年黄老新道家作品,说明庄子的后学中,已渗入了黄老新道家学者。《庄子》的外、杂篇中,本不是纯粹的庄子文,我们似无必要将之删除。本段文字博采儒家之说,同战国末年黄老新道家思想体系完全一致,留着它,有利于我们全面认识庄子学术思想的总体构成。

[5]"礼乐徧行,则天下乱矣",清本原文如此。俞樾指出:"郭《注》曰:'以一体之所履,一志之所乐,行之天下,则一方得而万方失也。'是'徧'为'一偏'之'偏'。……《释文》作'徧'而音'遍',非是。"刘文典曰:"碧虚子校引江南古藏本作'偏',正与郭《注》义合。"钊按:俞、刘之说均允当,此文当以作"偏"为是,今据改。

[6]"鬼神不扰,四时得节",清本原文如此。据刘文典言:"碧虚子校引张君房本,'得'作'应'。"钊按:比较两本用字,此处用"得"或"应"皆通,今仍存清本之"得"字。

[7]"离道以善,险德以行",清本原文如此。郭庆藩曰:"'离道以善,险德以行',郭《注》训为'有善而道不全,行立而德不夷',望文生义,于理未顺。'善'字疑是'为'字之误,言所为非大道,所行非大德也。《淮南子·俶真》篇:'杂道以伪'('杂'当为'离'字之误,'伪',古'为'字,'为'亦'行'也),'险

德以行'（'俭''险'古字通……）。即本于此。"刘文典评曰："郭说是也。《文子·上礼》篇：'离道以为伪，险德以为行。'文虽小异，可为傍证。"钊按：郭、刘两家之说，有理有据，从之。

[8] "古之行身者"，清本原文如此。此句中之"行"，据王孝鱼考，世德堂本作"存"。钊按：作"存"是，上文已明确指出"此存身之道也"。当据改。

[9] "危然处其所而反其性已"，清本原文如此。此句中之"危然"，郭《注》："独正之貌。"成《疏》曰："危，犹独也，言独居乱世之中，处危而所在安乐。"钊按：郭、成之释，似都于义难安，恐不确。余以为此"危"当训"安"。"安"与"危"属反义词，古有反义互训（即词义相反，而含义互通）之则，如《尔雅·释诂》就明确指出："乱，治也"；"故，今也"。据此，则"危"当可训"安"无疑。又，此句中之"所"，于义难安，疑为与"素"音近而误。"素"，朴也，则"处其素"犹处其朴。据此，则原文可读为"安然处其素而反其性已"，全文之意豁然贯通，似无疑义。

[10] "轩冕在身，非性命也，物之傥来寄者也"，清本原文如此。刘文典指出："'非性命也'，语意未晰。碧虚子校引张本作'非性命之有也'，疑今本脱'之有'二字。又案：'党''傥'古通用，此'傥'字当为或然之词。"钊按：刘说是，从之。此文中当补"之有"二字。

（三）中心内容评析

本篇题名《缮性》，取自篇前二字，全文分三节，集中表达作者清虚自守、无为自化的修身理念。

第一节，作者明确反对"缮性于俗学""治欲于俗思"，认为"俗学"与"俗思"既不可能求得"复其初"，亦不可能求得"致其明"，最终只能使民成为"蔽蒙之民"。那么，究竟怎么办呢？作者的主张是既做到"以恬养知"，又做到"以知养恬"，故曰："知与恬交相养"。并曰："夫德，和也；道，理也。德无不容，仁也；道无不理，义也。义明而物亲，忠也……"这里明确因袭了儒家的仁、义、礼、智、忠等德目，并认为"礼""乐"等德行，不能"偏行"，若"偏行"，则"天下乱矣"。第二节，写处于"混芒"之中的古人，用淡漠的心态看待一切，收到"阴阳和静，鬼神不扰，四时得节，万物不伤"的成效，使社会环境达到了"至一"（即高度统一）的境界，故曰："当是时也，莫之为而常自然。"这种"莫之为而常自然"，就是追求"无为自化"之道。但是，随着历史的变动，社会道德逐渐衰退，以至从燧人、伏羲至神农、黄帝，再至唐尧、虞舜，社会道德一代不如一代，最后出现"无以反其性情而复其初"的恶劣后果。那么，怎么办呢？作者的对策是坚持"存身之道"。他指出："当时命而大行乎天下，则反一无迹；不当时命而大穷乎天下，则深根宁极而待，此存身之道也。"这里所谓"反一无迹"，指反于至一，而不见有为之迹（林云铭释）；所谓"深根宁极"，则指退藏于密，以达宁静之极的境界。第三节，写古代"存身者"的"三不"主义，即"不以辩饰志，不以知穷天下，不以知穷德，安然处其素而反其性已，又何为哉！"据此，作者提出"不为轩冕肆志，不为穷约趋俗"的高尚追求，表达了道家清虚自守的人格价值取向。

综观全文，集中表达了道家追求的无为自化、返朴归真的人生信条，其中也渗入了战国末年新道家采儒墨之善的观念，容纳了"仁、义、忠、信、礼、乐"之意,确同正统庄子思想有别。鉴于其夹在杂篇中,姑存之,以备后贤考察。

十、《秋水》校训析

（一）经文校正清样

秋水时至，百川灌河，泾流之大，两涘渚崖之间，不辩〔辨〕牛马[1]。于是焉河伯欣然自喜，以天下之美为尽在己。顺流而东行，至于北海，东面而视，不见水端，于是焉河伯始旋其面目[2]，望洋向若而叹曰："野语有之曰'闻道百〔薄〕以为莫己若者'[3]，我之谓也。且夫我尝闻少仲尼之闻而轻伯夷之义者，始吾弗信；今我睹子之难穷也，吾非至于子之门则殆矣，吾长〔乃〕见笑于大方之家[4]。"

北海若曰："井鼋〔鱼〕不可以语于海者[5]，拘于虚也；夏虫不可以语于冰者，笃于时也；曲士不可以语于道者，束于教也。今尔出于崖涘，观于大海，乃知尔丑，尔将可与语大理矣。天下之水，莫大于海，万川归之，不知何时止而不盈〔虚〕；尾闾泄之，不知何时已而不虚〔盈〕[6]；春秋不变，水旱不知〔加〕[7]。此其过江河之流，不可为量数。而吾未尝以此自多者，自以比形于天地而受气于阴阳，吾在于天地之间，犹小石小木之在大山也，方存乎见少，又奚以自多！计四海之在天地之间也，不似礨空之在大泽乎？计〔诸〕中〔小〕国之在海内，不似稊米之在大〔太〕仓乎[8]？号物之数谓之万，人处一焉；人卒〔大率〕九州，谷食之所生，舟车之所通，人处一焉[9]；此其比万物也，不似豪末之在于马体乎？五帝之所连，三王之所争，仁人之所忧，任〔壮〕士之所劳[10]，尽此矣。伯夷辞之以为名，仲尼语之以为博，此其自多也，不似尔向之自多于水乎？"河伯曰："然则吾大天地而小豪末，可乎？"北海若曰："否。夫物，量无穷，时无止，分无常，终始无故。是故大知观于远近，故小而不寡，大而不多，知〔物〕量〔之〕无穷〔也〕[11]；证䂹今故，故遥而不闷，掇而不跂，知时无止；察乎盈虚，故得而不喜，失而不忧，知分之无常也；明乎坦涂，故生而不说〔悦〕，死而不祸〔患〕，知终始之不可〔无〕故也[12]。计人之所知，不若其

251

所不知；其生之时，不若未生之时；以其至小求穷其至大之域，是故迷乱而不能自得也。由此观之，又何以知豪末之足以定至细之倪！又何以知天地之足以穷至大之域！"河伯曰："世之议者皆曰：'至精无形，至大不可围。'是信情乎？"北海若曰："夫自细视大者不尽，自大视细者不明。故异便〔耳〕[13]。此势之有也。夫精，小之微也；垺，大之殷也。夫精粗者，期于有形者也；无形者，数之所不能分也；不可围者，数之所不能穷也。可以言论者，物之粗也；可以意致者，物之精也；言之所不能论，意之所不能察致者，不期精粗焉。<u>是故大人之行，不出乎害人，不多仁恩；动不为利，不贱门隶；货财弗争，不多辞让；事焉不借人，不多食乎力，不贱贪污；行殊乎俗，不多辟异；为在从众，不贱佞谄；世之爵禄不足以为劝，戮耻不足以为辱；知是非之不可为分，细大之不可为倪。闻曰：'道人不闻，至德不得，大人无己。'约分之至也。</u>"[14]河伯曰："若物之外，若物之内，恶至而倪贵贱？恶至而倪小大？"北海若曰："以道观之，物无贵贱；以物观之，自贵而相贱；以俗观之，贵贱不在己。以差观之，因其所大而大之，则万物莫不大；因其所小而小之,则万物莫不小。知天地之为稊米也,知豪末之为丘山也,则差数睹矣。以功观之,因其所有而有之,则万物莫不有;因其所无而无之,则万物莫不无。知东西之相反而不可以相无,则功分定矣。以趣观之,因其所然而然之,则万物莫不然;因其所非而非之,则万物莫不非。知尧、桀之自然而相非,则趣操〔捨〕睹矣[15]。昔者尧、舜让而帝,之、哙让而绝,汤、武争而王,白公争而灭。由此观之,争让之礼,尧、桀之行,贵贱有时,未可以为常也。梁丽可以冲城,而不可以窒穴[16],言殊器也;骐骥、骅骝,一日而驰千里,捕鼠不如狸狌,言殊技也;鸱鸺夜撮蚤,察毫末,昼出瞋目而不见丘山[17],言殊性也。故曰,盖师是而无非,师治而无乱乎?是未明天地之理、万物之情者也。是犹师天而无地,师阴而无阳,其不可行,明矣。然且语而不舍,非愚则诬也。帝王殊禅,三代殊继。差其时,逆其俗者,谓之篡夫;当其时,顺其俗者,谓之义之徒。默默乎河伯[18]!女〔汝〕恶知贵贱之门、小大之家?"河伯曰:"然则我何为乎,何不为乎?吾辞受趣舍,吾终奈何?"北海若曰:"以道观之,何贵何贱,是谓反衍;无拘而志,与道大蹇,何少何多,是谓谢施；无一而行，与道参差。严乎若国之有君，其无私德；繇繇乎若祭之有社，其无私福；泛泛乎其若四方之无穷，其无所畛域；〔默默乎〕兼怀万物，其孰承翼？是谓无方。万物一齐，孰短孰长？道无终始，物有死生，不恃其成；一虚一满，不位乎其形。年不可举，时不可止；消息盈虚，终则有始。是所以语大义之方，论万物之理也。物之生也，若骤若驰。无动而不变，无时而不移。何为乎，何不为乎？夫固将自化。"河伯曰："然则何贵于道邪？"北海若曰："知道者必达于理，达于理者必明于权，明于权者不以物害己。至德者，火弗能热，水弗能溺，寒暑弗能害，禽兽弗能贼。非谓其薄之也，言察乎安危，宁于祸福，谨于去就，莫之能害也。故曰：天在内，人在外，德在乎天。知天人之行，本乎天，位乎得；蹢躅而屈伸，反要而语极。"曰："何谓天？何谓人？"北海若曰："牛马四足，是谓天；落马首，穿牛鼻，是谓人。故曰：无以人灭天，无以故灭命，无以得殉名，谨守而勿失，是谓反其真。"

夔怜蚿，蚿怜蛇，蛇怜风，风怜目，目怜心。夔谓蚿曰："吾以一足趻踔而行，予无如矣，今子之使万足，独奈何？"蚿曰："不然。子不见夫唾者乎？喷则大者如珠，小则如雾，杂而下者不可胜数也。今予动吾天机，而不知其所以然。"蚿谓蛇曰："吾以众足行，而不及子之无足，何也？"蛇曰："夫天机之所动，何可易邪？吾安用足哉？"蛇谓风曰："予动吾脊胁而行，则有似也。今子蓬蓬然起于北海，蓬蓬然入于南海，而似无有，何也？"风曰："然。予蓬蓬然起于北海而入于南海也，然而指我则胜我，鰌我亦胜我。虽然，夫折大木、蜚大屋者，唯我能也，故以众小不胜为大胜也。为大胜者，唯圣人能之。"

孔子游于<u>匡</u>〔卫〕，<u>宋</u>〔匡〕人围之数<u>匝</u>〔箍〕，而弦歌不惙[19]。子路入见，曰："何夫子之娱也？"孔子曰："〔由〕来！吾语<u>女</u>〔汝〕[20]。我讳穷久矣，而不免，命也；求通久矣，而不得，时也。当尧、舜而天下无穷人，非知得也；当桀、纣而天下无通人，非知失也；时势适然。夫水行不避蛟龙者，渔父之勇也；陆行不避兕虎者，猎夫之勇也；白刃交于前，视死若生者，烈士之勇也；〔圣人〕知穷之有命，知通之有时[21]，临大难而不惧者，圣人之勇也。由处矣，吾命有所制矣。"无几何，<u>将</u>〔持〕甲者进辞曰[22]："以为阳虎也，故围之。今非也，请辞而退。"

255

公孙龙问于魏牟曰："龙少学先王之道，长而明仁义之行；合同异，离坚白；然不然，可不可；困百家之知，穷众口之辩；吾自以为至达已。今吾闻庄子之言，汒焉异之。不知论之不及与，知之弗若与？今吾无所开吾喙，敢问其方。"公子牟隐机大息，仰天而笑曰："子独不闻夫埳井之鼃乎？谓东海之鳖曰：'吾乐与！出跳梁乎井幹之上，入休〔沐〕乎缺甃之崖〔岸〕；赴水则接腋持颐，蹶泥则没足灭跗；还〔视〕虷蟹与科斗，莫吾能若也[23]。且夫擅一壑之水，而跨跱埳井之乐，此亦至矣，夫子奚不时来入观乎？'东海之鳖左足未入，而右膝已絷矣。于是逡巡而却，告之海曰：'夫千里之远，不足以举其大；千仞之高，不足以极其深。禹之时十年九潦，而水弗为加益；汤之时八年七旱，而崖不为加损。夫不为顷久推移，不以多少进退者，此亦东海之大乐也。'于是埳井之鼃闻之，适适然惊，规规然自失也。且夫知不知是非之竟，而犹欲观于庄子之言，是犹使蚊负山，商蚷驰河也，必不胜任矣。且夫知不知论极妙之言而自适一时之利者，是非埳井之鼃与？且彼方跐黄泉而登大皇，无南无北，奭然四解，沦于不测；无东无西，始于玄冥，反于大通。子乃规规然而求之以察，索之以辩，是直用管窥天，用锥指地也，不亦小乎？子往矣！且子独不闻夫寿陵馀子之学行〔步〕于邯郸与？未得国能，又失其故行〔步〕矣[24]，直匍匐而归耳。今子不去，将忘子之故〔步〕，失子之业。"公孙龙口呿而不合，舌举而不下，乃逸而走。

庄子钓于濮水〔之上〕，楚王使大夫二人往先焉〔聘〕，曰："愿以境内累矣〔夫子〕！"[25]庄子持竿不顾，曰："吾闻楚有神龟，死已三千岁矣，王巾笥而藏之庙堂之上。此龟者，宁其死为留骨而贵乎？宁其生而曳尾于涂中乎？"[26]二大夫曰："宁生而曳尾涂中。"庄子曰："往矣！吾将曳尾于涂中。"

惠子相梁，庄子往见之。或谓惠子曰："庄子来，欲代子相。"于是惠子恐，搜于国中三日三夜。庄子往见之，曰："南方有鸟，其名为鹓雏，子知之乎？夫鹓雏，发于南海而飞于北海，非梧桐不止，非练实不食，非醴泉不饮。于是，鸱得腐鼠，鹓雏过之，仰而视之曰：'吓！'今子欲以子之梁国而吓我邪？"庄子与惠子游于濠梁之上，庄子曰："儵鱼出游从容，是鱼之乐也。"惠

257

子曰："子非鱼，安知鱼之乐〔耶〕？"庄子曰："子非我，安知我不知鱼之乐〔耶〕？[27]"惠子曰："我非子，固不知子矣；子固非鱼也，子之不知鱼之乐，全矣。"庄子曰："请循其本。子曰'汝安知鱼乐'云者，既已知吾知之而问我，我知之濠上也。"

（二）文字校训说明

[1]"不辩牛马"，清本原文如此。《陈译》言："'辩'通'辨'，覆宋本正作'辨'。"并引林云铭《庄子因》曰："水大崖远，见物模糊"，"即形容河面广阔，远而见不明"。钊按：林、陈之说是，此句当作"不辨牛马"，意谓水阔崖远，连牛马那么大的物体也分辨不清。

[2]"于是焉河伯始旋其面目"，清本原文如此。李勉指出："'河伯始旋其面'，坊间译文，多译为河伯方才转过头来。其实，北海在黄河之前，河伯望海神正须向前直视，何得云转过头来？句应解作河伯方才转变其面目，'旋'，转也，河伯初以黄河之水大而不辨牛马，以为天下之大，尽在乎己，及见海洋，其大更甚，始瞿然自惭，变其自满之面目，故云'旋其面目'。"（参见《庄子总论及分篇评注》）钊按：李氏将"河伯始旋其面目"之意说得清楚明白，从之。

[3]"闻道百以为莫己若者"，清本原文如此。对于此句中之"百"字，学者说法不一，李轨云："闻道百，万分之一也。"郭

嵩焘曰："'闻'字对下'睹'字为言,闻道虽多而不知其无穷也……'百'者,多词也。"钊按:综上诸家之说,疑"百"乃"薄"之讹。如郭庆藩所言,"'百',古读若'搏',与若韵",而"搏"与"薄"同音,可能原字为"薄",浅薄之谓。与李云"万分之一"意义相近("万分之一"亦有微薄之意)。据此,则"闻道薄以为莫己若者",意为闻道浅薄,以为他人均不如自己。表达了河伯自责之意。"薄"字用在此处十分贴切,而"百"字用在此处十分牵强,其为"薄"字之误,明矣。

[4]"吾长见笑于大方之家",清本原文如此。钊按:此句中之"长"字于义难安,因为河伯第一次意识到自己有"自满"之失,哪会"长"见笑于大方之家?愚疑此"长"字乃"焉"字之误,"長"与"焉"形相近,因年深月久,"焉"字下部脱失,留下上半截,与"長"字上半截极似,故被抄写者误为"长"耳!此"焉"古可训为"乃",则"吾焉见笑于大方之家",犹"吾乃见笑于大方之家"。如此读,文通意顺,当无疑义。

[5]"井鼃不可以语于海者",清本原文如此。王引之指出:"'鼃'本作'鱼',后人改之也。《太平御览》时序部七、鳞介部七、虫豸部一引此,并云:'井鱼不可语于海。'则旧本作'鱼'可知,且《释文》于此句不出'鼃'字,直至下文'埳井之鼃'始云:'鼃',本又作'蛙',户蜗反。引司马注云:'鼃,水虫,形似虾蟆。'则此句作'鱼'不作'鼃'明矣。若作'鼃',则户蜗之音,水虫之注,当先见于此,不应至下文始见也。再以二例证明之:《鸿烈·原道》篇'夫井鱼不可与语大'……《水经注·赣水注》云'聊记奇闻,以广井鱼之听',皆用《庄子》之文,则《庄子》之作'井鱼'益明矣。"钊按:王氏之说,有理

有据，此句中之"井鼋"当作"井鱼"无疑，兹照改。

[6]"天下之水，莫大于海，万川归之，不知何时止而不盈；尾闾泄之，不知何时已而不虚"，清本原文如此。钊按：本段文字中先后出现的"盈""虚"二字，应当颠倒读之。前一"盈"字应读为"虚"，后一"虚"字应读为"盈"，这样，则全文为"天下之水，莫大于海，万川归之，不知何时止而不虚；尾闾泄之，不知何时已而不盈"。其中，第一问是说，天下万川之水虽都归之于海，但海仍然是虚的，那到何时才不虚呢？第二问是说，大海之水虽由尾闾不断向外排泄，但它仍然是充盈的，不知到何时才不再盈呢？如此阐释，文意清楚明白。则二字当颠倒读之，无疑。之所以如此，是因为古人有"反义互训"之则。

[7]"水旱不知"，清本原文如此。刘文典言："'水旱不知'，'知'，当为'加'，下文'禹之时十年九潦，而水弗为加益'即此义也。《御览》六十引正作'水旱不加'，是其证。"钊按：其说是，此据改。

[8]"计中国之在海内，不似稊米之在大仓乎"，清本原文如此。据刘文典言："《御览》百九十引'计'作'诸'，'大'作'太'。"钊按：《御览》本用字，一般较为严谨，错误较少，此处若用该本之"诸"字，则"诸中国"于义难安，因为中国只有一个，则"诸中国"显然不合，而且一个中国在海内，也不似"稊米之在大仓"，余疑此处之"中国"乃"小国"之误，"中"与"小"形近而误。原文当为"诸小国之在海内，不似稊米之在太仓乎？"以"小国"与"稊米"相对，似比"中国"与"稊米"相对更为贴切。

[9]"人卒九州，谷食之所生，舟车之所通，人处一焉"，清本原文如此。俞樾指出："'人卒'二字未详何义，司马训'卒'为

'众',崔训'卒'为'尽',皆不可通。且下云'人处一焉',则此不当以人言。'人卒'疑'大率'二字之误……'率'误为'卒',因改'大'为'人'以合之。据《至乐》篇'人卒闻之',《盗跖》篇'人卒未有不兴名就利者',是'人卒'之文,本书所有,然施之于此,不可通矣。'大率'者,总计之辞,上云'计四海之在天地之间也',又云'计中国之在海内','计'与'大率'其义正同。"钊按:俞说是。查《中华大字典》,"卒"与"率"古通,则本文之"卒"乃"率"之假字,由于浅人不懂"大卒"即"大率",便将"大"改为"人",故误耳。当照改,以还经文本来面目。

[10]"仁人之所忧,任士之所劳",清本原文如此。钊按:本文中"任士之所劳"一句,语意晦涩,余疑"任士"乃为"壮士"之误。"任"与"壮"形近易误。据此,则全句可读为"仁人之所忧,壮士之所劳",文意清明,对仗贴切。则"任"字当为"壮"字之误无疑。

[11]"知量无穷",清本原文如此。刘文典指出:"'知量无穷',疑当作'知物量之无穷也'。今脱'物、之、也'三字,既与上文不相应,又与下文'知分之无常也''知终始之不可故也'句法不一律矣。《注》'知远近大小之物各有量';《疏》'知于物之器量',是郭、成所见本'量'上并有物字。"钊按:刘说是。此句只有改作"知物量之无穷也",才能与前面"夫物量无穷"一致,也才能与后面"知分之无常也""知终始之不可故也"相对应。而且所增之字,亦有所依,当据改。

[12]"故生而不说,死而不祸,知终始之不可故也",清本原文如此。首句之"说",借为"悦"。第二句之"祸",借为"患"。第

三句"知终始之不可故也",刘文典指出:"此既结前'终始无故'之义,'不可'疑当为'无',与上'知量无穷''知时无止''知分之无常也'一律。"钊按:刘说是,此据改。

[13]"故异便",清本原文如此。刘文典言:"碧虚子校引张本'便'下有'耳'字。张本是也。"钊按:刘说合理,此处添一"耳"字,句意丰满充实。又,《陈译》指出:"'故异便'原在'夫精,小之微也;垺,大之殷也'句下,马叙伦说:'此三字,当在上文"自大视细者不明"下。'马说是。然'此势之有也'句,为解释所以'异便'之故,当顺文移。'异便',郭注:'大小异,故所便不得同。'这是解释'自细视大者不尽,自大视细者不明'二句,今本误倒,则将文势隔断。此下为'夫精粗者'句,正承上'精''垺'两句而来,今依上下文义移正。"钊按:以上《陈译》之说,有理有据。今依其说,安排"故异便"等相关文字。

[14]"是故大人之行"至"约分之至也"一段文字,共一百一十一字。《陈译》指出:"这一段文字,与上文不相连续。上文讨论河伯提出的'至精无形,至大不可围'问题,北海若的回答到'不期精粗焉'已告段落,也把问题交代清楚。这里突然冒出和上下文义不相干涉的一段,显系他文错入,或为后人羼入,当删。"钊按:《陈译》所言客观而公允,此段文字确有赘瘤之嫌,似当删去,今在此对之加上黑线,以示为应删之文。

[15]"则趣操睹矣",清本原文如此。刘文典指出:"'操',疑'捨'字之误,'趣捨'即'取舍',周季恒言也。下文'吾辞受趣舍,吾终奈何',《天地》篇'趣舍滑心,使性飞扬''且夫趣舍声色,以柴其内','趣舍'即'趣捨'也。"钊按:其说允当,此句中之"趣操"当为"趣捨"之误。"操"与"捨"形相近,故

误耳,今依刘说,改"操"为"捨"(即"舍"字)。

[16]"梁丽可以冲城,而不可以窒穴",清本原文如此。对于此语中之"梁丽"一语,注家说法不一。郭庆藩指出:"司马训'梁丽'为'小船',非也。俞氏以为'楼车',亦近附会。考《列子·汤问篇》雍门鬻歌'余音绕梁欐'……司马彪注:'欐佹,支柱也。''欐'者附着,'佹'者交午。'欐'与'丽'同,《广韵》:'丽,着也。'《玉篇》:'丽,偶也。''柱偶'曰'丽',梁栋相附着亦曰'丽',正谓椽柱之属,当从崔说(崔云:'屋栋也。')为胜。为梁丽必材之大者,故可用以冲城,不当泥视。"钊按:郭氏之说有理有据,则"梁丽"当指栋梁之类的大木头,在古代战争中,士兵为了攻城,便抬着大木头撞击城门,该大木头即此所谓"梁丽"也。

[17]"鸱鹞夜撮蚤,察毫末,昼出瞋目而不见丘山",清本原文如此。刘文典指出:"《御览》九百二十七引'瞋'作'瞑',与《释文》一本合。苏舆曰:'瞋字是,言鸱夜能撮蚤,及昼则虽瞋目而不见丘山矣。'"钊按:苏、刘之说是,此句中当保存旧本之"瞋"字。"瞋",《中华大字典》释为"张目",指鸱鹞白天张目也不见丘山。故"瞋"字是,"瞑"字非。

[18]"默默乎河伯!女恶知贵贱之门、小大之家",清本原文如此。刘文典指出:"'默默乎河伯'五字,隔断文义,'默默乎'疑当在下文'兼怀万物,其孰承翼'句上,与'繇繇乎''泛泛乎'并列。《疏》'默默莫声,幸勿辞费也',是其错乱已在唐前。"钊按:刘说是。此段中之"默默乎"三字当移至下文"兼怀万物,其孰承翼"之上,剩下"河伯"二字,与下文构成"河伯,女(读汝)恶知贵贱之门",今据改。

263

[19]"孔子游于匡，宋人围之数匝，而弦歌不惙"，清本原文如此。刘文典言："《御览》四百三十七引'匡'作'宋'，'宋'作'匡'。"又，成《疏》曰："'宋'当为'卫'，字之误也。'匡'，卫邑也。"钊按：综合以上情况，此段文字当改为："孔子游于卫，匡人围之数匝，而弦歌不惙。"又，此句中"围之数匝"之"匝"，疑为"箍"字之误。古时"箍"犹圈，用竹篾或铁丝制成，可作箍木盆、木桶之用，则"数箍"犹"数圈"也。"箍"之误为"匝"，可能是原字上部和左边脱坏，仅留右下部分，浅人不知，便以"匝"字代之。《御览》四百三十七引"帀"作"匝"，恰好是"箍"字的右下部分，则"匝"为"箍"字之误无疑。

[20]"孔子曰：来！吾语女"，清本原文如此。刘文典言："'来'上当有'由'字，呼子路名而告之也。《御览》四百三十七引'来'上有'由'字。"钊按：刘说是，此句是孔子与子路的对话，有"由"字，表明孔子在呼唤子路，从而使下文"吾语汝"有所归依。当照补一"由"字。

[21]"知穷之有命，知通之有时"，清本原文如此。刘文典言："《御览》四百三十七引，'知穷'上有'圣人'二字。"钊按：《御览》所引优，只有"圣人"才能知穷达通，加上"圣人"二字，才能与后文"圣人之勇"相贯通。当据增。

[22]"将甲者进辞曰"，清本原文如此。刘文典指出："《御览》四百三十七引'将'作'持'，与《释文》一本合。"钊按：以《御览》作"持"为优，且与《释文》所载一本合，当据改。

[23]"吾乐与！出跳梁乎井幹之上，入休乎缺甃之崖；赴水则接腋持颐，蹶泥则没足灭跗；还虷蟹与科斗，莫吾能若也"，清本原文如此。马叙伦曰："'梁'字羡文，《疏》'出则跳踯井栏

之上，入则休息乎破砖之涯'，可证成本无'梁'字。"刘文典评曰："马说未确。碧虚子校引江南古藏本亦无'梁'字，惟《逍遥游》篇'东西跳梁，不辟高下'，是'跳梁'固《庄子》书中之恒言，彼《释文》亦不出'梁'字。此'跳梁'与《逍遥游》篇文义正同，彼'梁'字若非羡文，则此不得无'梁'字。'休''崖'，《御览》百八十九、九百三十二引作'沐'作'岸'，又'视'字旧脱，马叙伦曰：'当依《御览》百八十九引"还"下补"视"字。'"钊按：刘氏在此结合马氏之说所作的综合概括较为公允。在此段文字中，既须保存"跳梁"之语，又须在"还"下增补一"视"字，因为"视"亦见于成《疏》之中："顾瞻虾蟹之类，俯视科斗之徒"。此外，还应依《御览》本将"休"改作"沐"，"崖"改作"岸"为是。

[24]"且子独不闻夫寿陵馀子之学行于邯郸与？未得国能，又失其故行矣"，清本原文如此。刘文典指出："'行'当作'步'，《御览》三百九十四引，两'行'字并作'步'，《疏》'燕国少年，远来学步'，是成所见本字亦作'步'，不作'行'也。《汉书·叙传》'昔有学步于邯郸者，曾未得其髣髴，又复失其故步'，即本此文，尤其明证矣。"钊按：刘说允当，从之。下文"将忘子之故"，"故"下亦当增补一"步"字。因为该句是承上文"又失其故行"而言。

[25]"庄子钓于濮水，楚王使大夫二人往先焉，曰：'愿以境内累矣'"，清本原文如此。刘文典曰："'濮水'下当有'之上'二字，而今本脱之。《史记》庄子本传《正义》、《艺文类聚·人部二十》、《文选》嵇叔夜《赠秀才入军诗》注，《御览》七百六十七、八百三十四引并作'庄子钓于濮水之上'。皇甫谧《高士传》

同。《史记》本传《正义》引无'先焉'二字。《世说新语》注引'往先焉'作'造焉',《文选·秋兴赋》注引作'使二大夫往聘庄子',《七启》注引'先焉'作'聘',《初学记》二十二、《御览》八百三十四《后汉书·冯衍传》注引'先焉'作'见'……《御览》八百三十四引'矣'作'夫子'二字。"钊按:以上,刘文典对与此段文字相似的资料,作了周密而系统的考察,在此,我们参照他的意见,在"濮水"下增加"之上"二字,删去"二人往"下之"先焉"二字,增一"聘"字,并将末尾之"矣"字改作"夫子"二字,其余文字不变。

[26] "宁其生而曳尾于涂中乎",清本原文如此。马叙伦曰:"《史记》本传《正义》引'涂'作'泥'。"刘文典指出:"作'涂'者是也。曹子建《七启》云:'窃慕古人之所志,仰老庄之遗风。假灵龟以托喻,宁掉尾于涂中。'《三国志·郤正传》:'《释讥》云:"超然高举,宁曳尾于涂中。"'是汉人所见《庄子》字正作"涂"也。"钊按:刘氏所言,理充据实,此仍依清本作"涂"字。

[27] "惠子曰:'子非鱼,安知鱼之乐?'庄子曰:'子非我,安知我不知鱼之乐?'"清本原文如此。刘文典言:"《文选·秋兴赋》注,《御览》百六十九、九百三十七引'乐'下有'耶'字。"钊按:"乐"下有"耶"字优。此据刘说,在本段两个"乐"下均增一"耶"字,使句意完满。

(三)中心内容评析

本篇题名为《秋水》,取自篇首二字。全文分为六节,各节文意有别,下面分别作简要阐述。

十、《秋水》校训析

第一节（1、2自然段），全文的核心部分，借河伯与北海若的对话寓言，重点探讨了与认识相关的几个理论问题。一是强调接触世界万物是认识世界万物的决定性条件。河伯在进入北海之前，曾自大自喜。而当他进入北海之后，便开始觉醒，曰："'闻道薄以为莫己若者'，我之谓也。"北海若说："井鱼不可以语于海""夏虫不可以语于冰""曲士不可语于道"。这些均说明接触世界万物乃是认识世界万物的决定性条件。作者特别指出："夫物，量无穷，时无止，分无常，终始无故。是故大知观于远近……"所谓"大知观于远近"，意在说明开拓眼界、置身于天地万物之间的必要性。二是指出时空的无限性以及万物变化的多样性，意在启示人们，要获得真知，必须"观于远近，故小而不寡，大而不多"；"察乎盈虚，故得而不喜，失而不忧"；"明乎坦涂，故生而不悦，死而不患"。三是强调认识事物的艰巨性、复杂性，指出"自细视大者不尽，自大视细者不明"，"可以言论者，物之粗也；可以意致者，物之精也"。此外，还存在"言之所不能论，意之所不能察致者"的东西。可见，人们要认知世间事物，确实有一定难度，"由此观之，又何以知豪末之足以定至细之倪！又何以知天地之足以穷至大之域！"四是明确肯定事物之贵贱、大小、是非等特征，具有一定的相对性，曰："以道观之，物无贵贱；以物观之，自贵而相贱；以俗观之，贵贱不在己；以差观之，因其所大而大之，则万物莫不大；因其所小而小之，则万物莫不小。"又曰："昔者尧、舜让而帝，之、哙让而绝；汤、武争而王，白公争而灭。由此观之，争让之礼，尧、桀之行，贵贱有时，未可以为常也。"五是强调事物之运动变化乃遵循一个基本法则，即"自化"是也。指出"年不可举，时不可止；消息盈虚，终则有始";"物之生也,若骤若驰,无动而不变,无时而不移。何为乎,何不为乎?夫固将自化"。六是强调面对万物变化多端的现实,人们要做到"察乎安危,宁于祸福,谨于去就,莫之能害",就必须学会"语大义之方、论万物之理",即把握大道的运行规律,故曰:"知道者必达于理,达于理者必明于权,明于权者不以物害己"。最后,特别强调要不以人为代替天为;不以巧故取代天命。文中所谓"无以人灭天,无以故灭命",即表达此意。以上所涉七大问题,都同哲学认识论不可分割。成为全文的核心内容。第二节,借夔、蚿、蛇、风对话的寓言,揭示一个基本哲理:世间一切事物所具有的性能,都属天之所赋,亦即本之自然。这四种事物,有的万足(如"蚿"),有的独足(如"夔"),有的无足(如"蛇"),有的无形(如"风"),却都能显示出自己的特有优势,而它们之所以能如此,乃是"天"所赋予,并非自身努力所能办到。第三节,写孔子游于卫,遭遇一系列灾难,却"弦歌不绝",这从表面看,似乎是赞诵孔子有"圣人之勇"。但实质上,用孔子自己的话说,此乃是"命之所制"(即"无可奈何而安之若命"也)。第四节,借魏牟之口,批评公孙龙之"智",指出其智不可能明庄子"极妙之言"。第五节,写庄子拒楚王之聘,表现出不愿与权贵合作的品节。第六节,写惠施忧心庄子危及自己的相位,"搜于国中三日三夜",终遭庄子辛辣讥讽的故事。惠子与庄子在濠上探讨"鱼之乐"问题,从表面看,似乎是惠施取得胜利,但实际上胜利者乃是庄子。因为庄子明确强调"请循其本"。其所谓"本",指的是认知的本质。关于"知"的本质,庄子曾作过界定:"知者,接也。"(见《庚桑楚》)这是说,所谓知识,乃是认识主体同认识客体相接触的产物。显然,这在理论上超越了惠子。

总之，本文较多涉及认识论方面的问题，这在中国哲学史上确有其独到之处，值得给予相应重视。

十一、《至乐》校训析

（一）经文校正清样

天下有至乐无有哉？有可以活身者无有哉？今奚为奚据？奚避奚处？奚就奚去？奚乐奚恶？夫天下之所尊者，富、贵、寿、善也；所乐者，身安、厚味、美服、好色、音声也；所下者，贫、贱、夭、恶也；所苦者，身不得安逸、口不得厚味、形不得美服、目不得好色、耳不得音声。若不得者，则大忧以惧。其为形也亦愚哉！夫富者，苦身疾作，多积财而不得尽用，其为形也亦外矣。夫贵者，夜以继日，思虑善否，其为形也亦疏矣。人之生也，与忧俱生，寿者惛惛，久忧不死，何苦也！其为形也亦远矣。烈士为天下见善矣，未足以活身。吾未知善之诚善邪，诚不善邪？若以为善矣，不足活身；以为不善矣，足以活人。故曰："忠谏不听，蹲循〔逡巡〕勿争。"[1]故夫子胥争之以残其形，不争名亦不成。诚有善无有哉？今俗之所为与其所乐，吾又未知乐之果乐邪，果不乐邪？吾观夫俗之所乐，举群趣者，誙誙然如将不得已，而皆曰乐者，吾未〔知〕之乐也，亦未〔知〕之不乐也[2]。果有乐无有哉？吾以无为〔而〕诚〔者为〕乐矣[3]，又俗之所大苦也。故曰："至乐无乐，至誉无誉。"天下是非果未可定也。虽然，无为可以定是非。至乐活身，唯无为几存。请尝试言之。天无为以之清，地无为以之宁。故两无为相合，万物皆化〔生〕[4]。芒乎芴乎，而无从出乎！芴乎芒乎，而无有象乎！万物职职，皆从无为殖。故曰：天地无为也而无不为也，人也孰能得无为哉！

庄子妻死，惠子吊之，庄子则方箕踞鼓〔敲〕盆而歌[5]。惠子曰："与人居，长子老身，死不哭亦足矣，又鼓盆而歌，不亦甚乎？"庄子曰："不然，是其始死也，我独何能无慨？然察其始而本无生，非徒无生也而本无形，非徒无形也而本无气。杂乎芒芴之间，变而有气，气变而有形，形变而有生，今又变而之死，是相与为春秋冬夏四时行也。人且偃然寝于巨室，而我噭噭然随而哭

271

之，自以为〔是〕不通乎命，故止也。[6]"

支离叔与滑介叔观于冥伯之丘、昆仑之虚，黄帝之所休。俄而柳生其左肘，其意蹶蹶然恶之。支离叔曰："子恶之乎？"滑介叔曰："亡，予何恶！生者，假借也；假之而生生者，尘垢也。死生为昼夜，且吾与子观化而化及我，我又何恶焉！"

庄子之楚，见空髑髅，髐然有形，撽以马捶，因而问之，曰："夫子贪生失理，而为此乎？将子有亡国之事，斧钺之诛，而为此乎？将子有不善之行、愧遗父母妻子之丑，而为此乎？将子有冻馁之患，而为此乎？将子之春秋故及此乎？"于是语卒，援髑髅，枕而卧。夜半，髑髅见梦曰："〔向〕子之谈者似辩士。视子〔诸〕所言，皆生人之累也[7]，死则无此矣。子欲闻死之说乎？"庄子曰："然。"髑髅曰："死，无君于上，无臣于下，亦无四时之事，从然以天地为春秋，虽南面王乐，不能过也。"庄子不信，曰："吾使司命复生子形，为子骨肉肌肤，反子父母妻子闾里知识，子欲之乎？"髑髅深矉蹙頞曰："吾安能弃南面王乐而复为人间〔生人〕之劳乎！[8]"

颜渊东之齐，孔子有忧色。子贡下席而问

曰:"小子敢问,回东之齐,夫子有忧色,何邪?"孔子曰:"善哉汝问!昔者管子有言,丘甚善之,曰:'褚小者不可以怀大,绠短者不可以汲深。'夫若是者,以为命有所成而形有所适也,夫不可损益。吾恐回与齐侯言尧、舜、黄帝之道,而重以燧人、神农之言。彼将内求于己而不得,不得则惑,人惑则死。且女〔汝〕独不闻邪?昔者海鸟止于鲁郊,鲁侯御而觞之于庙,奏《九韶》以为乐,具太牢以为膳,鸟乃眩视忧悲,不敢食一脔,不敢饮一杯,三日而死。此以己〔人〕养养鸟也,非以鸟养养鸟也[9]。夫以鸟养养鸟者,宜栖之深林,游之坛陆,浮之江湖,食之鳅鲦,随行列而止,委蛇而处。彼唯人言之恶闻,奚以夫说说为乎!《咸池》《九韶》之乐,张之洞庭之野,鸟闻之而飞,兽闻之而走,鱼闻之而下入,人卒闻之,相与还而观之。鱼处水而生,人处水而死,彼必相与异,〔故〕其好恶故异也[10]。故先圣不一其能,不同其事,名止于实,义设于适,是之谓条达而福持。"

列子行食于道丛,〔反〕见百岁髑髅,攓蓬而指之曰:"唯予与汝知而未尝〔曾〕死、未尝〔曾〕生也[11]。若果养〔恙〕乎?予果欢乎?[12]"

种有几〔机〕[13]，得水则为䌛，得水土之际则为鼃蠙之衣，生于陵屯则为陵舄，陵舄得郁栖则为乌足，乌足之根为蛴螬，其叶为胡蝶，胡蝶胥也[14]，化而为虫，生于灶下，其状若脱，其名为鸲掇。鸲掇千日为鸟，其名为乾馀骨。乾馀骨之沫为斯弥，斯弥为食醯。颐辂生乎食醯，黄軦生乎九猷[15]，瞀芮生乎腐蠸，羊奚比乎不笋。久竹生青宁，青宁生程，程生马，马生人，人又〔久〕反〔返〕入于机[16]。万物皆出于机，皆入于机。

（二）文字校训说明

[1]"故曰：'忠谏不听，蹲循勿争'"，清本原文如此。此句中之"蹲循"，俞樾指出："'蹲循'当读为'逡巡'，古书'逡巡'字或作'逡遁'，汉郑固碑'逡遁，退让也'，是也。此又作'蹲循'者，据《外物》篇'帅弟子而跿于窾水'，《释文》引《字林》云'跿，古蹲字'。然则'蹲遁'者，'跿循'也。汉碑作'逡遁'，《庄子》书作'蹲循'，字异而音义同矣。'忠谏不听，蹲循勿争'，谓人主不听忠谏，则为人臣者当逡巡而退，勿与之争也。下文曰：'故夫子胥争之以残其形。'言子胥事不听忠谏之君，而必欲与之争，故残其形也。"钊按：俞氏之说有理有据，此句中之"蹲循"当读为"逡巡"，言退让也。

[2]"吾未之乐也，亦未之不乐也"，清本原文如此。刘文典言："碧虚子校引江南古藏本两'未'字下并有'知'字。"钊按：比

较两种本子用字，以江南古藏本用字为优。该句增加两个"知"字，则为"吾未知之乐也，亦未知之不乐也"。句中之"之"字可训为"其"字，全句之意是说，"吾未知其乐也，亦未知其不乐也"（参见《陈译》），语通意顺，当从之。

[3]"吾以无为诚乐矣"，清本原文如此。据刘文典言："碧虚子校引江南古藏本作'吾以无为而诚者为乐矣'。"钊按：比较两种本子用字，以江南古藏本用字为优。该江南古本"吾以无为而诚者为乐矣"，语意完满，表达清晰，当从之。

[4]"故两无为相合，万物皆化"，清本原文如此。查碧虚子校引江南古藏本，其"万物皆化"下有"生"字，刘文典言："江南古藏本是也，此以'清''宁''生'为韵。《疏》'升降灾福，而万物化生'，是成氏所见本亦有'生'字，今据江南古藏本补。"钊按：刘氏之说，理充据实，当在"化"下补一"生"字。

[5]"庄子则方箕踞鼓盆而歌"，清本原文如此。钊按：此句中之"鼓盆而歌"，非常别扭。因为"盆"与"鼓"均是名词，两个名词结合在一起，是成不了音乐的，名词只有与动词结合，才能产生音乐。例如，"盆"上若加上动词"打"或"击"或"敲"等，则"打盆而歌"或"击盆而歌""敲盆而歌"，均通；唯独"鼓盆而歌"不通，因为它不合语法。余疑此句中之"鼓"字乃"敲"字之误。"鼓"与"敲"形似易误。此误当在唐以前，因为成《疏》中仍保存了"鼓盆而歌"之语。若作"敲盆而歌"，既合语法，又达文意，此据改。

[6]"自以为不通乎命，故止也"，清本原文如此。刘文典言："《御览》五百三十一引'自以为'三字作'是'。"钊按：比较两种本子用字，似以《御览》本为优，因为作"是不通乎命，故

止也",言简意明。若如清本那样,作"自以为不通乎命,故止也",则反显粗劣。

[7]"子之谈者似辩士。视子所言,皆生人之累也",清本原文如此。刘文典考证:"碧虚子校引张君房本'子之谈者'上有'向'字;'视',《御览》三百七十四、五百四十八引并作'诸'。"钊按:比较以上用字情况,"子之谈者"上有"向"字优。此"向"可训"刚才",从而指出了辩士所谈的具体时间,有"向"字,语意更为明确,当以之为据,在"子之谈者"上增一"向"字。又,《御览》本之"诸"较旧本"视"字为优,但"诸"用在该句中为倒语,读为"子诸所言",意为"先生说的那一切",乃活着的人之累赘,文清意明,当照改。

[8]"吾安能弃南面王乐而复为人间之劳乎!"清本原文如此。刘文典指出:"'人间'疑当为'生人',碧虚子校引张君房本正作'生人'。《疏》'谁能复为生人之劳',是成本亦作'生人'。上文'视子所言,皆生人之累也',此'生人之劳'正与相应。《御览》三百六十七引此句作'岂能舍南面王乐而为人生哉',文虽小异,可为旁证。"钊按:刘氏之说理充据实,当从之。

[9]"此以己养养鸟也,非以鸟养养鸟也",清本原文如此。刘文典指出:"'己'疑是'人'字之误。《御览》九百二十五引正作'此以人养鸟也'。《疏》'韶乐牢牺,是养人之具',是所见本亦作'人养'。《达生》篇作'此之谓以己养养鸟也',字虽作'己',然义与此文有别。"钊按:刘氏之说较为客观公允。此文是转述鲁侯待海鸟的故事,故用"以人养养鸟"的表达方式;而《达生》篇是直接说明鲁侯以自己的生活方式来养鸟,故曰"此之谓以己养养鸟",两者确实背景有别。此处当用"人养"一语。

[10]"彼必相与异，其好恶故异也"，清本原文如此。刘文典言："'故异也'三字，文义未晰，碧虚子校引张君房本作'好恶异'。"钊按：若按刘说，用"好恶异"三字代替"故异也"三字，则文意似不太完满，宜保留清本之"故"与"也"，使该句成为"故其好恶异也"，则文字完满。

[11]"列子行食于道从，见百岁髑髅，攓蓬而指之曰：'唯予与汝知而未尝死、未尝生也'"，清本原文如此。刘文典言："两'尝'字，《御览》九百九十七引并作'曾'。"又曰："《御览》三百七十四、九百九十七引'道'下无'从'字；八百八十七引'从'作'反'。《列子·天瑞篇》作'子列子适卫，食于道，从者见百岁髑髅'。"钊按：综合以上刘氏考证，此句中宜删去"道"下之"从"字，并改"尝"为"曾"。另，增补一"反"字，此"反"当读为"返"，属下句，应放在"见"字之上，表示列子返程时，遇见百岁髑髅。至于《列子·天瑞篇》之原文，则本文不必照搬。本段文字修改如下："列子行食于道，反见百岁髑髅，攓蓬而指之曰：'唯予与汝知而未曾死、未曾生也。'"

[12]"若果养乎？予果欢乎？"清本原文如此。俞樾指出："'养'读为'恙'，《尔雅·释诂》：'恙，忧也。''若果恙乎，予果欢乎'，'恙'与'欢'对，犹'忧'与'乐'对也。言若之死非忧，予之生非乐也。'恙'与'养'古字通。《诗·二子乘舟篇》'中心养养'，传训'养'为'忧'，即本《雅》诂矣。司马本'养'作'暮'，乃字之误。"钊按：俞说是，从之。

[13]"种有几"，清本原文如此。陶鸿庆曰："几，当读为'机'，张湛《列子·天瑞篇》注：'几者，群有之始，动之所宗。'是也。下文'万物皆出于几，皆入于几'，正与此应。郭注以'不

可胜计'释之，殷敬顺《列子释文》又以为'设问之辞，皆望文生义，殆非其旨'。"钊按：其说是。此"几"当为"机"，指生育原物的本根。

[14]"其叶为胡蝶，胡蝶胥也"，清本原文如此。俞樾指出："《释文》曰：'胡蝶胥也，一名胥。'此失其义。当属下句读之。本云'胡蝶胥也，化而为虫'，与下文'鸲掇千日为鸟'两文相对。'千日为鸟'，言其久也；'胥也化而为虫'，言其速也。《列子·天瑞篇》《释文》曰：'胥，少也，谓少时也。'得其义矣。"钊按：俞氏之说，言之凿凿，令人信服，当从之。

[15]"斯弥为食醯。颐辂生乎食醯，黄軦生乎九猷"，清本原文如此。刘文典指出："《列子·天瑞篇》《御览》八百八十七引《庄子》'食醯黄軦'四字重，碧虚子校引张君房本作'食醯生乎颐辂，颐辂生乎黄軦'。"钊按：此处文字各有所长，今暂存清本文字，以待未来有新的发现。

[16]"人又反入于机"，清本原文如此。俞樾指出："'又'，当作'久'，字之误也。'久'者，老也。上文'黄軦生乎九猷'，《释文》引李注曰：''九'宜为'久'。'久'，老也。'是其义也。人久反入于机者，言人老复入于机也，《列子·天瑞篇》正作'人久入于机'。"钊按：俞氏之说理充据实，当从之。

（三）中心内容评析

本篇题名《至乐》，取自首句第四、五两字，全文共分七节，重点探讨人生哲理方面的问题，特别突出"无为自化"之道。

第一节，用发问的形式，从探讨"天下有无至乐""有无可以活身"的问题切入，将天下人"尊富贵寿善""下贫贱夭恶"的追求，视为世俗偏见。在作者看来，贪"富"，"其为形也亦外矣"；求"贵"，"其为形也亦疏矣"；延"寿"，"其为形也亦远矣"。这里所谓"为形"，指的是"养身"之道。其意是说，贪富、求贵、延寿，都有违养身之道，故明确指出"吾以无为诚乐矣"。显然，其所奉行的养生理念，就是"无为自化"，故后文特别强调说："天无为以之清，地无为以之宁。故两无为相合，万物皆化生……万物职职，皆从无为殖"。第二节，写生与死属于自然法则，劝导人们不必为生而喜，为死而悲。文章写庄子之妻死，庄子"鼓盆而歌"，惠子批评说："与人居，长子老身，死不哭亦足矣，又鼓盆而歌，不亦甚乎？"针对惠子之说，庄子指出："不然，是其始死也，我独何能无慨？然察其始而本无生，非徒无生也而本无形，非徒无形也而本无气。杂乎芒芴之间，变而有气，气变而有形，形变而有生，今又变而之死。"这乃是"自然法则"，它如同"春秋冬夏四时"运转那么自然，故不必哭之。若哭，那是"不通乎命"的表现。第三节，"柳"生于滑介叔之左肘，支离叔问曰："子恶之乎？"滑介叔答曰："亡，予何恶！生者，假借也；假之而生生者……死生为昼夜，且吾与子观化而化及我，我又何恶焉！"其意是说，该柳之生，乃是自然之化，对于自然之化，是无可奈何的事，只有听任自然，又何必厌"恶"呢？第四节，借庄子同空髑髅的对话，表达两种不同的生死观：一种是世俗之人的生死观，另一种是看破红尘之人的生死观。前者害怕因贪生失理、亡国变节、行为不善等，而遭遇斧钺之诛所留下的终身遗憾；后者对待亡则乐于接受，故曰："死，无君于上，无臣于下；亦无四时之事，从然以天地为春秋，虽南面王乐，不能过也。"可谓"视死如归"，毫无遗憾。第五节，借子贡与孔子的对话，阐明养鸟的两种方法：一为"以己养养鸟"，二为"以鸟养养鸟"。前者属于"有为之养"，后者属于"无为之养"，作者主张后者，故曰："夫以鸟养鸟者，宜栖之深林，游之坛陆，浮之江湖，食之鳅鲦，随行列而止，委蛇而处。"显然，这也符合无为自化之道。其关于养鸟的方法之论，实际上讲的是治国安民之道：前者属于有为而治，后者属于无为而治。第六节，借列子与百岁髑髅的对话，阐明不以死生为忧乐的人生哲理。第七节，写物种的蕃衍变化过程，揭示"万物皆出于机，皆入于机"的自然法则。

总之，本文从不同视角阐明了作者所推崇的"无为自化"的人生观和养生理念，既鞭挞了世俗的人生追求，又表达了作者向往精神自由的基本理念。

十二、《达生》校训析

（一）经文校正清样

达生之情者，不务生之所无以为；达命之情者，不务知〔命〕之所无奈何[1]。养形必先之以物，物有余而形不养者有之矣；有生必先无离形，形不离而生亡者有之矣。生之来不能却，其去不能止，悲夫！世之人以为养形足以存生，而养形果不足以存生，则世奚足为哉！虽不足为而不可不为者，其为不免矣。夫欲免为形者，莫如弃世。弃世则无累，无累则正平，正平则与彼更生，更生则几矣。事奚足弃而生奚足遗？弃事则形不劳，遗〔达〕生则精不亏[2]。夫形全精复，与天为一。天地者，万物之父母也，合则成体，散则成始。形精不亏，是谓能移；精而又精，反以相天。

子列子问关尹曰："至人潜行不窒，蹈火不热，行乎万物之上而不栗。请问何以至于此？"关尹曰："是纯气之守也，非知巧果敢之列。居，予语女〔汝〕！凡有貌象声色者，皆物也。物与物何以相远？夫奚足以至乎先？是〔形〕色而已[3]。则物之造乎不形而止乎无所化，夫得是而穷之者，物焉〔乃〕得而止〔正〕焉[4]！彼将处乎不淫〔深〕之度[5]，而藏乎无端之纪，游乎万物之所终始，壹其性，养其气，合其德，以通乎物之所造。夫若是者，其天守全，其神无郤，物奚自入焉！夫醉者之坠〔于〕车〔也〕，虽疾不死。骨节与人同而犯害与人异，其神全也[6]，乘亦不知也，坠亦不知也，死生惊惧不入乎其胸中，是故遻物而不慴。彼得全于酒而犹若是，而况得全于天乎？圣人藏于天，故莫之能伤也。复仇者不折镆干，虽有忮心者不怨飘瓦，是以天下平均。故无攻战之乱，无杀戮之刑者，由此道也。不开人之天，而开天之天。开天者德生，开人者贼生。不厌其天，不忽于人，民几乎以其真。"[7]

仲尼适楚，出于〔遊〕林中[8]，见痀偻者承蜩，犹掇之也。仲尼曰："子巧乎！有道邪？"曰："我有道也。五六月累〔二〕丸二而不坠[9]，则失者锱铢；累三而不坠，则失者十一；累五而不坠，犹掇之也。吾处身也，若厥株拘；吾执臂也，若槁木之枝；虽天地之大，万物之多，而唯蜩翼之知。吾不反不侧，不以万物易蜩之翼，何为而不得！"孔子顾谓弟子曰："用志不分，乃凝〔疑〕于神[10]，其痀偻丈人之谓乎！"

颜渊问仲尼曰："吾尝济乎觞深之渊，津人操舟若神。吾问焉，曰：'操舟可学邪？'曰：'可。善游者数〔习而后〕能[11]。若乃夫没人，则未尝见舟而便操之也。'吾问焉而不吾告，敢问何谓也？"仲尼曰："善游者数〔习而后〕能忘水〔故〕也[12]。若乃夫没人之未尝见舟而便操之也，彼视渊若陵，视舟之覆犹其车〔之〕却〔退〕也[13]。覆却万〔物〕，方陈乎前，而不得入其舍[14]，恶往而不暇！以瓦注者巧，以钩注者惮，以黄金注者殙。其巧一也，而有所矜，则重外也。凡外重者内拙。"

田开之见周威公。威公曰："吾闻祝肾学生，吾子与祝肾游，亦何闻焉？"田开之曰："开之操拔篲以侍门庭，亦何闻于夫子？"威公曰："田子无让，寡人愿闻之。"开之曰："闻之夫子曰：'善养生者，若牧羊然，视其后者而鞭之。'"威公曰："何谓也？"田开之曰："鲁有单豹者，岩居而水饮，不与民共利，行年七十而犹有婴儿之色；不幸遇饿虎，饿虎杀而食之。有张毅者，〔见〕高门县薄，无不走〔趣〕也[15]，行年四十而有内热之病以死。豹养其内而虎食其外，毅养其外而病攻其内，此二子者，皆不鞭其后者也。"

仲尼曰："无入而藏，无出而阳，柴立其中央。三者若得，其名必极。夫畏涂者，十杀一人，则父子兄弟相戒也，必盛〔多〕卒〔率〕徒，而后敢出焉[16]，不亦知乎！人之所取〔最〕畏者，衽席之上，饮食之间，而不知为之戒者，〔知之〕过也！[17]"

祝宗人玄端以临牢筴，说彘曰："汝奚恶死？吾将三月豢汝，十日戒，三日齐，藉白茅，加汝肩尻乎雕俎之上，则汝为之乎？"为彘谋，曰不如食以糠糟而错之牢筴之中，自为谋，则苟生有轩冕之尊，死得于腞楯之上、聚偻之中则为之。为彘谋则去之，自为谋则取之，〔其〕所异彘者，何也[18]？

桓公田于泽，管仲御，见鬼焉。公抚管仲之

手曰:"仲父何见?"对曰:"臣无所见。"公反,诶诒为病,数日不出。齐士有皇子告敖者曰:"公则自伤,鬼恶能伤公!夫忿滀之气,散而不反,则为不足;上而不下,则使人善怒;下而不上,则使人善忘;不上不下〔者〕,中身当心,则为病〔耳〕[19]。"桓公曰:"然则有鬼乎?"曰:"有。沈〔燘〕有履,灶有髻[20]。户内之烦壤,雷霆处之;东北方之下者,倍阿鲑蠪跃之;西北方之下者,则泆阳处之。水有罔象,丘有峷,山有夔,野有彷徨,泽有委蛇。"公曰:"请问,委蛇之状何如?"皇子曰:"委蛇,其大如毂,其长如辕,紫衣而朱冠。其为物也,恶闻雷车之声,〔见人〕则捧其首而立。见之者〔其〕殆乎霸[21]。"桓公辴然而笑曰:"此寡人之所见者也。"于是正衣冠与之坐,不终日而不知病之去也。

纪渻子为王养斗鸡。十日而问:"鸡已乎?"曰:"未也,方虚骄而恃气。"十日又问,曰:"未也。犹应向景。"十日又问,曰:"未也。犹疾视而盛气。"十日又问,曰:"几矣。鸡虽有鸣者,已无变矣,望之似木鸡矣,其德全矣,异鸡无敢应者,反走矣。"

孔子观于吕梁,县水三十仞,流沫<u>四</u>〔三〕

十里[22]，鼋鼍鱼鳖之所不能游也。见一丈夫游之，以为有苦而欲死也，使弟子并流而拯之，数百步而出，被发行歌而游于塘下。孔子从而问焉，曰："吾以子为鬼，察子则人也。请问，蹈水有道乎？"曰："亡，吾无道。吾始乎故，长乎性，成乎命。与齐俱入，与汩偕出，从水之道而不为私焉。此吾所以蹈之也。"孔子曰："何谓始乎故，长乎性，成乎命？"曰："吾生于陵而安于陵，故也；长于水而安于水，性也；不知吾所以然而然，命也。"

梓庆削木为鐻，鐻成，见者惊犹鬼神。鲁侯见而问焉，曰："子何术以为焉？"对曰："臣工人，何术之有！虽然，有一焉。臣将为鐻，未尝敢以耗气也，必齐以静心。齐三日，而不敢怀庆赏爵禄；齐五日，不敢怀非誉巧拙；齐七日，辄然忘吾有四枝形体也。当是时也，无公朝，其巧专而外骨消；然后入山林，观天性，形躯至矣[23]，然后成见鐻，然后加手焉；不然则已。则以天合天，器之所以疑〔凝〕神者，其〔由〕是与[24]！"

东野稷以御见庄〔定〕公[25]，进退中绳，左右旋中规。庄〔定〕公以为〔造父〕文弗过也[26]，使之钩百而反。颜阖遇之，入见曰："稷之马将败。"公密而不应。少焉，果败而反。公曰："子何以知之？"曰："其马力竭矣，而犹求焉，故曰败。"

工倕旋而盖规矩，指与物化而不以心稽，故其灵台一而不桎。忘足，屦之适也；忘要，带之适也；<u>知</u>忘是非，心之适也[27]；不内变，不外从，事会之适也。始乎适而未尝不适者，忘适之适也。

有孙休者，踵门而诧子扁庆子曰："休居乡不见谓不修，临难不见谓不勇；然而田原不遇岁，事君不遇世，宾于乡里，逐于州部，则胡罪乎天哉？休恶遇此命也？"扁子曰："子独不闻夫至人之自行邪？忘其肝胆，遗其耳目，芒然彷徨乎尘垢之外，逍遥乎无事之业，是谓为而不恃，长而不宰。今汝饰知以惊愚，修身以明污，昭昭乎若揭日月而行也。汝得全而形躯，具而九窍，无中道夭于聋盲跛蹇而比于人数，亦幸矣，又何暇乎天之怨哉！子往矣！"孙子出，扁子入，坐有间，仰天而叹。弟子问曰："先生何为叹乎？"扁子曰："向者休来，吾告之以至人之德，吾恐其惊而遂至于惑也。"弟子曰："不然。孙子之所言是邪？先生之所言非邪？非固不能惑是。孙子所言非邪？先生所言是邪？彼固惑而来矣，又奚罪焉！"扁子曰："不然。昔者有鸟止于鲁郊，鲁君说之，为具太牢以飨之，奏《九韶》以乐之，鸟乃始忧悲眩视，不敢饮食。此之谓以己养养鸟也。若夫以鸟养养鸟者，宜栖之深林，浮之江湖，食之以〔鳅鲦〕，委蛇〔而处〕[28]，则平陆而已矣。今休，款启寡闻之民也，吾告以至人之德，譬之若载鼷以车马，乐鴳以钟鼓也。彼又恶能无惊乎哉！"[29]

（二）文字校训说明

[1]"达命之情者，不务知之所无奈何"，清本原文如此。马叙伦曰："'知'，当依《弘明集》引《正诬论》作'命'，《淮南·诠言训》亦作'命'。"刘文典曰："马说是也，《淮南子·泰族》篇作'知命之情者，不忧命之所无奈何'，字正作'命'，可证马说。道家书皆以性、命对言，作'知'则非其指矣。"钊按：马、刘之说允当，从之。

[2]"遗生则精不亏"，清本原文如此。钊按："遗生则精不亏"，语意不通。"遗生"怎么可以"精不亏"呢？令人费解。关于此句中之"遗生"，《陈译》释为："指遗忘生活中的分外之事。"此释有增字解经之嫌，恐不确。余以为此句中之"遗"字，乃因与"达"形近而误。本文一开头就讲"达生之情"，且以"达生"为题，则"达生"二字是关键词，故"遗生"当作"达生"。据此，则

本句当为"达生则精不亏",文意豁然贯通。此语正好同上句"弃事则形不劳"相对应。从文理上看,似当如此。

[3]"夫奚足以至乎先?是色而已",清本原文如此。据王孝鱼考证,"《阙误》引江南古藏本'色'上有'形'字。钊按:有"形"字优。"形色"是道家哲学常用概念,如奚侗所言,郭《注》"同是形色之物耳",亦保存了原经之"形"字。此当依江南古藏本,补一"形"字为是。

[4]"物焉得而止焉",清本原文如此。据王孝鱼考证,本句中之"止",《阙误》引张君房本作"正"。钊按:张本之"正"字是。"止"字于义难安。因为物本来处在绝对运动中,任何时候也不会停止,则"物焉得而止"之语,就是假命题,难以服人。当依张本将"止"改为"正"。又,此文中之前"焉",当为"乃",全句可读为"物乃得而正焉",如此读,文意清明,当无疑义。

[5]"彼将处乎不淫之度",清本原文如此。钊按:疑本句中之"淫"乃与"深"形近而误,《列子·黄帝篇》正作"深"。此"不深之度",正好同下句"无端之纪"相对成文。当以《列子》为据,改"淫"为"深"。

[6]"夫醉者之坠车,虽疾不死。骨节与人同而犯害与人异,其神全也",清本原文如此。刘文典指出:"《御览》四百九十七引作'醉者之坠车也希死,形体与人同,其悟物与人异,何则?其神全也'。文与今本多异,当是别本。"钊按:《列子·黄帝篇》此段作:"夫醉者之坠于车也,虽疾不死。骨节与人同,而犯害与人异,其神全也。"将三种文本加以比较,似以《列子》为优,此据改。

[7]自"复仇者不折镆干"至"民几乎以其真"这一段,《陈

译》指出："这一段七十二字疑是别处错入，和本节主题（论神全）无关。关尹回答列子的问题，到'圣人藏于天，故莫之能伤也'，文义已完足。《列子·黄帝篇》正同，文至'故莫之能伤也'句而止。根据《列子》并审查文义，宜删，今仅存其文，不加注释。"钊按：其说有理有据，该段文字当是别处文字因错简而误置于此，当依《列子》删去。故对之加上黑线，以示为应删之文。

[8]"仲尼适楚，出于林中"，清本原文如此。据刘文典考证，此句中之"于"，《御览》九百四十四引作"游"。钊按：作"游"优。此"游"借为"遊"，言仲尼遊览于林中。清本之"于"太含混，当据《御览》本改作"遊"字。

[9]"五六月累丸二而不坠"，清本原文如此。刘文典指出："'丸二'二字疑倒，下文'累三而不坠''累五而不坠'。此不当独言'累丸二'也，《注》'累二丸于竿头'，是郭所见本作'二丸'。《列子·黄帝篇》张注引向秀注同，《艺文类聚》九十七引正作'二丸'。"钊按：刘氏之说理充据实，当据改。

[10]"用志不分，乃凝于神"，清本原文如此。俞樾曰："'凝'，当作'疑'，下文'梓庆削木为鐻，鐻成，见者惊犹鬼神'，即此所谓'乃疑于神'也。《列子·黄帝篇》正作'疑'，张湛注曰'意专则与神相似者也'，可据以订正。"马叙伦曰："《云谷杂记》引苏轼曰：'蜀本《庄子》云"用志不分，乃疑于神"'……寻下文'器之所以疑神者'，字正作'疑'，'疑'即'拟度'之'拟'初文。"钊按：以上俞、马两家之说，均将本文中之"凝"指为"疑"之误，讲得清楚明白，当据改。

[11]"善游者数能"，清本原文如此。刘文典指出："'善游

者数能'，文不成义。《注》'亦须数习而后能耳'，是郭所见本作'数习而后能也'。疑今本'数'下脱'习而后'三字。《白帖》十一引正作'数习而后能'，与郭《注》合，是其证。《列子·黄帝篇》此上有'能游者可教也'六字，疑《庄子》脱之。"钊按：以上刘氏判定"善游者数能"，应为"善游者数习而后能"，有理有据，令人信服，当据改。另，《列子·黄帝篇》此上有"能游者可教也"六字，是否为《庄子》脱文，尚难判定。虽然《庄子》文确有不少袭自《列子》，但并非处处照抄，抄者对其被抄文字亦有可能省略，此不改动。

[12]"仲尼曰：'善游者数能忘水也'"，清本原文如此。钊按：此句"仲尼曰：善游者数能忘水也"，当是对上面"善游者数习而后能"的复述，既然上句"数"下脱"习而后"三字，则此句"数"下亦必脱"习而后"三字。郭《注》言"习以成性，遂若自然"；成《疏》曰"好游于水，数习故能……"是郭、成所见本中有"习"字。又，据刘文典考证，"《御览》三百九十五引'善游者'下有'之'字；七百六十八引'忘水'下有'故'字"。比较两种本子，以《御览》本引文为优，今据两种《御览》本，并结合前面的分析考证，将全句改为"善游者之数习而后能忘水故也"。

[13]"视舟之覆犹其车却也"，清本原文如此。据刘文典考证，此句中"犹其车却也"，《御览》七百六十八引作"犹车之却退也"。钊按：比较两种版本文字，以《御览》本为优，作"犹车之却退也"，语意完满，当从之。

[14]"覆却万方，陈乎前，而不得入其舍"，清本原文如此。俞樾指出："'万'下脱'物'字。此本以'覆却万物'为句，'方

陈乎前而不得入其舍'为句。'方'者，'并'也。……'方陈乎前'，谓万物并陈乎前也。今上句脱'物'字，而以'方'字属上读，则所谓'陈前'者，果何指欤？郭《注》曰：'覆却虽多，而犹不以经怀。'是其所据本有物字，盖正文是'万物'，故以'多'言。若如今本作'万方'，当以广大言，不当以'多'言也。《列子·黄帝篇》正作'覆却万物，方陈乎前而不得入于舍'，可据以订正。"钊按：俞氏之说，理充据实，当补一"物"字。

[15] "有张毅者，高门县薄，无不走也"，清本原文如此。刘文典指出："碧虚子校引刘得一本'高'上有'见'字。典案：刘本是也。《淮南子·人间》篇'张毅好恭，过宫室廊庙必趋，见门闾聚众必下'，即用此事。文虽各异，门闾上有'见'字，可为旁证。"钊按：刘文典之说，据实理明，当在"高"上补一"见"字。又，本段中"无不走也"一语，俞樾指出："'无不走也'，语意未明。司马云：'走，至也，言无不至门奉富贵也。'亦殊迂曲。'走'乃'趣'之坏字，《文选·幽通赋》李注引此文曰：'有张毅者，高门县薄无不趣义也。'字正作'趣'。"钊按：俞氏之说，有理有据，当从之。

[16] "必盛卒徒，而后敢出焉"，清本原文如此。钊按：此句中之"盛"，当训为"多"；"卒"，当训为"率"，《中华大字典》"卒，通率"；"徒"指步兵。据此，则全句之意是说："必多率步兵，而后敢出焉"。照此读，语意通畅，当无疑义。

[17] "人之所取畏者，衽席之上，饮食之间，而不知为之戒者，过也"，清本原文如此。据刘文典言："碧虚子校引江南古藏本，'取'作'最'；又《御览》四百五十九引'过也'上有'知之'二字，义较长。"钊按：综观以上两处，一是江南古本以"最"

代"取"为优，二是《御览》本引"过也"上有"知之"二字义长，当从之。

[18]"所异彘者，何也"，清本原文如此。刘文典言："碧虚子校引张潜夫本'所异'上有'其'字。"钊按：有"其"字语意完满，当从之。

[19]"不上不下，中身当心，则为病"，清本原文如此。刘文典言："《御览》八百八十三引作'不上不下者，中身当心，则为病耳'。"钊按：比较两本文字，似以《御览》本用字为优，其在"下"后增一"者"字，句末增一"耳"字，则全句语意完满，当照补。

[20]"沈有履，灶有髻"，清本原文如此。俞樾指出："司马云：'沈，水污泥也。'则当与'水有罔象'等句相次，不当与'灶有髻'相次也。'沈'当为'煁'。'煁'从'甚'声，'沈'从'冘'声，两音相近。《诗·荡篇》'其命匪谌'，《说文·心部》引作'天命匪忱'；《常棣》篇'和乐且湛'，《礼记·中庸》篇引作'和乐且耽'，并其证也。'煁'之通作'沈'，犹'谌'之通作'忱'、'湛'之通作'耽'矣。……《毛传》曰：'煁，灶也。'是'煁''灶'同类，故以'煁有履''灶有髻'并言之耳。"钊按：以上俞氏所言，已把此文中之"沈"应读为"煁"的道理讲得清楚明白，令人信服。古代的假字，到了今天因时移世易，已难以起到原来约定俗成的作用，必须还其真面目，则"沈"当改为"煁"，才合原旨。

[21]"则捧其首而立。见之者殆乎霸"，清本原文如此。刘文典言："《御览》八百七十二引'则'上有'见人'二字，八百八十三引'殆'上有'其'字。"钊按：同《御览》两本引文

相较，似以《御览》本用字为优，其"则"上增"见人"二字，"殆"上增"其"字，则全句为"见人则捧其首而立。见之者其殆乎霸"，全文通畅圆满，当从之。

[22]"孔子观于吕梁，县水三十仞，流沫四十里"，清本原文如此。刘文典说："《御览》五十八、三百九十五、九百三十二引，并作'流沫三十里'，《列子·黄帝篇》同，'四'疑'三'之讹也。"钊按：其说理确据实，当从之。

[23]"然后入山林，观天性，形躯至矣"，清本原文如此。据刘文典言："'形躯至矣'，《艺文类聚》四十四引作'形区别矣'；《御览》五百七十五引作'区别见'。"钊按：比较以上三种本子，疑《艺文类聚》与《御览》本均误，因为该两种本子无论是作"形区别矣"或"区别见"，均使本文于义难安。而且成《疏》中亦言及"至"字，故此文当以仍存清本为宜，不必照《艺文类聚》或《御览》本修改。

[24]"器之所以疑神者，其是与！"清本原文如此。据考，《御览》五百三十引"疑"作"凝"。钊按：作"凝"是，谓凝聚心神也。又，碧虚子校引江南古藏本"其"下有"由"字。马叙伦指出"当依江南古藏本补"，刘文典言"马说是也"。钊按：此句应为"器之所以凝神者，其由是与！"

[25]"东野稷以御见庄公"，清本原文如此。对于此句中的"庄公"，学界见解不一，有说是"鲁庄公"，有言"卫庄公"。俞樾指出："《荀子·哀公》篇载此事，'庄公'作'定公'，'颜阖'作'颜渊'，则为鲁定公矣。"钊按：俞氏之说理清据实，此句中之"庄公"，应为"定公"，当据改（后面"庄公"亦为"定公"）。

[26]"以为文弗过也"，清本原文如此。钱大昕指出："《吕

氏春秋·适威篇》作'以为造父弗过也','文'盖'父'之误。"刘文典曰:"钱说是也。'造父',周穆王臣,古称善御,故以为此。《荀子·哀公篇》《韩诗外传二》《新序·杂事五》《家语·颜回篇》皆载此事,亦并言造父,《御览》七百四十六引此文正作'造父弗过也',尤其确证矣。"钊按:以上钱、刘两家之说,已把道理讲透了,此句中之"文"乃"父"字之误,另脱一"造"字耳,当据补。

[27]"忘足,屦之适也;忘要,带之适也;知忘是非,心之适也",清本原文如此。据王孝鱼言:"《阙误》引文如海、张君房本,'知'俱作'□'。"钊按:"□",乃空缺符号,表明该两种本子,在"知"字处没有字。应当说此处没有"知"字优,这样本段可直读为"忘足,屦之适也;忘要,带之适也;忘是非,心之适也",全文表达"三忘"带来"三适"的理想结果,文清意明,当以该二本为据,删去"知"字为是。

[28]"若夫以鸟养养鸟者,宜栖之深林,浮之江湖,食之以委蛇",清本原文如此。俞樾指出:"'委蛇'未详何物,李云'大鸟食蛇',然未闻养鸟者必食之以蛇也。司马云:'委蛇,泥鳅。'此亦臆说。今按《至乐》篇云:'夫以鸟养养鸟者,宜栖之深林,游之坛陆,浮之江湖,食之鳅鳅,随行列而止,委蛇而处。'然则此文宜亦当云'食之以鳅鳅,委蛇而处',传写有阙文耳。且云'委蛇而处',方与下句'则平陆而已矣'文气相属,若无'而处'二字,下句便不贯矣。"钊按:俞氏之说,言之凿凿,令人信服,当据以改正本文。

[29]自"有孙休者"至"彼又恶能无惊乎哉",这一大段文字,《陈译》指出:"这一段不类《达生》篇文,宜删去。理由

有二：(一)本篇首段为通篇之纲，标示达生之情者，要在'形全精复'，与自然为一。接着创设十一个寓言故事，以阐述全精、养神、守气的妙用。每个寓言的涵义，均为发挥'达生'的主题思想，惟篇末一段不类。(二)孙休和扁子的对话，后半段'昔者有鸟止于鲁郊'一节，已见于《至乐》篇，而前半段文也语多袭自他篇，如……(请参见《庄子今注今译》第495—496页)。"钊按：陈说恐不确。末段文字仍未脱离"达生"总纲，其中所涉"以鸟养养鸟"的养生方法，所言"忘其肝胆，遗其耳目，芒然彷徨乎尘垢之外"等，都未违"达生"意旨，故该段虽与它篇有重复之处（用语前后重复，是《庄子》一大特色），但仍是全篇的重要组成部分，绝不能轻易删去。

（三）中心内容评析

本篇题名《达生》，取自篇首二字。全篇十四节，乃由一系列寓言故事组成，集中表达作者对养生问题的若干思考。

第一节，是全篇的"纲"。重点讲"达生"与"达命"在养生中的重要作用。指出："达生之情者，不务生之所无以为；达命之情者，不务命之所无奈何。"文中所谓"达生"与"达命"，含义一致，强调的是使生命畅达。在作者看来，要使生命畅达，既要做到不去追求生命中不可为的东西，又要做到不去追求生命存亡所无可奈何的事情。故后文说："生之来不能却，其去不能止。"这就必须坚持顺乎自然。在作者看来，要做到"养生"，既要"养形"（"有生必先无离形"）；又要"养神"（"达生则精不亏"）。"形"与"神"交相养，才能收到"形全精复，与天为一"的理想结果。由此而进入"形精不亏,是谓能移;精而又精,反以相天"的境界。第二节,借关尹回答列子之问,阐明"至人潜行不窒,蹈火不热,行乎万物之上而不栗"的根本原因,在于能够做到"纯气之守"。故至人能"游乎万物之所终始,壹其性,养其气,合其德,以通乎物之所造",故"死生惊惧不入乎其胸中"。第三节,借孔子遇痀偻丈人的寓言,阐明该丈人之所以能做到捕蝉如同拾物,在于"用志不分"(这是善于"养神"的标志)的缘故。第四节,借颜渊与仲尼的对话,说明"津人操舟若神",是可以通过"学"达到的。在作者看来,善于潜水之人,不用学即可操舟,因为他们熟习水性,乃至"视渊若陵,视舟之覆犹其车之却退也"。这实际上是告诉人们,操舟之巧,在于"神"全,则养神乃操舟的关键所在。第五节,借田开之与周威公的对话,说明"养生"必须做到"善终"。鲁国的单豹,"养其内而虎食其外";又有张毅者,"养其外而病攻其内"。两人都未能终其天年。作者的本旨,在于防止内外之失,以求"长生"。第六节,父子兄弟相戒也。第七节,借祭祀官说"彘"的寓言,阐明"为彘谋"与"自为谋"两种不同结局,以讥讽权贵人物迷惑于世俗荣华富贵而忽视"达生"的内心世界。第八节,以齐桓公患病与除病为例,阐明神全则病除。其患病是由于精神上怕鬼所致;其病除,是由于精神上抛去了怕鬼的包袱(神全)。第九节,纪渻子养斗鸡之事,说明养神是养"斗鸡"的关键所在,一旦使斗鸡进入"德全"的状态,则"异鸡不敢应",无疑可取胜。第十节,借孔子"观于吕梁",看到一位善游者"被发行歌",驾驭波涛的英武姿态,说明"长乎性,成乎命"是其取得成功的关键所在。第十一节,"梓庆削木为镰"的故事,说明精巧奇技的获得,不是从天上掉下来的,而是为镊者长期修养心性("齐以静心""入山林,观天性""以天合天")不断坚持的结果。第十二节,借东野稷"以御见庄公"的故事,说明用马应适可而止,若超过限度,难免失败。第十三节,借工倕的故事,阐述高明技巧的获得,是长期"指与物化而不以心稽"的结果。所谓"始乎适而未尝不适者,忘适之适也",乃是逻辑的必然。第十四节,借孙休与子扁等人的对话,突出"以鸟养养鸟""彷徨乎尘垢之外,逍遥乎无事之业"等达生养性的重要方法途径。

综观全文,作者从不同视角探讨了与养生相关的一系列问题,其中既涉及养神与养形的关系,也涉及内养与外养的关系,还特别强调了"壹其性,养其气,合其德"等合乎道家理念的养生要略。

十三、《山木》校训析

（一）经文校正清样

庄子行于山中，见大木，枝叶盛茂，伐木者止其旁而不取也。问其故，曰："无所可用。"庄子曰："此木以不材得终其天年。"夫子出于山[1]，舍于故人之家。故人喜〔具酒肉〕，命〔令〕竖子杀雁而烹〔享〕之[2]。竖子请曰："其一能鸣，其一不能鸣，请奚杀？"主人〔公〕曰："杀不能鸣者。"[3]明日，弟子问于庄子曰："昨日山中之木，以不材得终其天年；今主人之雁，以不材死；〔而〕先生将何处？[4]"庄子笑曰："周将处乎材与不材之间。材与不材之间，似之而非也，故未〔可〕免乎累[5]。若夫乘道德而浮游则不然。无誉无訾，一龙一蛇，与时俱化，而无肯专为；一上一下，以和为量，浮游乎万物之祖；物物而不物于物，则胡可得而累邪？此神农、黄帝之法则也。若夫万物之情，人伦之传，则不然。合则离，成则毁，廉则挫，尊则议〔俄〕[6]，有为则亏，贤则谋，不肖则欺，胡可得而必乎哉！悲夫！弟子志之，其唯道德之乡乎！"

市南宜僚见鲁侯，鲁侯有忧色。市南子曰："君有忧色，何也？"鲁侯曰："吾学先王之道，修先君之业，吾敬鬼尊贤，亲而行之，无须臾离居；然不免于患[7]，吾是以忧。"市南子曰："君之除患之术浅矣！夫丰狐文豹，栖于山林，伏于岩穴，静也[8]；夜行昼居，戒也；虽饥渴隐约，犹旦〔且〕胥疏〔草〕于江湖之上而求食焉[9]，定也。然且不免于罔罗机辟之患。是何罪之有哉？其皮为之灾也。今鲁国独非君之皮邪？吾愿君刳形去皮，洒心去欲，而游于无人之野。南越有邑焉，名为建德之国。其民愚而朴，少私而寡欲；知作而不知藏，与而不求其报；不知义之所适，不知礼之所将；猖狂妄行，乃蹈乎大方；其生可乐，其死可葬。吾愿君去国捐俗，与道相辅而行。"君曰："彼其道远而险，又有江山，我无舟车，奈何？"市南子曰："君无形倨，无留居，以为君车。"君曰："彼其道幽远而无人，吾谁与为邻？吾无粮，我无食，安得而至焉？"市南子曰："少君之费，寡君之欲，虽无粮而乃足。君其涉于江而浮于海，望之而不见其崖，愈〔逾〕往而不知其所穷[10]，送君者皆自崖而反，君自此远矣！故有人者累，见有于人者忧。故尧非有人，非见有于人也。吾愿去君之累，除君之忧，而独与〔君〕道游于大莫之国[11]。方舟而济于河，有虚船来触舟，虽有惼〔褊〕心之人不怒[12]；〔忽〕有一人在其上，则〔一〕呼张〔之〕，〔一呼〕歙之[13]；一呼而不闻，再呼而不闻，于是三呼邪，则必以恶声随之。向也不怒而今也怒，向也虚而今也实。人能虚己以游〔于〕世[14]，其孰能害之！"

北宫奢为卫灵公赋敛以为钟，为坛乎郭门之外，三月而成上下之县。王子庆忌见而问焉，曰："子何术之设〔之〕[15]？"奢曰："一之间，无敢设也。奢闻之：'既雕既琢，复归于朴。'侗乎其无识，傥乎其怠疑；萃乎芒乎[16]，其送往而迎来；来者勿〔无〕禁，往者勿〔无〕止[17]；从其强梁，随其曲传〔傅〕[18]，因其自穷〔也〕[19]，故朝夕赋敛而毫毛不挫，而况有大涂者乎！"

孔子围于陈、蔡之间，七日不火食。大公任往吊之，曰："子几死乎？"曰："然。""子恶死乎？"曰："然。"任曰："予尝言不死之道。东海有鸟焉，其名曰意怠[20]。其为鸟也，翂翂翐翐，而似无能；引援而飞，迫胁而栖；进不敢为前，退不敢为后；食不敢先尝，必取其绪[21]。是故其行列不斥，而外人卒不得害，是以免于患。直木先伐，甘井先竭。子其意者饰知以惊愚，修身以明〔白〕污[22]，昭昭乎如揭日月而行，故不免也。昔吾闻之大成之人曰：'自伐者无功，功成者堕，名成者亏。'孰能去〔名〕功与名〔功〕，而还与众人〔同〕！[23]道流而不明〔居〕，居得行而不名处[24]；纯纯常常，乃比于狂。削迹捐势，不为功名；是故无责于人，人亦无责焉。至人不闻，子何喜哉！"孔子曰："善哉！"辞其交游，去其弟子，逃于大泽；衣裘褐，食杼栗；入兽不乱群，入鸟不乱行。鸟兽不恶，而况人乎！

孔子问子桑雽，曰："吾再〔见〕逐于鲁，伐树于宋，削迹于卫[25]，穷于商、周，围于陈、蔡之间。吾犯此数患，亲交益疏，徒友益散[26]，何与？"子桑雽曰："子独不闻假人之亡与？林回弃千金之璧，负赤子而趋。或曰：'为其布与？赤子之布寡矣；为其累与？赤子之累多矣；弃千金之璧，负赤子而趋，何也？'林回曰：'彼以利合，此以天属〔者〕也[27]。'夫以利合者，迫穷祸患害相弃也；以天属者，迫穷祸患害相收也。夫相收之与相弃亦远矣。且君子之交淡若水，小人之交甘若醴；君子淡以亲，小人甘以绝。彼无故以合者，则无故以离。"孔子曰："敬闻命矣！"徐行翔佯而归，绝学捐书，弟子无挹于前，其爱益加进。异日，桑雽又曰："舜之将死，真泠〔命〕禹曰[28]：'汝戒之哉！形莫若缘，情莫若率。缘则不离，率则不劳；不离不劳，则不求文以待形；不求文以待形，固不待物。'"

庄子衣大布而补之，正緳系履而过魏王。魏王曰："何先生之惫邪？"庄子曰："贫也，非惫也。士有道德不能行，惫也；衣弊履穿，贫也，非惫也；此所谓非遭时也。王独不见夫腾猿乎？其得楠梓豫章也，揽蔓其枝而王长其间[29]，虽羿、蓬蒙不能眄睨也。及其得柘棘枳枸之间也，危行侧视，振动悼栗；此筋骨非有加急而不柔也，处势不便，未足以逞其能也。今处昏上乱相之间，而欲无惫，奚可得邪？此比干之见剖心征也夫！"

孔子穷于陈、蔡之间，七日不火食，左据槁木，右击槁枝，而歌猋氏之风，有其具而无其数，有其声而无宫角，木声与人声，犁然有当于

303

人之心。颜回端拱还目而窥之。仲尼恐其广己而造大也，爱己而造哀也，曰："回，无受天损易，无受人益难。无始而非卒也，人与天一也。夫今之歌者其谁乎？"回曰："敢问'无受天损易'？"仲尼曰："饥渴寒暑，穷桎不行，天地之行也，运物〔化〕之泄也[30]，言与之偕逝之谓也。为人臣者，不敢去之。执臣之道犹若是，而况乎所以待天乎！""何谓'无受人益难'？"仲尼曰："始用四达，爵禄并至而不穷，物之所利，乃非己也，吾命其在外者也。君子不为盗，贤人不为窃。吾若取之，何哉！故曰：'鸟莫知于鹠鸸'。目之所不宜处，不给视，虽落其实，弃之而走。其畏人也，而袭诸人间，社稷存焉尔。""何谓'无始而非卒'？"仲尼曰："化其万物而不知其禅之者，焉知其所终？焉知其所始？正而待之而已耳。""何谓'人与天一邪'？"仲尼曰："有人，天也；有天，亦天也。人之不能有天，性也，圣人晏然体逝而终矣！"

庄周游于雕陵之樊，睹一异鹊自南方来者，翼广七尺，目大运寸，感周之颡而集于栗林。庄周曰："此何鸟哉，翼殷不逝，目大不睹？"蹇〔褰〕裳躩步，执弹而〔宿〕留之[31]。睹一蝉，方得美荫而忘其身；螳螂执翳而搏之，见得而忘其形；异鹊从而利之，见利而忘其真。庄周怵然曰："噫！物固相累，二类相召也！"捐弹而反走，虞人逐而谇之。庄周反入，三月〔日〕不庭〔逞〕[32]。蔺且从而问之："夫子何为顷间甚不庭乎？"庄周曰："吾守形而忘身，观于浊水而迷于清渊。且吾闻诸夫子曰：'入其俗，从其令。'今吾游于雕陵而忘吾身，异鹊感吾颡，游于栗林而忘真。栗林虞人以吾为戮[33]，吾所以不庭〔逞〕也。"

阳子之宋，宿于逆旅。逆旅人有妾二人，其一人美，其一人恶，恶者贵而美者贱。阳子问其故，逆旅小子对曰："其美者自美，吾不知其美也；其恶者自恶，吾不知其恶也。"阳子曰："弟子记之！行贤而去自贤之行〔心〕[34]，安往而不爱哉！"

（二）文字校训说明

[1]"夫子出于山"，清本原文如此。于鬯言："'夫'为句末助辞，语甚平易。上文既出'庄子行于山中'，则此'出于山'者其为庄子，不言可知。复著'夫子'，本赘辞也。"（引自严灵峰《庄子章句新编》）钊按：其说恐不确。此"夫子出于山"，乃是

305

一句完整的话，如果此句中去掉"夫子"二字，则全句没有主语，不完整。虽前段有"庄子"，仍不能替代本句之"夫子"二字。《释文》作者所见本无"子"字，但他并未否定有作"夫子"的版本，故曰："本或即作'夫子'。"今读成《疏》"门人呼庄子为夫子也"，可知其所见本有"夫子"二字。故"夫子"二字，应予保存。

[2]"故人喜，命竖子杀雁而烹之"，清本原文如此。刘文典指出："'故人喜'下，当有'具酒肉'三字，而今本脱之。《吕氏春秋·必己》篇、《御览》九百十七引'故人喜'下并有'具酒肉'三字，是其证。'命'，《吕氏春秋·必己篇》《文选》卢子谅《赠刘琨诗》注《御览》九百十七引并作'令'。"钊按：此文"故人喜"下，当据刘氏之说，补"具酒肉"三字。又，"命""令"两字虽互通，但在此句中以用"令"为优，因为"命"分量太重，用"令"字显得和谐、适宜。又，"杀雁而烹之"，王念孙指出："'亨'读为'享'。'享之'，谓享庄子。故人喜庄子之来，故杀雁而享之。'享'与'飨'通，《吕氏春秋·必己》篇作'令竖子为杀雁飨之'，是其证也。故书'享'字作'亨'，'烹'字亦作'亨'，故《释文》误读为'烹'，而今本遂改'亨'为'烹'矣。"钊按：其说言之凿凿，当据改。

[3]"主人曰：杀不能鸣者"，清本原文如此。据刘文典考，《御览》九百十七引"主人"下，有"公"字。钊按：有"公"字语意完整，当据该本补一"公"字。

[4]"今主人之雁，以不材死；先生将何处？"清本原文如此。据刘文典考，《类聚·鸟部中》《御览》九百十七引"死"下并有"而"字，《文选》卢子谅《赠刘琨诗》注引"不材"作"不能鸣"。钊按："死"下有"而"字优，当据之补一"而"字。又，"不

材"与"不能鸣"相较，以今本"不材"为是，用"不材"可与下文庄子之回答"周将处乎材与不材之间"相呼应。

[5]"故未免乎累"，清本原文如此。钊按：此句"故未免乎累"，似乎与上文之意相悖。上文言"周将处乎材与不材之间"，这种"材与不材之间"，乃是一种模棱两可的应对方法，旨在逃避人生拖累。照此方法去办，应当可以避免拖累，但结论却是"故未免乎累"，这显然不合作者本旨。余以为此句中的"未"，应当训为"可"。因为"未"能训"不"，《古书虚字集释》："未，犹不也。"而"不"与"否"同义，"否"是"可"的反义词，据古人反义互训的原则，"否"能读为"可"。则本句当读为"故可免乎累"，全文豁然贯通。

[6]"廉则挫，尊则议"，清本原文如此。俞樾指出："'议'，当读为'俄'，《诗·宾之初筵》篇'侧弁之俄'，郑笺云'俄，倾貌'。'尊则俄'，谓崇高必倾侧也。古书'俄'字或以'义'为之，说见王氏《经义述闻·尚书·立政》篇，亦或以'议'为之。《管子·法禁篇》：'法制不议则民不相私。''议'亦'俄'也，谓法制不倾邪也。又或以'仪'为之，《荀子·成相》篇'君法仪，禁不为'，'仪'亦'俄'也，谓君法倾邪，则当禁使不为也。"钊按：俞氏之说理达据厚，当从之。

[7]"无须臾离居；然不免于患"，清本原文如此。俞樾言："崔譔本无'离'字，而以'居'字连上句读，当从之。《吕览·慎人》篇'胈胝不居'，高诱训'居'为'止'，'无须臾居'者，无须臾止也。正与上句'行'字相对成义。学者不达'居'字之旨，而习于《中庸》'不可须臾离'之文，遂妄加'离'字，而'居'字属下读，失之矣。下文'居得行而不名处'，亦以'居'与'行'对

言。"钊按：俞说可信，从之。

[8]"夫丰狐文豹，栖于山林，伏于岩穴，静也"，清本原文如此。据考，《御览》九百八引"豹"作"貔"，引"栖"作"搏"。钊按：比较两种版本，似乎《御览》九百八两处引文均不可取。一是其将"豹"引为"貔"，但考《御览》八百八十四引此文，亦用的是"豹"字。可见今本"豹"字是，该本"貔"字误。又，该本引"栖"作"搏"，亦不适宜。因为此文作者重点描述狐豹之"静"，故曰"栖于山林，伏于岩穴"，若作"搏于山林"，则显示出动态，似乎有违"静"义。故今本"栖"字是，而该本"搏"字非。

[9]"犹且胥疏于江湖之上而求食焉"，清本原文如此。据刘文典考，唐写本"旦"作"且"，"疏"下有"草"字。钊按：比较两种本子用字，似乎唐写本优，本句中"旦"字讹，当据该本正为"且"字。另，"疏"下应补一"草"字（意为造次）。据此，全句应为"犹且胥疏草于江湖之上而求食焉"。此句中之"胥"，成氏训"皆"，从之。又，"疏"，《释文》引司马云"疏，菜也"，实误。此"疏"当训为"搜索"，《中华大字典》"疏，搜索也"。又，《中华大字典》："草，造次也。"所谓"造次"，指迫促不暇。据此，则全句之意是说，犹且皆搜索造次于江湖之上而求食焉，文通理顺，似无疑义。

[10]"愈往而不知其所穷"，清本原文如此。据刘文典考，唐写本"愈"作"逾"。钊按：作"逾"优，则"逾往而不知其所穷"，犹言向前跨越而不知其穷也。当据改。

[11]"而独与道游于大莫之国"，清本原文如此。据刘文典考，此句"而独与"下，唐写本有"君"字。钊按：有"君"字是，这样全句便为"而独与君道游于大莫之国"，从而与前面"吾

愿去君之累，除君之忧"相呼应。当据之增一"君"字。

[12]"虽有惼心之人不怒"，清本原文如此。据刘文典考证，此句中之"惼"，《北堂书钞》百三十七、《文选》任彦昇《出郡传舍哭范仆射诗》、王仲宝《褚渊碑文》注、《御览》七百六十八引并作"褊"。钊按：作"褊"是。成《疏》言："'褊'，狭急也。"则成所见本亦为"褊"字。《中华大字典》"包众容物谓之裕，反裕为褊"，则"褊"乃"裕"的反义词，故成训"褊"为"狭急"，可从。据此，则此句之意是说，虽有狭窄急躁之心的人，也不会为之愤怒。

[13]"有一人在其上，则呼张歙之"，清本原文如此。刘文典言："《御览》七百六十八引'有'上有'忽'字。马叙伦曰'则呼张歙之'，当依《北堂书钞》百三十七引作'一呼张之，一呼歙之'。《淮南子·诠言训》作'一谓张之，一谓歙之'，可证。案：马说是也。唐写本无'之'字。"钊按：刘、马两家之说是。此文"有"字之前，当据《御览》本增一"忽"字，以示"一人在其上"的偶然性。又"则呼张歙之"，当依《北堂书钞》本，作"一呼张之，一呼歙之"。至于唐写本无"之"字，姑记之于此，供后人参考。

[14]"人能虚己以游世"，清本原文如此。刘文典据唐写本及《文选》王仲宝《褚渊碑文》注，在"游"下增一"于"字。钊按：有"于"字，句意圆满，当从之。

[15]"子何术之设"，清本原文如此。据刘文典考，此句中"之设"二字，《御览》六百二十七引作"设之"。钊按：原文"之设"乃倒语，"设之"语意顺畅，当照《御览》本改正。

[16]"萃乎芒乎"，清本原文如此。据刘文典言，《御览》六

百二十七引"萃乎"作"萃兮"。钊按：比较相关用字，此句作"萃乎芒乎"或作"萃兮芒兮"皆可，唯独作"萃兮芒乎"别扭，故仍存清本用字，原文不变。

[17]"来者勿禁，往者勿止"，清本原文如此。据刘文典考，《御览》六百二十七引"勿"作"无"。钊按：作"无"语意自然、开放，作"勿"有劝告之意，当从《御览》本作"无"，则全句为"来者无禁，往者无止"，合乎道家顺乎自然之意。

[18]"从其强梁，随其曲传"，清本原文如此。刘文典言："'传'，《御览》六百二十七引作'傅'，与《释文》同。"钊按：当从《御览》本及《释文》作"傅"。此"傅"与"附"古通，《中华大字典》"傅，通附"，故司马注曰"谓曲附己者，随之也"，应当说此注合乎原旨。对于此句中的"从"字，王先谦言"读曰纵"。钊按：恐非是。此"从"，当训为"顺从"，正好与下句"随"字相对应。所谓"从其强梁，随其曲傅"者，意为顺从于强梁，随和于曲附，乃表达作者因任自然之意，即既能顺从强者，亦能随附弱者（能曲附于自己的人，当是弱者）。

[19]"因其自穷"，清本原文于此。刘文典据唐写本，在"穷"下增补一"也"字。钊按：句末有"也"字，文意完美，当从之。

[20]"东海有鸟焉，其名曰意怠"，清本原文如此。据刘文典考，此两句中，唐写本无"焉""曰"二字。钊按：综观其文，此两句无"焉""曰"二字优，去掉该二字，则两句均为四字一句，其下连续五句皆为四字句，显示出文字排比之美。当据唐写本，删去该二字。

[21]"食不敢先尝，必取其绪"，清本原文如此。陆氏《释文》曰："绪，次绪也。"王念孙指出："陆说非也。'绪'者，余

也。言食不敢先尝，而但取其余也。《让王》篇'其绪余以为国家'，司马彪曰'绪者，残也，谓残余也'。《楚词·九章》'欸秋冬之绪风'，王注曰'绪，余也'。《管子·弟子职篇》'奉椀以为绪'，尹知章曰'绪，然烛烬也'。'烬'亦余也。"钊按：王氏之说，理充据明，从之。

[22]"修身以明污"，清本原文如此。钊按：本句中之"明"字，当读为"白"，《中华大字典》："明，犹白也。"此"白"，指清白，则"白污"，犹使污垢得以清白。上言"饰知以惊愚"，此言"修身以白污"，其意都是推行儒家的有为之德，故受到作者的批评，指出："昭昭乎如揭日月而行，故不免也（指不免于患）"。

[23]"孰能去功与名，而还与众人"，清本原文如此。奚侗曰："《管子·白心篇》作'孰能去名与功，而还与众人同'，当据以订补，此以'堕''亏'为韵，'功''同'为韵。"刘文典评曰："奚说是也，唐写本无下'与'字。"钊按：奚、刘之说是，从之。唐写本无下"与"字，可作参考，此仍以《管子》引文为据。

[24]"道流而不明，居得行而不名处"，清本文字及句读均如此。吕惠卿指出："'明''居'连读。"刘文典评曰："吕读是也，'道流而不明居''得行而不名处'，句法一律，'居''处'为韵。郭失其读，句既参差，又无韵矣。唐写本无'而'字。"钊按：吕、刘之说是，"居"字当属上句。又，唐写本无"而"字，则该二句作"道流不明居，得行不名处"，文字直截了当，简单明了。当据删改。

[25]"吾再逐于鲁，伐树于宋，削迹于卫，穷于商、周，围于陈、蔡之间"，清本原文如此。据刘文典考证，本文中之"再"，《类聚》八十四、《御览》八百六引作"见"。钊按：作"见"优，因

为孔子遭受以上一系列灾难,并非均有两次以上,用"再"字则不准确,用"见"则较客观允当,当从该二本,改"再"为"见"。

[26]"吾犯此数患,亲交益疏,徒友益散",清本原文如此。刘文典言:"'交',《御览》引作'而'。"钊按:比较两本用字,当以今本"交"字为优。作"交",则"亲交益疏,徒友益散",相对成文。若作"而"字,则"亲而益疏"不能同"徒友益散"相对仗。且成《疏》曰:"亲戚交情,益盛疏远。"则成氏所见本,有"交"字,故不必照《御览》本改变"交"字耳。

[27]"彼以利合,此以天属也",清本原文如此。刘文典曰:"'彼以利合,此以天属也','属'下当有'者'字。唐写本正作'此以天属者也',《文选》王仲宝《褚渊碑文》注引同。"钊按:刘说允当,当从之。

[28]"舜之将死,真泠禹曰",清本原文如此。刘文典指出:"唐写本'泠'作'命'。《疏》'用此真教命大禹',是成所见本字亦作'命'。"钊按:刘说是,此句中之"泠"当为"命"字之讹。又"真命禹曰",文不成义,疑"真"为"其"字,因形近而致误。"其"字上面毁坏,故被抄写者误为"真"字。若为"其"字,则全句乃为"舜之将死,其命禹曰",文通理顺,似无疑义。因暂无古本可证,且记之于此,以供后贤研究参考,

[29]"其得楠梓豫章也,揽蔓其枝而王长其间",清本原文如此。据刘文典考,此文之中的"王长",《御览》九百五十七引作"生长";唐写本引作"王张"(与《释文》同)。钊按:比较几种本子用字,当以清本作"王长"为优,此"王长"指猿猴中的强者在众猴之中称王称长的情况,如同孙悟空在水帘洞中当权那样。如俞樾所言:"此当就猿而言,谓猿得楠梓豫章,则率

其属、居其上而自为君长也，故曰'王长其间'。《释文》'王'往况反；'长'丁亮反，颇得其读。"其说贴切允当，从之。故本文仍当存今本"王长"用字，不必依他本改动。

[30]"运物之泄也"，清本原文如此。据刘文典考证，本句中之"物"，碧虚子校引江南古藏本作"化"。钊按：作"化"是，"运化"是专门用语，指运动变化。清本之"运物"于义不通，当从该本作"化"字。又，本句中之"泄"字，唐写本作"洩"字，两字互通。今仍存清本之"泄"字。

[31]"寋裳躩步，执弹而留之"，清本原文如此。刘文典指出："碧虚子校引张本'寋'作'褰'……唐写本作'搴'。"钊按："寋""褰""搴"三字古通（见《中华大字典》），故该三字均可用。此据张本作"褰"，《中华大字典》言："褰，开也。"则"褰裳躩步"，犹开衣急步也。刘氏又指出："'留'上疑脱'宿'字。《御览》九百四十六引正作'执弹而宿留之'。"其说是，《释文》引司马云："宿留伺其便也。"则司马所见本亦有"宿"字，当据补。《中华大字典》："宿，安也。"则"宿留"犹"安留"是也。此"安留"与成疏"留，伺候也"，义近同。

[32]"庄周反入，三月不庭"，清本原文如此。此句中之"不庭"，王念孙训为"不快"，他指出："'庭'，当读为'逞'。'不逞'，不快也；'甚不逞'，甚不快也。忘吾身，忘吾真，而为虞人所辱，是以不快也。《方言》曰：'逞，晓，快也。'……桓六年《左传》'今民馁而君逞欲'，《周语》'虢公动匮百姓以逞其违'，韦、杜注并曰'逞，快也'。'逞'字古读若'呈'，声与'庭'相近，故通作'庭'。"钊按：其说是，当从之，下文同。又，"三月"，据《释文》言，一本作"三日"，当依之，"三月"时间过长。

313

[33]"今吾游于雕陵而忘吾身,异鹊感吾颡,游于栗林而忘真。栗林虞人以吾为戮",清本原文如此。刘文典指出:"唐写本'身'上无'吾'字,是也。此承上文'吾守形而忘身'而言,不当有'吾'字。"钊按:刘说合理,且此句第二个字为"吾"字,若下面再用"吾"字,则赘矣,故当据唐写本删去下文之"吾"字。又,据刘文典曰:"'虞人'上'栗林'二字疑衍。"钊按:其说是,据王孝鱼考,《阙误》引文如海、张君房本"栗林"二字作□□,又,唐写本亦无该二字,则"栗林"二字当为衍字,此据删。

[34]"行贤而去自贤之行",清本原文如此。奚侗指出:"《韩非子·说林上》篇'自贤之行','行'作'心',当从之。"刘文典评曰:"奚说是也。《疏》'夫种德立行,而去自贤轻物之心者',是成本字正作'心',是其确证。《御览》三百八十二引此已误,《列子·黄帝篇》误与《庄子》同。"钊按:奚、刘两家之说均当,后"行"乃涉前"行"而误重,当改为"心"字。

(三)中心内容评析

本篇题名《山木》,取自篇首"庄子行于山中,见大木"一语中。全篇共九节,其基本内容在于阐发明哲自保、无为自化的理念。

第一节,借庄子行于山中所见所闻,说明要做到自我保身,必须"处乎材与不材之间",以求"免乎累"。而最理想的归宿,则是"乘道德而浮游",这样既可以"一龙一蛇,与时俱化",又可以"物物而不物于物""则胡可得而累邪""此神农、黄帝之法则也"。第二节,借市南宜僚为鲁侯献自保之策,指出鲁侯要自保,必须做到"去国捐俗,与道相辅而行",亦即实施"虚己以游世"之策。这如同"丰狐文豹","栖于山林,伏于岩穴",就可免除"罔罗机辟之患"。文中特别赞美"建德之国"那种"少私寡欲"的社会风气("其民愚而朴""知作而不知藏,与而不求其报"),这也是无为自化、与道相辅而行的必然。第三节,借北宫奢为卫灵公募捐为钟之事,阐明坚持无为而任自然,是取得成功的关键环节,故曰"既雕既琢,复归于朴"。这是说,除去人为的"雕"与"琢",社会就能回归到朴真的境界。第四节,借大公任与孔子对话的寓言,说明孔子之所以遭遇"陈蔡之厄",是过度追求"有为"所致。文中所谓"饰知以惊愚,修身以白污,昭昭乎如揭日月而行,故不免也",即明此意。故曰:"自伐者无功,功成者堕,名成者亏。"可见,要立身自保,必须坚持无为,作者主张要像名为"意怠"的海鸟那样,显示出自己的"无能",故"外人卒不得害"。第五节,借孔子与子桑雽对话的寓言,阐明"以利合"与"以天属"两种不同人生追求的根本区别:"夫以利合者,迫穷祸患害相弃也;以天属者,迫穷祸患害相收也。"这里所谓"迫穷祸患害相弃",意为迫使"穷、祸、患、害"四者相互抛弃,各自独立的存在状态;所谓"迫穷祸患害相收",意为迫使"穷、祸、患、害"四者相互融合吸收,合而为一之貌。可见,"以利合",祸患继续独立存在;而"以天属",则祸患得以融解消化,即达到"无为自化"境界。可见"以天属",即坚持无为多么重要。第六节,借庄子与魏王的对话,说明"士有道德而不能行",便陷入"惫"的结局,此"惫"乃是社会黑暗或曰君臣有为所致,故曰"今处昏上乱相之间,而欲无惫,奚可得邪"。第七节,借孔子与颜回的对话,提出"无受天损易,无受人益难"的人生哲理,其意是说，不遭受自然的损害，容易办到；不接受利禄的赐予，则很难办到。两者虽含义有别，但其崇尚自然、贬抑人为之意是一致的。第八节，设置"螳螂捕蝉，黄雀在后"的典故，说明逐利忘身的危害性，旨在劝导人们勿做"守形而忘身"的蠢事，以摆脱世俗逐利倾向。第九节，突出"行贤而去自贤之心"的必要性，意在强调无为自化，所谓"其美者自美""其恶者自恶"，均含有"无为自化"之意。

综观全文，其明哲自保、无为自化的理念，贯穿始终。

十四、《田子方》校训析

（一）经文校正清样

田子方侍坐于魏文侯，数称谿工。文侯曰："谿工，子之师邪？"子方曰："非也，无择之里人也；称道数当，故无择称之。"文侯曰："然则子无师邪？"子方曰："有。"曰："子之师谁邪？"子方曰："东郭顺子。"文侯曰："然则夫子何故未尝称之？"子方曰："其为人也〔真〕，真人貌而天虚，缘而保真，清而容物[1]。物〔悟〕无道，正容以悟之[2]，使人之意也消。无择何足以称之！"子方出，文侯傥然终日不言，召前立臣而语之曰："远矣，全德之君子！始吾以圣知之言、仁义之行为至矣，吾闻子方之师，吾形解而不欲动，口钳而不欲言。吾所学者直土梗耳，夫魏真为我累耳！[3]"

温伯雪子适齐，舍于鲁。鲁人有请见之者，温伯雪子曰："不可，吾闻中国之君子，明乎礼义而陋于知人心，吾不欲见也。"至于齐，反舍于鲁，是人也又请见，温伯雪子曰："往也蕲见我，今也又蕲见我，是必有以振〔赈〕我也。"[4]出而见客，入而叹。明日见客，又入而叹。其仆曰："每见之客也，必入而叹，何耶？"曰："吾固告子矣：'中国之民，明乎礼义而陋乎知人心。'昔之见我者，进退一成规、一成矩，从容一若龙、一若虎，其谏我也似子，其道〔导〕我也似父[5]。是以叹也。"仲尼见之而不言。子路曰："吾〔夫〕子欲见温伯雪子久矣[6]，见之而不言，何邪？"仲尼曰："若夫人者，目击而道存矣，亦不可以容声矣。"

颜渊问于仲尼曰："夫子步亦步，夫子趋亦趋，夫子驰亦驰；夫子奔逸绝尘，而回瞠若乎后矣！"夫子曰："回，何谓邪？"曰："夫子步，亦步也；夫子言，亦言也；夫子趋，亦趋也；夫子辩，亦辩也；夫子驰，亦驰也；夫子言道，回亦言道也；及奔逸绝尘而回瞠若乎后者，夫子不言而信，不比而周，无器而民滔乎前，而不知所以然而已矣。"仲尼曰："恶！可不察与！夫哀莫大于心死，而人死亦次之。日出东方而入于西极，万物莫不比方，有目有趾者，待是而后成功，是出则存，是入则亡。万物亦然，有待也而死，有待也而生。吾一受其成形，而不化以待尽。效物而动，日夜无隙，而不知其所终。薰然其成形，知命不能规乎其前，丘以是日徂。吾终身与汝交一臂而失之[7]，可不哀与！女〔汝〕殆著乎吾所以著也。彼已尽矣，而女〔汝〕求之以为有，是求马于唐肆也。吾服女〔汝〕也甚忘，女〔汝〕服吾也亦甚忘。虽然，女〔汝〕奚患焉！虽忘乎故吾，吾〔犹〕有不忘者存。"[8]

孔子见老聃，老聃新沐，方将被发而干，慹然似非人。孔子便而待之，少焉见，曰："丘也眩与，其信然与？向者先生形体掘若槁木，似遗物离人而立于独也。"老聃曰："吾游心于物之初。"孔子曰："何谓邪？"曰："心困焉而不能知，口辟焉而不能言，尝为汝议乎其将。至阴肃肃，至阳赫赫。肃肃出乎天，赫赫发乎地。两者交通成和而物生焉，或为之纪而莫见其形。消息满虚，一晦一明，日改月化，日有所为，而莫见其功。生有所乎萌，死有所乎归，始终相反乎无端而莫知乎其所穷。非是也，且孰为之宗！"孔子曰："请问游是。"老聃曰："夫得是，至美至乐也，得至美而游乎至乐，谓之至人。"孔子曰："愿闻其方。"曰："草食之兽不疾易薮，水生之虫不疾易水，行小变而不失其大常也，喜怒哀乐不入于胸次。夫天下也者，万物之所一也。得其所一而同焉，则四支百体将为尘垢，而死生终始将为昼夜而莫之能滑，而况得丧祸福之所介乎！弃隶者若弃泥涂，知身贵于隶也，贵在于我而不失于变，且万化而未始有极也，夫孰足以患心！已为道者解乎此。"孔子曰："夫子德配天地，而犹假至言以修心，古之君子，孰能脱焉。"老聃曰："不然。夫水之于汋也，无为而才自然矣。至人之于德也，不修而物不能离焉。若天之自高，地之自厚，日月之自明，夫何修焉。"孔子出，以告颜回曰："丘之于道也，其犹醯鸡与！微夫子之发吾覆也，吾不知天地之大全也。"

庄子见鲁哀公。哀公曰："鲁多儒士，少为先生方者。"庄子曰："鲁少儒。"哀公曰："举鲁国而儒服，何谓少乎？"庄子曰："周闻之，儒者冠圜冠者，知天时；履句〔方〕屦者，知地形[9]；缓佩玦者，事至而断。君子有其道者，未必为其服也；为其服者，未必知其道也。公固以为不然，何不号于国中曰：'无此道而为此服者，其罪死。'"于是哀公号之五日，而鲁国无敢儒服者，独有一丈夫儒服而立乎公门。公即召而问以国事，千转万变而不穷。庄子曰："以鲁国而儒者一人耳，可谓多乎？"

百里奚爵禄不入于心，故饭牛而牛肥，使秦穆公忘其贱，与之政也。有虞氏死生不入于心，故足以动人。宋元君将画图，众史皆至，受揖而立；舐笔和墨，在外者半。有一史后至者，儃儃然不趋，受揖不立，因之舍。公使人视之，则解衣般礴臝。君曰："可矣，是真画者也。"

文王观于臧，见一丈夫钓，而其钓莫钓，非持其钓有钓者也，常钓也。文王欲举而授之政，而恐大臣父兄之弗安也；欲终而释之，而不忍百姓之无天也。于是旦而属之大夫曰："昔者寡人梦见良人，黑色而頯，乘驳马而偏朱蹄，号曰：'寓而政于臧丈人，庶几乎民有瘳乎！'"诸大夫蹴然曰："先君[命]王也。[10]"文王曰："然则卜之。"诸大夫曰："先君之命，王其无它，又何卜焉！"遂迎臧丈人而授之政。典法无更，偏令无出。三年，文王观于国，则列士坏植散群[11]，长官者不成德，斔斛不敢入于四竟。列士坏植散群，则尚同也；长官者不成德，则同务也；觬斛不敢入于四竟，则诸侯无二心也。文王于是焉以为大师，北面而问曰："政可以及天下乎？"臧丈人昧然而不应，泛然而辞，朝令而夜遁，终身无闻。颜渊问于仲尼曰："文王其犹未邪？又何以梦为乎？"仲尼曰："默，汝无言！夫文王尽之也，而又何论刺焉！彼直以循斯须也。"〔仲尼闻之曰："古之真人，知者不得说，美人不得滥，盗人不得劫，伏戏、黄帝不得友，死生亦大矣，而无变乎己，况爵禄乎！若然者，其神经乎大山而无介，入乎渊泉而不濡，处卑细而不惫，充满天地，既以与人，己愈有。"〕❶

列御寇为伯昏无〔瞀〕人射，引之盈贯，措杯水〔于〕其肘上[12]，发之，适〔镝〕矢复沓[13]，方〔放〕矢复寓[14]。当是时，犹象人也。伯昏无〔瞀〕人曰："是射之射〔也〕，非不射之射也[15]。尝与汝登高山，履危石，临百仞之渊，若能射乎？"于是〔伯昏〕无〔瞀〕人遂登高山，履危石[16]，临百仞之渊，背逡巡，足二分垂在外，揖御寇而进之。御寇伏地，汗流至踵。伯昏无〔瞀〕人曰："夫

---

❶ 此自"仲尼闻之曰"至"既以与人，己愈有"一段，因错简误置于文末，此据校训说明[18]，移置于此。

至人者，上窥青天，下潜黄泉，挥斥八极，神气不变。今汝怵然有恂目之志，尔于中也殆矣夫！"

肩吾问于孙叔敖曰："子三为令尹而不荣华，三去之而无忧色。吾始也疑子，今视子之鼻间栩栩然，子之用心独奈何？"孙叔敖曰："吾何以过人哉！吾以其来不可却也，其去不可止也，吾以为得失之非我也，而无忧色而已矣。我何以过人哉！且不知其在彼乎，其在我乎？其在彼邪〔焉〕亡乎我，在我邪〔焉〕亡乎彼[17]。方将踌躇，方将四顾，何暇至乎人贵人贱哉！"

仲尼闻之曰："古之真人，知者不得说，美人不得滥，盗人不得劫，伏戏、黄帝不得友，死生亦大矣，而无变乎己，况爵禄乎！若然者，其神经乎大山而无介，入乎渊泉而不濡，处卑细而不惫，充满天地，既以与人，己愈有。"[18]

楚王与凡君坐，少焉，楚王左右曰凡亡者三。凡君曰："凡之亡也，不足以丧吾存。夫'凡之亡不足以丧吾存'，则楚之存不足以存存。由是观之，则凡未始亡而楚未始存也。"

（二）文字校训说明

[1] "其为人也真，人貌而天，虚缘而葆真，清而容物"，清

323

本句读及文字如此。俞樾指出:"郭注以'人貌而天'四字为句,殆失其读也,此当以'人貌而天虚'为句。'人貌''天虚'相对成义。'缘而葆真'为句,与'清而容物'相对成义。'虚'者,孔窍也。《淮南子·氾论篇》'若循虚而出入',高注曰'虚,孔窍也',训'孔窍',故亦训'心'。《俶真篇》'虚室生白',注曰'虚,心也'……此云'人貌而天虚',即'人貌而天心',言其貌则人,其心则天也。学者不达'虚'字之义,误属下读,则'人貌而天'句,文义不完,下两句本相俪者,亦参差不齐矣。……'缘而葆真'者,顺而葆真也。"钊按:俞说有理有据,令人信服,当据之纠正清本句读。

[2]"物无道,正容以悟之",清本原文如此。钊按:此语含义不清,疑"物"为"牾"之讹,两字音近所致。"牾",逆也。则"牾无道",犹"逆无道",故后文接上"正容以悟之"。照此解,文意焕然通达,似无疑义。

[3]"吾所学者直土梗耳,夫魏真为我累耳",清本原文如此。对于本段中的"直"及后面的"真",史料记载不一。《释文》言:"'直',如字,本亦作'真',下句同,元嘉本此作'真',下句作'直'。"刘文典指出:"《道藏》白文本、注疏本并作'真',下同。"钊按:比较清本和他本关于"直"与"真"两字的运用,余以为清本优。首先,"直土梗耳"之"直",当训为"但",《中华大字典》"直,犹但也"。则"直土梗耳",犹"但土梗耳",此"但"犹"徒"(参见《古书虚字集释》),言徒为土梗也。其次,后一"真"字,亦以清本为是,其"夫魏真为我累耳",意为魏国真正是我的累赘,文通意顺,当存清本之"真"字。

[4]"是必有以振我也",清本原文如此。对于此句中的

"振",成《疏》训为"动",言:"振,动也","故欲感动我来"。钊按:细读原文,其说不确。此"振"乃为"赈"的假字,含有"赈济"之义,《中华大字典》释"振"曰:"凡振济当作此字,俗作赈。"温伯雪子是贤人,见孔子门人一再要求见他,便意识到必对自己的德行有所拯救,故以"振我"为言,可谓有自知之明。

[5]"其道我也似父",清本原文如此。刘文典曰:"碧虚子校引江南古藏本'道'作'导',《疏》'训异我也,似父之教子',是成本字亦作'导'。"钊按:作"导"是,谓开导也。

[6]"子路曰:'吾子欲见温伯雪子久矣'",清本原文如此。刘文典指出:"子路对孔子言,当称'夫子',《吕氏春秋·精谕篇》'吾子'作'夫子',当从之。又,'子路'作'子贡'。"钊按:当据吕著作"夫子",子路、子贡均为夫子弟子,两人中究竟是谁问孔子,现在很难断定,只好暂存疑,等待新的证据。

[7]"吾终身与汝交一臂而失之",清本原文如此。据刘文典考,《御览》三百六十九引此文无"一"字。钊按:无"一"优,则该句作"吾终身与汝交臂而失之",文简意明,当据删。

[8]"吾服女也甚忘,女服吾也亦甚忘。虽然,女奚患焉!虽忘乎故吾,吾有不忘者存",清本原文如此。刘文典指出:"《淮南子·齐俗篇》:'吾服汝也忘,而汝服于我也亦忘。虽然,汝虽忘乎!吾犹有不忘者存。'即本《庄子》此文。"钊按:其说是。清本之文确有错讹衍脱之失,此据《淮南》文,将本段文字订正为:"吾服汝也忘,汝服吾也亦忘。虽然,汝奚患焉?虽忘乎故,吾犹有不忘者存。"

[9]"履句屦者,知地形",清本原文如此。钊按:据刘文典考,《御览》六百七十九引此句作"履方屦者,知地形",则该

本"句"为"方"字。成《疏》曰"履方屦以法地者",则成所见本字亦作"方"。据此,当以"方"字代"句"字为是。

[10]"诸大夫蹴然曰:先君王也",清本原文如此。俞樾指出:"'先君'下疑夺'命'字,此本作'先君命王也',故下文曰:'先君之命,王其无他。'"钊按:俞氏之说是,当从之。

[11]"则列士坏植散群",清本原文如此。钊按:对于本句中的"植",《释文》引司马云:"植,行列也。散群,言不养徒众也。"又曰:"植者,疆界头造屋以待谏者也。"均文义晦涩不清。俞樾指出:"司马两说,并未得'植'字之义。宣二年《左传》'华元为植',杜注曰'植,将主也',列士必先有主而后得有徒众,故欲散其群,必先坏其植也。"其说持之有故,言之成理,从之。

[12]"措杯水其肘上",清本原文如此。据刘文典考证,此文"其"上有"于"字。钊按:有"于"字优,则全句为"措杯水于其肘上",语意完满,当据该本增一"于"字。

[13]"发之,适矢复沓",清本原文如此。据刘文典考证,《御览》七百四十五引"适"作"镝",与《列子·黄帝篇》合。钊按:作"镝"是。此"镝"指箭矢,所谓"发之,镝矢复沓",犹言发放出去,箭矢再次到达目的地。"沓"通"达"(参见《中华大字典》),则"复沓"犹再达也。

[14]"方矢复寓",清本原文如此。据刘文典考证,《御览》七百四十五引"方"作"放"。钊按:作"放"是,指发放箭矢也。则"放矢复寓"指发放箭矢时,再度置杯水于肘上,故成《疏》曰"言其敏捷"。

[15]"是射之射,非不射之射也",清本原文如此。据刘文

典考证，"是射之射"下，《御览》七百四十五引有"也"字。钊按：有"也"字是，则全句为"是射之射也，非不射之射也"。文意完满，当据之增补一"也"也。

[16]"于是无人遂登高山，履危石"，清本原文如此。刘文典指出："'无人'上脱'伯昏'二字。上下文皆作'伯昏无人'，此不得独省，《列子·黄帝篇》正作'于是伯昏瞀人遂登高山，履危石'，可证。"钊按：其说是，当据补之。

[17]"其在彼邪？亡乎我；在我邪？亡乎彼"，清本句读及原文如此。钊按：疑文中之"邪"，原文为"焉"，当训为"乃"。由于此两字在作语尾虚词时，其义相通，故可以互代。但当"焉"训为"乃"时，则"邪"不能代之。因浅人不知，用"邪"替代了"焉"，于是便造成句读之误。此句当改"邪"为"焉"，以还其本来面目。据此，则全句应读为："其在彼，乃亡乎我；在我，乃亡乎彼。"其意是说，得失贵贱，无论"在我"还是"在彼"，对于我来说皆是一个"亡"字，故下文说："何暇至乎人贵人贱哉！"

[18]从"仲尼闻之曰"起，到"既以与人，己愈有"一段文字，见于本文倒数第二段。钊按：疑此段文字乃因错简而放错了位置。从文意上看，这段文字乃是孔子回答别人所问的相关内容。既是回答别人所问，则文前应有发问之人，然而查阅该文，却未见直接提问者，则仲尼此答，十分突然。再往前去，发现在同一篇中，孔子曾回答过颜回之问："颜渊问于仲尼曰：'文王其犹未邪？又何以梦为乎？'仲尼曰：'默，汝无言！夫文王尽之也，而又何论剌焉！彼直以循斯须也。'"在此，孔子简要批评了颜回，说他不该讽刺文王。其所要说的话显然没有说完。仔细研读文末那段文字，当是仲尼对文王的总体看法，其中所谓"古之真人"指

的正是文王。所以文末倒数第二段文字，乃是孔子答颜回之问的继续，当移到"列御寇为伯昏无人射"那段文字之前才是。

（三）中心内容评析

本篇题名《田子方》，取自篇首三字。全文共十节，内容关联疏松，类似杂说。

第一节，借田子方与魏文侯的对话，说明东郭顺子是一位"人貌天虚"的得道真人，他"缘而葆真，清而容物"，可称为"全德之君子"，同那些言圣智仁义之徒比起来，高明得多。文侯正是在他的启示下，才开始意识到有为之治的固有弊端，故曰："夫魏真为我累耳！"第二节，借温伯雪子适齐的故事，给儒家学术以种种鞭挞。他认为以儒家立足的鲁国，社会风气"明乎礼义而陋于知人心"，他们在礼义的束缚下，"进退一成规、一成矩，从容一若龙、一若蛇"，乃至表现出"其谏我也似子，其导我也似父"（此乃儒学礼义忠信那一套）的迂腐陋习，故使温伯特别厌恶。第三节，借颜回与孔子的对话，描述颜回对孔子尽愚忠的种种表现，文中所谓"夫子步亦步，夫子趋亦趋""夫子言道，回亦言道"，表现出"知其然"而"不知其所以然"的愚忠。故孔子批评他："可不察与！"其所谓"察"，就是要亲自考察研究。若亦步亦趋，必然陷入僵化与呆滞，孔子指出："彼已尽矣，而汝求之以为有，是求马于唐肆（指空市场）也。"必终身无成。第四节，借孔子与老聃的对话，描述老聃得道后，"游心于物之初"，并阐明了两大重要法则，一是"道生万物"的法则，文中所谓"至阴肃肃，至阳赫赫。肃肃出乎天，赫赫发乎地。两者交通成和而物生焉"的表述即点明了这一法则。二是强调"无为自化"的理念。在孔子看来，老聃之"德配天地"，是借助"至言以修心"的结果。对此，老聃予以否定，指出："夫水之于汋也，无为而才自然矣。至人之于德也……若天之自高，地之自厚，日月之自明，夫何修焉。"显然，这里推崇的是无为之德。第五节，借庄子与鲁哀公对话的寓言，讥讽鲁国虽有很多穿儒服的人，但真正懂得儒学的人却很少，因为"有其道者，未必为其服也；为其服者，未必知其道也"。经鲁哀公考察，在鲁国仅一人懂儒学，这一人可能是孔子，若如此，也是对孔子的极大讽刺。第六节，借百里奚"爵禄不入于心"、有虞氏"死生不入于心"的立身形象，点赞忘物、忘己乃属贤者之德。借宋元君招人画图的寓言，描述"真画者"表现出的"儃儃然不趋"（安闲自得貌）形象，借以点赞有道者不自恃的美德。第七节，写文王邀姜太公入朝执政，而太公却"朝令而夜遁，终身无闻"。意在点赞姜太公奉行"不以天下累己"的高尚人生追求。第八节，借伯昏瞀人与列御寇论射箭之道，说明射箭有两类：一类为"射之射"，另一类为"不射之射"。前者属于有心之射，后者属于无心之射。有心之射，属有为之道；无心之射，则属无为之道。而伯昏瞀人追求的是无为之道，他向往"上窥青天，下潜黄泉，挥斥八极，神气不变"，体现了"无为自化"之意。第九节，借肩吾与孙叔敖对话的寓言，赞美孙叔敖不为升官而喜、不为丢官而忧的贤者形象。第十节，借楚王与凡君论"存""亡"之道，阐明"凡"之存亡与"楚"之存亡两者的相互关系，意在强调做君王的，应置身于国家存亡之外，即以"无为"自处。

综观全文，虽文意较杂，但在总体上表达了道家的世界观和人生观，其中也鞭挞了儒家的仁义忠信及有为之道。

十五、《知北游》校训析

（一）经文校正清样

　　知北游于玄水之上，登隐弅之丘，而适遭无为谓焉。知谓无为谓曰："予欲有问乎若：'何思何虑则知道？何处何服则安道？何从何道〔导〕则得道[1]？'"三问而无为谓不答也。非不答，不知答也。知不得问，反于白水之南，登狐阕之上，而睹狂屈焉。知以之言问乎狂屈，狂屈曰："唉！予知之，将语若。"中欲言而忘其所欲言。知不得问，反于帝宫，见黄帝而问焉。黄帝曰："无思无虑始知道，无处无服始安道，无从无道〔导〕始得道。"知问黄帝曰："我与若知之，彼与彼不知也，其孰是邪？"黄帝曰："彼无为谓真是也，狂屈似之，我与汝终不近也。夫知者不言，言者不知，故圣人行不言之教，道不可致，德不可至。仁可为也，义可亏也，礼相伪也。故曰：'失道而后德，失德而后仁，失仁而后义，失义而后礼。礼者，道之华而乱之首也。'故曰：'为道者日损，损之又损之以至于无为，无为而不无为也。'今已为物也，欲复归根，不亦难乎！其易也，其唯大人乎！生也死之徒，死也生之始，孰知其纪！人之生，气之聚也。聚则为生，散则为死。若死生为徒，吾又何患！故万物一也。是其所美者为神奇，其所恶者为臭腐；臭腐复化为神奇，神奇复化为臭腐。故曰：'通天下一气耳！'圣人故贵一。"知谓黄帝曰："吾问无为谓，无为谓不应我，非不我应，不知应我也。吾问狂屈，狂屈中欲告我而不我告，非不我告，中欲告而忘之也。今予问乎若，若知之，奚故不近？"黄帝曰："彼其真是也，以其不知也；此其似之也，以其忘之也；予与若终不近也，以其知之也。"狂屈闻之，以黄帝为知言。

天地有大美而不言，四时有明法而不议，万物有成理而不说。圣人者，原天地之美而达万物之理，是故至人无为，大圣不作，观于天地之谓也。今〔合〕彼神明至精，与彼百化[2]，物已死生方圆，莫知其根也，扁〔遍〕然，而〔乃〕万物自古以固存[3]。六合为巨,未离其内;秋豪为小,待之成体。天下莫不沉浮,终身不故〔旧〕[4];阴阳四时运行,各得其序。惛然若亡而存,油然不形而神,万物畜而不知。此之谓本根,可以观于天矣。

啮缺问道乎〔于〕被衣[5],被衣曰:"若正汝形,一汝视,天和将至;摄汝知,一〔正〕汝度,神将来舍[6]。德将为汝美,道将为汝居,汝瞳〔惷〕焉〔乎〕如新生之犊[7],而无求其故!"言未足,啮缺睡寐,被衣大说,行歌而去之,曰:"形若槁骸,心若死灰,真其实〔不〕知[8],不以故自持。媒媒〔昧昧〕晦晦[9],无心而不可与谋。彼何人哉!"

舜问乎丞曰:"道可得而有乎?"曰:"汝身非汝有也,汝何得有夫道?"舜曰:"吾身非吾有也,孰有之哉?"曰:"是天地之委〔付〕形也[10];生非汝有,是天地之委〔付〕和也;性命非汝有,是天地之委〔付〕顺也;孙子〔孙〕非汝有[11],是天地之委〔付〕蜕也。故行不知所往,处不知所持,食不知所味。天地之强阳气也,又胡可得而有邪?"

孔子问于老聃曰:"今日晏闲,敢问至道。"老聃曰:"汝斋戒,疏瀹而心,澡雪而精神,掊击而知！夫道，窅然难言哉！将为汝言其崖略。夫昭昭生于冥冥，有伦生于无形，精神生于道，形本生于精，而万物以形相生。故九窍者胎生，八窍者卵生。其来无迹，其往无崖，无门无房，四达之皇皇也。邀〔顺〕于此者[12]，四肢强，思虑恂达，耳目聪明，其用心不劳，其应物无方。天不得不高，地不得不广，日月不得不行，万物不得不昌，此其道与！且夫博之不必知，辩之不必慧，圣人以断之矣。若夫益之而不加益，损之而不加损者，圣人之所保也。渊渊乎其若海，魏魏乎其终则复始也，运量万物而不匮〔遗〕[13]，则君子之道，彼其外与！万物皆往资焉而不匮，此其道与！中国有人焉，非阴非阳，处于天地之间，直且为人，将反于宗。自本观之，生者，喑醷〔䤅〕物也[14]。虽有寿夭，相去几何？须臾之说也。奚足以为尧、桀之是非！果蓏有理，人伦虽难，所以相齿。圣人遭之而不违，过之而不守。调而应之，德也；偶而应之，道也。帝之所兴，王之所起也。人生天地之间，若白驹之过郤〔隙〕[15]，忽然而已。注然勃然，莫不出焉；油然漻然，莫不入焉。已化而生，又化而死，生物哀之，人类悲之。解其天弢，堕其天袭，纷乎宛乎，魂魄将往，乃身从之，乃大归乎！不形之形，形之不形，是人之所同知也，非将至之所务也，此众人之所同论也。彼至则不论，论则不至。明见无值，辩不若默。道不可闻，闻不若塞。此之谓大得。"

东郭子问于庄子曰："所谓道，恶乎在？[16]"庄子曰："无所不在。"东郭子曰："期而后可。"庄子曰："在蝼蚁。"曰："何其下邪？"曰："在稊稗。"曰："何其愈下邪？"曰："在瓦甓。"曰："何其愈甚邪？"曰："在屎溺。"东郭子不应。庄子曰："夫子之问也，固不及质。正获之问于监市履狶也，每下愈况，汝唯莫必〔谓〕，无乎逃物[17]。至道若是，大言亦然。周、徧、咸三者，异名同实，其指一也。尝相与游乎无何有之宫，同合而论，无所终穷乎！尝相与无为乎！澹而静乎！漠而清乎！调而闲乎！寥已吾志，无往焉而不知其所至，去而来而不知其所止，吾已往来焉而不知其所终；彷徨乎冯闳，大知入焉而不知其所穷。物物者与物无际，而物有际者，所谓物际者也。不际之际，际之不际者也。谓盈虚衰杀，彼为盈虚非盈虚，彼为衰杀非衰杀，彼为本末非本末，彼为积散非积散也。"

妸荷甘与神农同学于老龙吉。神农隐几阖户昼瞑，妸荷甘日中奓户而入曰："老龙死矣！"神农隐几拥杖而起[18]，曝〔暴〕然放杖而笑[19]，曰："天知予僻陋慢訑，故弃予而死。已矣夫子！无所发予之狂言而死矣夫！"弇堈吊闻之，曰："夫体道者，天下之君子所系焉。今于道，秋豪之端万分未得处一焉，而犹知藏其狂言而死，又况夫体道者乎！视之无形，听之无声，于人之论者，谓之冥冥。所以论道，而非道也。"

于是泰清问乎无穷曰："子知道乎？"无穷曰："吾不知。"又问乎无为，无为曰："吾知道。"曰："子之知道，亦有数乎？"曰："有。"曰："其数若何？"无为曰："吾知道之可以贵，可以贱，可以约，可以散，此吾所以知道之数也。"泰清以之言也问乎无始曰："若是，则无穷之弗知与无为之知，孰是而孰非乎？"无始曰："不知深矣，知之浅矣；弗知内矣，知之外矣。"于是泰清中而叹曰："弗知乃知乎！知乃不知乎！孰知不知之知！〔知之为弗知，弗知之为知邪？〕"[20]无始曰："道不可闻，闻而非也；道不可见，见而非也；道不可言，言而非也。〔孰〕知形形之不形〔者〕乎[21]！道不当名。"无始曰："有问道而应之者,不知道也。虽问道者,亦未闻道。道无问,问无应。无问问之,是问穷也;无应应之,是无内也。以无内待问穷,若是者,外不观乎宇宙,内不知乎大初[22],是以不过乎昆仑,不游乎太虚。"

光曜问乎无有曰:"夫子〔道〕有乎?其无有乎?"[23]光曜不得问,而孰视其状貌,窅然空然,终日视之而不见,听之而不闻,搏之而不得也。光曜曰:"至矣!其孰能至此乎!予能有无矣,而未能无无也;及为无有〔无〕矣[24],何从至此哉!"

大马之捶钩者,年八十矣,而不失豪芒。大马曰:"子巧与?有道与?"曰:"臣有守也。臣之年二十而好捶钩,于物无视也,非钩无察也。是用之者,假不用者也以长得其用,而况乎无不用者乎!物孰不资焉!"

冉求问于仲尼曰:"未有天地可知邪?"仲尼曰:"可,古犹今也。"冉求失问而退,明日复见,曰:"昔者吾问:'未有天地可知乎?'夫子曰:'可,古犹今也。'昔日吾昭然,今日吾昧然,敢问何谓也?"仲尼曰:"昔之昭然也,神者先受之;今之昧然也,且又为不神者求邪?无古无今,无始无终,未有子孙而有子孙,可乎?"冉求未对。仲尼曰："已矣,未应矣!不以生生死,不以死死生。死生有待邪?皆有所一体。有先天地生者<u>物</u>邪?物物者非物[25]。物出不得先物也,犹其有物也。犹其有物也,无已。圣人之爱人也终无已者,亦乃取于是者也。"

颜渊问乎仲尼曰："回尝闻诸夫子曰:'无有所将,无有所迎。'回敢问其<u>游</u>〔由〕[26]。"仲尼曰："古之人,外化而内不化;今之人,内化而外不化。与物化者,一不化者也。安化安不化,安与之相靡,必与之莫多。狶韦氏之囿,黄帝之圃,有虞氏之宫,汤、武之室。君子之人,若儒、墨者师,故以是非相䩭也,而况今之人乎!圣人处物不伤物。不伤物者,物亦不能伤也。唯无所伤者,为能与人相将迎。山林与!皋壤与〔与我无亲〕[27]!使我欣欣然而乐与!乐未毕也,哀又继之。哀乐之来,吾不能御,其去弗能止。悲夫,世人直为物逆旅耳!夫知遇而不知所不遇,<u>知能能而不能所不能</u>[28]。无知无能者,固人之所不免也。夫务免乎人之所不免者,岂不亦悲哉!至言去言,至为去为,齐知之所知,则浅矣。"

337

（二）文字校训说明

[1]"何从何道则得道"，清本原文如此。奚侗曰："《礼器》郑注：'道，由也，从也。'此'何道'，即'何从'也。"钊按：奚氏将此句中之"何道"训为"何从"恐不确，因为上面已有"何从"，若再将"何道"训为"何从"，则重复累赘。余以为"何道"之"道"，乃借为"导"，则"何从""何导"对应，意为从哪里起，向哪里去，则能得道。文意清明，当无疑义。

[2]"今彼神明至精，与彼百化"，清本原文如此。奚侗据陈碧虚《庄子阙误》引刘得一本曰："'今'，当从刘本作'合'。"刘文典评曰："刘本作'合'义较长。"钊按：奚、刘之说是，从之。

[3]"扁然而万物自古以固存"，清本原文及句读如此。钊按：此句当读为"扁然，而万物自古以固存"。文中之"扁"借为"遍"，成《疏》曰"扁然，遍生之貌也"，当合于本旨。又，"而"当训为"乃"（参见《古书虚字集释》)，则"而万物自古以固存"，即"乃万物自古以固存"之谓。"固存"，即本来就存在。

[4]"终身不故"，清本原文如此。《陈译》将"故"训为"固"，曰："'故'，同'固'，固定的意思。"钊按：其言可备一说。但此"故"，似不必改字，可直接训为"旧"，《中华大字典》："故，旧也。""旧"，是"新"的对立面，即陈旧之谓，则"终身不故"，犹言终身不会陈旧，彰显不断更新之意。说明事物总是处于新陈代谢、生长变化之中，而永不凝固。郭《注》以"日新"来释"不故"；成《疏》言"新新相续，未尝守故"，都是据"故"所作的训释，完全合于本旨。

[5]"啮缺问道乎被衣",清本原文如此。据刘文典考证,本句中之"乎",唐写本作"于"。钊按:"于"与"乎"互通,此句作"于"合乎大众化,当从唐写本改。

[6]"若正汝形,一汝视,天和将至;摄汝知,一汝度,神将来舍",清本原文如此。俞樾指出:"'一汝度'当作'正汝度'。盖此四句变文以成辞,其实一义也。'摄汝知'即'一汝视'之意,所视者专一,故所知者收摄矣。'正汝度'即'正汝形'之意,'度',犹'形'也。《淮南子·道应篇》《文子·道原篇》并作'正汝度',可据以订正。"钊按:俞说理充据实,当从之。

[7]"汝瞳焉如新生之犊",清本原文如此。刘文典考证:"'如',唐写本作'若',与《淮南子·道应篇》合。'瞳焉',《淮南子》作'惷乎',《说文·心部》'惷,愚也',是其谊。"钊按:综合以上资料,清本"如"字仍保存不变,因为"如"与"若"互通,两字皆可用;又,"瞳焉",当据《淮南》本改为"惷乎",并将"惷"训为"愚",以畅通文意。

[8]"真其实知",清本原文如此。刘文典指出:"'真其实知',义不可通。《淮南子·道应篇》作'真实不知',当从之。道家固以不知为贵也。《文子·道原篇》与《庄子》同,盖袭其已误之文也。"钊按:刘说允当,从之。

[9]"媒媒晦晦,无心而不可与谋",清本原文如此。钊按:此句中的"媒媒晦晦",《淮南子·道应篇》作"墨墨恢恢",当是依《庄子》语"媒媒晦晦"之音传承下来的。综观全文,此"媒媒晦晦"旨在揭示主体的昏昏暗暗状态。前文描述啮缺"形若槁骸,心若死灰,真实不知,不以故自持",后面接上"媒媒晦晦,无心而不可与谋",正是描述啮缺昏暗不清而难以与谋的特征。据

此，则"媒媒晦晦"乃表达昏暗不清之意。林云铭在《庄子因》中指出"媒媒，即昧昧"，可谓深得本旨，则"昧昧晦晦"，指的是昧而又昧、晦而又晦，揭示的正是主体昏暗不明之貌。既然主体昏暗不明，则"无心而不可与谋"，就在情理之中。

[10] "是天地之委形也"，清本原文如此。对于此句中的"委"，司马训为"积"，言"委，积也"。俞樾指出，此训"于义未合。《国策·齐策》'愿委之于子，'高注曰'委，付也'。成二年《左传》'王使委于三吏'，杜注曰'委，属也'。'天地之委形'，谓天地所付属之形也。下三'委'字，并同。"钊按：俞氏之说，理明据实，当从之。

[11] "孙子非汝有"，清本原文如此。刘文典指出："'子孙'旧作'孙子'，碧虚子校引张君房本作'子孙'，唐写本同，《疏》'阴阳结聚，故有子孙'，是成本亦作'子孙'，下文'未有子孙而有子孙，可乎？'正与此文一例，今据张本、唐写本改。"钊按：其说是，当从之。

[12] "邀于此者"，清本原文如此。俞樾认为，此句中的"邀"当训"顺"，曰："《说文》无'邀'字。《彳部》：'徼，循也。'即今'邀'字也。又曰：'循，行顺也。'然则'邀'亦'顺'也。'邀于此者'，犹言'顺于此者'。郭注曰：'人生而遇此道。'是以'遇'训'邀'，义既迂曲，且于古训无征，殆失之矣。"钊按：其说深得古训，从之。

[13] "运量万物而不匮"，清本原文如此。据考，碧虚子校引文如海、刘得一本，"匮"作"遗"。刘文典曰："文、刘本'匮'作'遗'较长。下文'万物皆往资焉而不匮'，此若作'匮'，则与下文重复矣。'运量'言'不遗'，'资焉'言'不匮'，义各有当。此

本作'匣'者，疑后人依下文改之也。"钊按：其说有理有据。据文、刘本改"匣"为"遗"，既避免了与下文重复，又恢复了原文的用字技巧，当据改。

[14]"自本观之，生者，喑醷物也"，清本原文如此。此句中的"醷"，据刘文典考证，唐写本作"嘀"。钊按：比较两字，唐写本是，清本误，当改"醷"为"嘀"。考字书，"喑""嘀"二字都与声音相关。而"醷"则被释为"梅浆"或"浊浆"，乃与声音无关，系误入此文。研读本文，"喑""嘀"二字，都是用来形容声音微弱的状况。《中华大字典》："喑，失声不能言。"故"喑"又含有"默"义。又，该典注"嘀"曰："声小不成也。"又言："声小不能越扬。"则"嘀"也几乎没有声音，故"喑""嘀"二字结合在一起，给人以近于无声之感。意在告诉人们，万物之生，乃是默默无闻的过程。

[15]"若白驹之过郄"，清本原文如此。刘文典说："'郄'，当为'郤'，即古'隙'字。《墨子·兼爱下篇》：'人之生乎地上之无几何也，譬之犹驷驰而过隙也。'《文选》刘孝标《重答刘秣陵诏书》注引'隙'作'郄'，云：'古隙字。'本书《盗跖篇》：'天与地无穷，人死者有时，操有时之具而托于无穷之间，忽然无异骐骥之驰过隙也。'文义与此略同，字亦作'隙'。"钊按：刘说言之凿凿，无可疑义，从之。

[16]"所谓道，恶乎在？"清本原文如此。据刘文典言，《御览》九百四十七引此句作"道安在"。钊按：比较两本，文意皆通，且内涵一致，只是用字各有所长。《御览》本文字简明；清本中的"恶乎"一词，是《庄子》书的常用语，已在书中反复出现。疑《御览》本经过学者加工，故此处仍存清本为是。

[17]"汝唯莫必，无乎逃物"，清本原文如此。据学者考证，碧虚子校引张君房本，"必"下有"谓"字。奚侗曰："依郭《注》亦应有。"刘文典言："《疏》：'汝唯莫言至道逃弃于物也。''言'当为'谓'之坏字。唐写本无。"钊按：比较两种类型的本子，似以有"谓"字为是，今据张本及郭《注》、成《疏》，补一"谓"字。

[18]"神农隐几拥杖而起"，清本原文如此。俞樾指出："既言'拥丈而起'，不当言'隐几'，疑'隐几'字涉上文'神农隐几阖户昼瞑'而衍。"钊按：其说是，此句当删去"隐几"二字。

[19]"㬥然放杖而笑"，清本原文如此。据刘文典考证，"㬥"，《书钞》百三十三、《御览》七十八引并作"暴"。钊按：比较两本用字，以"暴"为优。查字书，"㬥"为发怒之声，本句描述神农"放杖而笑"，则显然没有发怒的情况，故用"㬥"乃误。而"暴"含有副词"突然"之意，则"暴然放杖而笑"犹言突然放杖而笑，文通理顺，当无疑义。

[20]"孰知不知之知"，清本原文如此。奚侗指出："'孰知不知之知'一句，语意未完，《淮南·道应训》作'孰知知之为弗知，弗知之为知邪'，此文夺'知之为不知乎'一句。"马叙伦亦曰："当依《淮南》补作'孰知知之为不知，不知之为知乎'。"刘文典指出："马说是也。"钊按：今查对《淮南》之文，可知奚、马诸家之说言之有据。两书除"弗"或作"不"，"乎"或作"邪"外，内容一致，当依《淮南》本补上清本脱字。

[21]"知形形之不形乎"，清本原文如此。对照《淮南》本，亦有脱误之处。奚侗曰："'知'上夺'孰'字，当依《淮南·道应训》补。"刘文典曰："《淮南·道应》篇作'孰知形之不形者乎'，此当补'孰'字，且删一'形'字。"钊按：奚、刘之说均

言之有依，对照该书，清本还应在"不形"之下增一"者"字为是。

[22]"无问问之，是问穷也；无应应之，是无内也。以无内待问穷，若是者，外不观乎宇宙，内不知乎大初"，清本原文如此。钊按：细读本段文字，内容关联极为疏松。既然"无问问之"是"问穷"，则"无应应之"当是"应穷"，而此文却跳出"无内"二字。此"无内"同"无应应之"没有逻辑联系。余疑"无内"乃为"应穷"之误，若将"无内"改为"应穷"，则该文可读为："无问问之，是问穷也；无应应之，是应穷也。以应穷待问穷，若是者，外不观乎宇宙，内不知乎大初。"既对仗严谨，又逻辑顺畅。因暂无古本可证，姑记之如此，以待未来有识之士补正。

[23]"夫子有乎？其无有乎？"清本原文如此。钊按：此文语意难通。有学者将"夫子"释为"先生"，将二句译为："先生是有呢？还是没有？"然而文中的"有"，究竟何所指？似乎令人费解。余疑首句"子"字乃"道"字之误，"夫"乃发语虚词，并非"夫子"之"夫"。由于本文中，"夫子"概念先后出现三次，故有人一见到"夫道"一语，便以为是"夫子"之误，乃将"道"字改为"子"字。这一改，便铸成大错。不仅首句丧失主语，而且下句作为主语的"其"字，也没有着落。若将"子"还原为"道"，则两句可连读为："道有吗？其或没有？"文意豁然贯通。不仅如此，后面还有一个"其"字，也是指"道"。即"视其状貌，窅然空然，终日视之而不见……"细读该文，该"其"亦指"道"无疑。两处"其"字皆指"道"，但文中却未有"道"字，故"夫子"当作"夫道"无疑。

[24]"及为无有矣"，清本原文如此。刘文典指出："'无有'当作'无无'。作'无有'者，涉上文'有无'而误也。《淮南子·

俶真篇》'予能有无而未能无无也，及其为无无，至妙何从及此哉'，即袭用此文。《道应篇》作'及其为无无，又何从至于此哉'。文虽小异，亦正作'无无'。"钊按：刘说证据确凿，当照改。

[25]"有先天地生者物邪？物物者非物"，清本原文如此。刘文典认为，"邪"上之"物"字疑衍。他说："唐写本无'物'字，文义较长。"钊按：其说合理，因为下文作者明确指出"物物者非物"，既然"物物者非物"，则不可能有"先天地生"的"物"，因为"天地"也是"物"。既然没有先天地生的"物"，则"先天生者物邪"一语就是废话。由此可知，该"物"字乃为衍字，当据唐写本删去。

[26]"回敢问其游"，清本原文如此。本句中之"游"，成《疏》"问其游"为"问其所由"，则"游"乃借为"由"。钊按：古文同音字可以互训，故奚侗指出，《左传》"养由基"，《后汉书·班彪列传》引"由基"作"游基"，是"由"与"游"互通之证。

[27]"山林与！皋壤与！使我欣欣然而乐与"，清本原文如此。据考，碧虚子校引江南古藏本"皋壤与"下，有"与我无亲"四字。刘文典指出："江南古藏本是也。《注》'山林皋壤，未善于我而我便乐之'，'未善于我'即释'与我无亲'之义，若所见本无此四字，无缘言'未善于我'也。"钊按：刘说合理，当据江南古藏本补"与我无亲"四字。

[28]"知能能而不能所不能"，清本原文如此。马其昶指出："郭《注》以'知与不知''能与不能'并言，似'能能'上衍一'知'字。"钊按：其说是，据王孝鱼考，敦煌本无"知"字，据马、王之意当删。

（三）中心内容评析

本篇题名《知北游》，取自篇首三字，意为名为"知"（"智"）的人往北遨游。全文由十二节组成，重点探讨了道家的本体论、养生论等问题。

第一节，借知（智）向无为谓、黄帝等请教"道"的问题，阐明"无思无虑始知道，无处无服始安道，无从无导始得道"的深奥哲理，旨在告诉人们："道"不可思、不可虑、不可知、不可处、不可安、不可得。接着告诉人们，"道"不可失，若道有失，则必然导致道德观念的退化，"失道而后德，失德而后仁，失仁而后义，失义而后礼。礼者，道之华而乱之首也"（这些乃引自《老子》）。后面说："人之生，气之聚也。聚则为生，散则为死⋯⋯'通天下一气耳！'圣人故贵一。"这就把"道"的化生与气的聚散结合了起来，从而阐明"道"是化生世界万物的本根，故曰："圣人故贵一。"第二节重点描述"道"的"本根"属性。文中所谓"万物自古以固存。六合为巨，未离其内；秋豪为小，待之成体"，其意是说，从"六合"之"巨"，到"秋毫"之"小"，都借助"道"生成。故曰"此之谓本根"，从而肯定了"道"是产生世界万物的本源。第三节借啮缺问道于被衣，说明修道必须在精神上做到无为自化，其具体做法，就是"正汝形，一汝视，天和将至""摄汝知，正汝度，神将来舍"。这里既要实现"天和将至"（即达到天然的和谐），又要做到"神将来舍"（使神明得以安顿），其结果为"形若槁骸，心若死灰，真实不知，不以故自持"。显然，这是描述无比神秘的得道境界。第四节，借舜与丞的对话，说明"道"不可为个人所有，丞曰："汝身非汝有也，汝何得有夫道？"在作者看来，对于个人而言，一切都是天地所委，"故行不知所往，处不知所持，食不知所味"，哪里还能将"道"占为己有？第五节，借老聃之口，概略谈"道"："昭昭生于冥冥，有伦生于无形，精神生于道，形本生于精，而万物以形相生。"后文又说："天不得不高，地不得不广，日月不得不行，万物不得不昌！"可见，天之高、地之广、日月之行、万物之昌，皆是"道"之所为，则"道"为生物之本无疑。此下，作者吐露出"人生天地间，若白驹之过隙"的悲观论。第六节，借庄子答东郭子之问，阐明"道"具有"无所不在"的根本属性，乃至"蝼蚁""稊稗""瓦甓""屎溺"等低贱之物中，都有"道"的存在。由于"道"无所不在，所以对于道的运行，人们很难把握，"彼为盈虚非盈虚，彼为衰杀非衰杀"，可谓变化多端，奥妙无穷。第七节，借妸荷甘吊之口，评述老龙吉得道浅薄，乃至"秋豪之端万分未得处一""所以论道，而非道也"（本段文字晦涩，疑文有脱误）。第八节，借泰清与无穷、无为、无始等人的对话，阐明"道"具有"不可闻""不可见""不可言""不当名"等特性。所以，对于"道"，自认为"知"的人，那是浅薄的见解；自认为"不知"的人，才是高深的见解。第九节，借光曜与无有的对话，阐明"道"具有"视之而不见，听之而不闻，搏之而不得"的基本特征。第十节借大马与捶钩者的对话，说明捶钩之巧技，是长期"于物无视""非钩无察"（即聚精会神、专心不二）所致，这是"用之者，假不用者也"的必然体现。第十一节，借冉求与仲尼的对话，阐明"物物者非物。物出不得先物也"的本体论观念。在作者看来，使物成为物的那个东西，自己并不是物（而是"道"）；物的生出，不得在"道"之先。第十二节，借仲尼与颜渊的对话，阐明古人与今人在心理素质上的差距："古之人,外化而内不化;今之人,内化而外不化。""外化内不化",是道德朴真的写照;"内化外不化",是朴真之德被毁损的标志。作者追求的是返朴归真的道德建树,推崇"不言之教,无为之德"。故曰:"至言去言,至为去为。"

综观全文,作者从不同视角表达了道家的世界观和人生观,其中既论及"道生万物"的本体论观念,又论及修道的方法与得道的境界问题。

下卷
杂篇校训析

一、《庚桑楚》校训析

（一）经文校正清样

老聃之役有庚桑楚者，偏〔遍〕得老聃之道[1]，以北居畏垒之山[2]，其臣之画然知者去之，其妾之挈然仁者远之，拥肿之与居，鞅掌之为使。居三年，畏垒大壤〔穰〕[3]。畏垒之民相与言曰："庚桑子之始来，吾洒然异之。今吾日计之而不足，岁计之而有余，庶几其圣人乎！子胡不相与尸而祝之，社而稷之乎？"

庚桑子闻之，南面而不释然。弟子异之。庚桑子曰："弟子何异于予？夫春气发而百草生，正得〔正〕秋而万宝〔实〕成[4]。夫春与秋，岂无得而然哉？天道已行矣。吾闻至人，尸居环堵之室，而百姓猖狂不知所如往。今以畏垒之细民而窃窃焉欲俎豆予于贤人之间，我其杓之人邪！吾是以不释于老聃之言。"弟子曰："不然。夫寻常之沟[5]，巨鱼无所还其体，而鲵鳅为之制〔利〕[6]；步仞之丘陵[7]，巨兽无所隐其躯，而孽狐为之祥。且夫尊贤授能，先善与利，自古尧、舜以然，而况畏垒之民乎！夫子亦听矣！"庚桑子曰："小子来！夫函车之兽，介而离山，则不免于罔罟之患[8]；吞舟之鱼，砀而失水，则〔蝼〕蚁能苦〔制〕之[9]。故鸟兽不厌高，鱼鳖不厌深。夫全其形生之人，藏其身也，不厌深眇而已矣。且夫二子者，又何足以称扬哉！是其于辩也，将妄凿垣墙而殖蓬蒿也。简发而栉，数米而炊，窃窃乎又何足以济世哉！举贤则民相轧，任知则民相盗。之数物者，不足以厚民。民之于利甚勤〔劝〕[10]，子有杀父，臣有杀君，正昼为盗，日中穴阫。吾语女〔汝〕，大乱之本，必生于尧、舜之间，其末存乎千世之后。千世之后，其必有人与人相食者也！"

南荣趎蹴然正坐曰："若趎之年者已长矣，将恶乎托业以及此言邪？"庚桑子曰："全汝形，抱汝生，无使汝思虑营营。若此三年，则可以及此言矣。"南荣趎曰："目之与形，吾不知其异也，而盲者不能自见；耳之与形，吾不知其异也，而聋者不能自闻；心之与形，吾不知其异也，而狂者不能自得。形之与形亦辟矣，而物或间之邪，欲相求而不能相得？今谓趎曰：'全汝形，抱汝生，勿使汝思虑营营。'趎勉闻道达耳矣！"庚桑子曰："辞尽矣。曰奔蜂不能化藿蠋[11]，越鸡不能伏鹄卵，鲁鸡固能矣。鸡之与鸡，其德非不同也，有能与不能者[12]，其才固有巨小也。今吾才小，不足以化子。子胡不南见老子！"南荣趎赢粮，七日七夜至老子之所。老子曰："子自楚之所来乎？"南荣趎曰："唯。"老子曰："子何与人偕来之众也？"南荣趎惧然顾其后。老子曰："子不知吾所谓乎？"南荣趎俯而惭、仰而叹曰："今者吾忘吾答，因失吾问。"老子曰："何谓也？"南荣趎曰："不知乎？人谓我朱〔趎〕愚[13]。知乎？反愁我躯。不仁则害人，仁则反愁我身；不义则伤彼，义则反愁我己。我安逃此而可？此三言者，趎之所患也，愿因楚而问之。"老子曰："向吾见若眉睫之间，吾因以得汝矣，今汝又言而信之。若规规然若丧父母，揭竿而求诸海也。女〔汝〕亡人哉！惘惘乎！汝欲反汝情性而无由入，可怜哉！"南荣趎请入就舍，召其所好，去其所恶，十日自〔息〕愁[14]。复见老子。老子曰："汝自洒濯，熟〔孰〕哉郁郁乎[15]！然而其中津津乎犹有恶也。夫外韄者不可繁〔繁〕而捉，将内揵；内韄者不可缪而捉[16]，将外揵。外内韄者，道德不能持，而况放道而行者乎！"南荣趎曰："里人有病，里人问之，病者能言其病，然其病，病者犹未病也。若趎之闻大道，譬犹饮药以加病也，趎愿闻卫生之经而已矣。"老子曰："卫生之经，能抱一乎？能勿失乎？能无卜筮而知吉凶〔吉〕乎[17]？能止乎？能已乎？能舍诸人而求诸己乎？能儵然乎？能侗然乎？能儿子乎？儿子终日嗥而嗌不嗄〔嚘〕[18]，和之至也；终日握而手不掜，共其德也；终日视而目不瞚，偏不在外也。行不知所之，居不知所为，与物委蛇，而同其波。是卫生之经已。"南荣趎曰："然则是至人之德已乎？"曰："非也。是乃所谓冰解冻释者，能乎？夫至人者，相与交〔邀〕食乎地而交〔邀〕乐乎天[19]，不以人物利害相撄，不相与为怪，不相与为谋，不相与为事，儵然而往，侗然而来，是谓卫生之经已。"曰："然则是至乎？"曰："未也。吾固告汝曰：'能儿子乎？'儿子动不知所为，行不知所之，身若槁木之枝而心若死灰。若是者，祸亦不至，福亦不来。祸福无有，恶有人灾也！"

宇泰定者，发乎天光。发乎天光者，人见其人，〔物见其物〕[20]。人有修者，乃今有恒；有恒者，人舍之，天助之。人之所舍，谓之天民；天之所助，谓之天子。

学者，学其所不能学也；行者，行其所不能行也；辩者，辩其所不能辩也。知止乎其所不能知，至矣；若有不即是者，天钧败之[21]。

备物以将形，藏不虞以生心，敬中以达彼，若是而万恶至者，皆天也，而非人也，不足以滑成〔和〕[22]，〔万恶〕不可内于灵台[23]。灵台者有持，而不知其所持，而不可持者也。不见其诚己而发，每发而不当，业入而不舍，每〔妄〕更为失[24]。

为不善乎显明之中者，人得而诛之；为不善乎幽閒〔冥〕之中者[25]，鬼得而诛之[25]。明乎人，明乎鬼者，然后能独行。

券内者，行乎无名；券外者，志乎期费[26]。行乎无名者，唯庸有光；志乎期费者，唯贾人也。人见其跂，犹之魁然。

与物穷者，物入焉；与物且者，其身之不能容，焉能容人！不能容人者无亲，无亲者尽〔死〕人[27]。兵莫憯于志，镆铘为下；寇莫大于阴阳，〔无

355

适而非阴阳，桴鼓为小，]无所逃于天地之间[28]。非阴阳贼之，心则使之也。

道通〔为一〕，其分也，〔成也〕；其成也，毁也[29]。所恶乎分者，其分也以备；所以恶乎备者，其有以备。故出而不反，见其鬼；出而得，是谓得死。灭而有实，鬼之一也。以有形者象无形者而定矣。出无本，入无窍。有实而无乎处，有长而无乎本剽，有所出而无窍者实。有实而无乎处者，宇也。有长而无本剽者，宙也。有乎生，有乎死；有乎出，有乎入。〔出〕入出而无见其形[30]，是谓天门。天门者，无有也，万物出乎无有。有不能以有为有，必出乎无有，而无有一无有，圣人藏乎是。

古之人，其知有所至矣。恶乎至？有以为未始有物者，至矣，尽矣，弗可以加矣。其次以为有物矣，将以生为丧也，以死为反也，是以分已。其次曰始无有，既而有生，生俄而死；以无有为首，以生为体，以死为尻；孰知有无死生之一守者[31]，吾与之为友。是三者虽异，公族也，昭、景也，著戴也，甲氏也，著封也，非一也。

有生，黬也，披然曰移是。尝言移是，非所言也。虽然，不可知者也。腊者之有膍胲，可散而不可散也；观室者周于寝庙，又适其偃〔溲〕焉[32]，为是举移是。请常言移是。是以生为本，以知为师，因以乘是非；果有名实，因以己为质；使人以为己节，因以死偿节。若然者，以用为知，以不用为愚，以彻为名，以穷为辱。移是〔非〕，今之人也[33]，是蜩与学鸠同于同也。蹍市人之足，则辞以放骜，兄则以妪，大亲则已矣。故曰：至礼有不人，至义不物，至知不谋，至仁无亲，至信辟金[34]。

彻志之勃，解心之谬，去德之累，达道之塞。贵、富、显、严、名、利六者，勃志也。容、动、色、理〔治〕、气、意六者，谬心〔者〕也[35]。恶、欲、喜、怒、哀、乐六者，累德也。去、就、取、与、知、能六者，塞道也。此四六者不荡胸中则正，正则静，静则明，明则虚，虚则无为而无不为也。

道者，德之钦也；生者，德之光也；性者，生之质也。性之动，谓之为；为之伪，谓之失。

知者，接也；知者，谟也。知者之所不知，犹睨也。动以不得已之谓德，动无非我之谓治，名相反而实相顺也。

羿工乎中微而拙乎使人无己誉。圣人工乎天而拙乎人。夫工乎天而俍乎人者，唯全人能之。

唯虫能虫，唯虫能天。全人恶天？恶人之天？而况吾天乎人乎！

一雀适〔过〕羿，羿必得之，威也[36]；以天下为之笼，则雀无所逃。是故〔殷〕汤以胞〔庖〕人笼伊尹[37]，秦穆公以五羊之皮笼百里奚。是故非以其所好笼之而可得者，无有也。

介者拸画，外非誉也；胥靡登高而不惧，遗死生也。夫复谪不馈而忘人，忘人，因以为天人矣。故敬之而不喜，侮之而不怒者，唯同乎天和者为然。出怒不怒，则怒出于不怒矣；出为无为，则为出于无为矣。欲静则平气，欲神则顺心，有为也。欲当则缘于不得已，不得已之类，圣人之道。

（二）文字校训说明

[1]"老聃之役有庚桑楚者，偏得老聃之道"，清本原文如此。此文中关于"庚桑楚"之"楚"，刘文典指出："高山寺古钞本无'楚'字，与《释文》或本合。"钊按：虽然刘氏在此列出两种古本无"楚"，但此"楚"字仍不可删，因为不仅清本保存了它，而且司马注云："'楚'，名。'庚桑'，姓也。"可见，司马本亦有"楚"字，特别值得指出的是，本篇题名《庚桑楚》，更显示出"楚"字之不可少。有人也许会说，后面五次只提及"庚桑子"而不提"庚桑楚"。从表面看，似乎无"楚"字也没问题。否！第

一次不能没有"楚",若第一次无"楚"字,则庚桑子是谁,就是一笔糊涂账。后面之所以不言"楚",是由于前面已介绍他"偏(借为'遍')得老聃之道",故应尊他为"庚桑子"。

[2]"以北居畏垒之山",清本原文如此。关于此语中的"畏垒",传统古本用字不同,或作"锒铛",或作"碨磊",或作"崲嵧岬"。刘文典指出:"畏垒,叠韵连绵字……《庄子》皆寓言,非必实有其地。"钊按:其说是,此二字乃是音假,我们不必对"畏垒"之字义,作具体考证。

[3]"居三年,畏垒大壤",清本原文如此。此句中的"大壤",《释文》曰:"'大壤',而掌反,本亦作'穰',崔本同。又,如羊反,《广雅》云'丰也。'"钊按:此"壤"当依崔本作"穰",则"大穰"即指大熟或曰大丰收,是也。

[4]"夫春气发而百草生,正得秋而万宝成",清本原文如此。钊按:对于第二句"正得秋"三字,学界见解不一。俞樾认为,"得"字疑衍,他说:"原文盖作'正秋而万宝成',《易·说卦》:'兑,正秋也,万物之所说也。'疏:'正秋,而万物皆说成也。'即本此文,是其证。'得'字盖涉下句'夫春与秋,岂无得而然哉',因而误衍。"有学者认为,若去掉"得"字,则上下两句不对俪。于是有学者主张用"得正秋",有的则主张用"秋得正"。两相比较,似以"得正秋"为优。"正秋"是固定概念,不仅见于《周易·说卦传》,而且《正义》对之作了专门解说,似不宜再分割开来。"春气发而百草生,得正秋而万宝成",亦可互相对仗,故不必删去"得"字。又,后句中"万宝成"之"宝",元嘉本作"實",王叔岷认为,"'寶'盖'實'之形误",其说是。但有学者认为,"草""宝"与"生""成"并相韵,不必改原文,仍可以"宝"代

"实"。按：此说有模棱两可之嫌，似欠妥。应读为"万实成"。而且此"万实成"，与上面"百草生"仍可成韵。

[5]"夫寻常之沟"，清本原文如此。马叙伦曾据《御览》七五引"沟"下有"洫"字，认为当依《御览》本补一"洫"字，构成"寻常之沟洫"，以与下文"步仞之丘陵"相对为文。此说从表面看，似亦言之成理，但下文"丘陵"之"陵"字经学者考证乃为衍文，则此"洫"字之增补，反倒成了问题，故当以不补为优。请参见下面第7项。

[6]"而鲵鳅为之制"，清本原文如此。对于此句中的"制"，学界训释不同：有的训为"折"，指转折；有的训为"擅"，指专制。唯奚侗指出："'制'，当作'利'，形近而讹。《说文》：'祥，福也。'言寻常之沟，为鲵鳅之利；步仞之丘陵，为孽狐之福也。"钊按：其说允当，从之。

[7]"步仞之丘陵"，清本原文如此。王叔岷判定此句中之"陵"字为衍字，曰："《释文》引崔云：'蛊狐以小丘为善也。'疑崔本'丘'下无'陵'字。'步仞之丘'与上文'寻常之沟'相耦。《记纂渊海》五五引正无'陵'字，《亢仓子·全道》篇同。盖由'丘陵'为习见连文，传写遂窜入耳。据此，则上文'寻常之沟'下，《御览》引有'洫'字，疑亦后人臆加，不知此文原无'陵'字也。《淮南·俶真》篇'寻常之沟，无吞舟之鱼'，即袭用上文，可证古本'沟'下无'洫'字。"钊按：其说有理有据，当从之。

[8]"则不免于罔罟之患"，清本原文如此。刘文典指出："《御览》八百三十四引'于'作'乎'，三十八引'罔'作'网'。"钊按："于"与"乎"通，"罔"与"网"同，此句中的用字，两本

虽有殊异，但内涵一致，故不必改字，仍依清本之语，以表达古经之义。

[9]"则蚁能苦之"，清本原文如此。马叙伦曰："《御览》九三五，又九四七及《文选》贾谊《吊屈原文》注引'蚁'上有'蝼'字，《六帖》九八《御览》九三五引'苦'作'制'。案：《国策·齐策》'则蝼蚁得意焉'，文与此同，亦作'蝼蚁'。《列御寇》篇'在下为蝼蚁食'，亦'蝼蚁'连文，疑当补'蝼'字。"刘文典言："马校是也。《淮南子·人间》篇'荡而失水，则蝼蚁皆得志焉'，亦有'蝼'字。此文以'函车之兽'与'吞舟之鱼'、'介而离山'与'砀而失水'相对为文，则此句亦必以'罔罟'与'蝼蚁'相对，不得独言'蚁'也。"钊按：马、刘两家之说，均凿凿有据，令人信服，当在"蚁"上补一"蝼"字，且将"苦"字改为"制"字为优。

[10]"民之于利甚勤"，清本原文如此。钊按：此句中的"勤"，疑为"劝"字之误。《说文》曰："劝，勉也。"《广韵》曰："勉，奖勉也。勉之而悦从，亦曰劝。"此句若作"民之于利甚劝"，则其意是说，百姓在"利"的奖勉下，尤为悦从进取，勇往直前。下文所谓"子有杀父，臣有杀君，正昼为盗，日中穴阫"之论，都突出了"利"的劝勉作用。关于这一特征，法家学者韩非亦有所论。《韩非子·说林下》曰："鳝似蛇，蚕似蠋。人见蛇则惊骇，见蠋则毛起。渔者持鳝，妇人拾蚕。利之所在，皆为贲、诸。"其意是说，对于蛇、蠋之类的动物，一般人看见都毛骨悚然，但渔夫常去抓类似蛇一样的"鳝"，妇人常去弄类似蠋一样的"蚕"，原因何在？下文说"利之所在"，由于"利"的驱使，他们都成了孟贲、专诸那样的勇士。韩非的这段论述，客观地揭示

361

了"利"对于人们所产生的劝勉力量。据此可知，此句中的"劝"字，切合本旨；"勤"字乃误。"勤"与"勸（劝）"因形近而致误，当改正。

[11]"庚桑子曰：辞尽矣。曰奔蜂不能化藿蠋"，清本原文如此。学界认为，第二个"曰"字疑衍。据考，碧虚子校引江南李氏本、张君房本"曰"作"□"，张伯禧曰："'曰'字疑衍文。"刘文典指出："庚桑子告南荣趎之辞犹未毕，下又云：'今吾才小，不足以化子，子胡不南见老子。'则此处不当有'曰'字明矣。疑写者见上云'辞尽矣'……遂以意改为'曰'字耳。"钊按：以上相关注家之说，均言之有依，当删去第二个"曰"字。

[12]"越鸡不能伏鹄卵，鲁鸡固能矣。鸡之与鸡，其德非不同也，有能与不能者"，清本原文如此。刘文典指出："高山寺古钞本，'越鸡'作'越雏'，'鸡之与鸡'，作'雏之与鸡'。"钊按：比较两种版本用字，似以清本用字为优。综观其意，作者是要以"鲁鸡"比"越鸡"，只有两"鸡"相比，下文"其德非不同也，有能与不能者，其才固有巨小也"之论，才能有其价值。否则，若将"雏"与"鸡"相比，其差距本就存在，则所谓"能与不能"之判定，就纯属多此一举，毫无必要。故不必依高山寺本将"越鸡"改为"越雏"。

[13]"人谓我朱愚"，清本原文如此。对于此句中的"朱愚"，学界见解不一，唯严灵峰之说，较为切合真义，他指出："'朱'，疑系'趎'之缺坏而讹。'人谓我朱愚'，盖自举其名。"钊按：此"自举其名"之说合情合理，则"趎愚"表达了主体自谦之意。

[14]"十日自愁，复见老子"，清本原文如此。此文中的"自"字，据陈碧虚《阙误》引江南李氏本、文如海本、刘得一本、

张君房本并作"息"。奚侗指出"'自'乃'息'之坏字",亦主张改"自"为"息"。唯褚伯秀表示异议,主张仍作"自愁",指出:"'自愁',一本作'息愁',又作'愁息',说俱未通,审详经意,犹书云'自怨自艾'之义,退处旬日,怨艾日前为学不力,见道不明。"钊按:褚氏之说,恐未当。细读前后文字,可知南荣趎确有"自怨自艾"之意,但他并非抱着"自怨自艾"的心态复见老子,而是经过十日反思,待自己调整好心态即"息愁"或"愁息"之后,再心平气和地复见老子。故此文中"息愁"两字是一标志性的概念,不可或缺,已有那么多古本保存了"息愁"一词,难能可贵,似不应轻易否定。

[15]"熟哉郁郁乎",清本原文如此。此句中的"熟",王孝鱼言:"世德堂本作'孰'。"钊按:作"孰"是。此"孰"训为"何",则全句之意是说:何哉?如此郁郁不乐?下文答曰:"其中津津乎犹有恶也。"如此理解,则上下贯通,文意清明可识。

[16]"夫外韄者不可繁而捉,将内揵;内韄者不可缪而捉,将外揵",清本原文如此。俞樾指出:"郭于此无注,而注下文曰:'虽繁手以执之,绸缪以持之,弗能止也。'则训'繁'为'繁手',殆不可通矣。'繁'疑'繴'字之误。'繴',俗作'缴',《史记·太史公自序》'名家苛察缴绕',如淳曰'缴绕,犹缠绕也'。此以'繁而捉''缪而捉'并言,'繴'谓'繴绕','缪'谓'绸缪',《广雅·释诂》'繴'与'绸缪'并训'缠',是其义一也,'繴''繁'形似,因而致误耳。"钊按:俞说有理有据,从之。

[17]"能无卜筮而知吉凶乎",清本原文如此。王念孙曰:"'吉凶'当为'凶吉','一''失''吉'为韵,'止''已''己'为韵,《管子·心术篇》'能专乎?能一乎?能无卜筮而知凶吉

乎？'是其证。"钊按：其说是，当改此句中之"吉凶"为"凶吉"。

[18]"儿子终日嗥而嗌不嗄"，清本原文如此。俞樾指出："《释文》'嗄'本作'嚘'，徐音'忧'，当从之。《老子》'终日号而不嗄'，傅奕本作'嚘'，即'嚘'之异文也。杨子《太玄经·夷》次三曰：'柔。婴儿于号，三日不嚘。'两宋、陆、王本皆如是，盖以'嚘'与'柔'为韵，可知杨子所见《老》《庄》皆作'嚘'也。"钊按：其说持之有故，言之有依，当从之。

[19]"夫至人者，相与交食乎地而交乐乎天"，清本原文如此。此句中的两个"交"字，俞樾训为"邀"，他说："郭《注》曰'自其无心，皆与物共'，《释文》引崔云'交，俱也'，李云'共也'，是皆未解'交'字之义。《徐无鬼》篇曰：'吾与之邀乐于天，吾与之邀食于地。'与此文异义同，'交'即'邀'也。古字只作'徼'，文二年《左传》'寡君愿徼福于周公、鲁公'，此云'邀食乎地''邀乐乎天'，语意正相似。作'邀'者，后出字，作'交'者，假借字。《诗·桑扈》篇'彼交匪傲'，《汉书·五行志》作'匪徼匪傲'，即其例矣。"钊按：俞说通达古训，出言有据，令人信服，从之。

[20]"人见其人，物见其物"，清本原文无"物见其物"四字。学界考碧虚子校引张君房本，有后四字，主张照补。奚侗曰："当依张君房本补。"马叙伦曰："《注》：'天光自发，则人见其人，物见其物。'是郭本亦有'物见其物'一句。"刘文典曰："奚、马校是，今依张本补。"钊按：奚、马、刘之说均当，从之。

[21]"若有不即是者，天钧败之"，清本原文如此。此句中之"败"，《释文》言"或作则"，又曰"元嘉本作则"。且刘文典考高山寺古钞本字亦作"则"，尽管古本作"则"者不少，但

刘文典仍然指出："《淮南子·俶真》篇'夫秉皓白而不黑，行纯粹而不糅，处玄冥而不暗，休于天钧而不毁，孟门、终隆之山不能禁，唯体道能不败'，高《注》：'毁，败也。'是'天钧'当言'败'，不当言'则'，元嘉本非。"钊按：其说是。此句中用"败"字乃合情合理。前面说"知止乎其所不能知，至矣"，应当说这句话是真理性的概括，既然是真理，当然应照真理说的办，故后面接上"若有不即是者，天钧败之"。意为若不照真理去办，那结果就是"天钧败之"，"天钧"即自然法则，将会令其失败。

[22]"不足以滑成"，清本原文如此。刘文典认为，本句中之"成"乃"和"字之误，指出："'滑成'无义，'成'当为'和'，字之误也。《德充符》篇'故不足以滑和，不可入于灵府'，文义与此正同。《淮南子·原道》篇'圣人不以身役物，不以欲滑和'，《俶真》篇'不足以滑其和'，《精神》篇'何足以滑和'，'滑和'盖道家之恒言也。且草书'和'……'成'……形相近，故'和'误为'成'……"钊按：其说允当，从之。

[23]"不可内于灵台"，清本原文如此。俞樾指出："'不可'上当有'万恶'二字，上文'若是而万恶至者，皆天也，而非人也，不足以滑成'，其文已足'万恶不可内于灵台'，则又起下意。下文云：'灵台者有持，而不知其所持，而不可持者也。'皆承此言之。读者不详文义，误谓'不可内于灵台'与'不足以滑成'两句相属，故删'万恶'二字耳。《文选·广绝交论》李善注引此文，正作'万恶不可内于灵台'。"刘文典评曰："俞说是也。《御览》三百七十六引此文亦正作'万恶不可内于灵台'，尤其确证。"钊按：俞、刘两家之说，均理明据实，从之。

[24]"每更为失"，清本原文如此。据考，"碧虚子校引刘得

一本,'每'下有'妄'字"。刘文典指出:"《疏》'每妄发心',是成本亦有'妄'字,上文'不见其诚已而发',郭注'此妄发作',当即因此文有'妄'字而言。'每妄更为失'与上'每发而不当'相对为文,刘得一本较长。若以'每发而不当''业入而不舍'二句相对,则'每更为失'一句为无所系丽矣。"钊按:刘说言之成理,从之。

[25] "为不善乎幽闲之中者",清本原文如此。钊按:对于此句中的"幽闲",马叙伦主张依《御览》本作"幽暗",余以为作"幽暗"虽亦可通,但不如依王孝鱼考证的高山寺本作"幽冥"更为确切,"幽冥"乃是鬼活动之地。前言"为不善乎显明之中,人得而诛之";此言"为不善乎幽冥之中者,鬼得而诛之"。两言相对,文通理顺。似作"幽冥"更合原旨。

[26] "券外者,志乎期费",清本原文如此。俞樾指出:"《荀子》书每用'綦'字,为'穷极'之义。《王霸》篇:'目欲綦色,耳欲綦声。'杨注曰:'綦,极也。'亦或作'期'。《议兵》篇曰:'已期三年,然后民可信也。'《宥坐》篇曰:'綦三年而百姓往矣。'是'期'与'綦'通,'期费'者,极费也,'费'谓财用也。《吕览·安死》篇:'非爱其费也。'高曰:'费,财也。''期费'之义,与'綦色''綦声'相近。彼谓'穷极其声色',此谓'穷极其财用也',故下文曰'志乎期费者,惟贾人也'。"钊按:其说通达古训,言之有依,从之。

[27] "无亲者尽人",清本原文如此。钊按:此句中的"尽人",郭《注》与成《疏》均释为"尽是他人",似有添字改经之嫌,疑误。余以为此句中的"尽"字,当训为"死"字,《中华大字典》言:"尽,犹死也。"《后汉书·列女传》:"妻谓持杖

者曰:'何不重乎?速尽为惠。'"此句中的"尽"犹"死",故民间称"自死"为"自尽",可见"尽"者,死也。此句"尽人"当指"死人"。人们生活在世间,总会有这样或那样的亲情关系。如果六亲不认,抛弃一切亲情,那就同死人没有什么区别。故曰"无亲者死人"也。照此训释,文意清明,当无疑义。

[28]"寇莫大于阴阳,无所逃于天地之间",清本原文如此。奚侗指出:"《淮南子·缪称训》《主术训》并作'寇莫大于阴阳,而桴鼓为小',当依补。"刘文典评曰:"奚说是也,'无所逃于天地之间'上当有脱文。《人间世》篇:'臣之事君,义也,无适而非君也,无所逃于天地之间。'以彼例此,'无所逃于天地之间'句上,必尚有'无适而非阴阳'语,不止'桴鼓为小'四字。"钊按:奚、刘两家之说,均言之凿凿,令人信服,此据补正。

[29]"道通,其分也;其成也,毁也",清本原文如此。据王孝鱼言:"高山寺本'其分也'下有'成也'二字。"据王叔岷言:"高山寺本古钞卷子'其分也'下有'成也'二字,当从之。《齐物论》篇'其分也成也,其成也毁也',文与此同。今本脱'分也'二字,则文意不完。"钊按:二王之说是,此文中当补"成也"二字。又,本文前面之"道通"二字,《齐物论》作"道通为一"。《陈译》指出:"疑脱落'为一'两字。"钊按:其说是。正因为"道通为一",才会得出"其分也,成也;其成也,毁也"的哲学见解。当据补。

[30]"有乎出,有乎入。入出而无见其形",清本原文如此。据考,碧虚子校引张君房本,"入出"作"出入"。刘文典指出:"张本是也。上文云:'有乎出,有乎入。'《注》'死生出入',《疏》'出入由生死也',是郭、成所见本亦并作'出入',疑当据乙。"钊

按：刘说允当。今本中"入出而无见其形"一句，本是对前面"有乎出，有乎入"两句的概括总结，但其文"入出"却颠倒了先出后入的次序，应依张本改为"出入"为是。

[31]"孰知有无死生之一守者"，清本原文如此。据考，此句中之"守"，碧虚子校引文如海本作"宗"，但王念孙认为："'守'借为'道'。《知北游》篇：'大马曰："子巧与？有道与？"曰："臣有守也。"'《达生》篇：'仲尼曰："子巧乎？有道邪？"曰："我有道也。"'是其证。"刘文典评曰："王说是也，作'守'义较长。文本作'宗'者，盖浅人不知'守''道'通假，妄改之耳。"钊按：王、刘两家之说均切合本旨，从之。

[32]"观室者周于寝庙，又适其偃焉"，清本原文如此。据王孝鱼考证，碧虚子《阙误》引江南古藏本及李、张二本"偃"下有"溲"字。刘文典曰："'偃'下'溲'字旧脱……《疏》：'饮食既久，应须便僻，故往圊圂而便尿也。'是成所见本亦有'溲'字。"其说是，当据之增补一"溲"字。

[33]"以彻为名，以穷为辱。移是，今之人也"，清本原文如此。据王孝鱼考，《阙误》引江南古藏本及李氏本与张君房本，末句"今"上俱有"非"字。马叙伦曰："郭《注》：'元古之人，无是无非，何移之有？'《疏》'移滞是非'，是郭、成本'是'下皆有'非'字，当据补，仍以'移是'绝句，'非'字属下读。"刘文典评曰："如李、张本补'非'字，则当以'非'字绝句。谓今之人为是非所耳。若以'移是'为句，'非今之人也'为句，是谓古之人亦为'是'所移矣，此岂庄生之指哉！马读非……仍从郭读。"钊按：刘说是。既然应补一"非"字，则当"是非"连语，读作"移是非，今之人也"，意在告诉人们，今人过度追求

一、《庚桑楚》校训析

是非，当移滞之。

[34]"故曰：至礼有不人，至义不物，至知不谋，至仁无亲，至信辟金"，清本原文如此。钊按：本段后面四句均为四字一句，唯独首句作"至礼有不人"，成为五字。疑该句中之"有"乃衍，去掉该"有"字，则为"至礼不人，至义不物，至知不谋，至仁无亲，至信辟金"。五句并排成文，原经似当如此。

[35]"容、动、色、理、气、意六者，谬心也"，清本原文如此。刘文典考："《文选》陆士衡《叹逝赋》注引'理'作'治'，'心'下有'者'字。"钊按：《文选》注引用字优，当从之。其"容、动、色、治、气、意"，犹言以动容变色来治理气意；又，"心"下加一"者"字，则该句读作"六者，谬心者也"，文字畅达圆满，当照补。

[36]"一雀适羿，羿必得之，威也"，清本原文如此。孙诒让曰："《韩非子·难三》曰：'故宋人语曰：一雀过羿，必得之，则羿诬。'文与此同，'适'当依《韩非》作'过'。"刘文典曰："孙说是也。《艺文类聚》九十二、《御览》七百六十四引并作'过'。今本作'适'，盖形近而误耳。《御览》九百二十二引作'遇'，'遇'亦'过'字之形误。"钊按：孙、刘两家之说均切文理，从之。

[37]"是故汤以胞人笼伊尹"，清本原文如此。刘文典言：《类聚》九十三、《御览》九百二十二引"汤"上有"殷"字。钊按：有"殷"字合理，如刘氏所言，"'殷汤'与'秦穆'相对为文"。又，此句中之"胞"，不仅《释文》言"又作'庖'"，"与宋本、道藏注疏本、音义本合"，且刘氏考证曰："《御览》七百六十四、九百二十二引字并作'庖'。"钊按：作"庖"合乎历史传说，当以之为据，改"胞"为"庖"。

（三）中心内容评析

本篇题名《庚桑楚》，取自篇首。全篇共十二节，文意不太集中。

第一节，简要介绍老聃弟子庚桑楚其人"遍得老聃之道"，他在畏垒任职三年，使该地"大穰"（农业丰收），被民众称为"圣人"，打算为他办"社稷"式的祝礼仪坛。庚桑子为此深感不安。弟子们安慰他说："寻常之沟，巨鱼无所还其体"，"步仞之丘，巨兽无所隐其躯"，"夫尊贤授能……自古尧、舜以然"。认为畏垒民众拥戴他，是合乎尧舜之道的，希望他不要推让。对此，庚桑子指出："举贤则民相轧，任知则民相盗。……大乱之本，必生于尧、舜之间，其末存乎千世之后。千世之后，其必有人与人相食者也！"认为照此下去，未来将有人吃人的惨状发生，表明他反对尊贤尚能的有为之治。第二节，借南荣趎与庚桑楚及老子的对话，阐明传道或得道的关键，在于"全汝形，抱汝生，无使汝思虑营营"。后面，进一步强调"卫生之经"，曰："能抱一乎？能勿失乎？能无卜筮而知凶吉乎？……行不知所之，居不知所为，与物委蛇，而同其波。是卫生之经已。"这里所说的"卫生之经"，即老子的"长生久视"之道。在作者看来，若能坚持抱一守气，无为自化，与物同波，则可长生久视。文中所谓"身若槁木之枝而心若死灰。若是者，祸亦不至，福亦不来。祸福无有，恶有人灾也"，即含此义。第三节，强调"有恒者，人舍之，天助之"。这里所谓"有恒者"，指修道能持之以恒的人；所谓"人舍之"，指人们能对之亲近（犹关爱）；所谓"天助之"，指上天（即自然）能给予帮助。第四节（第4、5自然段），阐明"知止乎其

一、《庚桑楚》校训析

所不能知,至矣"。第五节(第6、7、8、9自然段),强调"独行"者,必须与人为"善"。故曰:"为不善乎显明之中者,人得而诛之;为不善乎幽冥之中者,鬼得而诛之。明乎人,明乎鬼者,然后能独行。"第六节(第10自然段),既对"宇宙"做了界定("有实而无乎处者,宇也;有长而无本剽者,宙也"),又给"天门"以界说:"有乎生,有乎死;有乎出,有乎入。出入而无见其形,是谓天门。天门者,无有也。万物出乎无有。"这里说的"天门"乃是"道"的代名词。故后文又说:"有不能以有为有,必出乎无有……圣人藏乎是(指圣人藏道于心)。"第七节(第11自然段),文字较晦涩,且多袭自他处。唯"孰知有无死生之一守者,吾与之为友"一语,较好地表达了道家的尚道意识,值得重视。第八节(第12自然段)着重强调了"至礼不人,至义不物,至知不谋,至仁无亲,至信辟金"的道德信条。此文中所谓"不人",指无人己之分,即视人如待己也;所谓"不物",指无物我之分,犹博爱万物也;所谓"不谋",指不用智谋,犹顺乎自然也;所谓"无亲",指待人不分亲疏,一视同仁也;所谓"辟金",指不必以金钱取信于人。这一切,都体现"道"在人事交往中的价值。第九节(第13、14、15自然段),提出"四六者不荡,胸中则正,正则静,静则明,明则虚,虚则无为而无不为也"的理念,并对"知"和"智"分别做出界说,指出:"知者,接也;知者,谟也。"前者讲的是认知的本质,后者讲的是智慧的运用。第十节(第16自然段),认为"圣人工乎天而拙乎人",即圣人善于顺乎自然,而笨乎人为。而比圣人更高明的是"全人",他既"工乎天",又"伎(善也)乎人",故成《疏》将"全人"称为"神人"。第十一节(第17自然段),借后羿善射,阐明治天下必须笼得人才,汤笼伊尹、秦穆公笼百里奚均属此类。第十二节（第18自然段），提出"出怒不怒，则怒出于不怒矣；出为无为，则为出于无为矣"的修养论，表达了道家崇尚慈和不争、无为自化的理念。

综观全文，基本上围绕着道家的本体论和修养论立言，其中既强调了"万物出乎无有"的本体论观念，又突出了"身若槁木之枝而心若死灰"的修身境界说，还揭示了"卫生之经"，均有其独到价值，值得重视。

二、《徐无鬼》校训析

（一）经文校正清样

徐无鬼因女商见魏武侯。武侯劳〔乐〕之曰[1]："先生病矣！苦于山林之劳，故乃肯见于寡人。"徐无鬼曰："我则劳于君，君有何劳于我！君将盈耆欲，长好恶，则性命之情病矣；君将黜耆欲，挈好恶，则耳目病〔瘁〕矣[2]。我将劳君，君有何劳于我？"武侯超然不对。少焉，徐无鬼曰："尝语君，吾相狗也。下之质执饱而止，是狸德也[3]；中之质若视日，上之质若亡其一。吾相狗，又不若吾相马也。吾相马，直者中绳，曲者中钩，方者中矩，圆者中规，是国马也，而未若天下马也。天下马有成材，若卹〔灭〕若失[4]，若丧其一，若是者，超轶绝尘，不知其所。"武侯大悦而笑。徐无鬼出，女商曰："先生独何以说吾君乎？吾所以说吾君者，横说之则以《诗》《书》《礼》《乐》，从说之则以《金板》《六弢》，奉事而大有功者不可为数，而吾君未尝启齿。今先生何以说吾君，使吾君说若此乎？"徐无鬼曰："吾直告之吾相狗马耳。"女商曰："若是乎？"曰："子不闻夫越之流人乎？去国数日，见其所知而喜；去国旬月，见所尝见于国中者喜；及期年也，见似人者而喜矣；不亦去人滋久，思人滋深乎？夫逃虚空者，藜藋〔藿〕柱乎〔于〕鼪鼬之迳[5]，踉位其空，闻人足音跫然而喜矣，又〔而〕况乎昆弟亲戚之謦欬其侧者乎[6]！久矣夫，莫以真人之言謦欬吾君之侧乎！"徐无鬼见武侯，武侯曰："先生居山林，食芋栗，厌葱韭，以宾〔摈〕寡人[7]，久矣夫！今老邪〔病〕，其欲干酒肉之味邪？其寡人亦有社稷之福邪[8]？"徐无鬼曰："无鬼生于贫贱，未尝敢饮食君之酒肉，将来劳君也。"君曰："何哉，奚劳寡人？"曰："劳君之神与形。"武侯曰："何谓邪？"徐无鬼曰："天地之养也一，登高不可以为长，居下不可以为短。君独为万乘之主，以苦一国之民，以养耳目鼻口，夫神者不自许也。夫神者，好和而恶奸。夫奸，病也，故劳之。唯君所病之。何也？[9]"武

二、《徐无鬼》校训析

侯曰："欲见先生久矣。吾欲爱民而为义偃兵，其可乎？"徐无鬼曰："不可。爱民，害民之始也；为义偃兵，造兵之本也；君自此为之，则殆不成。凡成美，恶器也；君虽为仁义，几且伪哉！形固造形，成固有伐，变固外战，君亦必无盛鹤列于丽谯之间[10]，无徒骥于锱坛之宫，无藏逆于得，无以巧胜人，无以谋胜人，无以战胜人。夫杀人之士民，兼人之土地，以养吾私与吾神者，其战不知孰善？胜之恶乎在？君〔勿〕若勿已矣[11]，修胸中之诚，以应天地之情而勿撄。夫民死已脱矣，君将恶乎用夫偃兵哉！"

黄帝将见大〔泰〕隗乎〔于〕具茨之山[12]，方明为御，昌㝢骖乘，张若、䛟朋前马，昆阍、滑稽后车[13]；至于襄城之野，七圣皆迷，无所问涂。适遇牧马童子问涂焉〔小童而问涂〕，〔乃〕曰："若知具茨之山乎？"[14]曰："然。""若知大隗之所存乎？"曰："然。"黄帝曰："异哉，小童！非徒知具茨之山，又知大隗之所存。请问为天下。"小童曰："夫为天下者，亦若此而已矣，又奚事焉？予少而自游于六合之内，予适有瞀病，有长者教予曰：'若乘日之车而游于襄城之野。'今予病少痊，予又且复游于六合之外，夫

375

为天下亦若此而已，予又奚事焉！"黄帝曰："夫为天下者，则诚非吾子之事。虽然，请问为天下。"小童辞。黄帝又问，小童曰："夫为天下者，亦奚以异乎牧马者哉！亦去其害马者而已矣！"黄帝再拜稽首，称天师而退。

知士无思虑之变则不乐，辩士无谈说之序则不乐，察士无凌谇之事〔辞〕则不乐[15]，皆囿于物者也。招世之士兴朝，中民之士荣官，筋力之士矜难，勇敢之士奋患，兵革之士乐战，枯槁之士宿〔缩〕名[16]，法律之士广治，礼教之士敬容，仁义之士贵际。农夫无草莱之事则不比〔治〕，商贾无市井之事则不比〔治〕[17]。庶人有旦暮之业则劝，百工有器械之巧则壮。钱财不积则贪者忧，权势不尤则夸者悲。势物之徒乐变，遭时有所用，不能无为也。此皆顺比于岁，不物于易者也，驰其形性，潜之万物，终身不反，悲夫！

庄子曰："射者非前期而中，谓之善射。天下皆羿也，可乎？"惠子曰："可！"庄子曰："天下非有公是也，而各是其所是。天下皆尧也，可乎？"惠子曰："可！"庄子曰："然则儒、墨、杨、秉四，与夫子为五，果孰是邪？或者若鲁遽者邪？其弟子曰：'我得夫子之道矣，吾能冬爨鼎而夏造冰矣。'鲁遽曰:'是直以阳召阳,以阴召阴,非吾所谓道也。吾示子乎吾道。'于是为之调瑟,废一于堂,废一于室,鼓宫宫动,鼓角角动,音律同矣。夫或改调一弦,于五音无当也,鼓之,二十五弦皆动,未始异于声,而音之君已,且若是者邪?"惠子曰:"今夫儒、墨、杨、秉,且方与我以辩,相拂以辞,相镇以声,而未始吾非也,则奚若矣?"庄子曰:"齐人蹢子于宋者,其命阍也不以完,其求钘钟也以束缚,其求唐子也而未始出域,有遗类矣〔夫〕![18]夫楚人寄而蹢〔谪〕阍者[19],夜半于无人之时而于舟人斗,未始离于岑而足以造于怨也。"

庄子送葬,过惠子之墓,顾谓从者曰:"郢人垩〔有〕慢〔墁以垩污〕其鼻端,若蝇翼[20],使匠石斫之。匠石运斤成风,听而斫之[21],〔瞑目恣手〕,尽垩而鼻不伤,郢人立不失容。宋元君闻之,召匠石曰:'尝试为寡人为之。'匠石曰:'臣则尝能斫之。虽然,臣之质死久矣。'自夫子之死也,吾无以为质矣,吾无与言之矣。"

管仲有病,桓公问之,曰:"仲父之病〔疾〕病矣[22],可不谓〔讳〕云,至于大病[23],则寡人恶乎属国而可?"管仲曰:"公谁欲与?"公曰："鲍叔牙。"曰："不可。其为人絜廉善士也，其于不己若者不比之，又一闻人之过，终身不忘。使之治国，上且钩乎君，下且逆乎民。其得罪于君也，将弗久矣！"公曰："然则孰可？"对曰："勿已，则隰朋可。其为人也，上忘而下畔，愧不若黄帝而哀不己若者。以德分人谓之圣，以财分人谓之贤。以贤临人，未有得人者也；以贤下人，未有不得人者也。其于国有不闻也，其于家有不见也。勿已，则隰朋可。"

吴王浮于江，登乎狙之山。众狙见之，恂然弃而走，逃于深蓁。有一狙焉，委蛇攫搔，见巧乎王。王射之，敏给搏捷矢[24]。王命相者趋射之，狙执死。王顾谓其友颜不疑曰："之狙也，伐其巧、恃其便以敖予，以至此殛也[25]！戒之哉！嗟乎，无以汝色骄人哉！"颜不疑归而师董梧以助其色，去乐辞显，三年而国人称之。

南伯子綦隐几而坐，仰天而嘘。颜成子入见曰："夫子，物之尤也。形固可使若槁骸，心固可使若死灰乎？"曰："吾尝居山穴之中矣。当是时也，田禾一睹我，而齐国之众三贺之。我必先之，彼故知之；我必卖之，彼故鬻之。若我而不有之，彼恶得而知之？若我而不卖之，彼恶得而鷇之？嗟乎！我悲人之自丧者，吾又悲夫悲人者，吾又悲夫悲人之悲者，其后而日远矣。"

仲尼之楚，楚王殇之，孙叔敖执爵而立，市南宜僚受酒而祭曰："古之人乎！于此言已。"曰："丘也闻不言之言矣，未之尝言，于此乎言之。市南宜僚弄丸而两家之难解，孙叔敖甘〔酣〕寝秉羽[26]而郢人投兵。丘愿有喙三尺。"彼之谓不道之道，此之谓不言之辩。故德总乎道之所一，而言休乎知之所不知，至矣。道之所一者，德不能同也；知之所不能知者，辩不能举也；名若儒、墨而凶矣。故海不辞东流，大之至也。圣人并包天地，泽及天下，而不知其谁氏。是故生无爵，死无谥，实不聚，名不立，此之谓大人。狗不以善吠为良，人不以善言为贤，而况为大乎！夫为大不足以为大，而况为德乎！夫大备矣，莫若天地；然奚求焉，而大备矣。知大备者，无求，无失，无弃，不以物易己也。反己而不穷，循古而不摩，大人之诚。

子綦有八子，陈诸前，召九方歅曰："为我相吾子，孰为祥？"九方歅曰："梱也为祥。"子綦瞿然喜曰："奚若？"曰："梱也将与国君同食以终其身。"子綦索然出涕曰："吾子何为以至于是极也。"九方歅曰:"夫与国君同食,泽及三族,而况父母乎!今夫子闻之而泣,是御福也。子则祥矣,父则不祥。"子綦曰:"歅,汝何足以识之,而梱祥邪?尽于酒肉,入于鼻口矣,而何足以知其所自来?吾未尝为牧而牂生于奥,未尝好田而鹑生于宎,若勿怪,何邪?吾所与吾子游者,游于天地[也][27]。吾与之邀乐于天,吾与之邀食于地;吾不与之为事,不与之为谋,不与之为怪;吾与之乘天地之诚而不以物与之相撄,吾与之一委蛇而不与之为事所宜。今也然有世俗之偿焉!凡有怪征者,必有怪行,殆乎,非我与吾子之罪,几天与之也!吾是以泣也。"无几何而使梱之于燕,盗得之于道,全而鬻之则难,不若刖之则易,于是乎刖而鬻之于齐,适当渠公之街,然身食肉而终。

啮缺遇许由,曰:"子将奚之?"曰:"将逃尧。"曰:"奚谓邪?"曰:"夫尧,畜畜然仁,吾恐其为天下笑。后世其人与人相食与!夫民,不难聚也;爱之则亲,利之则至,誉之则劝,致其所恶则散。爱利出乎仁义,捐仁义者寡,利仁义者众。夫仁义之行,唯且无诚,且假乎禽贪者器。是以一人之断,制利天下,譬之犹一覕也。夫尧知贤人之利天下也，而不知其贼天下也，夫唯外乎贤者知之矣。"

有暖姝者，有濡需者，有卷娄者。所谓暖姝者，学一先生之言，则暖暖姝姝而私自说也，自以为足矣，而未知未始有物也，是以谓暖姝者也。濡需者，豕虱是也，择[处]疏鬣[长毛]，自以为广宫大囿[28]，奎蹄曲隈，乳间股脚，自以为安室利处，不知屠者之一旦鼓臂布草操烟火，而己与豕俱焦也。此以域进，此以域退，此其所谓濡需者也。卷娄者，舜也。羊肉不慕蚁，蚁慕羊肉，羊肉膻也。舜有膻行，百姓悦之。故三徙成都，至邓之虚而十有万家。尧闻舜之贤，举之童土之地，曰冀得其来之泽。舜举乎童土之地，年齿长矣，聪明衰矣，而不得休归，所谓卷娄者也。是以神人恶众至，众至则不比，不比则不利也。故无所甚亲，无所甚疏。抱德炀和以顺天下，此谓真人。于蚁弃知，于鱼得计，于羊弃意。

以目视目，以耳听耳，以心复心。若然者，其平也绳，其变也循。

古之真人，以天待之[人][29]，不以人入天。古之真人，得之也生，失之也死；得之也死，失之也生。

药也其实,堇也,桔梗也,鸡雍也,豕零也,是时为帝者也,何可胜言!

勾践也以甲楯三千栖于会稽。唯种也能知亡之所以存,唯种也不知其身之所以愁。故曰:鸱目有所适,鹤胫有所节,解之也悲。故曰:风之过河也,有损焉;日之过河也,有损焉。请只风与日相与守河,而河以为未始其撄也,恃源而往者也。故水之守土也审,影之守人也审,物之守物也审。故目之于明也殆,耳之于聪也殆,心之于殉也殆。凡能其于府也殆,殆之成也不给改。祸之长也兹萃,其反也缘功,其果也待久。而人以为己宝,不亦悲乎?故有亡国戮民无已,不知问是也。故足之于地也践〔浅〕,虽践〔浅〕,恃其所不蹍而后善博也[30];人之于知也少,虽少,恃其所不知而后知天之所谓也。知大一,知大阴,知大目,知大均,知大方,知大信,知大定,至矣。大一通之,大阴解之,大目视之,大均缘之,大方体之,大信稽之,大定持之。

尽有天,循有照,冥有枢,始有彼。则其解之也似不解之者,其知之也似不知之也,不知而后知之。其问之也,不可以有崖,而不可以无崖。颉滑有实,古今不代,而不可以亏,则可不谓有大扬攉乎[31]！阉不亦问是已，奚惑然为！以不惑解惑，复于不惑，是尚大不惑〔也〕[32]。

（二）文字校训说明

[1]"武侯劳之曰"，清本原文如此。钊按：揣摩其意，此句中"劳"字不合文意，疑涉下文"劳"字而误，原文当为"乐"字，"乐"与"劳"一音之转，故易误。徐无鬼是贤者，魏武侯因能会见这位贤者，故特别高兴，乃"乐之曰"。"乐"字体现了魏武侯当时的心情。后文言"武侯大悦而笑"，也证明了武侯当时的快乐心情。可见，"乐"是此句的关键词。"劳"字当是"乐"字之误，无疑。

[2]"君将黜耆欲，掔好恶，则耳目病矣"，清本原文如此。钊按：此句中之"病"字疑误。因为前言"君将盈耆欲，长好恶，则性命之情病矣"，此"病"是逻辑的必然，是"盈耆欲，长好恶"应得的惩罚；而此句相反，是"黜耆欲，掔（去）好恶"，其结果应当与前者相反，不再"病"，而句中却是"耳目病矣"，显然，此"病"字不当。余疑此"病"当读为"痊"，因"痊"是"病"的反义词，据古人反义互训的原则，此"病"当读为"痊"，于是全句成为"君将黜耆欲，掔好恶，则耳目痊矣"。语意豁然贯通，故"病"为"痊"之误，无疑。

[3]"下之质执饱而止，是狸德也"，清本原文如此。此句中的"狸德"，俞樾释曰："《广雅·释兽》：'狸，猫也。'猫之捕鼠，饱而止矣，故曰：'是狸德也。'《秋水》篇曰：'骐骥骅骝，一日而驰千里，捕鼠不如狸狌。'此本书以'狸'为'猫'之证。《御

览》引《尸子》曰：'使牛捕鼠，不如猫狌之捷。'《庄子》言'狸狌'，《尸子》言'猫狌'，一也。"钊按：其说是，从之。

[4]"若卹若失"，清本原文如此。刘文典指出："'卹'字无义，疑'灭'之误。《列子·说符》篇作'若灭若没，若亡若失'，《淮南子·道应》篇作'若灭若失，若亡其一'，文虽各异，并作'若灭'。"钊按：作"若灭"是，当从《列子》《淮南》改为"灭"。据刘文典考，此句中之"失"，司马本作"佚"，《御览》八百九十六引作"泆"。钊按：比较三种本子，当以清本之"失"为优，此"失"既同《列子·说符》引，又同《淮南子·道应》篇引。

[5]"藜藿柱乎鼪鼬之迳"，清本原文如此。据考，此句中之"藜藿"，碧虚子校引文如海本、张君房本作"藜藋"。刘文典指出："《疏》：'唯有藜藋野草，柱塞门庭。'是成本亦作'藋'。古书多言'藜藋'，罕言'藜藿'，文、张、成本较长。"钊按：其说是，当改"藜藿"为"藜藋"。又，此句中之"乎"字，文、张本作"于"。按：作"于"优，当改"乎"为"于"。又，此句中"鼪鼬之迳"，《陈译》据林云铭之《庄子因》说，释为"山蹊之间，鼪鼬所由之处"，从之。

[6]"又况乎昆弟亲戚之謦欬其侧者乎"，清本原文如此。钊按：本句中之"謦欬"，《释文》引李云"喻言笑也"；又，此句中之"又"，据王孝鱼考证世德堂本作"而"，当从之。据此，全句之意是说：而况兄弟亲戚之笑声常在其侧。此句乃是承前句"闻人足音跫然而喜矣"一语而发，承前启后，逻辑严谨。

[7]"以宾寡人"，清本原文如此。钊按：此句中之"宾"，据《释文》载"本或作摈"，则古本有作"摈"者。司马云："摈，弃也。"据此，则"以摈寡人"，犹"以弃寡人"也。

[8]"今老邪？其欲干酒肉之味邪？其寡人亦有社稷之福邪？"清本原文及句读如此。据考，本句中之"老邪"，《御览》九百七十六引作"老病"。钊按：作"老病"优，这样可以去掉第一个问号，而直连下读。又，本段文中先后出现两个"其"字，此两个"其"字，含义有别。第一个"其"字当训为"将"（见《古书虚字集释》），第二个"其"字当训为"抑"（亦见《古书虚字集释》，此"抑"可读为"或"）。据此，则本段文字可读为："今老病，将欲干酒肉之味邪？或寡人亦有社稷之福邪？"如此读，文通理顺，似无疑义。

[9]"夫奸，病也，故劳之。唯君所病之，何也？"清本原文如此。钊按：综观此段文意，徐无鬼是在做正面判断，意在告诉武侯，"奸"是"劳"的病根，所以"劳"便成为"君"之"病"。不难看出，这是在做正面判断，而不是提问。既然不是提问，则文末"何也？"二字及问号，就纯属多余（故下文未有回答），疑为衍文，当删。

[10]"君亦必无盛鹤列于丽谯之间"，清本原文如此。钊按：此句中之"鹤列"泛指排兵布阵，即军队阵列之谓；"丽谯"，前代学者司马等，释为"楼观"，指高楼华丽而嶕峣；"盛"，通"成"，借为"陈"，意为摆弄。则全句之意是说，君王不要摆弄军列于高楼大厦之间，透露出作者反战之意。

[11]"君若勿已矣"，清本原文如此。钊按：此句"若""勿"两字之序次有颠倒之嫌，当读为"君勿若已矣"，意为君王不如放弃。上文说："夫杀人之士民，兼人之土地，以养吾私与吾神者，其战不知孰善？胜之恶乎在？"正是针对战争掠夺带来的这些问题，所以徐无鬼才发出"君勿若已矣"的劝告。原文字有颠倒，当

385

加以正之。

[12]"黄帝将见大隗乎具茨之山",清本原文如此。据刘文典考证,此句中的"乎",《类聚》六、二十七及《御览》七十九、四百九十、六百二十四引并作"于"。钊按:作"于"优,当据改。又,据《释文》言,"大隗",司马本、崔本并作"泰隗",且《治要》引"大"亦作"太"。钊按:"大""太""泰"古通,但此句似以作"泰"为佳,因为据司马考证,它在"荥阳密县东,今名泰隗山",则该山确有其实,当依其名称之。又,《释文》言:"大隗,神名也,一云大道也。"钊按:"大隗",当是神人之名,该山名"泰隗",当是借神人之名而名之,非指"大道"也。

[13]"方明为御,昌寓骖乘,张若、䛜朋前马,昆阍、滑稽后车",清本原文如此。钊按:此句中所涉"方明""昌寓""张若""䛜朋""昆阍""滑稽"等,均为寓言中的人名。这些人名,因《庄子》版本不同,用字时见差异。例如"䛜朋"《御览》七十九引作"隰明";"滑稽"《御览》七十九引作"渭稽",而四百九十引作"骨稽"。这些不同的用字,可能因字形相近而致误。因为均出自寓言,究竟谁是谁非,今人已难于辨正,姑且依清本存之。

[14]"适遇牧马童子,问涂焉,曰:'若知具茨之山乎?'"清本原文及句读如此。据刘文典考证,此段中"童子"两字,《御览》四百九十引作"小童而"三字。钊按:《御览》本用字优,当以之为据,对今本作必要修改。又,此句中之"焉",当训为"乃",属下读。据此,则本段全文当为:"适遇牧马小童而问涂,乃曰:'若知具茨之山乎?'"照此读,文通理顺,当无疑义。

[15]"察士无凌谇之事则不乐",清本原文如此。据刘文典考证,此句中"凌谇之事",碧虚子校引文如海本、张君房本作

"陵谇之辞"。钊按：比较两种本子，似文、张本以"辞"代"事"优，当据改，则全句读为"察士无凌谇之辞则不乐"。

[16]"枯槁之士宿名"，清本原文如此。关于本句中之"宿"，俞樾指出："'宿'读为'缩'，《国语·楚语》'缩于财用则匮'，《战国·秦策》'缩剑将自诛'，韦昭、高诱注并曰'缩，取也'。'枯槁之士宿名'，犹言'取名'也。《释文》曰：'宿，积久也。'于义未安。又引王云：'其所寝宿，唯名而已。'更为迂曲，由不知'宿'为'缩'之假字耳！"钊按：俞说有理有据，此句之"宿"当读为"缩"，训为"取"，则"宿名"犹"取名"之谓也。

[17]"农夫无草莱之事则不比，商贾无市井之事则不比"，清本原文如此。关于此两句中的"比"字，俞樾训为"治"，指出："'比'，通作'庀'。《周官·遂师》疏云：'周礼之内云比者，先郑皆为庀。'是也。《国语·鲁语》'子将庀季氏之政焉'，又曰'夜庀其家事'，韦注并曰'庀，治也'。农夫惟治草莱之事，故无草莱之事则不庀；商贾惟治市井之事，故无市井之事则不庀也。郭《注》曰：'能同则事同，所以比。'是以本字读之，非是。"钊按：俞说是，"比"当训为"治"。

[18]"有遗类矣"，清本原文及句读如此。俞樾指出："'有遗类矣'当连下'夫'字为句，'有遗类矣夫'，与襄二十四年《左传》'有令德也夫''有令名也夫'句法相似。'类'，谓种类也。《诗·裳裳者华序》'弃贤者之类'，《正义》曰'类，谓种类'，是也。'求亡子而不出域'，则其亡子不可得，必无遗类矣。故曰：'有遗类矣夫。'反言以明之也。"钊按：俞氏之说允当，从之。

[19]"夫楚人寄而蹢閽者"，清本原文如此。俞樾指出："'夫楚人寄而蹢閽者'句，'夫'字当属上'有遗类矣'为句。'蹢'当

读'谪',扬雄《方言》:'谪,怒也。'张揖《广雅·释诂》:'谪,责也。'楚人寄而谪阍者,谓寄居人家而怒责其阍者也,与下文'夜半于无人之时而与舟人斗',均此楚人之事,皆喻其自以为是。"钊按:其说符合原旨,从之。

[20] "郢人垩慢其鼻端,若蝇翼",清本原文如此。据刘文典考证,本句中"郢人垩慢其鼻端",《御览》五百五十五引作"郢人有漫以垩污其鼻端"。钊按:比较两种本子,似以《御览》本用字为优,当据改,则此句可读为"郢人有漫以垩污其鼻端,若蝇翼"。语中之"漫",有作"慢"者,亦有作"墁"者。"慢""漫""墁"三字古可互通,但在本文中当以作"墁"为佳,故《初学记》十八,《御览》三百六十七、七百五十二,《文选》嵇叔夜《赠秀才入军诗》等古本皆用"墁"字(据刘文典考)。此"墁"可训为"涂",正好与"垩"字之义相贯通,《中华大字典》:"垩,白涂也。"则全句之意是说,郢人有一风习,用白泥涂之于鼻端,如同蝇之翅也。

[21] "听而斫之",清本原文如此。在此句下有郭《注》"瞑目恣手"四字。刘文典言:"碧虚子校引江南李氏本以'瞑目恣手'四字为正文。细绎文义,此四字不类郭《注》,'听而斫之,瞑目恣手,尽垩而鼻不伤',文正衔接,疑江南李氏本是也。"钊按:刘氏之说,有理有据,则"瞑目恣手"四字,乃为经文误为注文,当据江南李氏本改正,以还《庄子》本来面目。

[22] "桓公问之,曰:'仲父之病病矣'",清本原文如此。刘文典指出:"'仲父之病病矣','病病'连文,不词,当作'疾病'。《说文·疒部》'病疾加也',《论语·子罕》章'子疾病',《春秋·桓五年传·正义》引郑注'病,谓疾益困',是其义也。《吕

氏春秋·知接》篇正作'仲父之疾病矣'，是其确证。《列子·力命》篇作'仲父之病疾矣'，盖袭用此文而误倒，然'病病'之误愈明矣。"钊按：刘氏之说，言之凿凿，当据之改"病病"为"疾病"。

[23]"可不谓云，至于大病"，清本原文如此。王孝鱼校对《庄子集释》书稿时，依江南古藏本及李氏本，将"谓"改作"讳"。奚侗曰："《管子·戒》篇'谓'作'讳'，宜据正。"刘文典言："奚校是也。《吕氏春秋·贵公》篇作'仲父之病疾，渍甚，国人弗讳'，高注'国人弗讳，言死生不可讳也'，《知接》篇注'死生大事，不可讳也'。《列子·力命》篇袭用此文，字亦作'讳'。"钊按：奚、刘之说，有理有据，当据之改"谓"为"讳"。

[24]"敏给搏捷矢"，清本原文如此。对于此句中之"捷"，有学者训为"接"，并将"搏捷矢"解为"以手搏而接其矢也"。钊按：此说恐不确。从字面上看，"捷"虽可与"接"相通，但在此句中，"捷"似应训为"速"，指箭矢快速。正因为箭矢快速，才有"敏给"之评，若箭矢不速，则"敏给"就是虚发。所以，本句之"捷"不应训为"接"，而应训为"速"。而且，猴子之敏给，也不必用接矢的方式表现出来，它用手将"矢"拨开，也未尝不可。

[25]"之狙也，伐其巧、恃其便以敖予，以至此殛也！"清本原文如此。此句首"之"字，《释文》言"或作是"，考《御览》七百四十五引，正作"是"。钊按："之""是"古通，均可用，故仍存今本之"之"字。"殛"，《御览》七百四十五引作"极"，两字古通，但在此句当以"殛"为优，《中华大字典》："殛，诛也。"据此，全句之意是说，这个猴子，矜伐其巧，依恃其便，以骄于我，乃召此诛杀。

[26]"孙叔敖甘寝秉羽",清本原文如此。此句中之"甘",刘文典言:"借为'酣'。"钊按:其说是。又"羽",《中华大字典》注曰:"羽,舞者所执也,《书·大禹谟》'舞干羽于两阶'。"则"羽"乃舞者手中所执之用品。该典又曰:"羽,析白羽为之。"由此可知,此"羽"泛指用白色鸟羽制成的扇子。则"孙叔敖甘寝秉羽",意为孙叔敖手执白羽扇,安寝怡卧,静心以待。他的这种风度,为后来的诸葛亮所继承。人所共知,诸葛亮在指挥蜀汉的千军万马中,总是手执羽扇,运筹帷幄,成为我国历史上卓越的军师典范。

[27]"游于天地",清本原文如此。据刘文典言,碧虚子校引江南古藏本,句末有"也"字。钊按:有"也"字语意圆满,当据补。

[28]"择疏鬣自以为广宫大囿",清本原文及句读如此。据王孝鱼考证,《阙误》引张君房本,"鬣"下有"长毛"二字。刘文典指出:"张本是也。《疏》'择疏长之毛鬣',是成所见本亦有'长毛'二字,此以'疏鬣长毛''广宫大囿''奎蹄曲隈''安室利处'相对为文,无'长毛'二字则句法参差矣,今据张本补。"钊按:刘说是,当从之。又,据《御览》九百五十一引,此句中"择"下有"处"字。有"处"优。此"处"可训为"定"(参见《中华大字典》),则成"择定疏鬣长毛",语意更为明晰,当以之为据,增一"处"字。

[29]"古之真人,以天待人",此句中之"待人",清本原为"待之"。王孝鱼依《阙误》引张君房本改。奚侗曰:"'待之'当依张本作'待人'。"刘文典言:"张本是也,此以天、人对言,作'待之'则非其指矣,今依张本正。"钊按:以上诸家之见均合原

旨，从之。

[30]"故足之于地也践，虽践，恃其所不蹍而后善博也"，清本原文如此。俞樾指出："两'践'字并当作'浅'，或字之误，或古通用也。足之于地，止取容足而已，故曰'足之于地也浅'。然容足之外，虽皆无用之地，而不可废也。故曰'虽浅，恃其所不蹍而后善博也'。《外物》篇曰：'夫地非不广且大也，人之所用容足耳，然则厕足而垫之，致黄泉。人尚有用乎？'即此义也。下文曰：'人之知也少，虽少，恃其所不知，而后知天之所谓也。''少'与'浅'文义相近，若作'践'则不可通矣。"钊按：其说是，该文之"践"当是假字，当正为"浅"字。

[31]"则可不谓有大扬攉乎"，清本原文如此。此句中的"攉"，《淮南子·俶真》篇高注本作"攉"。刘文典指出："《淮南子》有高诱、许慎二家注本，今本《俶真》篇乃高注本，字作'攉'；许本字自作'攉'也。"钊按：其说是。《释文》载："许慎云：'扬攉粗略法度。'"字正作"攉"。比较两本用字，当以"攉"字为优。因为"扬攉"相连，已成为古人常用词语，例如《汉书·叙传》就有"扬攉古今"之语，其注曰："'扬'，举也；'攉'，引也。"则"扬攉"即举引也。故许慎言"扬攉粗略法度"即"举引粗略法度"是也。

[32]"是尚大不惑也"，清本无语尾"也"字。刘文典指出："'也'字旧脱，今依唐写本补。"钊按：有"也"字语意完美，当据补。

（三）中心内容评析

本篇题名《徐无鬼》，取自篇首三字。全文分为十四节，内容较为松散。

第一节，借徐无鬼与魏武侯的对话，启示武侯要在修身中处理好"耆欲""好恶"等养生方面的问题。在徐无鬼看来，若"盈耆欲，长好恶，则性命之情病矣"；若"黜耆欲，挈好恶，则耳目痊矣"。可见，对于"耆欲""好恶"，绝不能等闲视之，养生不能不重视这些问题。接着，徐氏又借助谈相狗、相马之术，赢得"武侯大悦而笑"。而平时近臣们与武侯谈《诗》《书》《礼》《乐》，或《金板》《六弢》等故籍，这位侯爷却"未尝启齿"。作者之所以如此描述，意在讥讽武侯昏庸无道，平时很难听到真人之言。故后文叹曰："久矣夫，莫以真人之言謦欬吾君之侧乎。"借徐无鬼之口，描述武侯过着"独为万乘之主，以苦一国之民"的安逸生活，并高谈"吾欲爱民而为义偃兵"。对此，徐无鬼一针见血地指出："爱民，害民之始也；为义偃兵，造兵之本也。"这些均是对有为之治的有力鞭挞。第二节，借黄帝与牧马童子之对话，阐明"夫为天下者，亦奚以异乎牧马者哉！亦去其害马者而已矣"（按：这里疑文字有误，因为"去其害马"并不符合"无为自化"之旨）。第三节，着重阐明农夫、商贾、庶人、百工由于职业不同，其价值追求也不一样："农夫无草莱之事则不治，商贾无市井之事则不治。庶人有旦暮之业则劝，百工有器械之巧则壮。"第四节，借庄子与惠子的对话，对"天下皆羿"与"天下皆尧"予以否定，认为"天下皆羿"或"天下皆尧"，那是"以阳召阳,以阴召阴",不合于"阴阳和"的自然法则。第五节,写庄子过惠子之墓,给从者讲了一个故事,并说:"自夫子之死也,吾无以为质矣,吾无与言之矣。"表达了庄子对惠子的怀念之情。第六节,写管仲与齐桓公对话,磋商管仲死后齐相选拔之事。其时,管子否定鲍叔牙而力荐隰朋,认为他"以贤下人,未有不得人者也"。第七节,借吴王之口,批评猴子"以色骄人",而招射杀之"殛"。此事启迪了颜不疑,他自觉改变官场骄态,"去乐辞显,三年而国人称之"。第八节,借颜成子与南伯子綦的对话,赞叹南伯子綦修身达到"形若槁骸,心若死灰"的境界,并总结了子綦取得这一成就的自我体验。第九节,借孔子入楚之事,赞美"不道之道,不言之辩"。后文说"狗不以善吠为良,人不以善言为贤",似乎是讥讽孔子以"善言"游说楚王之失。第十节,九方歅为子綦名为"梱"的儿子看相,依照命相,"梱""将与国君同食以终其身"。此事从表面看,"梱"之命好极了,他可以让全家光宗耀祖。然而,子綦却为此感到极为悲哀,他意识到,儿子必将终身背离亲人,使全家难以团圆。第十一节,借许由逃尧的故事,阐明尧推行的仁爱已埋下祸患,乃至后世难免出现"人与人相食"的悲剧,"夫尧知贤人之利天下也,而不知其贼天下也"。作者的本意,在于倡导无为而治。第十二节(第12、13、14、15自然段),将"暖姝""濡需""卷娄"三种不同的人格类型加以比较,尧选定了"卷娄者"(即舜)。但作者认为的最高境界并非止于此,故后文提出"抱德炀和以顺天下",显然,这是推崇"无为之治"。第十三节(第16自然段),文意较晦涩,综观其义,作者似乎旨在强调自安的必要性:"鸱目有所适,鹤胫有所节,解之也悲";后文言:"水之守土也审,影之守人也审,物之守物也

393

审"(成《疏》:"审,安定")。可见,自安多么重要。作者还提出应知的七大对象,即"知大一、知大阴、知大目、知大均、知大方、知大信、知大定",文中有关"七大"的具体内容,注家说法纷纭,值得进一步斟酌。第十四节(第17自然段),以不惑解惑,复于不惑,是尚大不惑。

综观全文,内容杂乱,其中既涉及养生之道的问题,也涉及治国之方的问题,还谈到个体品德修养的问题,但均较为肤浅,唯强调"抱德炀和"颇有新意。

三、《则阳》校训析

（一）经文校正清样

则阳游于楚，夷节言之于王，王未之见，夷节归。彭阳见王果，曰："夫子何不谭〔谈〕我于王？"[1]"王果曰："我不若公阅休。"彭阳曰："公阅休奚为者邪？"曰："冬则擉鳖于江，夏则休乎山樊。有过而问者：曰：'此予宅也。'夫夷节已不能，而况我乎！吾又不若夷节。夫夷节之为人也，无德而有知，不自许，以之神其交固，〔故〕颠冥乎富贵之地，非相助以德，相助消也[2]。夫冻者假〔兼〕衣于春，暍者反〔冷风〕冬乎〔冬〕冷风[3]。夫楚王之为人也，形尊而严；其于罪也，无赦如虎；非夫佞人正德，其孰能桡焉！故圣人，其穷也使家人忘其贫，其达也使王公忘爵禄而化〔化〕卑[4]。其于物也，与之为娱矣；其于人也，乐物之通而保己焉；故或不言而饮人以和，与人并立而使人化。父子之宜，彼其乎归居，而一闲其所施。其于人心者若是其远也。故曰：'待公阅休。'"

圣人达绸缪，周尽一体矣，而不知其然，性也。复命摇作而以天为师，人则从而命之也。忧乎知而所行恒无几时，其有止也，若之何！生而美者，人与之鉴，不告则不知其美于人也。若知之，若不知之；若闻之，若不闻之。其可喜也终无已，人之好之亦无已，性也。圣人之爱人也，人与之名，不告则不知其爱人也。若知之，若不知之；若闻之，若不闻之。其爱人也终无已，人之安之亦无已，性也。

旧国旧都，望之畅然；虽使丘陵草木之缗，入之者十九，犹之畅然。况见见闻闻者也[5]，以十仞之台县众闲者也！

冉相氏得其环中以随成，与物无终无始，无几无时。日与物化者，一不化者也，阖尝舍之！夫师天而不得师天，与物皆殉，其以为事也若之何？夫圣人未始有天，未始有人，未始有始，未始有物，与世偕行而不替，所行之备而不洫，其合之也若之何？

汤得其司御门尹登恒为之傅之,从师而不囿;得其随成,为之司其名;之名嬴法,得其两见[6]。仲尼之尽虑,为之傅之。

容成氏曰:"除日无岁,无内无外。"

魏莹与田侯牟约,田侯牟背之。魏莹怒,将使人刺之。犀首公孙衍闻而耻之曰:"君为万乘之君也,而以匹夫从仇!衍请受甲二十万,为君攻之,虏其人民,系其牛马,使其君内热发于背,然后拔其国。忌也出走,然后抶其背,折其脊。"季子闻而耻之曰:"筑十仞之城。城者既十〔七〕仞矣,则又坏之[7],此胥靡之所苦也。今兵不起七年矣,此王之基也。衍乱人,不可听也。"华子闻而丑之曰:"善言伐齐者,乱人也;善言勿伐者,亦乱人也;谓伐之与不伐乱人也者,又乱人也。"君曰:"然则若何?"曰:"君求其道而已矣!"惠子闻之而见戴晋人。戴晋人曰:"有所谓蜗者,君知之乎?"曰:"然。""有国于蜗之左角者曰触氏,有国于蜗之右角者曰蛮氏,时相与争地而战,伏尸数万,逐北旬有五日而后反。"[8]君曰:"噫!其虚言与?"曰:"臣请为君实之。君以意在四方上下有穷乎?"君曰:"无穷。"曰:"知游心于无穷,而反在通达之国,若存若亡乎?"君

397

曰："然。"曰："通达之中有魏，于魏中有梁，于梁中有王。王与蛮氏有辩乎？"君曰："无辩。"客出，而君惝然若有亡也。客出，惠子见。君曰："客，大人也，圣人不足以当之。"惠子曰："夫吹筦也，犹有嗃也；吹剑首者，吷而已矣。尧、舜，人之所誉也；道尧、舜于戴晋人之前，譬犹一吷也。"

孔子之楚，舍于蚁丘之<u>浆</u>〔蒋〕[9]。其邻有夫妻臣妾登极者，子路曰："是稯稯何为者邪？"仲尼曰："是圣人仆也。是自埋于民，自藏于畔。其声销，其志无穷，其口虽言，其心未尝言，方且与世违，而心不屑与之俱。是陆沉者也，是其市南宜僚邪？"子路请往召之。孔子曰："已矣！彼知丘之著于己也，知丘之适楚也，以丘为必使楚王之召己也，彼且以丘为佞人也。夫若然者，其于佞人也羞闻其言，而况亲见其身乎！而何以为存？"子路往视之，其室虚矣。

长梧封人问〔启〕子牢曰："君为政，<u>焉</u>〔乃〕勿卤莽，治民，<u>焉</u>〔乃〕勿灭裂[10]。昔予为禾，耕而卤莽之，则其实亦卤莽而报予；芸而灭裂之，其实亦灭裂而报予。予来年变齐，深其耕而熟耰之，其禾蘩以滋，予终年厌飧。"庄子闻之曰："今人之治其形，理其心，多有似封人之所谓，遁其天，离其性，灭其情，亡其神，以众为。故卤莽其性者，欲恶之孽，为性萑苇蒹葭，始萌以扶吾形，寻擢吾性[11]；并溃漏发，不择所出，漂疽疥痈，内热溲膏是也。"

柏矩学于老聃，曰："请之天下游。"老聃曰："已矣！天下犹是也。"又请之，老聃曰："汝将何始？"曰："始于齐。"至齐，见辜人焉，〔乃〕推〔移〕而强〔僵〕之，解朝服而幕〔覆〕之[12]，号天而哭之，曰："子〔嗞〕乎子〔嗞〕乎！天下有大菑[13]，子独先离之，曰：'莫为盗，莫为杀人！'荣辱立，然后睹所病；货财聚，然后睹所争。今立人之所病，聚人之所争，穷困人之身使无休时，欲无至此，得乎！古之君人者，以得为在民，以失为在己；以正为在民，以枉为在己；故一形有失其形者，退而自责。今则不然。匿为物而愚〔过〕不识[14]，大为难而罪不敢，重为任而罚不胜，远其涂而诛不至。民知力竭，则以伪继之。日出多伪，士民安取不伪！夫力不足则伪，知不足则欺，财不足则盗。盗窃之行，于谁责而可乎？"

蘧伯玉行年六十而六十化，未尝不始于是之

399

而卒诎之以非也，未知今之所谓是之非五十九非也。万物有乎生而莫见其根，有乎出而莫见其门。人皆尊其知之所知，而莫知恃其知之所不知而后知，可不谓大疑乎！已乎！已乎！且无所逃。此所谓然与，然乎？

仲尼问于大史大弢、伯常骞、狶韦曰："夫卫灵公饮酒湛乐，不听国家之政；田猎毕弋，不应诸侯之际。其所以为灵公者何邪？"大弢曰："是因是也。"伯常骞曰："夫灵公有妻三人，同滥〔盆〕而浴[15]。史鳅奉御而进所，搏币而扶翼。其慢若彼之甚也，见贤人若此其肃也，是其所以为灵公也。"狶韦曰："夫灵公也死，卜葬于故墓不吉，卜葬于沙丘而吉。掘之数仞，得石椁焉，洗而视之，有铭焉，曰：'不冯其子，灵公夺而里之。'夫灵公之为灵也，久矣，之二人何足以识之！"

少知问于大公调曰："何谓丘里之言？"[16]大公调曰："丘里者，合十姓百名而以为风俗也，合异以为同，散同以为异。今指马之百体而不得马，而马系于前者，立其百体而谓之马也。是故丘山积卑而为高，江河〔海〕合水〔小〕而为大，大人合并〔正〕而为公[17]。是以自外入者，有主而不执；由中出者，有正而不距。四时殊气，天不赐，故岁成；五官殊职，君不私，故国治；文武大人不赐，故德备；万物殊理，道不私，故无名。无名故无为，无为而无不为。时有终始，世有变化。祸福淳淳，至有所拂者而有所宜；自殉殊面，有所正者有所差。比于大泽，百材皆度；观于大山，木石同坛。此之谓丘里之言。"少知曰："然则谓之道，足乎？"大公调曰："不然。今计物之数，不止于万，而期曰万物者，以数之多者号而读之也。是故天地者，形之大者也；阴阳者，气之大〔广〕者也[18]；道者为之公。因其大以号而读之则可也，已有之矣，乃将得比哉！则若以斯辩，譬犹狗马，其不及远矣！"少知曰："四方之内，六合之里，万物之所生，恶起？"大公调曰："阴阳相照相盖相治[19]，四时相代相生相杀，欲恶去就于是桥起，雌雄片合于是庸有。安危相易，祸福相生，缓急相摩，聚散以成。此名实之可纪，精微之可志也。随序之相理，桥运之相使，穷则反，终则始。此物之所有，言之所尽，知之所至，极物而已。睹道之人，不随其所废，不原其所起，此议之所止。"少知曰："季真之莫为，接子之或使[20]，二家之议，孰正于其情，孰偏于其理？"大公调曰："鸡鸣狗吠，是人之所知；虽有大知，不能以言读[道]其所自化[以]，又不能以意[测]其所将为[21]。斯而析之，精至于无伦，大至于不可围，或之使，莫之为，未免于物而终以为过。或使则实，莫为则虚。有名有实，是物之居；无名无实，在物之虚。可言可意，言而愈疏。未生不可忌，已死不可徂[阻][22]。死生非远也，理不可睹。或之使，莫之为，疑之所假。吾观之本，其往无穷；吾求之末，其来无止。无穷无止，言之无也，与物同理；或使莫为，言之本也，与物终始。道不可有，有不可无。道之为名，所假而行。或使莫为，在物一曲，夫胡为于大方？言而足，则终日言而尽道；言而不足，则终日言而尽物。道物之极，言默不足以载；非言非默，议有所极。"

（二）文字校训说明

[1] "夫子何不谭我于王？"清本原文如此。钊按：此句中之"谭"借为"谈"，"谭我于王"乃倒语，犹"于王谈我"，即在王面前谈说我的情况。

[2] "无德而有知，不自许，以之神其交固，颠冥乎富贵之地，非相助以德，相助消也"，清本原文及句读如此。钊按：综观其文，疑句读有误，文中之"固"字，借为"故"，当属下句，读为"故颠冥乎富贵之地"；文中"自许"，犹"自进"（《中华大

字典》:"许,犹进也");"颠冥",成《疏》曰"犹迷没也",此"迷没"即今之"迷惑"是也。又"消",成《疏》曰"毁损"。据此,则全段之意是说,夷节本着"无德而有知"和"不自进"的素质,与人神秘交往,故迷惑于富贵之地,他们不是相助以德,而是相助以毁损。照此读,文通理顺,当无疑义。

[3]"夫冻者假衣于春,暍者反冬乎冷风",清本原文如此。奚侗指出:"'反冬乎冷风'当作'反冷风乎冬'。《淮南·俶真训》作'冻者假兼衣于春,暍者望冷风于冬'。"❶钊按:奚氏之说有理,当据改。《淮南》之文,乃袭自《庄子》,两相对照,《淮南》之"冻者假兼衣于春,暍者望冷风于冬"两句对仗工整;而《庄子》清本"冻者假衣于春,暍者反冬乎冷风"之两句,参差难成对仗。故参考《淮南》之文,应将"反冬乎冷风"改为"反冷风乎冬",并在首句"假"字后增一"兼"(按:"兼,积也")字,则成为"冻者假兼衣于春,暍者反冷风乎冬"。则两句亦对仗工整,其中"冻者"对"暍者"(按:"暍,犹热也");"假兼衣于春"对"反(返)冷风乎冬",文意清明,当无疑义。

[4]"其达也使王公忘爵禄而化卑",清本原文如此。钊按:"化卑",义不可通。疑"化"原为"仛"字,因形近而误。《中华大字典》:"仛,同侂,寄也。"若此推测无误,则"仛卑",犹"寄卑"。全句之意是说,圣人发达之后,能使王公忘记爵禄,而寄情于卑下者。这体现了富贵而不忘贫贱的高尚追求。

[5]"旧国旧都,望之畅然;虽使丘陵草木之缗,入之者十

---

❶ 说明:查《俶真训》之原文,此句中之"冬"字,乃误为"秋"字,应为"冬"字才合文意。

九，犹之畅然。况见见闻闻者也"，清本原文如此。俞樾指出："'缗'字，《释文》引司马云'盛也'。郭《注》云'合也'，于义俱通。'人之者十九'，《释文》曰'谓见十识九也'，此未得其义，'人'者，谓人于丘陵草木所掩蔽之中也，'人之者十九'，则其出于外而可望见者十之一耳，而犹觉畅然喜悦，故继之曰：'况见见闻闻者也。'郭《注》曰'见所尝见，闻所尝闻，而犹畅然'，则于'况见见闻闻'句不复可通，遂增益之曰'况体其体，用其性也'，于《庄子》本义不合矣。"钊按：俞氏批评郭氏注文不合庄生本旨，有理有据。但俞氏却将"人之者十九，犹之畅然"，释为"人之者十九，则其出于外而可望见者十之一耳，而犹觉畅然喜悦"。此释似有迂曲之嫌。综观全段文字，其意是说：旧国旧都，外观畅然可见，虽令丘陵草木之盛，而进入者仍有十分之九的人可以畅然地看清它的外貌，况尝见尝闻者呢！（这说明该国都巍峨高峻，人们容易看清它的外貌。）

[6] "之名赢法，得其两见"，清本原文如此。此句中的"赢"，《陈译》训为"余，剩"，恐不确。余以为此"赢"当依《中华大字典》释为"囊"，则"之名赢法"犹说此名囊括大法，故下文说"得其两见"，此"两见"，指君臣之道两次再现。如此释，文通理顺，若将"赢"释为"余，剩"，则下文"得其两见"就令人费解了。

[7] "筑十仞之城，城者既十仞矣，则又坏之"，清本原文如此。俞樾指出："下'十'字疑'七'字之误。城者既七仞，则虽未十仞，而去十仞不远矣，故坏之为可惜。若既十仞，则直谓之已成可耳，不当言'既十仞'也。下文曰：'今兵不起七年矣，此王之基也。'明是以'七仞'喻'七年'，其为字误无疑。"钊按：俞

说合情合理，从之。

[8]"诚知所争者若此之细也，则天下无争矣。"这两句话为清本郭象之注文，置于"有国于蜗之左角者曰触氏，有国于蜗之右角者曰蛮氏，时相与争地而战，伏尸数万，逐北旬有五日而后反"一段文字之后。据刘文典考证，此段郭注，《御览》三百十三引之"以为正文"。钊按：《御览》此引不确。综观此注上下文字，似不能视为正文。因为"旬有五日而后反"之下，载"君曰：'噫！其虚言与'"。这说明"君"听了前面关于征战的情况后，才发出"噫！其虚言与"的感叹，可谓顺理成章。若把郭注视为经文，则君之叹就是废话，而语无伦次了。而且除《御览》三百十三之引外，至今再未发现相同情况，则此引乃是孤证，难以成立。因此，绝不能将郭注混为经文。

[9]"孔子之楚，舍于蚁丘之浆"，清本原文如此。此句中之"浆"，司马本作"蒋"。刘文典指出："作'蒋'是也。《淮南子·原道》篇：'上漏下湿，润浸北房。雪霜滚灉，浸潭苽蒋。'亦正以'蒋'为草舍。成不得其义，以卖浆水之家释之，非是。《艺文类聚》八十二、《御览》九百九十九引并作'蒋'。"钊按：刘氏之说持之有故，言之有依，从之。

[10]"长梧封人问子牢曰：'君为政焉勿卤莽，治民焉勿灭裂'"，清本原文及句读均如此。钊按：综观此段文字，词语及句读似有误。首句"封人问"之"问"疑误，因为下文"君为政焉勿卤莽，治民焉勿灭裂"两句，并非问语，而是提示之语，故此"问"字，文不对题，疑为"开"字之误，《中华大字典》言："开，启也。""开"与"问"，古文形近易误。若此推测可立，则该句应为"长梧封人启子牢曰"，"启"即启示之意。又，后面两句，句

405

读不确。其中"焉",当训为实词"乃",读为"君为政,乃勿卤莽;治民,乃勿灭裂"。文中的"卤莽",是精细的反义词;"灭裂",含有伤害之意。提示为君者要像"为禾"那样,精耕细作,除草而不伤禾苗,故后文言"深其耕而熟耰之",从而获得"终年厌飧"之乐。

[11]"故卤莽其性者,欲恶之孽,为性萑苇蒹葭,始萌以扶吾形,寻擢吾性",清本原文如此。俞樾曰:"'为性萑苇蒹葭'六字为句,郭于'萑苇'下出注云:'萑苇,害禾稼,欲恶伤正性。'此失其读也。'始萌以扶吾形,寻擢吾性',与'始'相对为义,'寻'之言'浸寻'也。《汉书·郊祀志》'浸寻于泰山矣',晋灼曰:'寻,遂往之意也。''始萌以扶吾形',言其始若足以扶助吾形也。'寻擢吾性',言浸寻既久,则拔擢吾性也。郭解'扶吾形'曰'形扶疏则神气伤',亦为失之。"钊按:俞氏对郭氏注释之误所作的批评,较为允当。

[12]"至齐,见辜人焉,推而强之,解朝服而幕之",清本原文及句读如此。俞樾言:"《释文》:'辜,罪也。李云:谓应死人也。'此失其义。'辜',谓'辜磔'也。《周官》掌戮'杀王之亲者,辜之',郑注:'辜之,言枯也,谓磔之。'是其义。《汉景帝纪》'改磔曰弃市',颜注'磔,谓张其尸也',是古之辜磔人者,必张其尸于市。故柏矩'推而强之,解朝服而幕之也。'"钊按:俞氏之说,深得"辜""磔"等字的古义古训,有助于后人理解《庄子》原旨。本文中之"辜",指古代处置死刑犯的一种刑罚,即陈尸于市,使尸体逐渐干枯,故"辜"又称为"枯"。古代还有一种刑罚,叫作"磔",是一种车裂之罪,因后来汉景帝"改磔曰弃市",此"磔"便与"辜"合为一种刑罚,曰"弃市",即

"张其尸于市"是也。又,本段中的"焉"字,当训为"乃",属于下句,读曰:"至齐,见辜人,乃推而强之,解朝服而幕之。"此文中的"推",当训为"移";"强"当读为"僵";"幕"当训为"覆"。则全文之意是说:柏矩来到齐国,见有人被陈尸于市,便移其僵体,并解下朝服覆盖之。

[13]"子乎子乎!天下有大菑",清本原文如此。俞樾指出:"'子乎子乎',乃叹辞也。《诗·绸缪》'子兮子兮',《毛传》'子兮者,嗟兹也';《管子·小称》篇'嗟兹乎,圣人之言长乎哉';《说苑·贵德》篇曰'嗟兹乎,我穷必矣'。并以'嗟兹'为叹辞,说详《经义述闻》。此云'子乎子乎',正与'子兮子兮'同义。'子'当读为'嗞'。《释文》'子'字不作音,盖失其义久矣。"钊按:俞氏之说,理明据实,当从之。

[14]"匿为物而愚不识",清本原文如此。对于此句校释,马叙伦、刘文典、俞樾等著名学者均有所论,唯俞樾之说最为允当。他指出:"下文'大为难而罪不敢,重为任而罚不胜,远其涂而诛不至',曰'罪',曰'罚',曰'诛',皆谓加之以刑也。此曰'愚',则与下文不一律矣。《释文》曰:'愚,一本作遇。''遇',疑'过'字之误。《广雅·释诂》曰:'过,责也。'因其不识而责之,是谓'过不识'。《吕览·适威》篇曰:'烦为教而过不识,数为令而非不从,巨为危而罪不敢,重为任而罚不胜。'与此文义相似,而正作'过不识'。高诱《注》训'过'为'责',可据以订此文之误。'过'误为'遇',又臆改为'愚'耳。"钊按:俞说精当,从之。

[15]"同滥而浴",清本原文如此。此句中之"滥",奚侗曰:"借为'鉴',《说文》曰:'鉴,大盆也'。"钊按:奚氏之说是。查

《说文》之注曰:"盆者,盎也。凌人春始治鉴。'鉴',如甄,大口,以盛冰。置食物于中,以御温气。……则'鉴',如今之'瓮'。"此"瓮"类似今天的"缸",故可作为浴器。据此,则"同滥而浴",当读为"同盆而浴",此据改。

[16]"何谓丘里之言",清本原文如此。关于"丘里之言",《释文》引李颐注曰:"四井为邑,四邑为丘,五家为邻,五邻为里。"据此,则"丘里之言"指流行于邑、丘、邻、里之间的言论,既可理解为乡村里巷之言,亦可理解为世俗格言,故有人将"丘里之言"称之为"公论",犹"谚语"之类。

[17]"是故丘山积卑而为高,江河合水而为大,大人合并而为公",清本原文如此。刘文典指出:"'河'当为'海',字之误也。《疏》'聚细流以成江海'是其证。"钊按:刘说是。又,"合水",《释文》言"一本作'合流'"。俞樾指出:"'水'乃'小'字之误。'卑''高''小''大'相对为文。"钊按:其说是。又,"大人合并而为公"一语,疑有误,因为简单的"合并",未必能成为"公"。余疑此句中之"并"字,乃"正"字之误。"正"者,不偏也,只有坚持"不偏",才能达到公,故曰"大人合正而为公"。此"正"对"公",与上文之"高"对"卑"、"大"对"小"逻辑一致,相对成文。之所以误为"并",当是浅人看到上面之"合",乃臆改之。

[18]"是故天地者,形之大者也;阴阳者,气之大者也",清本原文如此。刘文典言:"'形之大者也''气之大者也',两'大'字于词为复,碧虚子校引刘得一本,下'大'字作'广',疑是。"钊按:其说有理,当从之。

[19]"阴阳相照相盖相治",清本原文如此。俞樾言:"'盖',当

读为'害',《尔雅·释言》:'盖,割裂也。'《释文》曰'盖,舍人本作害。'是'盖''害'古字通。阴阳或相害,或相治,犹下句云'四时相代相生相杀'也。"钊按:俞氏此说,恐不确。"盖"虽可与"害"相通,但此"盖",不必读为"害",而应依原字释为"涵盖"之意,则"阴阳相盖",犹"阴阳相涵"。所谓"阴阳相涵",指阴中有阳,阳中有阴,亦即"阴阳和合"是也。这表达的是阴阳既对立又统一之意,当可成立。故此"盖"字,不必读为"害"。

[20] "季真之莫为,接子之或使",清本原文如此。俞樾释之曰:"此云'季真之莫为,接子之或使','或'与'莫'为对文。'莫',无也;'或',有也。《周易·益·上九》:'莫益之,或击之。'亦以'莫''或'相对。"钊按:俞氏之说切合本旨,当从之。

[21] "大公调曰:'鸡鸣狗吠,是人之所知;虽有大知,不能以言读其所自化,又不能以意其所将为。'"清本原文如此。钊按:此段文字中,"不能以言读其所自化"应与下句"不能以意其所将为"相对仗,但是,后句因"意"下缺一动词,则"其所将为"便不能同上句"读其所自化"相对仗,故"意"下当脱一动词。此动词应为何字?成《疏》曰:"不能用意测其所为。"据此可知,"意"下应补一"测"字。又,清本"读其所自化",成《疏》为"不能用言道其所以",据此可知,清本之"读"字疑为"道"字之误;"化"字疑为"以"字之误。因为"道其所自以"比"读其所自化"含意更为深刻,义理更为缜密,其为原经所有,当无疑义。

[22] "已死不可徂",清本原文如此。此句中的"徂",当是

借为"阻"。刘文典指出："《疏》：'阻，碍也。'是成本字亦作'阻'，与《释文》一本合。《道藏》注疏本、白文本并作'阻'。今从《道藏》本。"钊按：其说是。当依《道藏》本，改"徂"为"阻"。

（三）中心内容评析

本篇题名《则阳》，取自篇首二字。全文共十节，内容亦较疏松。

第一节，借则阳与王果的对话，抒写圣人的人格追求："其穷也使家人忘其贫，其达也使王公忘爵禄而化卑。其于物也，与之为娱矣；其为人也，乐物之通而保己焉……"表现出超脱富贵贫贱、不受物欲所拘的高尚情操。第二节（第2、3自然段），着重描述圣人之性。在作者看来，"圣人之性"具有通达绸缪（指世间奥秘）、智周万物、穷理顺化、物我不二、浑同一体等基本表现模式。第三节（第4、5、6自然段），集中描述圣人的"宇宙观"："夫圣人未始有天，未始有人，未始有始，未始有物，与世偕行而不替，所行之备而不洫。"旨在追求"自然运化"的宇宙观。第四节（第7自然段），借评说齐魏之战、触氏与蛮氏之战，鞭挞有为之治，推崇无为之道。故曰："君求其道而已矣！"此句中的"道"，即"无为之道"也。第五节（第8自然段），借孔子与子路的对话，描述隐者市南宜僚清虚自守、不陷世俗的玄妙形象。第六节（第9自然段），借封人谈论为禾之术，阐明治国安民之道，亦必须做到"勿卤莽，勿灭裂"，即切忌"遁其天，离其性，灭其情，亡其神"。这符合道家的"顺乎自然"之意。第七节（第10自然段），借柏矩与老聃的对话，说明古之为君者千方百计为民谋利,今之为君者呕心沥血使民受害,所谓"大为难而罪不敢,重为任而罚不胜,远其涂而诛不至",就是具体例证。第八节(第11自然段),借"人皆尊其知之所知,而莫知恃其知之所不知而后知"一语,说明"尊其知之所知"诚然重要,而把握"知之所不知而后知"则更重要,这样才能从不知中求知,进而做到与时俱进。第九节(第12自然段),借仲尼与三位太史的对话,鞭挞魏灵公为人作恶多端,天欲亡之,故预为制石墓。此"灵"字,亦标示"灵公"之奸滑。第十节(第13自然段),着重探讨"丘里之言"的概念。此"丘里之言",犹言乡间里巷之言,类似世俗格言(故有学者将之称为"公论"),是民间风俗积累演变所致,故曰"合十姓百名而以为风俗也",它经历了"合异以为同,散同以为异",即约定俗成的变化过程。故曰:"丘山积卑而为高,江海合小而为大,大人合并而为公。"同时,还借少知与大公调的对话,一是揭示万物运动变化所遵循的相反相成法则,如"阴阳相照相盖相治,四时相代相生相杀""安危相易,祸福相生,缓急相摩,聚散以成"等,均属此类;二是论述"道"在万物生灭中的本原作用,故曰:"吾观之本,其往无穷;吾求之末,其来无止。"又曰:"道之为名,所假而行。"虽然,其名不真乃假,但作为生物之客体,却是"真"而不假的。

综观全文,基本表达了道家的价值追求,其中尤其在人格建树、圣人之性方面有其独到体验,既透露出道家的人格论、修养论,也表达了道家在治国安民方面坚持顺乎自然、无为自化的基本理念。

四、《外物》校训析

（一）经文校正清样

外物不可必，故龙逢诛，比干戮，箕子狂，恶来死，桀、纣亡。人主莫不欲其臣之忠，而忠未必信，故伍员流于江，苌弘死于蜀，藏其血三年而化为碧。人亲莫不欲其子之孝，而孝未必爱，故孝己忧而曾参悲。

木与木相摩则然[1]，金与火相守则流。阴阳错行，则天地〔下〕大绞〔骇〕[2]，于是乎有雷有霆。水中有火，乃焚大槐[3]。有甚忧两陷而无所逃，螴蜳不得成，心若县于天地之间，慰暋沉屯，利害相摩，生火甚多，众人焚〔棼〕和，月固不胜火[4]，于是乎有僓然而道尽。

庄周家贫，故往贷粟于监河侯。监河侯曰："诺。我将得邑金，将贷子三百金，可乎？"庄周忿然作色曰:"周昨来,有中道而呼者。周顾视车辙中,有鲋鱼焉。周问之曰:'鲋鱼来!子何为者邪?'对曰:'我,东海之波臣也[5],君岂〔其〕有斗升之水而活我哉[6]!'周曰:'诺。我且南游吴、越之王,激西江之水而迎子,可乎?'鲋鱼忿然作色曰:'吾失我常与,我无所处。吾得斗升之水然〔乃〕活耳[7],君乃言此,曾不如早索我于枯鱼之肆!'"

任公子〔好钓巨鱼〕,为大钩巨缁〔纶〕,五十犗以为饵[8],蹲乎会稽,投竿东海,旦旦而钓,期年不得鱼。已而大鱼食之,牵巨钩,䧟〔陷〕没而下,骛〔惊〕扬而奋鬐[9],白波若山,海水震荡[10],声侔鬼神,惮赫千里。任公子得若鱼,离而腊之,自制〔浙〕河以东[11],苍梧已北,莫不厌若鱼者。已而后世辁才讽说之徒,皆惊而相告也。夫揭竿累,趣〔趋〕灌渎,守鲵鲋[12],其于得大鱼难矣,饰小说以干县令,其于大达亦远矣,是以未尝闻任氏之风俗,其不可与经于世亦远矣!

儒以诗礼发冢。大儒胪传曰:"东方作矣,事之何若?"小儒曰:"未解裙襦,口中有珠。《诗》固有之曰:'青青之麦,生于陵〔之〕陂[13]。生

413

不布施，死何〔用〕含珠为！'接其鬓，压其顪。儒〔而〕以金椎控其颐，徐别其颊[14]，无伤口中珠。"

老莱子之弟子出薪[15]，遇仲尼，反以告，曰："有人于彼，修上而趋下，末偻而后耳，视若营四海，不知其谁氏之子。"老莱子曰："是丘也。召而来。"仲尼至。曰："丘！去汝躬矜与汝容知，斯为君子矣。"仲尼揖而退，蹙然改容而问曰："业可得进乎？"老莱子曰："夫不忍一世之伤，而骜万世之患，抑固窭邪[16]，亡其略弗及邪？惠以欢为骜，终身之丑，中民之行进焉耳，相引以名，相结以隐。与其誉尧而非桀，不如两忘而闭其所誉〔与〕[17]。反无非伤也，动无非邪也。圣人踌躇以兴事，以每成功。奈何哉！[18]其载，焉终矜尔[19]！"

宋元君夜半而梦〔有〕人被发窥阿门[20]，曰："予自宰路之渊，予为清江使河伯之所，渔者余且得予[21]。"元君觉，使人〔召占梦者〕占之，曰："此神龟也。"[22]君曰："渔者有余且乎？"左右曰："有。"君曰："令余且会朝。"明日，余且朝。君曰："〔昔〕渔何得？"对曰："且之网得白龟焉，其圆五尺。"[23]君曰："献若之龟。"龟至，君再欲杀之，再欲活之，心疑，卜之，曰："杀龟以卜吉。"乃刳龟〔以卜〕，七十二钻而无遗筴[24]。仲尼曰："神龟能见梦于元君[25]，而不能避余且之网；知能七十二钻而无遗筴，不能避刳肠之患。如是，则知有所困，神有所不及也。虽有至知，万人谋之。鱼不畏网而畏鹈鹕。去小知而大知明，去善而自善矣。

婴儿生无石〔有〕师而能言，与能言者处也[26]。"

惠子谓庄子曰："子言无用。"庄子曰："知无用而始可与言用矣。天〔夫〕地非不广且大也[27]，人之所用容足耳。然则厕足而垫之致黄泉，人尚有用乎？"惠子曰："无用。"庄子曰："然则无用之为用也亦明矣。"

庄子曰："人有能游，且得不游乎？人而不能游，且得游乎？夫流遁之志，决绝之行，噫！其非至知厚德之任与！覆坠而不反，火驰而不顾，虽相与为君臣，时也。易世而无以相贱。故曰：'至人不留行焉。'夫尊古而卑今，学者之流也。且以豨韦氏之流观今之世，夫孰能不波，唯至人乃能游于世而不僻，顺人而不失己。彼教不学，承意不彼。

目彻为明，耳彻为聪，鼻彻为颤，口彻为

415

甘，心彻为知，知彻为德。凡道不欲壅，壅则哽，哽而不止则跈，跈则众害生[28]。物之有知者恃息，其不殷，非天之罪。天之穿之，日夜无降，人则顾塞其窦。胞有重阆，心有天游。室无空虚，则妇姑勃豀；心无天游，则六凿相攘。大林丘山之善于人也，亦神者不胜。

德溢乎名，名溢乎暴，谋稽乎诚，知出乎争，柴生乎守，官事果乎众宜。春雨日〔而〕时[29]，草木怒生，铫鎒于是乎始修，草木之到植者过半而不知其然。

静然〔默〕可以补病，眦㦕〔搣〕可以休〔沐〕老[30]，〔心〕宁可以止遽[31]。虽然，若是，劳者之务也，非佚者之所未尝过而问焉。圣人之所以骇天下，神人未尝过而问焉；贤人所以骇世，圣人未尝过而问焉；君子所以骇国，贤人未尝过而问焉；小人所以合时，君子未尝过而问焉。

演门有亲死者，以善毁爵为官师，其党人毁而死者半。尧与许由天下，许由逃之；汤与务光，务光怒之。纪他闻之，帅弟子而踆于窾水，诸侯吊之。三年，申徒狄因以踣河。

荃者所以在鱼〔也〕，得鱼而忘荃；蹄者所以在兔〔也〕，得兔而忘蹄；言者所以在意〔也〕，得意而忘言[32]。吾安得夫忘言之人而与之言哉！"

（二）文字校训说明

[1]"木与木相摩则然"，清本原文如此。俞樾指出："《淮南子·原道》篇亦云'两木相摩而然'。然两木相摩，未见其然。下句云'金与火相守则流'，疑此句亦当作'木与火'。"刘文典指出："木与木相摩则生火，此物理之常也。若作'木与火'，则'相摩'二字作何解？俞说失之。"钊按：刘说是。摩擦生火，早已成为人们公认的常识，史书亦时有记载。史学家王明阁在谈及人工取火的方法时，曾举例说："如菲律宾的南棉老岛南部森林中现今居住属于石器时代的人类，就用一根细木棒插在木槽内，两只手掌用力擦动木棍，一个人在旁边聚精会神地看着，当十分钟左右，有火星出现时，立即用干纤维取火。这就是传说中'钻木取火'的真实情景。"❶可见，清本"木与木相摩则然"，可以成立，当予保存，不应改动。

[2]"阴阳错行，则天地大绞"，清本原文如此。钊按：据奚侗、刘文典等注家考证，此句中之"天地大绞"，当为"天下大骇"。例如本书《在宥》篇《天运》篇亦有"天下大骇"之语；且《御览》十三、八百六十九引此文，亦皆为"天下大骇"。据此，则本句中之"天地"当为"天下"之讹，"绞"当为"骇"之假字无疑。此据改。

[3]"水中有火，乃焚大槐"，清本原文如此。刘文典曰："'水'疑当为'木'。《御览》八百六十九引作'木中有火'。"钊

---

❶ 引自王明阁《先秦史》，黑龙江人民出版社1983年版，第48页。

按：刘说虽亦有所依，恐非是。因为"大槐"被焚，并非木中之火，而是雷电所致。故成《疏》曰："水中有火，电也。乃焚大槐，霹雳也。"司马亦云："水中有火，谓电也。焚，谓霹雳时烧大树也。"可见，将"雷电"比作水中之"火"是说得通的，而"木中有火"则似乎违背常识，故《御览》之"木"，乃为与"水"形近而误，当据清本改正。

[4]"利害相摩，生火甚多，众人焚和，月固不胜火"，清本原文如此。此语中"众人焚和"，义不可通，疑"焚"借为"棼"（两字同音，古代同音字可以通假）。《中华大字典》："棼，乱也。"则"众人棼和"，犹言众人乱和也。又，后句"月固不胜火"，疑衍一"月"字。此"月"在本文中似无立足之地。综观全文，本段乃由排句组成，每句四个字，可读为"利害相摩，生火甚多，众人棼和，固不胜火"。因多一"月"字，乃使排句模式被破坏。若去掉该"月"字，则四句并列整齐，相互成韵。"众人棼和，固不胜火"，意在强调"火"的威吓，以引起人们重视。故俞樾指出"此章多言火"，足见"火之危害大也"，不能不防。

[5]"我，东海之波臣也"，清本原文如此。刘文典考《类聚》三十五、《御览》六十引"臣"并作"神"。钊按：综观此句，似以清本"波臣"为优。且司马所见本亦为"波臣"。此是鲋鱼自我介绍，既是自我介绍，则称"臣"符合常礼，若称"神"，则有不谦之嫌。而且，此时的鲋鱼身临大难，它需要来人救它的命，若是"神"，就不必有人来拯救了。故此句当依清本作"波臣"，据此可知，上面《类聚》与《御览》本当误，不必照搬。

[6]"君岂有斗升之水而活我哉"，清本原文如此。钊按：此句中"岂有斗升之水"之"岂"，疑误。人所共知，"岂"是反问

之词,"岂有斗升之水",意为"何有斗升之水",这显然不合鲋鱼当时应答之意。从文理上推测,鲋鱼此时应当祈求来人用斗升之水来拯救它的生命,故不可能用刚强之语来回答对方,而用"岂"字则有刚强之嫌。余疑此"岂"乃"其"之误。"其"与"岂"一音之转,故易误耳。此"其",可训为"若"(见《中华大字典》),则"其有斗升之水",犹"若有斗升之水"是也。又,文中之"而",可训为"则",故此句可释为:"君若有斗升之水,则活我哉!"照此释,文通理顺,亦同鲋鱼当时的处境相符,故"岂"当为"其"字之误无疑。

[7]"吾得斗升之水然活耳",清本原文如此。刘文典言:"'然活耳'不词。《类聚》三十五、《御览》四百八十五引'然'并作'为',疑是九百三十七引'然'作'可',义亦可通。"钊按:刘判定"'然活耳'不词",疑误。此文中的"然",可训为"乃"(见《古书虚字集释》),则"然活耳",犹"乃活耳"也,文意亦通。全句可读为"吾得斗升之水乃活耳",文意清晰,故不必照《类聚》或《御览》本改正清本。

[8]"任公子为大钩巨缁,五十犗以为饵",清本原文如此。刘文典指出:"《御览》八百三十四引'任公子'下有'好钓巨鱼'四字。《御览》引书多删节,少增益,疑今本脱。'大钩巨缁',《文选》谢灵运《七里濑诗》注引作'大钩巨纶',《御览》八百三十四引作'大纶巨钩'。"钊按:以上刘氏之考证均提供了重要信息。综观全文,"任公子"下,应依《御览》八百三十四补"好钓巨鱼",使文意更为圆满。同时还应依《文选》相关注文,将"巨缁"改为"巨纶",如马叙伦所言:"'缁'为'纶'之误字,《文选》注及《御览》引并作'纶',是其证。"又,"五十犗以为饵",有

的版本作"以犓牛为饵"。钊按:"犓"本是"犍牛",故"犓"下不必再加牛字。

[9]"牵巨钩,铭没而下,骛扬而奋鬐",清本原文如此。马叙伦曰:"'铭'当依《文选》谢灵运《七里濑诗》注、《七启》注引作'陷'。"马说是,清本之"铭"乃是"陷"之假字,当据《文选》相关注引文改作"陷"。又,"骛",《释文》言"一本作鹜",马叙伦曰"'骛'字义长"。刘文典曰:"《文选·吴都赋》注、《七启》注、谢灵运《七里濑诗》注引'骛'并作'惊',与《释文》一本合。"按:马、刘判定为"惊",是。此"惊",指惊骇;"奋鬐",指奋力扬鬐。"惊扬而奋鬐",乃是描述巨鱼吞钩之后全力挣扎的情景。全句意为:(巨鱼)牵着巨钩,沉陷淹没而下,惊骇而奋力扬鳍。

[10]"白波若山,海水震荡",清本原文如此。本句中之"震",据刘文典考证,《御览》八百三十四引作"振"。钊按:揣摩文意,当以清本"震"字为是,该《御览》本之"振"当是"震"的假字,因古代同音之字可以通假,"振"与"震"同音,故《中华大字典》言:"振,之刃切,音震。"此句当依清本作"震",不必照抄《御览》本。

[11]"自制河以东",清本原文如此。《释文》言:"'制河'……依字应作'浙'……'河'亦'江'也。"刘文典言:"《御览》八百三十四引'制河'作'浙江',九百三十五引作'浙河'。"钊按:综观全文,此文似以作"浙河"为优。保存"河"字,符合本书原貌,将"河"改为"江",当是后人所为。

[12]"夫揭竿累,趣灌渎,守鲵鲋",清本原文如此。据刘文典言,此句中的"渎",《御览》九百三十七引作"窦"。钊按:两

字含义相近，"渎"指的是沟渠；"窦"，《中华大字典》释为"水道"，与沟渠之义相近。综观全文，似以清本"渎"字为优。此句中的"鲵鲋"，指小鱼。"趣"通"趋"；"守"犹"求"；"竿累"指的是系小绳的钓鱼竿。全句之意是说，举着系小绳的钓鱼竿，沿着小沟小渠去钓鱼，只能求得鲵鲋之类的小鱼。

[13]"青青之麦，生于陵陂。生不布施，死何含珠为"，清本原文如此。本段中"生于陵陂"，刘文典言："《类聚》八十四、《御览》八百三引并作'生陵之陂'；八百三十六引'陂'作'坂'。"钊按：比较上述各本，似以《类聚》"生陵之陂"为优，作"坂"者，乃"陂"之假字，《中华大字典》言"陂，通阪"，并称"坂"乃"阪"的"或字"。又，本段中"死何含珠为"，刘文典指出："《御览》八百三引'何'下有'用'字。"并认为，作"死何用含珠为"正好同《文选》潘安仁《笙赋》歌曰中所谓"死何以虚谥为"一语在"命意、遣辞、用韵"方面"相合"，"则有'用'字为是"。按：此说有据，从之。

[14]"儒以金椎控其颐，徐别其颊"，清本原文如此。刘文典曰："'儒以金椎控其颐'与'徐别其颊'一例，'儒'当为'徐'，涉上'大儒''小儒'而误也。《御览》七百六十三引正作'徐'。"钊按：此说恐非是。此"儒"当据王念孙说，作"而"为是。若改作"徐"，则与下句"徐"字重复。王说："《艺文类聚·宝玉部》引此'儒'作'而'，是也。……'而''儒'声相近，上文又多'儒'字，故'而'误作'儒'。"但王氏却将"而"训为"汝"，认为此"汝"指"大儒"，愚以为恐非是。因为按照古礼，小儒不应直呼大儒为"汝"。此"而"，当训为"乃"。《古书虚字集释》言："而，犹乃也。"据此，全句可读为"乃以金椎控其颐，徐别

其颒"，文通理顺，似无疑义。

[15]"弟子出薪"，清本原文如此。据考证，碧虚子校引张君房本"薪"上有"拾"字。刘文典指出："'出薪'义自可通，张本作'拾薪'，非是，今不从。"钊按：刘说是。此"出薪"可以成立，不必加"拾"字，张本有"拾"字，可能是浅人据成《疏》"出取薪者，采樵也"之语臆增，当删去。

[16]"夫不忍一世之伤，而骜万世之患，抑固窭邪"，清本原文如此。钊按：此句中的"骜"，有的版本作"敖"，有的版本作"鹜"，将三字含义反复比较，似以清本之"骜"为是，因为"骜"可以训为"轻"（见《中华大字典》），此"轻"在本句中尤为关键。又，后句之"抑"可训为"治"，《孟子·滕文公下》"昔者禹抑洪水"，注曰"抑，治也"。又，"固"可释为"必"（见《古书虚字集释》）；"窭"，贫穷也。据此，则全句之意是说"夫不忍一世之伤，而轻万世之患，治必贫穷耶"，文清意明，当可成立。

[17]"相引以名，相结以隐。与其誉尧而非桀，不如两忘而闭其所誉"，清本原文如此。钊按：此句中之"隐"，注家说法不一，有的训为"括"，有的释为"病患"，唯俞樾将之训为"私"，可谓洞察原旨。《中华大字典》："隐，私也。"此"私"可训为"利"，正好与上句"名"相呼应，成为"相引以名，相结以利"，意为以"名"相互引诱，以"利"相互勾结，显然有违大道。故下文说："与其誉尧而非桀，不如两忘而闭其所誉。"此句中的"闭其所誉"，《大宗师》篇作"化其道"，似当参考该篇对"闭其所誉"重新思考。余疑"誉"乃涉上句"誉"字而误，原字可能是"与"字。"与"，即"给予"，所谓"闭其所与"，指的是关闭"给予"意识。不给予

"名"与"利",这正好同"两忘"相对应。"两忘",指的是既"忘恶"又"忘善";"闭其所与",则指的是既不给名,也不给利。于是,"不如两忘而闭其所与"之语,可同《大宗师》篇所谓"不如两忘而化其道"之说,统一起来了。照此释,文通理顺,似可成立。

[18]"圣人踌躇以兴事,以每成功。奈何哉!"清本原文如此。钊按:此句中两个"以"字,以往注家多疏忽,未能训释。综观其文,此两"以"含义有别。前"以"当训为"可",后"以"字当训为"而"(均见《古书虚字集释》),则全句可读为:"圣人踌躇可兴事,而每成功,奈何哉!"意为圣人从容可以振兴事业,而每能获得成功,他人岂可奈何!照此读,文意畅达,不难把握。

[19]"其载焉终矜尔",清本句读及原文如此。据王孝鱼考证,唐写本无"终"字。钊按:无"终"字切合文意,当从之。关于此句之义,郭《注》与成《疏》似均未得真旨。余以为,此句当读为:"其载,焉矜尔!"句中之"其",指前面说的"圣人";"载",当训为"施",《中华大字典》"载,犹施也",此"施"指施为;又,"焉",当释为"乃";"矜"可读为"庄"。据此,则"其载,焉矜尔",意为圣人之施为,乃庄重尔!这个概括正是对前面所谓圣人每能获得成功之论,作出结论式的述评。

[20]"宋元君夜半而梦人被发窥阿门",清本原文如此。刘文典言:"《类聚》九十六引'梦'下有'有'字。"钊按:有"有"字文意圆满,当从之。又,"窥"据刘氏考,《文选·江赋》注,《御览》三百九十九、九百三十一引作"窃"。又"阿门",成《疏》谓"阿旁曲室之门",当是今之"侧门"也。

[21]"曰:'予自宰路之渊,予为清江使河伯之所,渔者余

且得予'",清本原文如此。钊按：此段文字有三个"予"字，此"予"乃龟之自称。综观全文，其中第二个"予"字当为衍字。理由何在？因为"予自宰路之渊"之语，其意未完，却又讲"予……"，显然，此句中的"予"，乃是衍字，当删去。又"宰路之渊"，有的本作"罕露之泉"；"余且"，有的本作"豫且"。这些名词，均为寓言中文字，本是作者虚构出来的，因今人无法找到原本，则不同版本中的词语，今人已难考证谁是谁非，此姑取清本用语。又，此语中的"为"，当训为"去"（见《古书虚字集释》）。基于以上分析，本段文意为：我从宰路之渊，去清江出使河伯之所，渔父余且得到我。照此释，文意通达，似无不妥。

[22]"元君觉，使人占之，曰：'此神龟也'"，清本原文如此。据刘文典考证，本文中的"使人占之"，《文选·江赋》注，《类聚》九十六，《御览》三百九十九、九百三十一引，并作"召占梦者占之"。钊按：将清本与之比较，似《文选·江赋》注等的"召占梦者占之"之语，含意更为圆满，当从之。

[23]"明日，余且朝。君曰：'渔何得？'对曰：'且之网得白龟焉，其圆五尺'"，清本原文如此。据刘文典考证，此文中"余且朝"，《御览》九百三十一引作"渔者朝"。钊按：比较两者，似以清本为优。因为上文有"君曰：令余且会朝"。此接上"余且朝"，两者上下呼应，合乎逻辑。当存清本之载。又，据该《御览》本载，"渔何得"之上有"昔"字。钊按：有"昔"字是，此"昔"可训为"夜"（见《中华大字典》），则"昔渔何得"，犹"夜里渔得何物？"文意更为清明，当据之补一"昔"字。又，据考，后句"且之网得白龟焉，其圆五尺"，唐写本无"焉""其"二字。钊按：将两者加以比较，似乎清本有"焉""其"二字，语意更为

完满，当取清本之载。

[24]"乃刳龟，七十二钻而无遗筴"，清本原文如此。"乃刳龟"下，清本无"以卜"二字，但考《文选·江赋》注《类聚》九十六、《御览》九百三十一引，并有"以卜"二字。钊按："乃刳龟以卜"文意圆满，当照补。又"七十二钻"，据刘文典考，唐写本及《文选·江赋》注、《御览》三百九十九引均无"二"字。按："七十钻"或"七十二钻"，均为寓言中文字，究竟谁是谁非，已难判定。从清本自身所载看，"七十二钻"先后在文中出现两次，且成《疏》曰："凡经七十二算计吉凶，曾不失中。"则"七十二"应为卜卦中关键数据。成玄英乃唐代著名道教学者，当对卜卦有独到见解。他如此强调"七十二"，则此数似应予以保存，此从清本。

[25]"神龟能见梦于元君"，清本原文如此。奚侗言："《艺文类聚·梦部》引无'龟'字，是。'神'与'知'对文。"刘文典持异议，曰："唐写本亦无'龟'字。惟无'龟'字，则不知仲尼所言为何物。《淮南子·说山》篇'神龟能见梦元王，而不能自出渔者之笼'，即袭用此文，正作'神龟'，未可以唐写本、《艺文类聚》引无'龟'字遽删之也。"钊按：其说是，"龟"是此寓言中的关键词，孔丘对其神通之大小作出评述，不能无"龟"字，当存清本之"龟"为是。

[26]"婴儿生无石师而能言，与能言者处也"，清本原文如此。此句中的"石"字，以往注家牵强附会地对之作出训释，乃未得真义。愚以为此"石"乃"有"字之讹。"有"与"石"形近易误。因年深月久，"有"字上下模糊，于是被误为"石"字。原文当是"无有师而能言"。为什么"婴儿生无有师而能言"？下文做了明确回答："与能言者处也。"这就告诉人们，婴儿出生后

没有从师却能讲话,是因为生活环境(与能言者处)给他们创造了条件。所以"无师"是本文的关键词。故郭《注》成《疏》均紧扣"无师"之意。郭曰"泛然无习而自能者,非跂而学彼者也";成曰"夫婴儿之性,其不假师匠……而自然能言者"。不难看出,以上注释均隐含"无师"义旨。此"无师"同"无有师"含义一致,作者之所以增加一个"有"字,意在对"无师"予以强化。所以"无石师"乃"无有师"之误无疑,当据改。

[27]"天地非不广且大也",清本原文如此。本句中之"天"字,马叙伦曰:"世德堂本作'夫',当从之。《文选·秋兴赋》注、《后汉书·方术传》注引并作'夫'。"刘文典曰:"马校是也,高山寺古钞本亦正作'夫'。"钊按:马、刘两家之说,均持之有依,当从之,此据改。

[28]"壅则哽,哽而不止则跈,跈则众害生",清本原文如此。钊按:此句中的"跈"是关键字。此"跈"以往注家或训为"履",或训为"践",或训为"蹑",似都于义难安。笔者以为,"跈"当依《中华大字典》释为"逐",意为驱逐也。据此,则本句意为:壅塞则导致哽阻;哽阻而不能止息,则必然实施驱逐;而一旦实施驱逐,那将带来许多灾害。照此释,文通理顺,当无不妥。

[29]"春雨日时",清本原文如此。钊按:此语中"日时"两字文意不清,疑"日"因与"而"音近而误。"而",《古书虚字集释》训为"及",据此,则"春雨而时"犹"春雨及时"也。李勉说:"'春雨日时,草木怒生',谓春雨及时则草木怒生。"其说合乎本旨,惜未能指出"日"字之误。因为查字书,"日"并无"及"义。

[30]"静然可以补病,眦搣可以休老",清本原文如此。首

句之"然"字，奚侗认为："系'默'字之误，《文选》江文通《杂体诗》注引'然'作'默'。"刘文典评曰："奚说是。"钊按：奚说、刘评均当，两字形近易误，当据正为"默"。又，"补病"之"补"，可训"治"，则"补病"犹治病也。另，下句"眦搣"，注家众说纷纭，难执一是。经查字书，"眦"指眼眶或眼窝，可以引申为眼部周围；"搣"，借为"搣"，犹摩也，即今按摩之谓。故"眦搣"，泛指眼部周围按摩。又，"休"，据学者考证，碧虚子引张君房本与唐写本，并作"沐"。钊按：作"沐"是，此"沐"可训为"润泽"（见《中华大字典》）。基于以上训诂，此两句是说：静默可以医治疾病，按摩可以泽润老者。上句讲静，下句言动。静可养神，动可养形，动静结合，形神贯通，有益健身。这里集中表达了道家的养生意识。

[31] "宁可以止遽"，清本原文如此。钊按：揣摩上下文，此句应与前两句并排成文，且相对仗。仿照上文句式，疑此句"宁"前脱一"心"字，若增一"心"字，则同前两句之句式一致，成为"静默可以补病，眦搣可以沐老，心宁可以止遽"。三句既对仗成文，又均用"可以"串联起来。属于排句无疑。此句中的"遽"，以往注家训为"急"，恐不确。研读文意，此"遽"当训为"惧"，《中华大字典》："遽，惧也。"则"遽"犹畏惧。故"心宁可以止遽"，犹言心宁可以止息畏惧。生活经验告诉我们，人们在惊恐之时，总会心跳很快。而要消除惊的状态，那就必须控制心跳，使心跳逐渐宁静。故曰"心宁可以止遽"。大概消除恐惧心理，也有益于健康，故作者将之同养生联系起来，三句并列。此处脱"心"字，乃属臆说，因暂无古本可证，只好记之于此，以供后贤参考。

[32] "荃者所以在鱼，得鱼而忘荃；蹄者所以在兔，得兔而

忘蹄；言者所以在意，得意而忘言"，清本原文如此。据刘文典考证，本段文字中"在鱼""在兔""在意"之下，相关古本有"也"，并分别举例予以论证（其所举例证，此从略，请参见《庄子补正》）。其说有理有据，今据增之。全文成为"荃者所以在鱼也，得鱼而忘荃；蹄者所以在兔也，得兔而忘蹄；言者所以在意也，得意而忘言"。

（三）中心内容评析

本篇题名《外物》，取自篇首二字。此"外物"，即"超然物外"之意。全文由十三节杂凑而成，文意散乱。

第一节（第1、2自然段），借"龙逢诛、比干戮、箕子狂、恶来死"之典，宣讲道德价值的相对性，认为"忠"未必能带来"信"，"孝"未必能带来"爱"，矛盾双方相互作用，必然出现新的结局。所谓"木与木相摩则然（燃），金与火相守则流"，即是例证。第二节（第3自然段），借庄周贷粟于监河侯的故事，既描述了监河侯刁钻不仁的丑态，又刻画了庄周不向恶势力低头的傲骨形象。第三节（第4自然段），借任公子钓大鱼之事，说明干大事业，必有大的胆识和周到的计划，才能如愿以偿。反之，若没有大的胆识，只是满足于"揭竿累、趋灌渎、守鲵鲋"，则"其于得大鱼难矣"。第四节（第5自然段），借儒者盗冢之事，讽刺儒者谋利而忘义，其言虽仁义道德，其行却男盗女娼。第五节（第6自然段），借老莱子与孔丘的对话，鞭挞儒家学术给后世埋下祸患，所谓"不忍一世之伤，而骛万世之患"，即含此意，故作者借老莱子之口指出："丘！去汝躬矜与汝容知，斯为君子矣。"第六节（第7、8自然段），借渔者余且得"神龟"的故事，揭示出这样的哲理："虽有至知，却难逃"万人谋之"的悲惨结局。第七节（第9自然段），借庄子与惠子的对话，说明"有用"寓于"无用"之中，文中所谓"知无用而始可与言用矣"，即含此意。第八节（第10自然段），借庄子之口，阐明顺乎自然的必要性，认为人们能游则游，不能游则不游，绝不应陷入"流遁之志""决绝之行"，因为那些均非"至知厚德之任"。第九节（第11自然段），论述"目彻""耳彻""鼻彻""口彻""心彻""知彻"的必要性，其所谓"彻"，指"通"。只有"通"，才能避免"壅"，故曰"凡道不欲壅"，"壅"则"众害生"。第十节（第12自然段），重点阐述"春雨及时，草木怒生"的自然法则。第十一节（第13自然段），描述神人、圣人、贤人、君子等，都不同程度地意识到不必过问世事，旨在突出"无为之治"。第十二节（第14自然段），借写许由、务光等不贪权位，不受"天下"，赞美圣人无私无为，崇尚自化之道。第十三节（第15自然段），推崇"得鱼忘筌""得兔忘蹄""得意忘言"的人格追求。

综观全文，虽整体上未离开道家的价值取向，但各节含义互不关联，给人以杂乱之感。

五、《寓言》校训析

（一）经文校正清样

寓言十九，重言十七，卮言日出，和以天倪。寓言十九，藉外论之。亲父不为其子媒。亲父誉之，不若非其父者也；非吾罪也，人之罪也。与己同则应，不与己同则反。同于己为是之，异于己为非之。重言十七，所以已言也，是为耆艾。年先矣，而无经纬本末以期年耆者，是非先也。人而无以先人，无人道也；人而无人道，是之谓陈人。卮言日出，和以天倪，因以曼衍，所以穷年。不言则齐，齐与言不齐，言与齐不齐也，故曰〔言〕无言[1]。言无言，终身言，未尝不言[2]；终身不言，未尝不言。有自也而可，有自也而不可；有自也而然，有自也而不然。恶乎然？然于然；恶乎不然？不然于不然。恶乎可？可于可；恶乎不可？不可于不可。物固有所然，物固有所可。无物不然，无物不可。非卮言日出，和以天倪，孰得其久！万物皆种也，以不同形相禅[3]，始卒若环，莫得其伦，是谓天均。天均者，天倪也。

庄子谓惠子曰："孔子行年六十而六十化，始时所是，卒而非之，未知今之所谓是之非五十九非也。"惠子曰："孔子勤志服知也。"庄子曰："孔子谢之矣，而其未之尝言。孔子云：'夫受才乎大本，复灵以生。'鸣而当律，言而当法。利义陈乎前，而好恶是非直服人之口而已矣。使人乃以心服，而不敢蘁立，定天下之定。已乎！已乎！吾且不得及彼乎！"

曾子再仕而心再化，曰："吾及亲仕，三釜而心乐；后仕，三千钟而不洎〔亲〕，吾心悲。"[4]弟子问于仲尼曰："若参者，可谓无所县其罪乎？"曰："既已县矣。夫无所县者，可以有哀乎？彼视三釜三千钟，如观〔鸟〕雀蚊虻相过乎前也。[5]"

颜成子游谓东郭子綦曰："自吾闻子之言，一言年野，二年而从，三年而通，四年而物，五年而来，六年而鬼入，七年而天成，八年而不知死、

431

不知生，九年而大妙。

生有为，死也。劝〔勤〕公，以其〔私〕死也[6]，有自也；而生阳也，无自也。而果然乎？恶乎其所适，恶乎其所不适？天有历数，地有人据，吾恶乎求之？莫知其所终，若之何其无命也？莫知其所始，若之何其有命也？有以相应也，若之何其无鬼邪？无以相应也，若之何其有鬼邪？"

众罔两问于景曰："若向也俯，而今也仰；向也括〔撮〕，而今也被发[7]；向也坐，而今也起；向也行，而今也止。何也？"景曰："搜搜也，奚稍问也！予有而不知其所以。予，蜩甲也，蛇蜕也，似之而非也。火与日，吾屯也；阴与夜，吾代也[8]。彼吾所以有待邪？而况乎以〔无〕有待者乎！[9]彼来则我与之来，彼往则我与之往，彼强阳则我与之强阳。强阳者又何以有问乎？"

阳〔杨〕子〔朱〕居南〔郭〕，之沛，老聃西游于秦，邀〔迓〕于郊，至于梁而遇老子[10]。老子中道仰天而叹曰："始以汝为可教，今不可也。"阳〔杨〕子居不答[11]。至舍，进盥漱巾栉，脱屦户外，膝行而前曰："向者弟子欲请〔问〕夫子，夫子行不闲，是以不敢。今闲矣，请问其〔某〕

过[12]。"老子曰:"而[汝]睢睢盱盱,而谁与居?[13]大白若辱,盛德若不足。"阳子居蹴然变容曰:"敬闻命矣!"其往也,舍者迎将,其家公执席,妻执巾栉,舍者避席,炀者避灶[14]。其反也,舍者与之争席矣。

(二)文字校训说明

[1]"故曰无言",清本原文如此。王孝鱼曰:"高山寺本'曰'下有'言'字。"刘文典指出:"'无言'上当更有'言'字。《注》'故虽有言,而我竟不言也',正释'言无言'之谊;《疏》'故曰言无言也',是成所见本'无言'上亦有'言'字。高山寺古钞本正作'言无言'。"钊按:刘说有理有据,从之。

[2]"言无言,终身言,未尝不言",清本原文如此。据刘文典考证,"未尝"下,衍"不"字。他说:"各本'未尝'下有'不'字,盖涉下'终身不言,未尝不言'而衍。此以'终身言,未尝言',与下'终身不言,未尝不言'相对成义。若作'未尝不言',则非其指,且与下文重复矣。《注》'虽出吾口,皆彼言耳',正释'未尝言'之义,是郭所见本作'未尝言'。《道藏》白文本、注疏本、高山寺古钞本并无'不'字,今据删。"钊按:刘氏之说允当,从之。

[3]"万物皆种也,以不同形相禅",清本原文如此。刘文典言:"《淮南子·精神》篇'沦于不测,入于无间,以不同形相嬗也,终始若环,莫得其伦',即袭用《庄子》此文。高注:'嬗,转也。万物之形不同道,以相转生也。'最得其谊。"钊按:刘氏据高注,将"嬗"训为"转",虽亦近通,但未必符合原旨。余

433

以为此"嬗"当依《中华大字典》训为"传"。"嬗"与"禅"互通，古代把君王"传位"称为"禅位"，乃正是把"禅"训为"传"。一代代君王通过"传"，才将王位保存下去。这里所谓"万物皆种也，以不同形相禅"，意为万物都各有种类，它们总是以不同方式相传承（以保持原有基因）。可见，只有将"嬗"训为"传"，才合本旨。

[4]"后仕，三千钟而不洎，吾心悲"，清本原文如此。刘文典认为"洎"下脱一"亲"字，指出："此承上'吾及亲仕，三釜而心乐'言，'洎'下当有'亲'字。《御览》七百五十七引'洎'下有'亲'字，是其证。"钊按：其说是。此文"洎"下有"亲"字，才能体现"吾心悲"之意，当据《御览》本补一"亲"字。又，据王孝鱼考证，世德堂本无句中之"而"。钊按：两相比较，有"而"字语意完满，当依清本存此"而"字。

[5]"如观雀蚊虻相过乎前也"，清本原文如此。俞樾认为，"雀"字为衍文。他指出："《释文》云：'鹳，本作观。'疑是古本如此。其文盖曰：'彼视三釜三千钟，如观蚊虻相过乎前也。'《淮南子·俶真》篇：'毁誉之于己，犹蚊虻之一过也。'义与此同。因'观'误作'鹳'，则'鹳蚊虻'三字不伦，乃有删一'虻'字，使'蚊'与'鹳'两文相称者，元嘉本是也。又有增一'雀'字，使'鹳雀'与'蚊虻'两文相称者，今本是也，皆非《庄子》之旧矣。"马叙伦则曰："当去'虻'字。"刘文典指出："碧虚子校引张君房本'雀'上有'鸟'字，《注》'视荣禄若蚊虻鸟雀之在前而过去耳'，《疏》'鸟雀大，以喻千钟。蚊虻小，以比三釜'，是郭、成所见本皆作'鸟、雀、蚊、虻'，与张本正合。此疑'观'讹为'鹳'，后人遂删'鸟'字耳。本书每以

434

'蚊虻'二字连文，不得去'虻'字。"钊按：比较以上诸家之说，当以刘氏之说切合真旨，此据其说，依张君房本改正原文。

[6]"劝公，以其死也"，清本原文如此。据王孝鱼考证，"《阙误》引张君房本'其'下有'私'字。奚侗曰："当据张君房本，'以其'下补'私'字。郭《注》曰：'由私其生，故有为。'是郭本亦有'私'字。"刘文典曰："奚说是也，今据张本补。"钊按：以上诸家之说均是。本句确应补一"私"字。然而，综观全文，此句中即使补一"私"字，成为"劝公，以其私死也"，仍令人费解。《陈译》言："'劝公'一词，恐有脱字或笔误。王敔说：'句疑有讹'。"叶秉敬也说："此甚不通，旧强解。"笔者疑"劝公"之"劝"，乃"勤"字之误，两字繁体形近，故误耳。若作"勤公"，则意为勤于办公事，与"勤政"相似。又，本句中之"其"可训为"己"，"以"可训为"因"（均见《古书虚字集释》），于是成为"勤公，因己私，死也"。这就不难理解了。"勤于办公事"本是好事，但由于主体之"勤公"意在谋私，这纯属"假公济私"，故难免陷于死刑。如此解，本句豁然贯通，似可成立。

[7]"众罔两问于景曰：若向也俯，而今也仰；向也括，而今也被发"，清本原文如此。刘文典指出："'众'字无义，当为衍文。《文选》谢灵运《游南亭诗》注引无'众'字；《齐物论》篇'罔两问景曰：曩子行，今子止；曩子坐，今子起'，与此文义正同，'罔'上亦无'众'字，是其证也。又，'撮'字旧脱，碧虚子校引张君房本'括'下有'撮'字……《疏》：'撮，束发也。'是成本亦有'撮'字。此以'括撮'与'被发'相对为文，无'撮'字则句法不一律矣，今据张本补。"钊按：刘氏之说，理充据实，当照删补。

[8]"火与日，吾屯也；阴与夜，吾代也"，清本原文如此。郭庆藩曰："《文选》谢灵运《游南亭诗》注引司马云：'屯，聚也。火日明而影见，故曰吾聚也；阴暗则影不见，故曰吾代也。夜代，谓使得休息也，《释文》缺。'"钊按：郭氏此处补了《释文》之缺，使此句中的"吾屯"与"吾代"两语含义较为明晰，从而有助于后人理解，值得肯定。

[9]"彼吾所以有待邪？而况乎以[无]有待者乎！"清本原文脱"无"字，此句之六角括号中的"无"，乃王孝鱼据《阙误》引张君房本补。刘文典指出："张本是也。此谓无待胜有待也。若无'无'字，则下句为无义矣。《注》'率至于无待而独化之理彰矣'，是郭所见本有'无'字。此疑本作'而况乎以无待者乎'，始涉上衍'有'字，后人不解庄子无待胜有待之义，遂以意删'无'字耳。"钊按：刘说是。欲理解《庄子》本义，当认真体味"无待"与"有待"之意。综观此文，下句"待"上之"有"字，疑衍。上句说"彼吾所以有待邪"，下句接上"而况乎以无待者乎！"则"无待"与"有待"正好相对应。而今本有人在下句加"无"字后，却忽略删下句之"有"字（《陈译》及刘氏《补正》亦如此），于是该句便成为"而况乎以无有待者乎"，显然，此句中之"有"字乃衍。郭《注》曰："则今之所谓有待者，率至于无待。"此两句，前句乃释上句，故点明"有待"；后句乃释下句，故点明"无待"而不作"无有待"，是郭所见本下句无"有"字，当据删。

[10]"阳子居南之沛，老聃西游于秦，邀于郊，至于梁而遇老子"，清本原文及句读如此，刘文典曰："《列子·黄帝》篇'阳子居'作'杨朱'，下同。《御览》百八十六引'南'下有'郭'字，'邀'下有'还'字。"钊按：疑清本之"阳子"即"杨

子",此"杨子"是对杨朱的尊称。《列子》书中,称杨朱为"杨子"者,先后出现十二次之多,但无"阳子"之语,则"阳子"当是借为"杨子"。而《列子》此句中的"阳子"乃作"杨朱"。两相比较,作"杨朱"是,因为此句乃是庄子首次提及其人,不能不直称其名。又,此文中的"居",并非人名,而是"居住"之"居",此"居"不能连上文读成"阳子居"。需要指出的是,《释文》在注释杨朱时,曰"字子居",纯属附会之言,今无故籍可考,故《先秦要籍词典》在介绍杨朱其人时,未列"字子居"之说。正因为"居"指居住,故《御览》本引"南"下有"郭"字,则"居南郭",文意更明,再次告诉我们,不能把"居"混入"杨子"之名中。又《御览》本"邀"下有"还"字,当从之。故此段可读为:"杨朱,居南郭,之沛。老聃西游于秦,邀返于郊。至于梁,而遇老子。"

[11]"始以汝为可教,今不可也。阳子居不答",清本原文如此。钊按:《列子·黄帝》篇此段作"始以汝为可教,今不可教也"。两相比较,《黄帝》篇第二句多一"教"字,且无后句"阳子居不答"一语。如前所述,《庄子》用《列子》之言,并非全文照抄,而是有所增删。例如,其用"今不可也",替代"今不可教也",语意亦通。而且,后面增加一句,也合乎情理,只是此句中之"阳子"应读为"杨子";其"居"乃涉上文而衍,当删去。于是该句乃为"杨子不答",此"杨子不答",则袭自《列子·说符》篇。

[12]"向者弟子欲请夫子,夫子行不闲,是以不敢。今闲矣,请问其过",清本原文如此。刘文典言:"'向者弟子欲请夫子','请'下当有'问'字。《御览》三百九十五引正作'请问',是其证;百

八十六引'不敢'下有'问'字。'请问其过'，'问'作'闻'；高山寺古钞本'其过'作'某过'。"钊按：刘氏这些考证成果，有的有助于校正本段文字，有的则可能为误字，不宜照搬。例如，有的本将"请问"写为"请闻"，则失误。若作"请闻"，那么闻的主体是谁？显然有误。据此，全段文字应为"向者弟子欲请问夫子，夫子行不闲，是以不敢问。今闲矣，请问某过"。从而用字贴切，文意清明。原本"请问其过"之"其"，不仅主体难确定，而且也不合弟子回答老师之语；今依高山寺本改作"某"，既能指代弟子其人，又能表达杨子自谦之意，显然，"某"字优，当据正之。

[13]"老子曰：'而睢睢盱盱，而谁与居？'"清本原文如此。刘文典指出："'睢睢'与'盱盱'当分言之，'盱盱'上当有'而'字，《列子·黄帝》篇正作'而睢睢''而盱盱'，是其证。"钊按：刘氏在此提出依《列子·黄帝》篇，将"睢睢"与"盱盱"分言之，作"而睢睢，而盱盱"处理。其说虽亦有依，但未必可行。因为，若要将之分言，则必须对"睢睢"与"盱盱"的含义分别阐释，但这很难办到。此"睢睢、盱盱"可能是方言，今人很难考证。郭《注》"睢睢盱盱"曰"跋扈之貌"；成《疏》训"睢、盱"为"躁急威权之貌"；而《中华大字典》则取郭《注》之意，亦将"睢睢盱盱"释为"跋扈之貌"。可见，以往无人将两者分别阐释。《庄子》虽是袭用《列子》之文，但并非全文照抄，其少一"而"字，未尝不可。又，此句中前一个"而"字，可训为"汝"；后一个"而"字，作为转语，仍依本字。据此，全句可译为："老子曰：汝飞扬跋扈，而谁与居？"文清意明，似无不可。

[14]"其往也，舍者迎将，其家公执席，妻执巾栉，舍者避

席，炀者避灶"，清本原文如此。钊按：此文中"家公"之前的"其"字，疑涉前、后之"其"而衍。理由何在？因为作者于"其往也"之下，旨在集中描述杨朱见老聃之前所表现出的威权显赫之态。文中"舍者迎将，其家公执席，妻执巾栉，舍者避席，炀者避灶"五句话，本为并列排句，每句四字，但因第二句多出一个"其"字，则使排列之句式遭受破坏。故此"其"字，当为衍文，将之删去，文字更显严谨。

（三）中心内容评析

本篇题名《寓言》，寓意于言之谓，取自篇首二字。全文共七节，文意亦不集中，仍可归为杂说类。

第一节，写"寓言""重言""卮言"在本书中所占分量，类似《庄》书"凡例"。第二节，借庄子与惠子的对话，评论孔子的是非得失："利义陈乎前，而好恶是非直服人之口而已矣。"其意是说，孔子与人交，高谈"义"与"利"的关系，用俗世间的好恶是非，来折服人们的口舌。第三节，借仲尼之口，评价曾参重孝道：其做官即使只有"三釜"俸禄，但能养亲，他为之乐；有的人得三千钟俸禄而不能养亲，则令曾子悲。故曰："彼视三釜三千钟，如观鸟雀蚊虻相过乎前也。"第四节，借颜成子游与东郭子綦的对话，阐明顺乎自然、与时而进的自化之道。文中所谓"一年而野，二年而从，三年而通，四年而物，五年而来，六年而鬼入，七年而天成，八年而不知死、不知生，九年而大妙"，讲的正是与时俱进、终成"大妙"的自化境界。第五节，文意较晦涩，可能文字有脱误。综观其意，作者似乎是在思考"生"与"死"、

"有命"与"无命"背后的法则，文中提出"恶乎其所适，恶乎其所不适？天有历数，地有人据，吾恶乎求之？"要回答这些问题，必须通达自然法则。第六节，借罔两与影子的对话，阐明"有待"与"无待"的相互关系。其所谓"有待"指有所依托、依靠；其所谓"无待"，则与之相反，指无所依托、依靠。庄子追求绝对精神自由，其所向往的是"无待"。文中所谓"火与日，吾屯也；阴与夜，吾代也"，就表达了作者的立场。前者有火与日，光线强烈，所以影子忙于相聚；后者处于阴与夜中，没有光线，所以影子得以休息。前者属于"有待"，后者属于"无待"。作者向往的是后者。第七节，借杨子与老子的对话，写杨子牢记老子关于"大白若辱，盛德若不足"的修身要领，并努力付诸实践，终于克服了骄矜的弊病。"其往"时，人们慑于他的威严，纷纷迎送；"其反"时，迎送之人"与之争席矣"。可谓其人已脱胎换骨，成为颇受欢迎的高人。

综观全文，作者基本上站在道家立场上思考与修身立德相关的问题，其中既涉及"无为自化"的基本法则，也透露出追求绝对精神自由的人格理念。

六、《让王》校训析

（一）经文校正清样

尧以天下让许由，许由不受。又让于子州支父，子州支父曰："以我为天子，犹之可也。虽然，我适有幽忧之病，方且治之，未暇治天下也。"夫天下至重也，而不以害其生，又况他物乎！唯无以天下为者，可以托天下也[1]。

舜让天下于子州支伯。子州支伯曰："予适有幽忧之病，方且治之，未暇治天下也。"故天下大器也，而不以易生。此有道者之所以异乎俗者也。

舜以天下让善卷。善卷曰："余立于宇宙之中，冬日衣皮毛，夏日衣葛絺。春耕种，形足以劳动；秋收敛，身足以休食。日出而作，日入而息，逍遥于天地之间而心意自得。吾何以天下为哉！悲夫！子之不知余也！"遂不受。于是去而入深山，莫知其处。

舜以天下让其友石户之农，石户之农曰："卷卷乎后之为人，葆力之士也。"以舜之德为未至也，于是夫负妻戴，携子以入于海，终身不反也。

大王〔古公〕亶父居邠[2]，狄人攻之。事之以皮帛而不受，事之以犬马而不受，事之以珠玉而不受。狄人之所求者，土地也。大王〔古公〕亶父曰："与人之兄居而杀其弟，与人之父居〔处〕而杀其子[3]，吾不忍也。子皆勉居矣！为吾臣与为狄人臣奚以异！且吾闻之，不以所用养害所养。"因杖筴〔策〕而去之[4]。民相连而从之，遂成国于岐山之下。夫大王〔古公〕亶父，可谓能尊生矣。能尊生者，虽贵富不以养伤身，虽贫贱不以利累形。今世之人居高官尊爵者，皆重失之，见利轻亡其身，岂不惑哉！

越人三世弑〔杀〕其君[5]，王子搜患之，逃乎丹穴。而越国无君，求王子，搜不得。从之丹穴〔搜〕。王子搜不肯出[6]，越人熏之以艾。乘以王〔玉〕舆[7]。王子搜援绥登车，仰天而呼曰："君乎君乎！独不可以舍我乎！"王子搜非恶为君也，恶为君之患也。若王子搜者，可谓不以国伤生矣，此固越人之所欲得为君也。

韩、魏相与争侵地。子华子见昭僖侯[8]，昭僖侯有忧色。子华子曰："今使天下书铭于君之前，书之言曰：'左手攫之则右手废，右手攫之则左手废。然而攫之者必有天下。'君能攫之乎[9]？"昭僖侯曰："寡人不攫也。"子华子曰："甚善！自是观之，两臂重于天下也，身亦〔又〕重于两臂[10]。韩之轻于天下亦远矣，今之所争者，其轻于韩又远。君固愁身伤生以忧戚不得也！"僖侯曰："善哉！教寡人者众矣，未尝得闻此言也。"子华子可谓知轻重矣。

鲁君闻颜阖得道之人也，使人以币先焉。颜阖守陋闾〔庐〕，苴〔粗〕布之衣，而自饭牛[11]。鲁君之使者至，颜阖自对之。使者曰："此颜阖之家与？"颜阖对曰："此阖之家也。"使者致币，颜阖对曰："恐听者谬而遗使者罪[12]，不若审之。"使者还，反审之，复来求之，则不得已〔也〕[13]。故若颜阖者，真〔非〕恶富贵也，〔以重生恶之也。〕[14]故曰：道之真以治身，其绪余以为国家，其土苴以治天下。由此观之，帝王之功，圣人之余事也，非所以完身养生也。今世俗之君子，多危身弃生以殉物，岂不悲哉！凡圣人之动作也，必察

443

其所以之与其所以为。今且有人于此[15]，以随侯之珠弹千仞之雀，世必笑之。是何也？则其所用者重而所要者轻也。夫生者，岂特随侯〔珠〕之重哉[16]！

子列子穷，容貌有饥色。客有言之于郑子阳者曰："列御寇，盖有道之士也，居君之国而穷，君无乃为不好士乎？"郑子阳即令官遗之粟。子列子见使者，再拜而辞。使者去，子列子入，其妻望之而拊心曰："妾闻为有道者之妻子，皆得佚乐。今有饥色，君过而遗先生食，先生不受，岂不〔非〕命邪〔也哉〕[17]？"子列子笑谓之曰："君非自知我也。以人之言而遗我粟，至其罪我也又且以人之言，此吾所以不受也。"其卒，民果作难而杀子阳。

楚昭王失国，屠羊说走而从于昭王[18]。昭王反国，将赏从者，及屠羊说。屠羊说曰："大王失国，说失屠羊；大王反国，说亦反屠羊。臣之爵禄已复矣，又何赏之有！"王曰："强之！"屠羊说曰："大王失国，非臣之罪，故不敢伏其诛；大王反国，非臣之功，故不敢当其赏。"王曰："见之！"屠羊说曰："楚国之法，必有重赏大功而后得见，今臣之知不足以存国而勇不足以死寇。吴军入郢，说畏难而避寇，非故随大王也。今大王欲废法毁约而见说，此非臣之所以闻于天下也。"王谓司马子綦曰："屠羊说居处卑贱而陈义甚高，子綦[其]为我延之以三旌[珪]之位[19]。"屠羊说曰："夫三旌之位，吾知其贵于屠羊之肆也；万钟之禄，吾知其富于屠羊之利也。然岂可以贪爵禄而使吾君有妄施之名乎！说不敢当，愿复反吾屠羊之肆。"遂不受也。

原宪居鲁，环堵之室，茨以生草；蓬户不完，桑以为枢；而瓮牖二室，褐以为塞；上漏下湿，匡坐而弦[歌][20]。子贡乘大马，中绀而表素，轩车不容巷，往见原宪。原宪华[草]冠继[屣]履[21]，杖藜而应门。子贡曰："嘻！先生何病？"原宪应之，曰："宪闻之，无财[之]谓之贫，学[道]而不能行谓之病[22]。今宪贫也，非病也。"子贡逡巡而[退]有愧色[23]。原宪笑曰："夫希世而行，比周而友，学以为人，教以为己，仁义之慝，舆马之饰，宪不忍为也。"

曾[原]子居卫，缊袍无表[24]，颜色肿哙，手足胼胝。三日不举火，十年不制衣，正冠而缨绝，捉衿而肘见，纳屦[履]而踵决[25]。曳继而歌商颂，声满天地，若出金石。天子不得臣，诸侯不得友。故养志者忘形，养形者忘利，致道者忘心矣。

孔子谓颜回曰："回，来！家贫居卑，胡不仕乎？"颜回对曰："不愿仕。回有郭外之田五十亩，足以给饘粥；郭内之田十亩，足以为丝麻；鼓琴足以自娱，所学〔于〕夫子之道者足以自乐也[26]。回〔故〕不愿仕〔矣〕。"孔子愀然变容曰："善〔美〕哉！回之意！[27]丘闻之：'知足者不以利自累也，审自得者失之而不惧，行修于内者无位而不怍。'丘诵之久矣，今于回而后见之，是丘之得也。"

中山公子牟谓瞻〔詹〕子曰："身在江海之上，心居乎魏阙之下，〔为之〕奈何？[28]"瞻〔詹〕子曰："重生，重生则利轻〔利〕。"[29]中山公子牟曰："虽知之，未能自胜也。"瞻〔詹〕子曰："不能自胜则从，神无恶乎〔也〕？[30]不能自胜而强不从者，此之谓重伤。重伤之人，无寿类矣。"魏牟，万乘之公子也。其隐岩穴也，难为于布衣之士；虽未至乎道，可谓有其意矣。

孔子穷于陈、蔡之间，七日不火食，藜羹不糁，颜色甚惫，而弦歌于室〔不辍〕[31]。颜回择菜〔于户外〕[32]，子路、子贡相与言曰："夫子再逐于鲁，削迹于卫，伐树于宋，穷于商、周，围于陈、蔡，杀夫子者无罪，藉夫子者无禁。弦歌鼓琴，未尝绝音，君子之无耻也若此乎？"颜回无以应，入告孔子。孔子推琴喟然而叹曰："由与赐，细人也。召而来，吾语之。"子路、子贡入。子路曰："如此者可谓穷矣！"孔子曰："是何言也！君子通于道之谓通，穷于道之谓穷。今丘抱仁义之道以遭乱世之患，其何穷之为〔有也〕[33]！故内省而不穷于道，临难而不失其德。天寒既至，霜雪既降，吾是以知松柏之茂也。〔桓公得之莒，文公得之曹，越王得之会稽。〕陈、蔡之隘，于丘其幸乎！"[34]孔子削然反琴而弦歌，子路扢然执干而舞[35]。子贡曰："吾不知天之高也，地之下也。"古之得道者，穷亦乐，通亦乐，所乐非穷通也，道德〔得〕于此，则穷通〔达一也〕，为寒暑风雨之序矣[36]。故许由娱于颍阳，而共伯得〔志于〕乎共〔丘〕首[37]。

舜以天下让其友北人无择。北人无择曰："异哉！后之为人也，居于畎亩之中而游尧之门！不若是而已，又〔帝〕欲以其辱行〔污〕漫我[38]。吾羞见之。"因自投清泠之渊。

汤将伐桀，因卞随而谋，卞随曰："非吾事

447

也。"汤曰:"孰可?"曰:"吾不知也。"汤又因瞀光而谋[39],瞀光曰:"非吾事也。"汤曰:"孰可?"曰:"吾不知也。"汤曰:"伊尹何如?"曰:"强力忍垢〔诟〕[40],吾不知其他也。"汤遂与伊尹谋伐桀。克之,以让卞随。卞随辞曰:"后之伐桀也谋乎我,必以我为贼也;胜桀而让我,必以❶我为贪也。吾生乎乱世,而无道之人再来漫我以其辱行,吾不忍数闻也。"乃自投椆〔颍〕水而死[41]。汤又让瞀光曰:"知者谋之,武者遂之,仁者居之,古之道也。吾子胡不立乎?"瞀光辞曰:"废上,非义也;杀民〔人〕,非仁也;人〔子〕犯其难,我享其利,非廉也[42]。吾闻之曰,非其义者,不受其禄;无道之世,不践其土。况尊我乎!吾不忍久见也。"乃负石而自沉于庐水[43]。

昔周之兴,有士二人处于孤竹,曰伯夷、叔齐。二人相谓曰:"吾闻西方有人,似有道者,试往观焉。"至于岐阳,武王闻之,使叔旦往见之,与盟曰:"加富二等,就官一列。"血牲而埋之。二人相视而笑曰:"嘻,异哉!此非吾所谓道也。昔者神农之有天下也,时祀尽敬而不祈喜〔禧〕[44];其于人也,忠信尽治而无求焉。乐与

---

❶清本无"以"字,整理者据世德堂本补,从之。

448

政为政，乐与治为治，不以人之坏自成也，不以人之卑自高也，不以遭时自利也。今周见殷之乱而遽为政，上谋而下行货，阻兵而保威[45]，割牲而盟以为信，扬行以说众，杀伐以要利，是推乱以易暴也。吾闻古之士，遭治世不避其任，遇乱世不为苟存。今天下暗，殷❶德衰，其并乎周以涂吾身也，不如避之以洁吾行。"二子北至于首阳之山，遂饿而死焉。若伯夷、叔齐者，其于富贵也，苟可得已，则必不赖。高节戾行，独乐其志，不事于世，此二士之节也。

（二）文字校训说明

[1]"唯无以天下为者，可以托天下也"，清本原文如此。据刘文典考证，《吕氏春秋·贵生》篇此句作"惟不以天下害其生者也，可以托天下"。钊按：《吕》讲的是"贵生"问题，所以紧扣"惟不以天下害其生"；本文讲的是君王治天下问题，所以紧扣"唯无以天下为"。两者因主旨有异，故文字表达亦相殊。《老子》曰："故贵以身为天下，若可寄天下；爱以身为天下，若可托天下。"《庄子》与《吕》的思想，当可统一于《老子》的这一基本观念。

[2]"大王亶父居邠"，清本原文如此。据刘文典言，此句

---

❶ "殷"原为"周"字，整理者据高山寺本及《阙误》引江南古藏本、李氏本改，从之。

449

中"大王"二字，《御览》四百十九引作"古公"。两相比较，作"古公亶父"，文意朴实，当据该本改正本句。后文"大王"，亦当改为"古公"。

[3]"与人之兄居而杀其弟，与人之父居而杀其子"，清本原文如此。刘文典指出："'与人之兄居''与人之父居'，两'居'字于词为复，《吕氏春秋·审为》篇、《淮南子·道应》篇下'居'字并作'处'。"钊按：下"居"作"处"优，"居"与"处"对应成文，而又避免了重复，此据改。

[4]"因杖筴而去之"，清本原文如此。马叙伦曰："'筴'，当依《御览》四百十九引作'策'，《吕氏·审为》篇亦作'策'。"刘文典言："马说是也。《淮南子·道应》篇亦作'策'。"钊按：马、刘两家之说是，当改"筴"为"策"。

[5]"越人三世弑其君"，清本原文如此。马叙伦曰："《史记·越世家索隐》引无'世'字，《书钞》一五八引'弑'作'煞'，《御览》五四引作'杀'。"刘文典曰："《吕氏春秋·贵生》篇亦作'杀'。"钊按：依马氏之考证，本句"世"字乃衍文，当依《史记·索隐》及《书钞》之引，删之。又，"弑""煞""杀"三字义通，此据《御览》本作"杀"。

[6]"求王子搜不得，从之丹穴。王子搜不肯出"，清本原文如此。关于此文中的"王子搜"，俞樾指出："《释文》云：'搜'，《淮南子》作'翳'。然'翳'之前无三世弑君之事。《史记·越世家索隐》以'搜'为'翳'之子'无颛'。据《竹书纪年》，'翳'为其子所弑，越人杀其子，立无余。又见弑而立'无颛'，是'无颛'以前三君皆不善终，则王子搜是'无颛'之异名无疑矣。《淮南子》盖传闻之误，当据《索隐》订正。"钊按：俞氏之说言之

凿凿，令人信服。此"王子搜"应为"无颛"其人。俞氏言"搜"为"无颛之异名"，虽有理，余疑此"搜"可能是王子遭遇搜索之"搜"，因同"王子"连在一起，而被人误为"王子"之名。下"搜"应在"王子"之前，因有人将之误为王子之名，系将"搜"同王子连读，成为"王子搜"。若此推测不错，则全文可读为："求王子，搜不得。从之丹穴搜，王子不肯出。"如此读，文通理顺，则此"搜"乃后人将"搜索"之"搜"误读为王子之名的可能性很大。故后文"王子搜"之"搜"，疑为衍字。特记之于此，供后贤研究参考。

[7] "乘以王舆"，清本原文如此。《释文》言："'王舆'，一本作'玉舆'。"刘文典指出："《御览》五十四引作'承以玉舆'，与《释文》合。《疏》：'玉舆，君之车辇也'；又曰：'所谓玉辂也'。是成本亦作'玉舆'。"钊按：作"玉舆"是。"玉舆"象征高贵，正合乎君王所乘。

[8] "子华子见昭僖侯"，清本原文如此。对于此句中的"昭僖侯"其人，俞樾指出："韩有'昭侯'，有'僖王'，无'昭僖侯'。"对此，马叙伦经一系列考证（内容略），得出结论曰："'昭僖侯'即'韩昭侯'。"钊按：马氏之论，有理有据，令人信服。（请参见刘文典《庄子补正》下卷第873页）

[9] "书之言曰：'左手攫之则右手废，右手攫之则左手废。然而攫之者必有天下。'君能攫之乎？"清本原文如此。据刘文典考证，末句"攫"字上，高山寺古钞本无"能"字。钊按：此语无"能"字优，无"能"字，直言"君攫之乎"文意简洁清明。因为君之是否"取"，不在于能不能，而在于敢不敢，故此"能"字纯属衍文，当据高山寺古钞本删之。又，刘氏言："《御览》三百六十九引'攫'作'撄'。"钊按：比较两字，以"攫"字为优，因

为"攫"可训为"取",而"㩅"字却不能训为"取"。同时,"取"是本文中的关键字,绝不能少。且成《疏》及陆氏《释文》所载,均为"攫"字,可见"攫"字是。《御览》本之"㩅",可能因与"攫"形近而误,当以清本为据,取"攫"字。

[10]"身亦重于两臂",清本原文如此。刘文典言:"'身亦重于两臂','亦'当为'又',字之误也。《吕氏春秋·审为》篇、《御览》三百六十九引此文,字并作'又',是其证也。"钊按:刘说是,当据改。

[11]"颜阖守陋闾,苴布之衣而自饭牛",清本原文如此。据刘文典考证,《吕氏春秋·贵生》篇《御览》八百二十及高山寺古钞本引,并无"陋"字;又,本文中之"闾",《御览》八百二十引作"门",八百九十九引作"庐";又,本文中之"苴",《吕氏春秋·贵生》篇引作"麁",《书钞》百二十九引作"麄",《御览》八百二十引作"粗",八百九十九引作"麤"。钊按:无"陋"字是,这使三句成为排句,每句四字,整齐美观,当据删之。又,比较"闾""门""庐"三字,似以作"庐"为优。因为有"庐"字,可使三句构成韵文,读作"颜阖守庐,苴布之衣,而自饭牛"("庐""牛"成韵)。又,"苴"字,上述各本或作"麁",或作"麄",或作"麤",或作"粗",经查考相关字书,均与"粗"通。"苴布"《成疏》释为"麻布",此"麻布"亦可理解为"粗布",据此,当依《御览》八百二十引,作"粗"为是。

[12]"恐听者谬而遗使者罪",清本原文如此。俞樾指出:"上'者'字衍文,'恐听谬而遗使者罪',恐其以误听得罪也。'听',即使者听之,非听者一人、使者一人也。《吕氏春秋·贵生》篇正作'恐听谬而遗使者罪'。"刘文典评曰:"俞谓'上"者"字衍

文',是也。碧虚子校引张君房本、高山寺本钞本并作'恐听谬而遗使者罪'。《文选·北山移文》注引同,是其确证。"钊按:俞、刘之说理明据实,从之。

[13]"复来求之,则不得已",清本原文如此。据刘文典考证,《御览》八百九十九引"已"作"也"。钊按:作"也"是,"已"因与"也"之形近而误。"复来求之,则不得也",语意圆满,当据以正之。

[14]"故若颜阖者,真恶富贵也",清本原文如此。刘文典指出:"此句下有脱文,'真'当为'非'。作'真'者,后人改之也。《吕氏春秋·贵生》篇作'故若颜阖者,非恶富贵也。以重生恶之也'。与上文'王子搜非恶为君也,恶为君之患也'一例。《庄子》此文既脱下一句,后人以'故若颜阖者,非恶富贵也'义意不合,乃改'非'为'真',以就之耳。"钊按:刘说是,当据其说,补正清本。

[15]"今且有人于此",清本原文如此。据刘文典考证,高山寺古钞本及《吕氏春秋·贵生》篇引,此句无"且"字。钊按:无"且"字语意干净磊落,当依该两本删去"且"字。

[16]"夫生者,岂特随侯之重哉",清本原文如此。俞樾指出:"'随侯'下当有'珠'字。若无'珠'字,文义不足。《吕氏春秋·贵生》篇作'夫生岂特随侯珠之重也哉',当据补。"刘文典亦曰:"俞说是也。《意林》引'随侯'下有'珠'字,是其证也。"钊按:俞、刘两家之说均当。上文批评"以随侯之珠弹千刃之雀",其"所用者重而所要者轻",完全违背价值原则。而生命是比"随侯之珠"更贵重的东西,更不能任意抛掷。故作为关键词的"随侯之珠",不能无"珠"字,当据《吕氏春秋》及

453

《意林》补正。

[17]"先生不受，岂不命邪？"清本原文如此。刘文典指出："'岂不命邪'不词。'不'当为'非'，字之误也。《吕氏春秋·观世》篇作'岂非命也哉'，是其证。《列子·说符》篇作'岂不命也哉'，盖袭用《庄子》已误之文也。高山寺古钞本'邪'亦作'也哉'。"钊按：刘氏校本文中之"岂不"为"岂非"之讹，完全正确，这已有上述《吕氏春秋·观世》篇可依，当据改。需要指出的是，刘氏言《列子》袭取《庄子》之文，不合史实。以前，学界多以《列子》为伪书；后经学者考证，《列子》并非伪书，它先于《庄子》问世。所以并非《列子》"袭用《庄子》已误之文"，而使《列子》致误；而是《庄子》失误后，有人再据《庄子》之文误改《列子》所致。又，此句之"邪"，据刘氏考证《吕》及《列子》均作"也哉"，作"也哉"语气显得强烈、准确，当照改。

[18]"屠羊说走而从于昭王"，清本原文如此。据刘文典考证，此句中的"昭"字，高山寺古钞本无。钊按：无此"昭"字，文字简明洁净。因为上面已提及"楚昭王失国"，下面又说到"昭王反国"，则"王"显然指"昭王"，故"昭"字可省略，当从高山寺古钞本删去"昭"字。

[19]"子綦为我延之以三旌之位"，清本原文如此。俞樾指出："'子綦为我延之以三旌之位'句，此昭王自与司马子綦言，当称'子'，不当称'子綦'，'綦'字衍文。"刘文典曰："《御览》八百二十八引无'綦'字，可证俞说。《道藏》本作'子其为我延之以三旌之位'，义亦可通。各本之'綦'或即为'其'字，涉上'王谓司马子綦'而误也。"钊按：俞、刘之说均言之有依。此

句中无"綦"字可通，有"其"字亦可通（有"其"字之所以能通，是因为"其"可训为"将"，则"子其为我延之以三旌之位"犹言"子将为我延之以三旌之位"，故"其"亦通），唯独有"綦"者不可通，有"綦"者，如刘氏所言，乃涉上文而误，当据《道藏》本正之。又，本句之"三旌"，据《释文》载，司马本作"三珪"。孙诒让曰："司马本是也，楚爵以执珪为最贵。"刘文典举例为证，指出《类聚》八十三，《御览》八百六、二百九十八、八百二十八等，引"旌"并作"珪"。当从之。

[20]"上漏下湿，匡坐而弦"，清本原文如此。据学者考证，本句"弦"下脱"歌"字。据王孝鱼、奚侗、刘文典等言，《阙误》引张君房本及《韩诗外传》《艺文类聚·人部十九》，《御览》百七十四、三百九十三、四百八十五等相关文献引"弦"下并有"歌"字。刘文典进一步指出："下文'颜色甚惫，而弦歌于室''弦歌鼓琴'……亦并以'弦歌'连文，此不得独言'弦'，今依张本补'歌'字。"钊按：以上诸家之说是，当以之为据，照补一"歌"字。

[21]"原宪华冠縰履"，清本原文如此。本句中的"华冠縰履"，据刘文典考证，"《御览》九百九十八引作'草冠屣履'，'华'疑'草'字之误"。钊按：刘说是。此句不仅"华"为"草"字之误，而且"縰"亦为"屣"字之误。本句若用"縰"字，则很难同下"履"字搭配。经查字书，"縰"可训为"履""高貌""长貌"，这些词都很难同"履"搭配成文。而"屣"则可训为"弊"，此"弊"正可同"履"构成"弊履"，于是"草冠"正好与"弊履"相对成文。由此可知，今本"縰"亦为"屣"之误，当据《御览》本正之。

455

[22]"无财谓之贫,学而不能行谓之病",清本原文如此。据刘文典考证,本文中前句"谓之",《意林》《类聚》三十五、《御览》四百八十五引,并作"之谓";又,《御览》四百八十五引"学"下有"道"字。钊按:将清本与以上诸本用字比较,"之谓"与"谓之"含义均通,此首句"谓之",依以上诸本改为"之谓";又,有"道"字句意完满,故"道"字不可少。如刘氏所言,《史记·仲尼弟子列传》引此文,正作"学道而不能行者,谓之病",是其证也。当补一"道"字耳。

[23]"子贡逡巡而有愧色",清本原文如此。刘文典指出:"'而'下当有'退'字,《艺文类聚》三十五、《意林》及《御览》四百八十五引并作'逡巡而退',是其证。"钊按:刘说是,从之。

[24]"曾子居卫,缊袍无表",清本原文如此。刘文典言:"《新序·立节》篇作'子思居于卫,缊袍无表';《御览》六百八十六引作'原子'。"钊按:从表面看,这里涉及"曾子""子思""原子"三人,但实际上只涉及两人,即"曾子"和"子思"。该"子思",并非孔子的孙子"子思",而是"原宪",因为"原宪"字"子思"。《辞海》载:"原宪,春秋鲁人或曰宋人,字子思,亦称原思,孔门弟子,清静守节,贫而乐道。孔子相鲁,宪尝为邑宰。孔子卒,宪退隐于卫。"据此可知,"居卫"者,乃是"原宪"。文中所谓"原子"或"子思",当为"原宪"无疑。此文当依《御览》本改作"原子"(因为"子思"易混)。"原子"因古文献涉及少,故被浅人改为"曾子"。

[25]"捉衿而肘见,纳屦而踵决",清本原文如此。刘文典言,《类聚》六十七《御览》八百八十六引"捉衿"并作"敛衿",

《御览》三百六十九引"捉"作"正"。钊按：综观全文，此句"捉"字较优，且"捉衿见肘"，早已成为人所共知的成语，故《新华成语辞典》注"捉衿见肘"言，此语"出自《庄子·让王》"。故此句不必照抄他本，而应以"捉"字为是，保存原文。又，末句"屦"，据刘文典考，《御览》三百八十八、五百七十一引作"履"。按："履"与"屦"古通，两字皆可用。《疏》曰："履败纳之……"可知成本亦为"履"字，当改作"履"为佳。

[26] "所学夫子之道者足以自乐也"，清本原文如此。刘文典言："高山寺古钞本作'所学夫子者'，《御览》四百八十五引作'所学于夫子者'，并无'之道'二字。"钊按：本句"夫子"前有"于"字语意完满，当据补一"于"字。又，"之道"二字，虽高山本及《御览》本并无，但该二字不可省略，因为后文说"足以自乐也"，此所谓"足以自乐"，并非以孔子其人自乐，而是以"孔子之道"自乐。故"之道"二字，仍应依清本予以保存。

[27] "'回不愿仕。'孔子愀然变容曰：'善哉！回之意！'"清本原文如此。本句中的"回不愿仕"，刘文典言："《御览》百九十三引作'回故不仕矣'。"钊按：比较两者，似以《御览》之载为优，其句中一"故"字，已将上下文贯通起来了。当以之为据，改正清本。又，此句中的"善"，据马叙伦言，《类聚》三十五、《御览》四百八十五引作"美"。刘文典曰："作'美'义较长。"钊按：其说是，用"美"字，乃表达了孔子对颜回的追求予以高度赞扬。当据以正之。

[28] "中山公子牟谓瞻子曰：身在江海之上，心居乎魏阙之下，奈何？"清本原文如此。此句中之"瞻"，马叙伦认为是"詹"之误，他说："《吕氏春秋·审为》篇、《淮南子·道应训》有此

457

文，'瞻'皆作'詹'。"为此，马氏进行了一系列考证，最后认定"瞻子，即詹何也"。（参见马叙伦《庄子义证》）钊按：马说有理有据，从之，当改"瞻"为"詹"（下同）。又，据刘文典言，本文之"奈何"上，当有"为之"二字，他指出："《淮南子·道应》篇：'身处江海之上，心在魏阙之下，为之奈何。'语亦见《吕氏春秋·审为》篇《文子·下德》篇。"钊按：其说有依，当从之。

[29]"重生则利轻"，清本原文如此。此句中之"利轻"，马叙伦言："《吕氏春秋·审为》篇、《淮南子·道应训》并作'轻利'，当从之。《疏》曰：'重于生道，则轻于荣利。'是成本亦作'轻利'。"钊按：作"轻利"优，"轻利"表达了主体之不谋利的自觉性，当照改。

[30]"不能自胜则从，神无恶乎？"清本原文如此。据考，碧虚子校引张君房本，末尾之"乎"作"也"。钊按：作"也"字语气平和，当从之。

[31]"颜色甚惫，而弦歌于室"，清本原文如此。刘文典言："《御览》五百七十一引'室'下有'不辍'二字。《御览》引书多删削而少增益，疑今本脱'不辍'二字。"钊按：此句中应当有"不辍"二字，此二字记述了孔子在极为疲惫的情况下，仍然"弦歌不辍"的精神状态。故后文又曰："弦歌鼓琴，未尝绝音。"当据该本，补"不辍"二字。

[32]"颜回择菜，子路、子贡相与言曰"，清本原文如此。奚侗曰："《吕氏春秋·慎人》篇'择菜'下有'于外'二字。当据补。"马叙伦曰："《风俗通义·穷通》篇载此事，'择菜'下有'于户外'三字。"钊按：奚、马之说均切本旨。此文有"于

外"或"于户外"之语，均较贴近本旨。因为，下文"子路、子贡相与言曰"，其所言，确有抱怨孔子之意，此时若颜回也在场，那就会玷污颜子对孔子的忠义之情，故作者特别强调此时颜回择菜"于户外"，从而保护了颜子对师长的忠诚。故此文当据《风俗通义·穷通》篇载，补"于户外"三字。

[33]"其何穷之为"，清本原文如此。此句中之"为"，奚侗训为"有"，指出："'为'，犹'有'也。《吕览·慎人》篇'为'正作'有'。"刘文典言："《御览》四百八十六引'为'下有'也'字。"钊按：奚、刘之说均言之有依，此句当依《吕》及《御览》本，正为"其何穷之有也"。

[34]"吾是以知松柏之茂也。陈、蔡之隘，于丘其幸乎！"据王孝鱼言："《阙误》引江南古藏本'茂也'下有'桓公得之莒，文公得之曹，越王得之会稽'十六字。"刘文典亦指出："《吕氏春秋·慎人》篇、《风俗通义·穷通》篇载此事，皆有此三句……今依江南古藏本补。"钊按：补此三句，不仅有《阙误》及《吕氏春秋》《风俗通义》等古本可依，而且还可从《荀子·宥坐》《家语·在厄》篇中找到佐证（参见刘文典《庄子补正》887—888页）。当据补三句。

[35]"子路扢然执干而舞"，清本原文如此。此语中的"扢然"，《释文》引李云"奋舞貌"，又引司马云"喜貌"。马叙伦曰："《书钞》百二十一、《御览》三百五十一引作'仡'。"王念孙曰："'扢'与'仡'通，《说文》曰：'仡，勇壮也'。"钊按：以上各家之说各有所依，此仍据清本作"扢"，并据李云，将之释为"奋舞貌"（"奋"与"勇"之释相通）。

[36]"道德于此，则穷通为寒暑风雨之序矣"，清本原文如

此。俞樾指出："'德'当作'得'。《吕览·慎人》篇作'道得于此，则穷达一也，为寒暑风雨之序矣'，疑此文'穷通'下亦当有'一也'二字，而今夺之。"刘文典曰："俞先生谓'德'当作'得'，是也。高山寺古钞本正作'得'。"钊按：俞说是。此句之"德"当为"得"之误，这不仅有《吕览·慎人》篇和高山寺古钞本可证，而且成《疏》也言及"得道"之语，则其所见本亦为"得"字无疑，当据改。又，"通"字，当依《吕览》作"达"，二字繁体相近，故"达"误为"通"。

[37]"而共伯得乎共首"，清本原文如此。据考，碧虚子校引江南古藏本"得"下有"志"字。马叙伦曰："《困学纪闻》十引'得'下有'之'字，'乎'作'于'。"据刘文典言，《吕氏春秋·慎人》篇亦有"共伯得乎共首"之语，此句中的"共首"，宋本、《道藏》注疏本并作"丘首"。钊按：此句文字有脱误，江南古藏本"得"下有"志"字；另，《困学纪闻》之"乎"作"于"，均可证明原文之误。又，"共首"，不仅宋本、《道藏》注疏本并作"丘首"，而且成《疏》言，共伯"逍遥于丘首之山"，则其所见本亦为"丘首"。据上述资料，此文当整理为"而共伯得志于丘首"是也。

[38]"又欲以其辱行漫我"，清本原文如此。刘文典言："《文选》桓元子《荐谯元彦表》注引'漫'作'慢'，嵇叔夜《与山巨源绝交书》注引作'帝欲以辱行漫我'，《御览》七十引'漫'上有'污'字，四百二十四引'漫'上有'汙'字，八十一引'漫'上有'汙'字。"钊按：以上刘氏提供的相关考证，均有古本之依。笔者以为，"漫"与"慢"古通，本句仍保存清本之"漫"字；又，"又欲"与"帝欲"相较，似取"帝欲"为优，此"帝"指"舜"，意

在抱怨舜不应提出把天下让给他的想法；另，"漫"上有"污"字，文意更明确，当取"污"为是。而将"污"引为"汙"者，当是因形近而误。据以上分析，此句当整理为"帝欲以其辱行污漫我"。

[39]"汤又因瞀光而谋"，清本原文如此。刘文典言："宋本、《道藏》注疏本、白文本《御览》四百二十四引'瞀'并作'务'，与《释文》一本合。"钊按："瞀"与"务"古音同，古时同音字可以通假，由于"瞀光"或"务光"是寓言中的人名，对其真名，今人已无法察考，也无必要察考，此仍从清本作"瞀"。

[40]"强力忍垢"，清本原文如此。朱骏声曰："'垢'，借为'诟'，耻也。"刘文典言："《御览》四百二十四引正作'诟'。"钊按：朱、刘两家之说是，从之。

[41]"乃自投稠水而死"，清本原文如此。本句中的"稠"，有的本作"桐"，有的本作"洞"。刘文典引朱谋㙔曰："《吕氏春秋·离俗》篇作'颍水'。《高士传》作'洞水'。'颍''洞'古字通用。故《礼记》'颖衣'一作'絅衣'是其例也。'稠''桐'二字皆误耳。"钊按：刘、朱之说均言之有依，从之。

[42]"杀民，非仁也；人犯其难，我享其利，非廉也"，清本原文如此。据刘文典考证，《御览》四百二十四引"民"作"人"；"人"作"子"。钊按：综观全文，"人"字较"民"字优，因为汤谋伐桀，桀并非"民"，而是"人"；又，以"子"代"人"优，因为此"子"指汤，瞀光称汤为"子"，有尊敬之意。当据《御览》本正之。

[43]"乃负石而自沉于庐水"，清本原文如此。刘文典指出："《御览》四百二十四引'沉'作'投'……引'庐'作'卢'。"钊按：此"自投"或"自沉"，均有自杀之意，前面已用过"自投"，此

461

处似以"自沉"为优,故仍从清本作"自沉";又,"庐"与"卢"两字同音,古代同音可以通假,此仍从清本作"庐"。

[44]"时祀尽敬而不祈喜",清本原文如此。俞樾言:"'喜',当作'禧',《尔雅·释诂》:'禧,福也。''不祈禧'者,不祈福也。《吕氏春秋·诚廉》篇作'时祀尽敬而不祈福也',与此字异义同。"刘文典说:"高山寺古钞本'喜'作'熹',可证俞说。"钊按:俞、刘之说均当,"喜"当为"禧"。高山寺本之"熹",当是借为"禧",亦应训为"福"。

[45]"上谋而下行货,阻兵而保威",清本原文如此。王念孙曰:"'上谋而下行货','下'字后人所加也。'上'与'尚'同,'上谋而行货,阻兵而保威',句法正相对,后人误读'上'为'上下'之'上',故加'下'字耳。《吕氏春秋·诚廉》篇正作'上谋而行货,阻兵而保威'。"刘文典言:"王校是也,高山寺古钞本正无'下'字。"钊按:王、刘之说是,当据之删去此句中之"下"字。

(三)中心内容评析

本篇题名《让王》,意为"让出王座",取自篇首文义。全文共十五节,较为明晰地表达了道家的贵生思想。

第一节(第1、2、3、4自然段),写尧与舜先后让天下于许由、子州支父、子州支伯、善卷等贤者,但这些贤者从重生的观念来考虑,均不接受王位,善卷指出:"余立于宇宙之中……春耕种,形足以劳动;秋收敛,身足以休食。日出而作,日入而息,逍遥于天地之间而心意自得。吾何以天下为哉!"此言最具代表性,表明不愿居王位，是古圣贤的人生追求。第二节（第5自然段），集中描述古公亶父尊生爱民，为了实践"不以所用养害所养"，并避免"与人之兄居而杀其弟，与人之父处而杀其子"的灾难，他主动迁出所居的邠地，"遂成国于岐山之下"，表现出"虽富贵不以养伤身，虽贫贱不以利累形"的高尚追求。第三节（第6自然段），写王子搜因"恶为君之患"，而逃入"丹穴"，其追求的是"不以国伤生"，把贵生看得比"做王"更重要。第四节（第7自然段），借子华子之口，强调"两臂重于天下也，身又重于两臂"，表达贵生的基本观念。第五节（第8自然段），借颜阖逃避鲁君赠送钱财之礼一事，赞扬颜氏"非恶富贵"，并进而得出"帝王之功，圣人之余事也，非所以完身养生"的结论。第六节（第9自然段），借列子之口，指出郑子阳能听人之言而遗我粟，将来也可能听人之言遗罪于我（由此预见郑子阳之为人不可信）。后来"民果作难而杀子阳"。这件事表明列子与人交往注重自保，绝不因得小利而忘身。第七节（第10自然段），借楚昭王欲赏赐屠羊说却被屠羊说多次拒绝之故事，以歌颂屠羊说洁身自好，不图身外之财的人格追求。第八节（第11自然段），借原宪与子贡的对话，描述原宪摒弃那种追逐名利、显耀自己的舒适生活，故后文说："夫希世而行，比周而友，学以为人，教而为己，仁义之慝，舆马之饰，宪不忍为也。"表达了清虚自守的人格追求。第九节（第12自然段），描述原子居卫时，安于"正冠而缨绝，捉衿而肘见"的俭朴生活。从而使"天子不得臣，诸侯不得友"，故可不受利欲干扰，而得养生之安。第十节（第13自然段），借孔子与颜回的对话，描述颜回不仕而安于种田自乐的人生追求，文中所谓"知足者不以利自累"一语，集中表达了作者的本意。第十一节（第 14 自然段），借子牟与詹子的对话，强调"重生"的必要性，文中所谓"重生则轻利"，是全节的纲。第十二节（第 15 自然段），借孔子穷于陈、蔡之间，七日不火食，"而弦歌于室"之事，描述孔子"安贫乐道"的人生追求，文中说"故内省而不穷于道"，可谓一语中的。第十三节（第 16 自然段），借北人无择因对舜让王位于他而深感羞愧，便"自投清泠之渊"一事，描述无择不愿称王的人格追求。第十四节（第 17 自然段），借汤伐桀并将天下让于卞随、瞀光等人，而卞随、瞀光却因不愿受王位而先后投水自杀。这件事，旨在论述古代贤者视王权为累的人生信仰。第十五节（第 18 自然段），借伯夷、叔齐两贤人因拒绝武王之聘，乃"北至于首阳之山，遂饿而死"之故事，赞扬他们"高节戾行，独乐其志，不事于世"的人格追求。

综观全文，紧扣"让王"之题，且多推崇"贵生"之意。有人怀疑此文乃杨朱一派文人所作，虽亦言之有依，但将其视为庄子后学之文，似亦无不可。

七、《盗跖》校训析

（一）经文校正清样

孔子与柳下季为友，柳下季之弟，名曰盗跖。盗跖从卒九千人，横行天下，侵暴诸侯，穴〔空〕室枢〔抠〕户[1]，驱人牛马，取人妇女，贪得忘亲，不顾父母兄弟，不祭先祖。所过之邑，大国守城，小国入保，万民苦之。孔子谓柳下季曰："夫为人父者，必能诏其子；为人兄者，必能教其弟。若父不能诏其子，兄不能教其弟，则无贵父子兄弟之亲矣。今先生，世之才士也，弟为盗跖，为天下害，而弗能教也，丘窃为先生羞之。丘请为先生往说之。"柳下季曰："先生言为人父者必能诏其子，为人兄者必能教其弟。若子不听父之诏，弟不受兄之教，虽今〔经〕先生之辩，将奈之何哉[2]！且跖之为人也，心如涌泉，意如飘风，强足以距〔拒〕敌[3]，辩足以饰非，顺其心则喜，逆其心则怒，易辱人以言。先生必无往。"孔子不听，颜回为驭，子贡为右，往见盗跖。盗跖乃方休卒徒〔于〕大〔泰〕山之阳，脍人肝而铺之[4]。孔子下车而前，见谒者曰："鲁人孔丘，闻将军高义，敬再拜谒者。"谒者入通，盗跖闻之大怒，目如明星，发上指冠，曰："此夫鲁国之巧伪人孔丘非邪？为我告之：'尔作〔诈〕言造语，妄称文、武。冠枝〔枯〕木之冠，带死牛之胁[5]，多辞缪说，不耕而食，不织而衣，摇唇鼓舌，擅生是非，以迷天下之主，使天下学士不反其本，妄作孝弟，而徼幸于封侯富贵者也。子之罪大极重[6]，疾走归！不然，我将以子肝益昼铺之膳！'"孔子复通曰："丘得幸于季，愿望履幕下。"谒者复通，盗跖曰："使来前！"孔子趋而进，避席反走，再拜盗跖。盗跖大怒，两展其足，案剑瞋目，声如乳虎，曰："丘来前！若所言，顺吾意则生，逆吾心则死。"孔子曰："丘闻之，凡天下有三德：生而长大，美好无双，少长贵贱见而皆说之，此上德也；知维天地，能辩诸物，此中德也；勇悍果敢，聚众率兵，此下德也。凡人有此一德者，足以南面称孤矣。今将军兼此三

七、《盗跖》校训析

者,身长八尺二寸,面目有光,唇如激丹,齿如齐贝[7],音中黄钟,而名曰盗跖,丘窃为将军耻不取焉。将军有意听臣,臣请南使吴越,北使齐鲁,东使宋卫,西使晋楚,使为将军造大城数百里,立数十万户之邑,〔使〕尊将军为诸侯[8],与天下更始,罢兵休卒,收养昆弟,共祭先祖。此圣人才士之行,而天下之愿也。"盗跖大怒曰:"丘来前!夫可规以利而可谏以言者,皆愚陋恒民之谓耳。今长大美好,人见而悦之者,此吾父母之遗德也。丘虽不吾誉,吾独不自知邪?且吾闻之,好面誉人者,亦好背而毁之。今丘告我以大城众民,是欲规我以利而恒民畜我也,安可久长也!城之大者,莫大乎天下矣〔也〕[9]。尧、舜有天下,子孙无置锥之地;汤、武立为天子,而后世绝灭;非以其利大故邪?且吾闻之,古者禽兽多而人〔民〕少[10],于是民皆巢居以避之,昼拾橡栗,暮栖木上,故命之曰有巢氏之民。古者民不知衣服,夏多积薪,冬则炀之[11],故命之曰知生之民。神农之世,卧则居居,起则于于,民知其母,不知其父,与麋鹿共处,耕而食,织而衣,无有相害之心,此至德之隆也。然而黄帝不能致德,与蚩尤战于涿鹿之野,流血百里。尧、舜作,立群臣，汤放其主，武王杀纣。自是之后，以强陵弱，以众暴寡。汤、武以来，皆乱人之徒也。今子修文武之道，掌天下之辩，以教后世，缝衣浅带，矫言伪行，以迷惑天下之主，而欲求富贵焉，盗莫大于子。天下何故不谓子为盗丘，而乃谓我为盗跖？子以甘辞说子路而使从之，使子路去其危冠，解其长剑，而受教于子，天下皆曰孔丘能止暴禁非。其卒之也，子路欲杀卫君而事不成，身菹于卫东门之上，是子教之不至也。子自谓才士圣人邪？则再逐于鲁，削迹于卫，穷于齐，围于陈、蔡，不容身于天下。子教子路菹此患，上无以为身，下无以为人。子之道岂足贵邪？世之所高，莫若黄帝。黄帝尚不能全德，而战涿鹿之野，流血百里。尧不慈，舜不孝，禹偏枯，汤放其主，武王伐纣，文王拘羑里。此六子者，世之所高也，孰论之，皆以利惑其真而强反其情性，其行乃甚可羞也。世之所谓贤士，伯夷、叔齐。伯夷、叔齐辞孤竹之君而饿死于首阳之山，骨肉不葬。鲍焦饰行非世，抱木而死。申徒狄谏而不听，负石自投于河，为鱼鳖所食。介子推至忠也，自割其股以食文公，文公后背之，子推怒而去，抱木而燔死。尾生与女子期于梁下，女子不来，水至不去，抱梁柱而死。此六子者，无异于磔犬流豕，操瓢而乞者[12]，皆离〔利〕名轻死[13]，不念本养寿命者也。世之所谓忠臣者，莫若王子比干、伍子胥。子胥沉江，比干剖心。此二子者，世谓忠臣也，然卒为天下笑。自上观之，至于子胥、比干，皆不足贵也。丘之所以说我者，若告我以鬼事，则我不能知也；若告我以人事者，不过此矣，皆吾所闻知也。今吾告子以人之情，目欲视色，耳欲听声，口欲察味，志气欲盈。人上寿百岁，中寿八十，下寿六十，除病瘦〔瘐〕死丧忧患[14]，其中开口而笑者，一月之中不过四五日而已矣。天与地无穷，人死者有时，操有时之具而托于无穷之间，忽然无异骐骥之驰过隙也。不能说其志意，养其寿命者，皆非通道者也。丘之所言，皆吾之所弃也，亟去走归，无复言之！子之道，狂狂汲汲，诈巧虚伪事也，非可以全真也，奚足论哉！"孔子再拜趋走，出门上车，执辔三失，目芒然无见，色若死灰，据轼低头，不能出气。归到鲁东门外，适遇柳下季。柳下季曰："今者阙然数日不见，车马有行色，得微往见跖邪？"孔子仰天而叹曰："然。"柳下季曰："跖得无逆汝意若前乎？"孔子曰："然。丘所谓无病而自灸也，疾走料虎头，编虎须，几不免虎口哉！"

子张问于满苟得曰："盍不为行？无行则不信，不信则不任，不任则不利。故观之名，计之利，而义真是也。若弃名利，反之于心，则夫士之为行，不可一日不为乎！"满苟得曰："无耻者富，多信者显。夫名利之大者，几在无耻而信。故观之名，计之利，而信真是也。若弃名利，反之于心，则夫士之为行，抱其天乎！"子张曰："昔者桀、纣贵为天子，富有天下。今谓〔为〕臧聚[15]，曰汝行如桀、纣，则有怍〔作〕色，有不服之心者[16]，小人所贱也。仲尼、墨翟，穷为匹夫，今谓〔为〕宰相，曰子行如仲尼、墨翟，则变容易色称不足者，士诚贵也。故势为天子，未必贵也；穷为匹夫，未必贱也。贵贱之分，在行之美恶。"满苟得曰："小盗者拘，大盗者为诸侯。诸侯之门，义士〔仁义〕存焉[17]。昔者桓公小白杀兄入嫂而管仲为臣，田成子常杀君窃国而孔子受币。论则贱之，行则下之，则是言行之情悖战于胸中也，不亦拂乎！故《书》曰：'孰恶孰美？成者为首，不成者为尾。'"子张曰："子不为行，即将疏戚无伦，贵贱无义，长幼无序；五纪六位，将何以为别乎？[18]"满苟得曰："尧杀长子，舜流母弟，疏戚有伦乎？汤放桀，武王杀纣，贵贱有义乎？王季为适，周公杀兄，长幼有序乎？儒者伪辞，墨者兼爱，五纪六位将有别乎？且子正为名，我正为利。名利之实，不顺于理，不监于道。吾日〔昔〕与子讼于无约[19]，曰：'小人殉财，君子殉名。其所以变其情，易其性，则异矣；乃至于弃其所为而殉其所不为，则一也。'故曰：无为小人，反殉而天；无为君子，从天之理。若枉若直，相而天极；面观四方，与时消息。若是若非，执而圆机；独成而意，与道徘徊。无转〔专〕而行[20]，无成而义，将失而所为。无赴而富，无殉而成，将弃而天。比干剖心，子胥抉眼，忠之祸也；直躬证父，尾生溺死，信之患也；鲍子立乾，申子不自理，廉之害也；孔子不见母，匡子不见父，义之失也。此上世之所传，下世之所语。以为士者正其言，必其行，故服其殃，离〔罹〕其患也[21]。"

无足问于知和曰："人卒未有不兴名就利者。彼富则人归之，归则下之，下则贵之。夫见下贵者，所以长生安体乐意之道也。今子独无意焉，知不足邪，意知而力不能行邪，故推正不忘

471

邪?"知和曰:"今夫此人以为与己同时而生,同乡而处者,以为夫绝俗过世之士焉;是专无主正,所以览古今之时,是非之分也,与俗化。世去至重,弃至尊,以为其所为也;此其所以论长生安体乐意之道,不亦远乎!惨怛之疾,恬愉之安,不监于体;怵惕之恐,欣欢之喜,不监于心;知为为而不知所以为,是以贵为天子、富有天下,而不免于患也。"无足曰:"夫富之于人,无所不利,穷美究埶,至人之所不得逮,贤人之所不能及,侠人之勇力而以为威强,秉人之知谋以为明察,因人之德以为贤良,非享国而严若君父。且夫声色滋味权势之于人,心不待学而乐之,体不待象[逸]而安之[22]。夫欲恶避就,固不待师,此人之性也。天下虽非我,孰能辞之!"知和曰:"知者之为,故动以百姓,不违其度,是以足而不争,无以为故不求。不足故求之,争四处而不自以为贪;有余故辞之,弃天下而不自以为廉。廉贪之实,非以迫外也,反监之度。势为天子而不以贵骄人,富有天下而不以财戏人。计其患,虑其反,以为害于性,故辞而不受也,非以要名誉也。尧、舜为帝而雍,非仁天下也,不以美害生也;善卷、许由得帝而不受,非虚辞让也,不以事害己。此皆就其利，辞其害，而天下称贤焉，则可以有之，彼非以兴名誉也。"无足曰："必持其名，苦体绝甘，约养以持生，则亦〔犹〕久病长阨而不死者也[23]。"知和曰："平为福，有余为害者，物莫不然，而财其甚者也。今富人，耳营钟鼓筦籥之声，口嗛于刍豢醪醴之味，以感〔惑〕其意[24]，遗忘其业，可谓乱矣；侅溺于冯气，若负重行而上〔坂〕[25]，可谓苦矣；贪财而取慰〔辱〕[26]，贪权而取竭，静居则溺，体泽则冯，可谓疾矣；为欲富就利，故满若堵耳而不知避，且冯而不舍，可谓辱矣；财积而无用，服膺而不舍，满心戚醮，求益而不止，可谓忧矣；内则疑劫请之贼，外则畏寇盗之害，内周楼疏，外不敢独行，可谓畏矣。此六者，天下之至害也，皆遗忘而不知察，及其患至，求尽性竭财单〔殚〕[27]，以反一日之无故而不可得也。故观之名则不见，求之利则不得，缭意体而争此，不亦惑乎！"

（二）文字校训说明

[1] "穴室枢户"，清本原文如此。钊按：本句中之"穴室"，疑"穴"为"空"之误。因遭盗匪抢窃，十室九空，故曰"空室"。"空"与"穴"形近易误，"空"字下部缺坏，乃被抄写者写为"穴"字

473

耳。又，"枢"，据王孝鱼考证，碧虚子引刘得一本作"抠"，此"抠"当借为"殴"，意为殴打，犹"砸"也。则"抠户"即殴砸门户是也。故此"空室抠户"，是对盗跖暴行的描述。

[2]"虽今先生之辩，将奈之何哉！"清本原文如此。钊按：首句之"今"，疑为"经"字之讹。若作"今"，则句意是说，虽然，今天先生之辩识，又岂奈他何！若换作"经"字，则此句是说，虽然，经过先生如此辩识，又岂奈他何！如此读，似更贴近原旨。故"今"当改作"经"，两字因音近，且又涉前面之"今先生"而致误。

[3]"强足以距敌"，清本原文如此。此句中之"距"，据王孝鱼考证，世德堂本作"拒"。钊按：此"拒"有"抗拒"之意，当从之。

[4]"盗跖乃方休卒徒大山之阳，脍人肝而铺之"，清本原文如此。据王孝鱼考证，《阙误》引江南古藏本，首句"徒"下有"于"字；又，首句之"大"，赵谏议本作"太"（同"泰"），《阙误》引同。又，"铺"，成《疏》："食也"。又，"休"，《中华大字典》"犹宥也"，此"宥"有"宽"义，引申为宽抚。据以上相关资料，本文当整理为："盗跖乃方休卒徒于泰山之阳，脍人肝而铺之。"其意是说，盗跖正安抚卒众于泰山之南，炒制人肝而食之。

[5]"尔作言造语，妄称文、武。冠枝木之冠，带死牛之胁"，清本原文如此。据刘文典言，《御览》六百八十四引"作"为"诈"。又，第三句"枝木"，马叙伦校为"枯木"，言："'枝'，疑为'枯'字之讹，'枯木''死牛'对文。"钊按：以上刘、马之说均有所依。《御览》之"诈"字较"作"字优，当据改。又，"冠枯木之冠"亦较"冠枝木之冠"语意清晰，且突出了对孔丘的贬

意，符合盗跖的身份与口气。

[6]"子之罪大极重"，清本原文如此。俞樾言："'极'，当做'殛'。《尔雅·释言》：'殛，诛也。'言罪大而诛重也。'极''殛'古字通。"钊按：俞氏之说，似有牵强之嫌。"极"与"殛"确实古通，且"殛"亦可训为"诛"。但此文中的"极"，似不必假为"殛"而将之训为"诛"。因为"罪大极重"，讲的是其罪恶既大且重，文意清楚明白。若将"极"假为"殛"而训"诛"，则"罪大极重"，便成为"罪大诛重"，此"诛重"何以成词？岂不过于牵强么？

[7]"齿如齐贝"，清本原文如此。此句中之"齐贝"，《释文》言："一本作'含贝'。"刘文典考证，《御览》三百六十五引亦作"含贝"。钊按：比较两种用语，似以"齐贝"为优。"齿如齐贝"，是说牙齿如同整齐的玉贝，文意清楚明白。若改成"齿如含贝"，则是说牙齿如同含有珠贝，这就令人费解了。因为只有口能含贝，而牙齿是不能含贝的。则"含贝"不合用在此语中，故仍从清本作"齐贝"为是。

[8]"尊将军为诸侯"，清本原文如此。据刘文典考证，《御览》三百二十七引"尊"上有"使"字。钊按：有"使"字句意完满。此"使"，《中华大字典》释曰"从也"。据此，该句是说"从而尊将军为诸侯"，文意清明。当据《御览》本增补一"使"字。

[9]"城之大者，莫大乎天下矣"，清本原文如此。据刘文典考证，《御览》百九十二引"矣"作"也"字。钊按：经比较，此句中"也"字较"矣"字优，当据《御览》本改"矣"为"也"字。

[10]"古者禽兽多而人少"，清本原文如此。刘文典言："《御览》七十六引'古者'作'古之'；九百二十八、九百六十四引'人少'作'人民少'；《类聚》八十七引'人'作'民'。古书

多言'人民',《韩非子·五蠹》篇'人民少而禽兽众',文义正同,亦作'人民'。"钊按:作"人民"是,当据改。又,此文用"古者"或"古之"均通,此仍存清本之"古者"。

[11] "夏多积薪,冬则炀之",清本原文如此。据刘文典考证,《御览》七十六引"夏"下有"则"字。钊按:此句"夏"下无"则"字亦通,且可与下面诸句构成排句,每句四字,共达九句之多。故此句不必依《御览》本在"夏"下增一"则"字。

[12] "此六子者,无异于磔犬流豕,操瓢而乞者",清本原文如此。刘文典言:"'此六子者',世德堂本'六'作'四'。《释文》李云'言上四人不得其死',是所见本亦作'四'。碧虚子校引江南古藏本、《道藏》注疏本、白文本并作'六'。《疏》'六子者,谓伯夷、叔齐、鲍焦、申徒、介推、尾生',是成本字亦作'六',今依《道藏》本。"钊按:依《道藏》本作"六"是。又,此文中之"无异于磔犬流豕,操瓢而乞者",成《疏》曰:"亦何异乎张磔死狗,流在水中,贫病之人,操瓢乞告,此间人物,不许见闻……"钊按:仔细研读全文,似与原经差距甚大。此句中之"磔犬"当指被宰杀的"狗";"流豕",当指已死而流入河水中的猪。"磔犬"当与"流豕"并立。又,"操瓢而乞",文意清晰,当指持瓜瓢乞讨者。据此,则此段文意是说,以上六人的结局,无异于被解剖的死狗,被冲入流水的死猪,被逼成为持瓢乞讨的叫花子……如此解读,似更贴近原旨。

[13] "皆离名轻死",清本原文如此。据王孝鱼考证,《阙误》引张君房本,"离"作"利"。钊按:作"利"是,此"利名"犹"得名"。以上伯夷、叔齐、鲍焦、申徒、介推、尾生等六人,都是为得名而轻生致死。例如,他们有的为得"贤"名而死(如伯夷、

叔齐）；有的为得"廉"名而死（如鲍焦）；有的为得"忠"名而死（如介子推、尾生）；故曰"皆利名轻死"也。当据张本改"离"为"利"。清本误为"离"，乃因"离""利"音近致误。

[14]"除病瘦死丧忧患"，清本原文如此。王念孙曰："'瘦'当为'瘐'，字之误也。'瘐'，亦'病'也。'病瘐'为一类，'死丧'为一类，'忧患'为一类。'瘐'字本作'瘉'，《尔雅》曰：'瘉，病也。'"刘文典指出："王说是也，《意林》引正作'瘐'，是其证。"钊按：王、刘之说均当，此依《意林》本，改"瘦"为"瘐"。

[15]"昔者桀、纣贵为天子，富有天下。今谓臧聚曰"，清本原文及句读如此。对于此文，《陈译》用白话翻译如下："从前桀纣贵为天子，富有天下，现在对仆隶役夫说。"钊按：仔细研读原文，不难发现译文与原旨相违。此文应在"聚"字结句。句中的"谓"当训作"为"（《中华大字典》言："谓，犹为也"）。另，"臧聚"可依孙诒让说，训为"仆隶贱役"。据此，则全文可译为"往昔桀纣贵为天子，富有天下；而今天却成为仆隶贱役"，文中之"曰"，当连下读（请参见下条）。若依《陈译》，人们读后会以为桀、纣还在同"仆隶役夫"说话，这显然不合本旨。其误在于未能将"谓"训作"为"，并在"聚"字结句。钊按：后文"今谓宰相曰"之"谓"，亦当训作"为"，读为"今为宰相"，将"曰"字连下读。

[16]"曰汝行如桀、纣，则有怍色，有不服之心者"，清本原文如此。据王孝鱼考证，此文第二句，高山寺本引无"有"字，作"则作色"；《阙误》引张君房本，作"则有作色"；可见后两本"怍色"皆为"作色"。钊按："作色"较"怍色"优。此"作色"即

改变脸色。另，第二句高山寺本无"有"字是。无"有"字，于是"作色"同下文"有不服之心"相契合，当据之删去前"有"字，并改"怍"为"作"。据此，全文之意可概括如下：说你行为如同桀、纣，则必改变脸色，表现出不服之心。

[17]"诸侯之门，义士存焉"，清本原文如此。刘师培曰："'义士'当依《胠箧》篇作'仁义'。《淮南·齐俗训》'故士䣝在时不在行'，《论衡·命禄》篇引作'仁䣝'，犹此文误'仁'为'士'也。校者以'士'义不可通，因乙之。"刘文典言："刘先生校是也。《史记·游侠传》作'窃钩者诛，窃国者侯，侯之门，仁义存'。文虽小异，亦正作'仁义'。"钊按：以上两家之说，均言之凿凿，有理有据，此据改。

[18]"五纪六位，将何以为别乎？"清本原文如此。关于本句中的"五纪六位"，俞樾作如下疏析："'五纪'即'五伦'也；'六位'即'六纪'也。"钊按：其所谓"五伦"，当指的是"仁、义、礼、智、信"等五项美德；其所谓"六纪"，则"谓诸父、兄弟、族人、诸舅、师长、朋友"（参见《诸子平议·庄子篇》）。此说文清意明，从之。

[19]"吾日与子讼于无约"，清本原文如此。据王孝鱼考，《阙误》引张君房本"日"作"昔"。钊按：作"昔"较"日"为优，当从张本改"日"为"昔"。

[20]"无转而行"，清本原文如此。王念孙指出："'无转而行'，'转'，读为'专'。《山木》篇云'一龙一蛇，与时俱化，而无肯专为'，即此所谓'无专而行'也。此承上文'与时消息''与道徘徊'而言，言当随时顺道，而不可专行仁义。若专而行，成而义，则将失其所为矣。故下文云：'正其言，必其行，故服其

殃，离其患也。'‘必其行’，即此所谓‘专而行’也。"钊按：其说字字有依，从之。

[21] "离其患也"，清本原文如此。刘文典言："‘离’，借为‘罹’。"钊按：刘说是。《中华大字典》言："离，罹也。《文选·张衡赋》言：‘循法度而离殃。’"此句中的"离"当读为"罹"，是其证。

[22] "体不待象而安之"，清本原文如此。钊按：此句中的"象"字疑因与"逸"字形近而误。"体不待象而安之"，成《疏》将"象"释为法象，于义难通。若将"象"换作"逸"，则文意豁然贯通。前言"心不待学而乐"，后面接上"体不待逸而安"，两句正好相对成文。

[23] "则亦久病长阤而不死者也"，清本原文如此。据王孝鱼考证，《阙误》引江南古藏本"亦"下有"犹"字。钊按：有"犹"字句意完满，当从之。又，据考，江南古藏本"久"作"夕"，刘文典指出："此以‘久病’与‘长阤’并言，作‘夕’则非其指矣，江南古藏本非。"钊按：其说是。成《疏》亦曰"亦何异乎久病固疾"，是其所见本亦作"久病"。

[24] "以感其意"，清本原文如此。钊按：阅读上下文，此句中之"感"字于义难通。疑此"感"乃因与"惑"形近而误。"惑"，即迷惑是也。上文说"耳营（借为‘淫’）于钟鼓笙簧之声，口嗛于刍豢醪醴之味"，下接上"以惑其意……可谓乱也"，文通理顺。若作"感"字，则迂曲不通。其为"惑"之误无疑。

[25] "若负重行而上"，清本原文如此。据考，碧虚子校引张君房本"上"下有"坂"字。马叙伦指出："《疏》曰‘犹如负重上坂而行’，是成本‘上’字下有‘坂’字，当依补。"刘文

典言:"马校是也,今依张本补。"钊按:马、刘之说均言之有依,此文有"坂"字优。"坂",坡也。则"上坂"犹"上坡"之谓,当据补。

[26]"贪财而取慰",清本原文如此。刘文典言:"碧虚子校引张君房本,'慰'作'辱'。典案:'贪财而取辱',与下文'贪权而取竭'义正相对。张本作'辱'较长。"钊按:刘说贴切。"竭",《中华大字典》言"败也"。据此,则"贪权而取竭",犹"贪权而取败",此"败"与上"辱"正相对应,当据张本改"慰"为"辱"。

[27]"求尽性竭财单",清本原文如此。本句中之"单",刘文典指出:"借为'殚'。《疏》:'殚,尽也。'是成本字正作'殚'。"钊按:其说是,当改"单"为"殚"。

(三)中心内容评析

本篇题名《盗跖》,取自篇首第十六、十七两字,全篇分三节,其具体内容,分别由三则寓言构成。

第一节,借孔子与盗跖相交往的寓言,描述两种根本对立的人生观。一是以孔子为代表的奴隶主贵族阶级的人生观,孔子站在贵族的立场上,想为盗跖当说客,以说服吴越、齐鲁、宋卫、晋楚等诸侯国,以让盗跖过上封地广阔、宫殿豪华、庶民众多的贵族生活,文中所谓"造大城数百里,立数十万户之邑……收养昆弟,共祭先祖。此圣人才士之行而天下之愿也",即属此类。二是以盗跖为代表的起义奴隶的人生观,他反剥削、反巧伪,抨击孔子说:"尔诈言造语,妄称文、武……不耕而食,不织而衣,摇唇鼓舌,擅生是非,以迷天下之主,使天下学士不反其本,妄作孝弟，而傲幸于封侯富贵者也。子之罪大极重……"显然，这是两种根本对立的人生观，不可不辨。第二节，借子张与满苟得的交往寓言，描述两种不同的人格修养论。其中，子张站在儒者立场上，认为"若弃名利，反之于心，则夫士之为行，不可一日不为乎"。这是明确强调"行"的价值。其所谓"行"，旨在强调把仁义忠信等道德条目落实到行为上，指出："故势为天子，未必贵也；穷为匹夫，未必贱也。贵贱之分，在行之美恶。"又说："子不为行，即将疏戚无伦，贵贱无义，长幼无序；五纪六位，将何以为别乎？"不难看出，其反复强调的是"行"在人格修养中的价值。与子张不同，满苟得作为道家之士，则强调内心纯真的极端重要性，他指出："若弃名利，反（同'返'）之于心（体现返朴归真之意），则夫士之为行，抱其天乎！"这里所谓"抱其天"，指的是"顺乎自然"。在满苟得看来，若内心不纯真，行为就可能落空，故曰："尧杀长子，舜流母弟，疏戚有伦乎？汤放桀，武王杀纣，贵贱有义乎？王季为适，周公杀兄，长幼有序乎？"可见，若内心不纯，其行必为人所不齿，故曰："无为小人，反殉而天；无为君子，从天之理。"这里所谓"反殉而天"（即返归自然）、"从天之理"（即顺应天理），都旨在突出顺乎自然的重大价值。第三节，借无足与知和交往的寓言，描述看待富贵名利两种不同的人生追求。一是以无足为代表，追求富贵名利。他认为："人卒未有不兴名就利者。彼富则人归之，归则下之，下则贵之。夫见下贵者，所以长生安体乐意之道也。"又说："夫富之于人，无所不利……夫声色滋味权势之于人，心不待学而乐之，体不待逸而安之……此人之性也。"这是把贪求富贵视为人之本性。二是以知和为代表，与无足相反，重视性命之情、养生之则。他指出

"世去至重，弃至尊（指放弃性命、背离养生）……此其所以论长生安体乐意之道，不亦远乎！"又说："尧、舜为帝而雍（推），非仁天下也，不以美害生也；善卷、许由得帝而不受，非虚辞让也，不以事害己。"还说："今富人，耳营（淫）钟鼓筦籥之声，口嗛于刍豢醪醴之味，以惑其意，遗忘其业，可谓乱矣！"

以上三则寓言，从不同视角表达了道家轻富贵名利，重无为自化、长生安体的人生追求，与《让王》篇联系紧密，寓意大致相通。

八、《说剑》校训析

（一）经文校训清样

昔赵〔惠〕文王喜剑[1]，剑士夹门而客三千余人，日夜相击于前，死伤者岁百余人，好之不厌。如是三年，国衰，诸侯谋之。太子悝患之，募左右曰："孰能说王之意止剑士者，赐之千金。"左右曰："庄子当能。"太子乃使人以千金奉庄子，庄子弗受，与使者俱往见太子[2]，曰："太子何以教周，赐周千金？"太子曰："闻夫子明圣，谨奉千金，以币从者〔车〕。夫子弗受，悝尚〔当〕何敢言[3]！"庄子曰："闻太子所欲用周者，欲绝王之喜好也。使臣上说大王而逆王意，下不当太子，则身刑而死，周尚安所事金乎？使臣上说大王，下当太子，赵国何求而不得也！"太子曰："然。吾王所见〔者〕，唯剑士也[4]。"庄子曰："诺，周善为剑。"太子曰："然吾王所见〔好〕剑士[5]，皆蓬头突鬓垂冠，曼〔缦〕胡之缨[6]，短后之衣，瞋目而语难〔者〕，王乃说〔悦〕之[7]。今夫子必儒服而见王，事必大逆。"庄子曰："请治〔为〕剑服[8]。"治〔为〕剑服三日，乃见太子。太子乃与见王，王脱白刃待之。庄子入殿门不趋，见王不拜。王曰："子欲何以教寡人，使太子先〔焉〕[9]？"曰："臣闻大王喜剑，故以剑见王。"王曰："子之剑何能禁制？"曰："臣之剑，十步一人，千里不留行。"王大悦之，曰："天下无敌矣。"庄子曰："夫为剑者，示之以虚，开之以利，后之以发，先之以至。愿得试之。"王曰："夫子休就舍，待命令设戏请夫子。"王乃校剑士七日〔七夜〕[11]，死伤者六十余人，得五六人，使奉剑于殿下，乃召庄子。王曰："今日试使士敦剑[12]。"庄子曰："望之久矣。"王曰："夫子所御杖〔仗〕，长短何如？[13]"曰："臣之所奉皆可。然臣有三剑，唯王所用，请先言而后试。"

王曰："愿闻三剑。"曰："有天子〔之〕剑，有诸侯〔之〕剑，有庶人〔之〕剑[14]。"王曰："天子之剑何如？"曰："天子之剑，以燕谿石城为锋，齐岱为锷，晋魏〔卫〕为脊[15]，周宋为镡，韩

八、《说剑》校训析

魏为夹〔铗〕[16]；包以四夷，裹以四时；绕〔统〕以渤海[17]，带以常山，制以五行，论以刑德；开以阴阳，持以春夏，行以秋冬。此剑，直之无前，举之无上，案之无下，运之无旁，上决浮云，下绝地纪。此剑一用，匡诸侯，天下服矣。此天子之剑也。"文王芒然自失，曰："诸侯之剑何如？"曰："诸侯之剑，以知勇士为锋，以清廉士为锷，以贤良士为脊，以忠圣士为镡，以豪桀士为夹〔铗〕。此剑，直之亦无前，举之亦无上，案之亦无下，运之亦无旁；上法圆天，以顺三光；下法方地，以顺四时；中和民意，以安四乡。此剑一用，如雷霆〔电〕之震也[18]，四封之内，无不宾服而听从君命者矣。此诸侯之剑也。"王曰："庶人之剑何如？"曰："庶人之剑，蓬头突鬓垂冠，曼胡之缨，短后之衣，瞋目而语难。相击于前，上斩颈领〔颔〕，下决〔肺〕肝肺[19]。此庶人之剑，无异于斗鸡，一旦命已绝矣，无所用于国事。今大王有天子之位，而好庶人之剑，臣窃为大王薄之。"王乃牵而上殿，宰人上食，王三环之。庄子曰："大王安坐定气，剑事已毕奏矣。"于是文王不出宫三月，剑士皆服〔伏〕毙其处也[20]。

485

（二）文字校训说明

[1]"昔赵文王喜剑"，清本原文如此。刘文典言："《文选·魏都赋》张载注、《御览》六百八十六引作'赵惠文王'，《御览》四百六十四引皇甫谧《高士传》同，今本皇甫氏《高士传》，文与《秋水》篇略同，无以剑说赵惠文王事。"钊按：刘氏之说，言之有依。此处之"赵文王"，据上述多种资料载，当即赵惠文王。且《释文》引司马云，亦涉及"赵惠文王"，当据补正。

[2]"与使者俱往见太子"，清本原文如此。据刘文典考证，此句中之"俱"，《御览》三百四十四引作"皆"。钊按："皆"与"俱"含义一致，此仍存清本之"俱"，不必依《御览》本。

[3]"以币从者。夫子弗受，悝尚何敢言"，清本原文如此。刘文典言："'以币从者'，高山寺古钞本'者'作'车'。《疏》'以充从车之币帛也'，是成本字亦作'车'。"钊按：作"车"是，当照改。又，"悝尚何敢言"，碧虚子校引张君房本，"尚"作"当"。钊按：作"当"优，"尚"字疑与"当"之形近而误。当据改。

[4]"然。吾王所见，唯剑士也"，清本原文如此。刘文典言："《御览》三百四十四引'所见'下有'者'字，今本脱。"钊按：有"者"字语意完满，当据补。

[5]"然吾王所见剑士"，清本原文如此。刘文典指出："'见'，当为'好'。作'见'者，涉上'吾王所见唯剑士也'而误也。《文选》张景阳《杂诗》注、《御览》三百四十四引并作'吾王所好剑士'，是其证。"钊按：其说是，当改"见"为"好"字。

[6]"曼胡之缨"，清本原文如此。刘文典说："'曼'当为'缦'。

《文选》左太冲《魏都赋》'三属之甲，缦胡之缨'；张景阳《杂诗》'舍我衡门衣，更被缦胡缨'；皆用《庄子》此文。张载《魏都赋》注《文选》张景阳《杂诗》注《御览》三百四十四引'曼'并作'缦'，是其证。"钊按：刘氏之言，有理有据，当改"曼"作"缦"为是。

[7]"瞋目而语难，王乃说之"，清本原文如此。刘文典言："《文选》左太冲《魏都赋》张载注引'语难'下有'者'字，'说'作'悦'。"钊按："语难"下有"者"字，语意完满，当据补。又，"说"乃"悦"之假字，此从张注，写作"悦"。

[8]"请治剑服"，清本原文如此。据刘文典考证，此句之"治"，《御览》六百八十六引作"为"。钊按：将两字加以比较，似作"为"优，当据改（下"治"亦当作"为"）。

[9]"使太子先"，清本原文如此。刘文典考证："《御览》三百四十四引'先'下有'焉'字。"钊按："先"下有"焉"字，语意完满，当据补。

[10]"待命令设戏请夫子"，清本原文如此。此句中的"令"字，刘文典判为衍文，指出："'令'疑涉上'命'字而衍。《御览》三百四十四引无'令'字，高山寺古钞本同。"钊按：此文用"待命设戏请夫子"文意清晰，若增"令"字反显迂曲，当从《御览》及高山寺古钞本，删去该"令"字。

[11]"王乃校剑士七日"，清本原文如此。刘文典言："《御览》三百四十四引'七日'下有'七夜'二字。"钊按："七日"与"七夜"相连，可加重语气，表明赵惠文王校剑之急切，当据《御览》本补"七夜"二字。

[12]"今日试使士敦剑"，清本原文如此。刘文典言："《御

览》三百四十四引无'试'字……引'敦'作'交'。"钊按：此语中有"试"字优，有"试"表明赵王以谦逊之德，予庄子以礼遇，当存清本之"试"字。又此句中"交剑"与"敦剑"（犹"陈剑"）均通，此存清本之"敦"字。

[13]"夫子所御杖，长短何如？"清本原文如此。此句中的"杖"，马叙伦言《玉篇》引作"仗"。刘文典指出："《玉篇》引作'仗'是也。此与剑士以剑试斗，非以'杖'代剑也。今本作'杖'，盖形近而误。"钊按：刘说合理。"仗"古指"刀戟"，在本句中可以代指"剑"；而"杖"指手杖，在此句中不能指"剑"，故"仗"是而"杖"非。当据改。

[14]"曰：有天子剑，有诸侯剑，有庶人剑"，清本原文如此。刘文典指出："下文云'天子之剑''诸侯之剑''庶人之剑'，此'天子''诸侯''庶人'下皆当有'之'字……高山寺古钞本正作'有天子之剑，有诸侯之剑，有庶人之剑'。"钊按：其说是，当据补。

[15]"晋魏为脊"，清本原文如此。刘文典指出："下既言'韩、魏'，此不得言'晋、魏'，韩、赵、魏分晋，尤不当'晋、魏'并称。成《疏》'晋、魏二国，近乎赵地'，盖就误本曲为之说。碧虚子《南华真经章句音义》校本、高山寺古钞本并作'晋、卫'。《书钞》百二十二、《类聚·军器部》《御览》三百四十四引同，今据《音义》本正。"钊按：刘说是，当改"晋魏"为"晋卫"。

[16]"韩魏为夹"，清本原文如此。刘文典言："《御览》三百四十四引'夹'并作'铗'，与《释文》一本合。《疏》：'铗，把也。'是成本字亦作'铗'。"钊按：其说是，当据改。

[17]"绕以渤海"，清本原文如此。马叙伦曰："《类聚》六十、《御览》三百四十四引'绕'作'统'。"刘文典曰："剑可言

'绕'，不可言'统'，《类聚》《御览》引文，盖形近而误。"钊按：刘说似不确。此"剑"代表武力，运用武力，既可以"统"，还可以"包"与"裹"。如果按照刘氏所说，"剑"不可言"统"，则"剑"也不可言"包"与"裹"。"包""裹""统"三字对应成文，当以"统"为是，清本之"绕"因与"统"形近而误，应据《类聚》《御览》引文，改"绕"为"统"。

[18] "如雷霆之震也"，清本原文如此。刘文典言："《书钞》百二十二《御览》三百四十四引'霆'作'电'。"钊按：作"电"优，此处乃描述电闪雷鸣之象，当据《书钞》及《御览》本，改"霆"为"电"。

[19] "上斩颈领，下决肝肺"，清本原文如此。刘文典曰："《御览》四百六十四引皇甫谧《高士传》作'上绝颈领，下锐肺肝'。《御览》三百四十四引'领'作'颔'。"钊按：比较上述三本用字，各有所长。首先，清本之"上斩""下决"较《御览》四百六十四作"上绝""下锐"为优；其次，《御览》四百六十四将"肝肺"引作"肺肝"较优。此"肺肝"可以与上文"瞋目而语难"之"难"构成韵律。且《御览》三百四十四引"领"作"颔"亦切合原旨。此"颔"较"领"为优，它属人体的组成部分，与"颈""肝"等一致，且与前面之"难"、后面之"肝"构成韵律。据此，则全句可读为："上斩颈颔，下决肺肝。"文通韵达，当无疑义。

[20] "剑士皆服毙其处也"，刘文典说："'服'与'毙'义不相称，吕惠卿注本、日本高山寺本，《御览》四百六十四引皇甫谧《高士传》、三百四十四、四百六十二引《庄子》此文，并作'伏'，今据正。"钊按：刘说允当，作"伏"是，当据改。

（三）中心内容评析

本篇题名《说剑》，取自篇首所载事项。全文分为两节，紧扣题意，论述剑道与治国安民的关系。

第一节，描写赵惠文王好剑成癖，"剑士夹门而客三千余人，日夜相击于前，死伤者岁百余人"，由此而导致"国衰"，太子悝为此忧愁，在左右家臣的推荐之下，乃邀请庄子来到魏国，希望借他的才华，说服魏王改变癖好，以挽救魏国衰颓之势。庄子到来后，按照太子的安排，见到魏王，并同魏王谈及"天子之剑""诸侯之剑""庶人之剑"等三种不同剑道的客观存在。第二节，借庄子之口，论述三种不同剑道的本质差异：一是"天子之剑"，它具有"直之无前，举之无上，案（按）之无下，运之无旁，上决浮云，下绝地纪"之功效，故"此剑一用，匡（安）诸侯，天下服矣"。二是"诸侯之剑"，此剑"上法圆天，以顺三光；下法方地，以顺四时；中和民意，以安四乡。此剑一用，如雷电之震也，四封之内，无不宾服而听从君命者矣"。三是"庶人之剑"，此剑"相击于前，上斩颈颔，下决肺肝"，"无异于斗鸡……无所用于国事"。综观三种不同的用剑之道，可知作者最推崇的是"天子之剑"，其次是"诸侯之剑"，最低下的乃是"庶人之剑"。作者对三种不同剑道的区分，表达了自己的政治理想与追求。

从文体上看，本篇所涉内容，同战国末年策士们关于治国安民的理论思考紧密相关，故有的学者将之视为纵横家言。客观地说，在本篇中，作者特别推崇"天子之剑"，因为它具有"安诸侯""服天下"的重大价值。这集中表达了儒家大一统的思想理念。就这一点而言，无疑同庄子思想不相吻合，故有的学者云："《说剑》一篇……学非庄子学，文非庄子文。"（沈一贯《庄子通》）然而，作者并非完全站在"天子之剑"的立场上，他对于"诸侯之剑"也给予了适度认可，认为此类剑具有"顺四时""安四乡""和民意"的功能，故"此剑一用"，"上法圆天，下法方地"，可以收到"四封之内，无不宾服而听从君命"的政治效果。这里实际上已吐露出广纳博采众家之说的思想理念，其中尤其强调"顺天法地"（因顺自然），这同战国末年之新道家又有其共同之处。据此，将之视为庄子后学的作品，似亦可凑合。有的学者断定"《说剑》篇则恐非庄子学派的作品"（《陈译》），此说暂作为一家之言，以供参考。

九、《渔父》校训析

（一）经文校训清样

孔子游乎〔于〕缁帷之林[1]，休坐乎杏坛之上。弟子读书，孔子弦歌鼓琴，奏曲未半〔终〕[2]，有渔父者[3]，下船而来，须〔鬓〕眉交〔皎〕白[4]，被发揄袂，行原以上，距陆而止。左手据膝，右手持〔拄〕颐[5]以听。曲终而招子贡、子路，二人俱对。客指孔子曰："彼何为者也？"子路对曰："鲁之君子也。"客问其族。子路对曰："族孔氏。"客曰："孔氏者，何治也？"子路未应。子贡对曰："孔氏者，性服忠信，身行仁义，饰礼乐，选人伦。上以忠于世主，下以化于齐民，将以利天下。此孔氏之所治也。"又问曰："有土之君与？"子贡曰："非也。""侯王之佐与？"子贡曰："非也。"客乃笑而还，行言曰："仁则仁矣[6]，恐不免其身；苦

九、《渔父》校训析

心劳形以危〔违〕其真[7]。呜呼，远哉其分于道也！"子贡还，报孔子。孔子推琴而起曰："其圣人与！"乃下求之，至于泽畔，方将杖拏而引其船，顾见孔子，还乡而立。孔子反走，再拜而进。客曰："子将何求？"孔子曰："曩者先生有绪言而去，丘不肖，未知所谓，窃待于下风，幸闻咳唾之音以卒相丘也！"客曰："嘻！甚矣，子之好学也！"孔子再拜而起，曰："丘少而修学，以至于今，六十九岁矣，无所得闻至教，敢不虚心！"客曰："同类相从，同声相应，固天之理也。吾请释吾之所有而经子之所以。子之所以者，人事也。天子、诸侯、大夫、庶人〔民〕，此四者自正，治之美也；四者离位，而乱莫大焉。官治其职，人〔民〕忧〔处〕其事[8]，乃无所陵。故田荒室露，衣食不足，征赋不属，妻妾不和，长少〔幼〕无序[9]，庶人之忧也；能不胜任，官事不治，行不清白，群下荒怠，功美不〔无〕有，爵禄不持〔治〕[10]，大夫之忧也；廷无忠臣，国家昏乱，工技不巧，贡职不美，春秋后伦，不顺天子，诸侯之忧也；阴阳不和，寒暑不时，以伤庶物，诸侯暴乱，擅相攘伐，以残民人[11]，礼乐不节，财用穷匮，人伦不饬，百姓淫乱，天子有司之忧也。今子既上无

493

君侯有司之势，而下〔亦〕无大臣职事之官[12]，而擅饰礼乐，选人伦，以化齐民，不泰多事乎！且人有八疵，事有四患，不可不察也。非其事而事之，谓之总；莫之顾而进之，谓之佞；希意道言，谓之谄；不择是非而言，谓之谀；好言人之恶，谓之谗；析交离亲，谓之贼；称誉诈伪以败恶〔怨〕人[13]，谓之慝；不择善否，两容颊〔颜〕适[14]，偷拔其所欲，谓之险。此八疵者，外以乱人，内以伤身，君子不友，明君不臣。所谓四患者：好经大事，变更〔恒〕易常[15]，以挂功名，谓之叨；专知擅事，侵人自用，谓之贪；见过不更，闻谏愈甚，谓之很；人同于己则可，不同于己，〔则〕虽善不善，谓之矜[16]。此四患也。能去八疵，无行四患，而始可教已。"孔子愀然而叹，再拜而起，曰："丘再逐于鲁，削迹于卫，伐树于宋，围于陈、蔡。丘不知所失，而离此四谤者何也？"客凄然变容曰："甚矣，子之难悟也！人有畏影恶迹而去之走者，举足愈数而迹愈多，走愈疾而影不离身[17]，自以为尚迟，疾走不休，绝力而死。不知处阴以休影，处静以息迹[18]，愚亦甚矣！子审仁义之间，察同异之际，观动静之变，适受与之度，理好恶之情，和喜怒之节，而几于不免矣。谨修而身，慎守其真，还以物与人，则无所累矣。今不修之身而求之〔于〕人[19]，不亦外乎！"孔子愀然曰："请问何谓真？"客曰："真者，精诚之至也。不精不诚，不能动人。故强哭者虽悲不哀，强怒者虽严不威，强亲者虽笑不和。真悲无声而哀，真怒未发〔不严〕而威[20]，真亲未笑而和。真在内者，神动于外，是所以贵真也。其用于人理也，事亲则慈孝，事君则忠贞，饮酒则欢乐，处丧则悲哀。忠贞以功为主，饮酒以乐为主，处丧以哀为主，事亲以适为主。功成之美，无一其迹矣；事亲以适，不论〔其〕所以矣[21]；饮酒以乐，不选其具矣；处丧以哀，无问其礼矣。礼者，世俗之所为也；真者，所以受于天也，自然不可易也。故圣人法天贵真，不拘于俗。愚者反此。不能法天而恤于人，不知贵真，禄禄而受变于俗，故不足。惜哉，子之蚤湛于人，伪而晚闻大道也！"孔子又再拜而起曰："今者，丘得遇也[22]，若天幸然。先生不羞而比之服役，而身教之。敢问舍所在，请因受业而卒学大道。"客曰："吾闻之，可与往者与之，至于妙道；不可与往者，不知其道，慎勿与之，身乃无咎。子勉之！吾去子矣，吾去子矣！"乃刺船而去，延缘苇间。

　　颜渊还车，子路授绥，孔子不顾，待水波定，不闻拏音而后敢乘。子路旁车而问曰："由得为役久矣，未尝见夫子遇人如此其威〔微〕也[23]。万乘之主，千乘之君，见夫子未尝不分庭伉〔抗〕礼[24]，夫子犹有倨敖之容。今渔父杖拏逆立，而夫子曲要磬折，言拜而应，得无太甚乎？门人皆怪夫子矣，渔人何以得此乎？"孔子伏轼而叹曰："甚矣！由之难化也！湛于礼义有间矣，而朴鄙之心至今未去。进，吾语汝！夫遇长不敬，失礼也；见贤不尊，不仁也[25]。彼非至人，不能下人，下人不精，不得其真，故长伤身。惜哉！不仁之于人也，祸莫大焉，而由独擅之。且道者，万物之所由也。庶物失之者死，得之者生；为事逆之则败，顺之则成。故道之所在，圣人尊之。今渔父之于道，可谓有矣，吾敢不敬乎！"

（二）文字校训说明

[1] "孔子游乎缁帷之林"，清本原文如此。据刘文典言，《御览》五百七十七、六百十六引"乎"作"于"。钊按："于""乎"互通，但作"于"更为通俗，此从《御览》本作"于"。

[2] "奏曲未半"，清本原文如此。据刘文典言，《类聚》六

十四，《御览》百八十五引"半"作"终"。钊按：作"终"更为贴切，当从《类聚》等改"半"为"终"。

[3]"有渔父者"，清本原文如此。据刘文典考，《御览》五百七十七引"渔夫"作"父老"。钊按：比较两者，似以作"渔父"为优，因为本篇题名"渔父"，此句之"渔父"，给人以点题的感受，似不应变动。成《疏》推测"渔父"乃越相范蠡其人，可备一说。

[4]"须眉交白"，清本原文如此。据王孝鱼考，赵谏议本"须"作"鬚"；又《阙误》引张君房本"交"作"皎"。钊按：本句中之"须"作"鬚"，"交"作"皎"皆通，但从用字的优劣而言，似以"鬚"代"须"，以"皎"代"交"，更显成熟，当据改。

[5]"右手持颐"，清本原文如此。据刘文典言，《御览》百八十五引"持"作"柱"。钊按：疑"柱"，原字为"拄"，两字因形近而误。"拄"，犹"举"也"支"也（参见《中华大字典》），则"拄颐"犹"举颐"或"支颐"。据此，则原字作"拄"无疑。

[6]"客乃笑而还，行言曰：'仁则仁矣……'"清本原文如此。据刘文典言，高山寺古钞本此文中无"客"字。钊按：疑高山寺古钞本脱一"客"字。此文若无"客"字，则下文"行言曰"乃失去主语，容易造成混乱，当以清本有"客"字为是。

[7]"苦心劳形以危其真"，清本原文如此。钊按：此句中之"危"字，疑借为"违"（古代同音可以互假）字。作者之意是说，孔子的苦心劳形那一套，乃违背人的本真之性。若读为"危"，则语意不通畅。

[8]"官治其职，人忧其事"，清本原文如此。据刘文典考证，高山寺古钞本"忧"作"处"。钊按：两字相较，此句中以"处"字

为优,上句言"官治其职",下句配以"人处其事"较为合理,疑原文"人"作"民",因唐代避李世民讳,"民"乃被改作"人"。故前文"大夫庶人",亦当为"大夫庶民"。

[9]"长少无序",清本原文如此。刘文典言:"高山寺古钞本'少'作'幼',《疏》'长幼曾无次序',是成本字亦作'幼'。"钊按:其说是。此文当以"长幼无序"为优,此据改。

[10]"功美不有,爵禄不持",清本原文如此。据刘文典考证,此句中之"不有",高山寺古钞本作"无有","不持"作"不治"。钊按:比较两者,似前句以用"无有"为优;后句以用"不治"为是。"持"疑与"治"音近而误。前言"功美无有",后言"爵禄不治",文清意明,当据高山寺本更正。

[11]"以残民人",清本原文如此。刘文典言:"世德堂本'残'作'贼',《道藏》注疏本作'残'。孙诒让云:'贼,当为贼。成本作残,亦通。'"钊按:当以作"残"为是。此"以残民人",是承上文"诸侯暴乱,擅相攘伐",导致战乱连年,杀伐不断,以致造成残害庶民的结果。故不必依"贼"改"贼"。

[12]"而下无大臣职事之官",据刘文典考证,"高山寺古钞本'而下'有'亦'字"。钊按:有"亦"字是。此文前言"既上无君侯有司之势",下面接上"亦无大臣职事之官",两句对仗,文通理顺。当据之补一"亦"字。

[13]"以败恶人",清本原文如此。据考,此句中之"恶",碧虚子校引张君房本作"德"。刘文典指出:"'德',古本作'悳',形与'恶'近,故'恶'讹为'德'。'以败德人',义不可通。张本非。"钊按:刘说是。但原字作"恶"似亦难通。余疑此"恶"乃与"怨"形近而误。若此说可立,则上下文可连读为:"称誉诈

伪以败怨人，谓之愿。"其意是说，那种自称荣耀、把失败归怨于他人的人，乃是奸愿之人。照此释，文意通达，似可备一说。

[14]"两容颊适"，清本原文如此。本句中之"颊"，刘文典言："宋本《道藏》注疏本、高山寺古钞本'颊'并作'颜'，与《释文》或本合。"钊按：作"颜"是。当据宋本等，改"颊"为"颜"。

[15]"变更易常"，清本原文如此。钊按：此句前三个字含义重复，语意不清，疑第二个字"更"因与"恒"形近而误（"恒"字左边脱坏，剩下右边"亘"与"更"极似，故被误判）。若换作"恒"字，则可读为"变恒易常"，这样可使"变"与"易"对，"恒"与"常"对，文意豁然贯通。故"更"乃"恒"字之误，无疑。

[16]"虽善不善，谓之矜"，清本原文如此。据刘文典考证，本句"虽"上，高山寺古钞本有"则"字。钊按：此"则"字，是承上启下的重要转语，不可少，当据高山寺本补之。

[17]"走愈疾而影不离身"，清本原文如此。据刘文典考证，高山寺古钞本无"身"字。钊按：此句无"身"字优。因为"影不离身"，是不言自明之语，加上"身"字，反有累赘之嫌，当依高山寺本删去"身"字。

[18]"处静以息迹"，清本原文如此。据刘文典考证，《文选》李善注引"处静"作"静处"。钊按：比较两者，似以"处静"为优。上言"处阴以休影"，下言"处静以息迹"，正好两相对仗，如此而读，文理通达。故不必依李善注用语。

[19]"今不修之身而求之人，不亦外乎"，清本原文如此。刘文典言："'今不修之身而求之人'，高山寺古钞本作'不修身而求之于人'。"钊按：将两者加以比较，似高山寺古钞本文字简明而语意清晰，当据之删改。

[20]"真怒未发而威",清本原文如此。据刘文典考,高山寺古钞本"未发"作"不严"。钊按:比较两种用语,似以高山寺古钞本作"不严"为优,因"真怒不严而威"同上句"真悲无声而哀",正相对仗成文,当据改。

[21]"事亲以适,不论所以矣",清本原文如此。据刘文典考证,此句高山寺古钞本"论"下有"其"字。钊按:"论"下有"其"字是,此"其"盖指"事亲",作者之意是说,"事亲"的关键在于一个"适",而不必探究它之所以适。当据之补一"其"字。

[22]"今者,丘得遇也",清本原文如此。据刘文典考,此句中之"遇",高山寺古钞本作"过","过"与"遇",繁体相近易误。比较两字,此句中似以"遇"字为优。若作"丘得过",似给人以不词之感。当作"丘得遇"。故成《疏》曰"得逢渔父",是成本亦作"遇",与《释文》或本合。故清本之"遇"字是,高山寺古钞本误。

[23]"由得为役久矣,未尝见夫子遇人如此其威也",清本原文如此。钊按:本句中之"威",《陈译》释为"尊敬",不知据何说,似不确。余以为,此"威"因与"微"音近而误。原字当作"微",《中华大字典》:"微,犹卑贱也。"据此,则该句可读为:"我跟从先生很久,未尝见先生待人如此卑贱。"照此释,文意畅达,原字当作"微"无疑。

[24]"未尝不分庭伉礼",清本原文如此。据刘文典考,《文选》颜延年《应诏宴曲水作诗》注引"伉"作"抗"。钊按:作"抗"是。清本之"伉"当是"抗"之假字,当照《文选》引改。

[25]"见贤不尊,不仁也",清本原文如此。刘文典言:"'见贤不尊,不仁也',高山寺古钞本'贤'作'贵'。《疏》:'见可

贵不尊,则心无仁爱。'是成本字亦作'贵'。"钊按:"贵"与"贤"形近而误,此"尊贤"与"尊贵"相比,似"尊贤"更合常理。故高山寺本未必正确。

(三)中心内容评析

本篇题名《渔父》,取自篇前首段。全文分为两节,集中表达作者反对苦心劳形,坚持崇尚本真、无为自化之道。

第一节,写孔子与渔父的对话,既描述孔子谦虚好学,虔心问道的思想追求,又借渔父之口,批评孔子以"仁"为标志,"苦心劳形以违其真"的重大失误。在渔父看来,"治之美也",表现在"天子、诸侯、大夫、庶民"四者"自正",其所谓"自正",指的是自己如此、自然而然地归之于"端正",这是无为自化的结果,而不是少数人搞德教法治所能办到的。所以渔父特别批评孔子醉心于"有为之治":他"上无君侯有司之势,而下亦无大臣职事之官",却大搞"饰礼乐,选人伦",妄图达到"以化齐民"的目的,故曰"不泰多事乎!"其鞭挞儒家的"有为之治"溢于言表。后面特别强调要除去"八疵""四患"。"八疵"为"总"(非其事而事之)、"佞"(莫之顾而进之)、"谄"(希意道言)、"谀"(不择是非而言)、"谗"(好言人之恶)、"贼"(析交离亲)、"慝"(巧诈虚伪)、"险"(贪欲难抑)。"四患"为"叨"(变恒易常)、"贪"(侵人自用)、"很"(见过不更)、"矜"(寻同伐异)。以上"八疵""四患",均从不同侧面透视出有为之术的种种弊端,故渔父特别指出:"能去八疵,无行四患,而始可教已。"在前面批评孔子"苦心劳形以违其真"的基础上,渔父进一步责备孔子"不知处阴以休影，处静以息迹"，却沉浸于"审仁义之间，察同异之际，观动静之变，适受与之度，理好恶之情，和喜怒之节"等一系列有为之举中，乃劝他谨修自身、慎守其真，借以摆脱外物之累。后面，进一步强调修身要在"真"字上下功夫，指出："真者，精诚之至也。""真在内者，神动于外，是所以贵真也。""故圣人法天贵真，不拘于俗。"反复强调"贵真"，表达了道家推崇返朴归真的人格追求。第二节，由于孔子对渔父之教诲无比尊重，这使门人子路等不理解，乃至责怪他过于谦让渔父。为此，孔子特别强调敬长尊贤的必要性，认为这样做，就是"尊道"，指出："道之所在，圣人尊之。今渔父之于道，可谓有矣，吾敢不敬乎！"

综观全文，作者借助彰扬道术，有力鞭挞了儒学宣扬的仁、义、礼、乐、忠、信之道的种种缺陷，强调了无为自化、返朴归真的必要性。

十、《列御寇》校训析

（一）经文校正清样

列御寇之齐，中道而反，遇伯昏瞀人[1]。伯昏瞀人曰："奚方〔去〕而反[2]？"曰："吾惊焉！"曰："恶乎惊？"曰："吾尝食于十浆，而五浆先馈。"伯昏瞀人曰："若是，则汝何为惊已？"曰："夫内诚不解，形谍成光[3]，以外镇人心，使人轻乎贵老，而䪠其所患。夫浆人特为食羹之货，〔无〕多余之赢，其为利也薄[4]，其为权也轻，而犹若是，而况于万乘之主乎！身劳于国而知尽于事，彼将任我以事而效我以功，吾是以惊。"伯昏瞀人曰："善哉观乎！女〔汝〕处〔虚〕已[5]，人将保女〔汝〕矣！"无几何而往，则户外之屦满矣。伯昏瞀人北面而立，敦杖蹙之乎颐，立有间，不言而出。宾者以告列子，列子提屦，〔徒〕

跣而走，暨乎门，〔问〕曰："先生既来，曾不发〔废〕药乎？"[6]曰："已矣，吾固告汝曰'人将保汝'，果保汝矣。非汝能使人保汝，而汝不能使人无保汝也，而〔汝〕焉用之〔是〕〔感也〕，感豫出异也[7]！必且有感，摇而本才〔性〕[8]，又无谓也。与汝游者又莫汝告也，彼所小言，尽人毒也。莫觉莫悟，何相孰也！巧者劳而知者忧，无能者无所求，饱食而敖〔遨〕游[9]，泛若不系之舟，虚而敖〔遨〕游者也。"

郑人缓也呻吟裘氏之地。祇三年而缓为儒，河润九里，泽及三族，使其弟墨。儒、墨相与辩，其父助翟〔墨〕[10]。十年而缓自杀。其父梦之曰："使而子为墨者予也。阖胡尝视其良〔埌〕[11]，既为秋柏之实矣？"夫造物者之报人也，不报其人而报其人之天。彼故使彼。夫人以己为有以异于人以贱其亲，齐人之井饮者相捽也。故曰今之世皆缓也。自是，有德者以〔已〕不知也，而况有道者乎[12]！古者谓之遁天之刑。

圣人安其所安，不安其所不安；众人安其所不安，不安其所安。

庄子曰："知道易，勿言难。知而不言，所以之天也；知而言之，所以之人也；古之〔至〕

人,天而不人[13]。"

朱泙漫学屠龙于支离益,单千金之家[14],三年技成而无所用其巧。

圣人以必不必,故无兵;众人以不必必之,故多兵;顺于兵,故行有求。兵,恃之则亡。

小夫之知,不离苞苴竿牍,敝精神乎蹇浅,而欲兼济道物,太一形虚。若是者,迷惑于宇宙,形累不知太初。彼至人者,归精神乎无始,而甘冥〔瞑〕乎无何有之乡[15]。水流乎无形,发泄乎太清。悲哉乎!汝为知在毫毛,而不知大宁!

宋人有曹商者,为宋王使秦。其往也,得车数乘;〔秦〕王说之,益车百乘[16]。反于宋,见庄子曰:"夫处穷闾厄巷,困窘织屦,槁项黄馘者[17],商之所短也;一悟万乘之主而从车百乘者,商之所长也。"庄子曰:"秦王有病〔疾〕召医[18],破癰溃痤者得车一乘,舐痔者得车五乘,所治愈下,得车愈多[19]。子岂治〔舐〕其痔邪[20]?何得车之多也?子行矣!"

鲁哀公问乎颜阖曰:"吾以仲尼为贞干,国其有瘳乎?"曰:"殆哉圾乎仲尼!方且饰羽而画,从事华辞,以支为旨,忍性以视民而不知不信,受乎心,宰乎神,夫何足以上民!彼宜女与？予颐与？误而可矣。今使民离实学伪，非所以视[示]民也[21]，为后世虑，不若休之。难治也。"

施于人而不忘，非天布也，商贾不齿；虽以事齿之，神者弗齿。

为外刑者，金与木也；为内刑者，动与过也。宵人之离外刑者[22]，金木讯之；离内刑者，阴阳食之。夫免乎外内之刑者，唯真人能之。

孔子曰："凡人心险于山川，难[知]于知天[23]。天犹有春秋冬夏旦暮之期，人者厚貌深情，故有貌愿而益，有长若不肖，有顺懁而达，有坚而缦[慢]，有缓而焊[悍][24]。故其就义若渴者，其去义若热。故君子远使之而观其忠，近使之而观其敬，烦使之而观其能，卒然问焉而观其知，急与之期而观其信，委之以财而观其仁，告之以危而观其节，醉之以酒而观其侧[则][25]，杂之以处而观其色。九征至，不肖人得矣。"

正考父一命而伛，再命而偻，三命而俯，循墙而走，[莫余敢侮]，孰敢不轨[26]！如而夫者，一命而吕钜，再命而于车上儛，三命而名诸父，孰协唐、许！

贼莫大乎德有心而心有睫[眼][27]，及其有睫也而内视，内视而败矣。

凶德有五，中德为首。何谓中德？中德也者，有以自好也而吡其所不为者也。

穷有八极，达有三必，形有六府。美髯长大壮丽勇敢，八者俱过人也，因以是穷；缘循、偃佚、困畏不若人，三者俱通达；知慧外通，勇动多怨，仁义多责，〔六者所以相刑也。〕达生之情者傀，达于知者肖[28]，达大命者随，达小命者遭。

人有见宋王者，锡车十乘，以其十乘骄稺庄子。庄子曰："河上有家贫〔穷〕，恃纬萧而食者[29]，其子没于渊，得千金之珠。其父谓其子曰：'取石来锻之[30]！夫千金之珠，必在九重之渊而骊龙颔下，子能得珠者，必遭其睡也。〔如〕使骊龙而寤，子尚奚微〔徼〕之有哉[31]！'今宋国之深，非直九重之渊也；宋王之猛，非直骊龙也。子能得车者，必遭其睡也。使宋王而寤，子为鳖粉夫！"

或聘于庄子。庄子应其使曰："子〔不〕见夫牺牛乎[32]？衣以文绣，食以刍叔〔菽〕[33]，及其牵而入于大庙，虽欲为孤犊，其可得乎！"

庄子将死，弟子欲厚葬之。庄子曰："吾以天地为棺，以日月为连璧，星辰为珠玑，万物为赍送[34]。吾葬具岂不备邪？何以加此？"弟子

507

曰："吾恐乌鸢之食夫子也。"庄子曰："在上为乌鸢食，在下为蝼蚁食，夺彼与此，何其偏也。"

以不平平，其平也不平；以不征征，其征也不征。明者唯为之使，神者征之。夫明之不胜神也久矣，而愚者恃其所见入于人，其功外也，不亦悲乎！

（二）文字校训说明

[1]"伯昏瞀人"，清本原文如此。《陈译》言："《德充符篇》作'伯昏无人'。"钊按："伯昏瞀人"与"伯昏无人"并存的情况，不仅见于《庄子》，而且亦见于《列子·黄帝篇》。凭实而论，这种情况出在同一本书或同一篇文中，确实不雅。上述"伯昏瞀人"与"伯昏无人"两名，必有一名是错误的。那么，究竟应取何者？余以为依本民族取名习惯，"无"字一般不作"名"中之字，疑"无"因与"瞀"音近而误，当依本篇作"瞀"为是，故《德充符》误。

[2]"奚方而反"，清本原文如此。钊按：对于此句中的"方"，成《疏》释为"道"，依其解，仍觉迂曲难通。此后，有训"方"为"事"者，亦有释"方"为"妨"者，均为义难通。余疑此"方"因与"去"形近而误，据此，原文当为"奚去而反"，意为何以去而返回。文通理顺，似无疑义。

[3]"形谍成光"，清本原文如此。孙诒让曰："'谍'疑借为'渫'。'内诚不解'，谓积诚于中；'形渫成光'，谓形宣渫于外为

光仪也。"刘文典指出："文有讹脱，孙增'宣'字、'仪'字释之，亦未得其谊。"钊按：刘说是，此句前后文疑有脱讹，暂记之于此，以待后贤补正。

[4]"多余之赢，其为利也薄"，清本原文如此。据王孝鱼考证，此句"多"前，《阙误》引江南古藏本及文如海、张君房本有"无"字。奚侗曰："'多余'上脱'无'字，《列子·黄帝》篇有'无'字，江南李氏本、张君房本并作'无多余之赢'。"刘文典评曰："下云'其为利也薄'，正承'无多余之赢'而言，当以有'无'字为是。"钊按：以上诸家之说，均言之凿凿，当据补。

[5]"女处己"，清本原文如此。此三字，以往注家众说纷纭，均未能解通，原因是人们未能发现"处"字已讹。余以为，此"处"乃因与"虔"形近而误。《中华大字典》："虔，端正貌。"故"虔"可训为"正"。据此，则"女处己"当读为"女虔己"，犹"汝正己"是也。正因为列子能正己，所以他才能得到众人的特别爱护，故伯昏瞀人曰："非汝能使人保汝，而汝不能使人无保汝也。"文中所谓"保汝"犹"爱汝"是也，这是对"汝正己"的回应。照以上训释，文通理顺。则"处"为"虔"之误，无疑也。

[6]"列子提屦，跣而走，暨乎门，曰：'先生既来，曾不发药乎？'"清本原文如此。关于本段文字，据刘文典考证，前两句"《列子·黄帝》篇'跣'上有'徒'字，'曰'上有'问'字"；后两句"《列子·黄帝》篇'发'作'废'，与司马本同，张《注》'废，置也'，即用司马《注》"。钊按：刘说允当，将两书殊异之处加以比较，可知《列子》用字优，当据改。

[7]"而焉用之，感豫出异也"，清本原文如此。奚侗曰："《列子·黄帝》篇作'而焉用之感也，感豫出异也'。此脱'也感'二

字。'而',读为'汝';'之','是'也。"刘文典言:"奚说是也。"钊按:奚、刘二家之说均当,从之。

[8]"摇而本才",清本原文如此。《释文》言:"一本'才'作'性'。"奚侗曰:"郭《注》曰:'必将有感,则与本性动也。'则郭本'才'亦作'性'。"刘文典曰:"《道藏》注疏本、白文本并作'性',与《释文》一本合。"但刘氏又曰:"'本才'无义,《列子·黄帝》篇'才'作'身'。"钊按:作"性"是。至于《黄帝》篇以"身"代"性",那是由于"性"与"身"古通,故《中华大字典》曰"性,犹体也"。是其证。

[9]"饱食而敖游",清本原文如此。据刘文典考证,《书钞》百三十七、百四十二,《类聚》二十七,《御览》七百六十八,引"敖"并作"遨",与《释文》一本合。钊按:刘说有据。"遨游"本是固定用语,清本作"敖",应是假字,当据改正。

[10]"其父助翟",清本原文如此。奚侗曰:"'翟'当作'墨'。"刘文典言:"奚说是也。"钊按:奚、刘之说均合文理,既然其弟持墨家之说,则"其父助墨",文清意明。若用"翟"字反显迂曲,因为此"翟"并非墨翟其人。

[11]"阖胡尝视其良",清本原文如此。据相关考证,此句碧虚子校引文如海、成玄英、江南李氏本"胡"作"□"。马叙伦言:"无者是,盖有一本作'胡'者,读者旁注'阖'下,传写误入正文也。"刘文典说:"马说近确。"钊按:无"胡"字优。删去"胡"字,则全句为"阖尝视其良"。文中之"良",据俞樾说,借为"埌"。则"阖尝视其埌",文意清明,当据删。

[12]"自是,有德者以不知也,而况有道者乎",清本原文如此。俞樾指出:"'自是'二字绝句。若缓之自美其儒,是'自

是'也。有德者已不知有此，有道者更无论矣。故曰：'有德者以不知也，而况有道者乎？''以'读为'已'。"钊按：俞说允当，从之。

[13]"古之人，天而不人"，清本原文如此。据刘文典考证，本句"古之"下，碧虚子校引张君房本有"至"字。钊按：有"至"字，则"古之人"便为"古之至人"。《疏》曰"复古真人，知道之士"，可能作者是用"复古真人"来释"至人"，若此，则其所见本亦有"至"字。此"至人"正好同下文"彼至人者，归精神乎无始"相呼应，当据张本补一"至"字。

[14]"单千金之家"，清本原文如此。刘文典言："《类聚》九十八，《白帖》九十五，《文选·七命》注，《御览》八百二十八、九百二十九引'单'并作'殚'，古字通用。"钊按：刘说允当。此"单"古与"殚"通，意为"极尽也"（参见《中华大字典》），此仍存清本"单"字。则"单千金之家"，犹言"耗尽千金之家"也。

[15]"而甘冥乎无何有之乡"，清本原文如此。此句中之"冥"，俞樾引《释文》言："'本亦作瞑，又音眠。'当从之。'瞑''眠'古今字，《文选·养生论》'达旦不瞑'，李善注曰'瞑，古眠字'，是也。'甘瞑'即'甘眠'。"刘文典亦曰："'甘冥'即'酣眠'。"并引《淮南子·精神》篇及《逍遥游》相关文字为证。钊按：俞、刘之说均言之有依。清本之"冥"当是"瞑"之假字，训为"眠"，"甘眠"犹"安寝恬卧"，体现道家精神超脱之意。

[16]"其往也，得车数乘；王说之，益车百乘"，清本原文如此。钊按：此段中"王说之"，当为"秦王说之"，原文疑脱"秦"字。

511

正由于车是秦王所赐，所以成《疏》言"秦王爱之，遂赐车百乘"，则成所见本有"秦"字。也正是由于"车"为秦王所赐，所以下面庄子才用"秦王有病召医"的寓言，来讽刺曹商其人。

[17]"槁项黄馘者"，清本原文如此。本句中之"馘"，注家说法不一，唯《中华大字典》训为"面"，较切合，则"黄馘"犹"黄面"也。《释文》引司马云："黄馘……谓面黄熟也。""黄熟"不词，疑"黄熟"为"黄瘦"之误。

[18]"秦王有病召医"，清本原文如此。刘文典言："古书多言'有疾'，罕言'有病'。《类聚》七十一、《御览》七百七十三引'病'并作'疾'，疑今本误。"钊按：其说是，此据改。

[19]"得车愈多"，清本原文如此。刘文典考："《御览》七百四十三引'得车愈多'作'得乘愈多'。"钊按：比较两本用字，似以"得车"为优，因为上文已言及"得车一乘""得车五乘"，此继言"得车愈多"，给人以前呼后应之感，当以清本"得车"为是，不必照抄《御览》本。

[20]"子岂治其痔邪？"清本原文如此。刘文典言："《文选·广绝交论》注引'治'作'疗'。《后汉书·赵壹传》注引作'舐'。"钊按：将三字加以比较，似以"舐"字为优。"子岂舐其痔邪？"此说对得车者曹商其人讽刺得尤为深刻，当据改。

[21]"非所以视民也"，清本原文如此。刘文典言："'视''示'古字通用，《疏》'不可教示黎民'，以'视'为'示'，正得其谊。"钊按：其说允当，此句之"视"，当为"示"之假字，此据正之。

[22]"宵人之离外刑者"，清本原文如此。此句中之"宵人"，俞樾释为"小人"，他指出："郭《注》曰'不由明坦之涂者，谓

之宵人'；《释文》引王注云'非明正之徒，谓之宵夜之人也'；皆望文生义，未为确诂。'宵人'犹小人也。《礼记·学记篇》'《宵雅》肄三'，郑《注》曰：'宵之言小也。习《小雅》之三，谓鹿鸣、四牡、皇皇者华也。'然则'宵人'为'小人'，犹'宵雅'为'小雅'矣。字亦作'肖'。《方言》曰：'肖，小也。'……此说得之。"钊按：其说有据，从之。

[23]"难于知天"，清本原文如此。马叙伦曰："'难于知天'，当依《御览》三百七十六引作'难知于天'。"刘文典言："马校是也。《文选·广绝交论》注引作'凡人之心，险于山川，难知于天'，与《御览》引文正合。《疏》'人心难知，甚于山川'，以'难知'二字连文，是成所见本亦作'难知于天'也。"钊按：马、刘两家之说均有理有据，当据改。

[24]"有坚而缦，有缓而焊"，清本原文如此。俞樾认为，此句中的"缦"乃"慢"之假字，"焊"乃"悍"之假字，全句是说，"坚强而又惰慢，纾缓而又桀悍，故为情貌相反也"。钊按：其说是。此"有坚而缦，有缓而焊"八字，说的是情貌相反的两种状态。

[25]"醉之以酒而观其侧"，清本原文如此。俞樾指出："《释文》曰：'侧，不正也。一云："谓醉者喜倾侧冠也。"王云："侧，谓凡为不正也。"'然上文'观其忠''观其敬'云云，所观者皆举美德言之，此独观其不正，则不伦矣。诸说皆非也。其云'侧'或作'则'，当从之。'则'者，法则也。《国语·周语》曰：'威仪有则。'既醉之后，威仪反反，威仪怭怭，是无则矣。故曰：'醉之以酒而观其则。'……《大戴礼·文王官人》篇作'醉之以观其不失也'，'不失'即谓'不失法则'也。"刘文典言："《道藏·

南华真经章句音义》本、注疏本、白文本字并作'则',与《释文》或本合。"钊按:俞、刘两家之说均言之凿凿,当以作"则"为是。此"则"即道德准则,同"以身作则"之"则"语意完全相合。

[26]"正考父一命而伛,再命而偻,三命而俯,循墙而走,孰敢不轨",清本原文如此。马叙伦指出:"《左传》载《正考父鼎铭》曰:'一命而偻,再命而伛,三命而俯,循墙而走,莫余敢侮。'《史记·孔子世家》载'莫余敢侮'作'亦莫敢余侮',下更有'饘于是,粥于是,以糊余口'三句。"刘文典曰:"《孔子家语·观周篇》作'一命而偻,再命而伛,三命而俯,循墙而走,亦莫余敢侮'。《注》'言人不敢以不轨之事侮之',是郭所见本亦有'莫余敢侮'句。"钊按:马、刘两家之说均言之有据,此段"循墙而走"下,清本脱失"莫余敢侮"句,当据补。

[27]"而心有睫",清本原文于此。刘文典言:"'睫',《道藏》注疏本、白文本并作'眼'。郭《注》:'役心于眉睫之间,则伪已甚矣。'是所见本字正作'睫'。《道藏》本作'眼'者,形近而误,或浅人妄改之耳。"钊按:刘说不确。郭《注》所谓"眉睫之间",指的正是"眼",因为"眼"正好在"眉睫之间"。刘以注中见"睫"字为是,那么注中还有"眉"字,是否还应补上"眉"字?显然不当。当以《道藏》本作"眼"为是,"而心有眼",故"心眼"早已成为汉学专用词,并传入道教之典中。

[28]"知慧外通,勇动多怨,仁义多责。达生之情者傀,达于知者肖",清本原文如此。王孝鱼言:"《阙误》引刘得一本'责'下有'六者所以相刑也'七字。"奚侗言:"当据刘得一本补'六者所以相刑也'一句,今本夺去,则上文'刑有六府'一句无结语矣。"刘文典曰:"奚校是。"钊按:王、奚、刘诸家之说均当,当

据补。又，关于后两句中之"傀"与"肖"，王念孙曰："郭象曰：'傀然，大恬解之貌；肖，释散也。'案郭以'傀'为'大'是也；以'肖'为'释散'则非。《方言》曰：'肖，小也。'《广雅》同。'肖'与'傀'正相反，言任天则大，任智则小也。"钊按：其说允当，从之。

[29]"河上有家贫，恃纬萧而食者"，清本原文如此。据刘文典考，"贫"下《类聚》八十四，《御览》四百八十五、七百、八百三引并有"穷"字。钊按：比较两种用字情况，可知本句中有"穷"字，或无"穷"字，皆通，此依众本补一"穷"字。

[30]"取石来锻之"，清本原文如此。刘文典言："《御览》九百二十九引'锻之'作'锻破也'。"钊按：比较两者用字，似以"锻之"为优，此仍存清本之"锻之"二字。

[31]"使骊龙而寤，子尚奚微之有哉"，清本原文如此。刘文典言："《御览》九百二十九引'使'上有'如'字。"又，第二句中之"微"字，马叙伦曰："当依《御览》九百二十九引作'徼'，《说文》曰：'徼，幸也。'"钊按：综观全文，本文"使"前有"如"字是；又，"微"当为"徼"之形误，应据《御览》本作"徼"。据此，则全文之意是说，若使骊龙醒悟，你哪里还有此徼幸之得？文清意明，当据校正。

[32]"子见夫牺牛乎"，清本原文如此。刘文典说："'见'上当有'不'字，《御览》八百十五引有'不'字，《史记》本传同。"钊按：刘说是。细读文句，"见"上应有"不"字才能文理通达。此据《御览》本补。

[33]"食以刍叔"，清本原文如此。此句中之"刍叔"，刘文典言："《文选·幽通赋》注引作'蒭菽'"。钊按：作"蒭菽"是。清本之"刍叔"，乃为"蒭菽"之假字，当据改。

515

[34]"万物为赟送",清本原文如此。钊按:此句中之"赟",意为赠物给人,当属原经用字。有学者考证,此"赟"字,有的本作"济",有的本作"齐"。那些用字,都与"赟"字有关。《释文》云:"'赟',音'资'。"古字同音可以互假,故"赟"可以借为"资",而"资"又可训"齐"或"济",则"齐"与"济"亦属"赟"之假字。当以清本之"赟"字为是。

(三)中心内容评析

本篇题名《列御寇》,取自开篇首句三字。全文由十二节"拼凑"而成。

第一节,借列子与伯昏瞀人的对话,描述列子追求纯真自保的人格建树和个体精神自由。列子曾因卖浆之人特别拉拢并关爱他而感吃惊,说:"夫浆人……其为利也薄,其为权也轻,而犹若是,而况于万乘之主乎!"言下之意是,若万乘之主也像卖浆人那样看重他,那他就难逃祸患,"彼将任我以事而效我以功",这使他特别不安。到达目的地后,列子再次受到人们的特别优待,伯氏告诉他:"非汝能使人保汝,而汝不能使人无保汝也。"这是说,他受到人们的关爱,乃是由他自身的德性决定的,并非他人特别拉拢所致。文中尤为反对行巧弄智,曰"巧者劳而知者忧,无能者无所求",指出"饱食而遨游,泛若不系之舟,虚而遨游者也"。不难看出,这里追求的是顺乎自然、无拘无束的生活。其所向往的是精神上的绝对自由。第二节(第2、3、4自然段),借郑人缓托梦其父的寓言故事,说明造物者所赋予人的,不仅是人的形体,还有人的天然素质。文末特别强调:"圣人安其所安,不安其所不安；众人安其所不安，不安其所安。"其意是说，圣人顺乎自然，能安则安，不能安则不安；众人推崇人为，乃安其所不安，而不安其所当安。其突出的是无为而任自然之意。第三节（第5、6、7自然段），借朱泙漫学屠龙的寓言故事，阐明一个重要哲理："兵，恃之则亡。"故老子曰："兵者，不祥之器。"这里所说的"兵"，当指兵器。文中说："圣人以必不必，故无兵；众人以不必必之，故多兵。"其意是说，圣人把必然出现的纷争加以缓解，故不备兵器；众人将不必出现的纷争加以激化，故多用兵器。可见和缓多么重要。故后文说："汝为知在毫毛，而不知大宁！"其意是说，你的智慧滞于毫毛小事上，而不知安宁之重大。第四节（第8自然段），写曹商为宋王使秦而得"百乘"之奖并夸耀于庄子，乃遭庄子刻薄讥讽的故事。第五节（第9自然段），借鲁哀公与颜阖的对话，以鞭挞孔子，文中指出，若起用仲尼，将会导致"使民离实学伪"。故曰："为后世虑，不若休之。"其意是反对起用孔子。第六、七两节（第10、11自然段），文字简单，此略而不议。第八节（第12、13、14、15自然段），论述检验人的品格的相关方法，指出："故君子远使之而观其忠，近使之而观其敬，烦使之而观其能，卒然问焉而观其知……"如此等等，都是检验人的品格的重要方法。第九节（第16自然段），作者鞭挞有为之治，强调无为自化，故曰"智慧外通，勇动多怨，仁义多责"。第十节（第17自然段），与第四节相似，亦写庄子对宋人得奖者的深刻讥讽。第十一节（第18自然段），借庄子拒聘，描述其不与统治者合作的傲骨情怀。第十二节（第19、20自然段），写庄子拒绝弟子厚葬，安于薄葬的高尚人生追求。

综观全文，各节文字互不关联，故类似学人摘抄的记录型文字。其中,先后涉及顺乎自然、反对战争、明哲自保、鞭挞儒术等多种思想内容。

十一、《天下》校训析

（一）经文校正清样

天下之治方术者多矣，皆以其有为不可加矣。古之所谓道术者，果恶乎在？曰："无乎不在。"曰："神何由降？明何由出？""圣有所生，王有所成，皆原于一。"不离于宗，谓之天人。不离于精，谓之神人。不离于真，谓之至人。以天为宗，以德为本，以道为门，兆于变化[1]，谓之圣人。以仁为恩，以义为理，以礼为行，以乐为和，薰然慈仁[2]，谓之君子。以法为分，以名为表，以参为验，以稽为决，其数一二三四是也，百官以此相齿[3]。以事为常，以衣食为主，〔以〕蕃息畜藏〔为意〕，老弱孤寡为意皆有以养，民之理也[4]。古之人其备乎！配神明，醇天地，育万物，和天下，泽及百姓，明于本数，系于末度[5]，六通四辟，小大精粗，其运无乎不在。其明而在数度者，旧法世传之史尚多有之。其在于《诗》《书》《礼》《乐》者，邹鲁之士、搢绅先生多能明之。《诗》以道志，《书》以道事，《礼》以道行，《乐》以道和，《易》以道阴阳，《春秋》以道名分[6]。其数散于天下而设于中国者，百家之学时或称而道之。天下大乱，贤圣不明，道德不一，天下多〔各〕得一察〔际〕焉以自好[7]。譬如耳目鼻口，皆有所明，不能相通。犹百家众技也，皆有所长，时有所用。虽然，不该不徧，一曲之士也。判天地之美，析万物之理，察〔际〕古人之全，寡能备于天地之美，称神明之容。是故内圣外王之道，暗而不明，郁而不发，天下之人各为其所欲焉以自为方。悲夫！百家往而不反，必不合矣！后世之学者，不幸不见天地之纯，古人之大体，道术将为天下裂。

不侈于后世，不靡于万物，不晖于数度，以绳墨自矫而备世之急，古之道术有在于是者。墨翟、禽滑厘闻其风而说之，为〔均〕之大〔太〕过，已〔抑〕之大〔太〕循〔甚〕[8]。作为《非乐》，命之曰《节用》；生不歌，死无服。墨子泛爱兼利而非斗，其道不怒；又好学，而博不异[9]，不

十一、《天下》校训析

与先王同，毁古之礼乐。黄帝有《咸池》，尧有《大章》，舜有《大韶》，禹有《大夏》，汤有《大濩》，文王有辟雍之乐，武王、周公作《武》。古之丧礼，贵贱有仪，上下有等。天子棺椁七重，诸侯五重，大夫三重，士再重。今墨子独生不歌，死不服，桐棺三寸而无椁，以为法式。以此教人，恐不爱人；以此自行，固不爱己。未败墨子〔之〕道[10]。虽然，歌而非歌，哭而非哭，乐而非乐，是果类乎？其生也勤，其死也薄，其道大〔太〕觳〔埆〕[11]；使人忧，使人悲，其行难为也，恐其不可以为圣人之道。反天下之心，天下不堪。墨子虽独能任，奈天下何！离于天下，其去王也远矣。墨子称道曰："昔禹之湮洪水，决江河而通四夷九州也，名山〔川〕三百，支川三千[12]，小者无数。禹亲自操稿〔橐〕耜而九杂〔渫〕天下之川[13]；腓〔股〕无胈，胫无毛[14]，沐甚雨，栉疾风，置万国。禹，大圣也，而形劳天下也如此。"使后世之墨者，多以裘褐为衣，以跂蹻为服，日夜不休，以自苦为极，曰："不能如此，非禹之道也，不足谓墨。"相里勤之弟子，五侯之徒，南方之墨者苦获、已齿、邓陵子之属，俱诵《墨经》，而倍谲不同，相谓别墨；以坚白同异之辩

521

相訾，以觭偶不仵之辞相应；以巨子为圣人，皆愿为之尸，冀得为其后世，至今不决。墨翟、禽滑厘之意则是，其行则非也。将使后世之墨者，必自苦以腓〔股〕无胈、胫无毛相进而已矣。乱之上也，治之下也。虽然，墨子真天下之好也，将求之不得也，虽枯槁不舍也，才士也夫。

不累于俗，不饰于物，不苟于人，不忮于众，愿天下之安宁以活民命，人我之养，毕足而止，以此白心，古之道术有在于是者。宋钘、尹文闻其风而悦之，作为华山之冠以自表，接万物以别宥为始；语心之容，命之曰心之行。以聏合欢，以调海内，请欲置之以为主。见侮不辱，救民之斗，禁攻寝兵，救世之战。以此周行天下，上说下教，虽天下不取，强聒而不舍者也，故曰上下见厌而强见也。虽然，其为人太多，其自为太少，曰〔日〕请欲固置五升之饭足矣[15]。先生恐不得饱，弟子虽饥，不忘天下，日夜不休，曰："我必得活哉！"图[鄙]傲乎！救世之士哉！[16]曰："君子不为苛察，不以身假物。"以为无益于天下者，明之不如已也，以禁攻寝兵为外，以情欲寡浅为内，其小大精粗，其行适至是而止。

公而不当〔党〕，易而无私[17]，决然无主，趣物而不两,不顾于虑,不谋于知,于物无择,与之俱往,古之道术有在于是者。彭蒙、田骈、慎到闻其风而悦之,齐万物以为首,曰:"天能覆之而不能载之,地能载之而不能覆之,大道能包之而不能辩之,知万物皆有所可,有所不可,故曰选则不徧,教则不至〔全〕,道〔导〕则无〔有〕遗者矣[18]。"是故慎到弃知去己而缘不得已,泠汰于物以为道理,曰知不知,将薄知而后邻伤之者也,謑髁无任而笑天下之尚贤也,纵脱无行而非天下之大圣;椎拍輐断,与物宛转;舍是与非,苟可以免。不师知虑,不知前后,魏然而已矣。推而后行,曳而后往,若飘风之还,若羽之旋,若磨石之隧,全而无非,动静无过,未尝有罪。是何故?夫无知之物,无建己之患,无用知之累,动静不离于理,是以终身无誉。故曰:至于若无知之物而已,无用贤圣,夫块不失道。豪桀相与笑之曰:"慎到之道,非生人之行而至死人之理,适得怪焉。"田骈亦然,学于彭蒙,得不教焉。彭蒙之师曰:"古之道人,至于莫之是、莫之非而已矣。其风窢然,恶可而言?"常反〔烦〕人,不见观〔取欢〕[19],而不免于魭断。其所谓道非道,而所言之韪不免于非。彭蒙、田骈、慎到不知道。虽然，概乎皆尝有闻者也。

　　以本为精，以物为粗，以有积为不足，澹然独与神明居，古之道术有在于是者。关尹、老聃闻其风而悦之，建之以常无有，主之以太一，以濡弱谦下为表，以空虚不毁万物为实。关尹曰："在己无居，形物自著。其动若水，其静若镜，其应若响，芴乎若亡，寂乎若清，同焉者和，得焉者失。未尝先人而常随人。"老聃曰："知其雄，守其雌，为天下谿；知其白，守其辱，为天下谷。"人皆取先，己独取后，曰受天下之垢；人皆取实，己独取虚，无藏也故有余，岿然而有余[20]；其行身也，徐而不费，无为也而笑巧；人皆求福，己独曲全，曰苟免于咎。以深为根，以约为纪，曰坚则毁矣，锐则挫矣。常宽容于物，不削于人，可谓〔虽未〕至极[21]。关尹、老聃乎！古之博大真人哉！

　　芴漠无形[22]，变化无常，死与生与，天地并与，神明往与！芒乎何之，忽乎何适，万物毕罗，莫足以归，古之道术有在于是者。庄周闻其风而悦之，以谬悠〔幽〕之说[23]，荒唐之言，无端崖之辞，时恣纵而不傥，不以觭见之也。以天下为沉浊，不可与庄语。以卮言为曼衍，以重言为真，以寓言为广，独与天地精神往来而不敖倪〔傲睨〕于万物[24]，不谴是非，以与世俗处。其书虽瑰玮而连犿无伤也，其辞虽参差而諔诡可观。彼其充实不可以已，上与造物者游，而下与外死生无终始者为友。其于本也，弘大而辟，深闳而肆。其于宗也，可谓稠适而上遂矣。虽然，其应于化而解于物也，其理不竭，其来不蜕，芒乎昧乎，未之尽者[25]。

惠施多方，其书五车，其道舛驳，其言也不中。历物之意，曰："至大无外，谓之大一；至小无内，谓之小一。无厚，不可积也，其大千里。天与地卑〔近〕，山与泽平[26]。日方中方睨，物方生方死。大同而与小同异，此之谓小同异；万物毕同毕异，此之谓大同异。南方无穷而有穷，今日适越而昔来。连环可解也[27]。我知天下之中央，燕之北、越之南是也。泛爱万物，天地一体也。"

惠施以此为大，观于天下而晓辩者，天下之辩者相与乐之。卵有毛；鸡三足；郢有天下；犬可以为羊；马有卵；丁子有尾；火不热；山出口；轮不碾地[28]；目不见；指不至，至〔物〕不绝[29]；龟长于蛇；矩不方，规不可以为圆；凿不围枘；飞

525

鸟之景未尝动也；镞矢之疾而有不行不止之时；狗非犬[30]；黄马骊牛三；白狗黑；孤驹未尝有母；一尺之捶，日取其半，万世不竭。辩者以此与惠施相应，终身无穷。桓团、公孙龙辩者之徒，饰人之心，易人之意，能胜人之口，不能服人之心，辩者之囿也。惠施日以其知与人之辩，特与天下之辩者为怪，此其柢也[31]。然惠施之口谈，自以为最贤，曰天地其壮乎！施存雄而无术。南方有倚人焉曰黄缭，问天地所以不坠不陷，风雨雷霆之故。惠施不辞而应，不虑而对，遍为万物说。说而不休，多而无已，犹以为寡，益之以怪。以反人为实而欲以胜人为名，是以与众不适也。弱于德，强于物，其涂隩矣。由天地之道观惠施之能，其犹一蚊一虻之劳者也，其于物也何庸！夫充一尚可，曰愈贵道，几矣！惠施不能以此自宁，散于万物而不厌，卒以善辩为名。惜乎！惠施之才，骀荡而不得，逐万物而不反，是穷响以声，形与影竞走也，悲夫！

（二）文字校训说明

[1] "兆于变化"，清本原文如此。此句中的"兆"，《陈译》训为"征兆"。钊按：此说可作一家之言。余以为此"兆"可训

为"考",《说文·卜部》:"古灼龟以卜,视其坼裂之文,以验吉凶"。所以此"兆",乃卜兆,意在"以验吉凶",则"兆"含有考验之意。故"兆于变化",可释为"考于变化"。

[2]"薰然慈仁",清本原文如此。关于此句中的"薰然",《释文》言"温和貌",并引崔云"以慈仁为馨闻也",意为把慈仁视为馨气之薰。此说合钊意,从之。

[3]"百官以此相齿",清本原文如此。此句中的"齿",《陈译》训为"序列"。钊按:可从。《中华大字典》言:"齿,犹列也。"此"列"即序列。则"百官以此相齿",犹言大小官吏照此序列安排座次。

[4]"蕃息畜藏,老弱孤寡为意皆有以养,民之理也",清本原文如此。关于此段文字,陶鸿庆指出:"自'蕃息'以下,文有错乱。当云:'以蕃息畜藏为意,老弱孤寡皆有养,民之理也。''为意'二字及'以'字,皆脱误在下。"(《读老庄札记》)钊按:陶氏之说文清意明,当照改。

[5]"明于本数,系于末度",清本原文如此。关于此两句含义,成《疏》指出,谓"明仁义以崇本,系法明以救末"。此说就学术史而言,当无疑义,从之。

[6]"《诗》以道志,《书》以道事,《礼》以道行,《乐》以道和,《易》以道阴阳,《春秋》以道名分。"这六句原为经文,后经马叙伦、张恒寿、徐复观、陈鼓应等多位注家考证,判定为后人注释性文字,羼入正文。特别是徐复观之说,最为清晰。他指出,在此六句之前后,有三段以"其"字开头,以"之"字收尾的文字引人注目:第一段为"其明而在数度者,旧法世传之史尚多有之";第二段为"其在于《诗》《书》《礼》《乐》者,邹鲁之士、

搢绅先生多能明之"；第三段为"其数散于天下而设于中国者，百家之学时或称而道之"。这三段话，体例和文风一致，本不应插入那六句话。然而，在第二与第三段之间，却恰恰插入了该六句话。徐氏指出："删去六句，此段文字之结构，始统一而完整。由此，可断言此六句系后人在正文旁所加之附注，后来始错为正文的。"钊按：徐氏之说，言之凿凿，令人信服，当据删之。

[7]"天下多得一察焉以自好"，清本原文如此。本句中之"多"，严灵峰认为："当作'各'，形近误也。下文'天下之人各为其所欲焉以自为方'，与此同意。下云'耳目鼻口，皆有所明，不能相通'，正明'各得一察'之义；故云'不该不徧，一曲之士也'。郭《注》：'各信其偏见，而不能都举。'是郭所见本原亦作'各'也。"钊按：其说有理有据，"多"乃"各"之误，当据改。又，关于本句之句读，郭《注》成《疏》及《释文》，均在"得一"绝句，但王念孙提出不同见解，认为："'天下得一察焉以自好'，当作一句读。下文云'天下之人各为其所欲焉以自为方'，句法正与此同。'察'，谓察其一端而不知其全体。下文云'譬如耳目鼻口，皆有所明，不能相通'，即所谓'一察'也。"钊按：其说允当，从之。又"一察"之"察"，俞樾认为应读为"际"，"一际"犹"一边"也。梁启超指出："俞说是……下文'察古人之全'，亦当读为'际'。'察'字与'判'字、'析'字并举，皆言割裂天地之美、万物之理、古人之全，而仅得其一体。"钊按：俞、梁之说均言之有依，从之。

[8]"为之大过，已之大循"，清本原文如此。钊按：首句之"为"，当训为"均"。《古书虚字集释》载："为，犹均也。"则"为之大过"犹"均之太过"。这是批评墨家平均主义倾向严重。人

所共知,墨子主张绝对平均,他曾提出"量功分禄""以兼易别",都透露出绝对平均主义观念,确有"均之太过"之嫌。又,第二句"已",梁启超训为"止",可作一家之言。余以为此"已"可能为"抑"之误,两字一音之转,故易误。"抑之太循",犹言"抑之太甚"("大循"有古本作"大顺",梁启超言:"大顺即太甚之意,'顺''甚'音近可通也")。这是批评墨家对自己压抑过甚的倾向。众所周知,墨子要求自己过度严苛,其所谓"生不歌,死不服,桐棺三寸而无椁",就是"抑之太甚"的例证。

[9]"又好学而博不异",清本原文如此。关于本句,学界有两种句读:其一,读为"又好学,而博不异"。如林希逸说:"博不异者,尚同。推广其说,以为博而主于尚同也。"其二,读为"又好学而博,不异"。如梁启超说:"博,普遍也,言一律平等无别异。"将两说加以比较,似以林氏之说为优。梁说似过于时代化,此按林氏之说校正。

[10]"未败墨子道",清本原文如此。刘文典言:"高山寺古钞本'道'上有'之'字。"钊按:有"之"字语意完满,全句可读为"未败墨子之道",当据增一"之"字。

[11]"其道大觳",清本原文如此。此句中的"觳",前代注家众说纷纭,有的释为"无润",有的训为"尽"或"薄",似都于义难安。钊以为此"觳"当依《中华大字典》训为"埆",该典曰:"觳,埆也。体坚埆也。"(见《释名·释车》)此"体坚埆",可引申为"固执","大"读为"太"。据此,则"其道大觳",犹言其道太固执。照此释,文通理顺,当无疑义。

[12]"名山三百,支川三千",清本原文如此。俞樾指出:"'名山'当作'名川',字之误也。名川、支川,犹言大水、小水。下

文曰'禹亲自操稿耜而九杂天下之川',可见此文专以'川'言,不当言'山'也。若但言'支川'而不言'名川',则是举流而遗其原,于文为不备矣。襄十一年《左传》曰'名山名川',是'山''川'并得言'名'。学者多见'名山',鲜见'名川',故误改之耳。"刘文典评曰:"俞校是也。"指出《御览》六十八及高山寺古钞本并作"名川",是其证。钊按:俞、刘两家之说均是,当从之,改"山"为"川"。

[13]"禹亲自操稿耜而九杂天下之川",清本原文如此。据王孝鱼考,本句中的"稿",世德堂本作"橐"。钊按:该本误,当依清本作"稿"字。此"稿"可作"镐"之假字,是用于挖土的工具,故可与"耜"并列在一起,称为"镐耜"。而该本"橐"字,指鼓风箱,不宜用于本处。又,本句中的"杂"字,王孝鱼言:"《阙误》引江南古藏本及李本'杂'俱作'涤'。"钊按:作"涤"是。此"涤",犹冲刷之谓,则"九涤天下之川"犹言冲刷出天下之九川。刘文典言:"《御览》八十二引作'涤',与江南李氏本合,宋本同。"此据改。

[14]"腓无胈、胫无毛",清本原文如此。刘文典言:"《御览》八十二引'腓'作'股',《韩非子·五蠹》篇、《史记·李斯传》同。"钊按:本句作"腓"或作"股",均通,此依《御览》等众本作"股"(此下照改)。

[15]"曰请欲固置五升之饭足矣",清本原文如此。本句中之"曰",刘文典指出:"疑当为'日',形近而误也。《疏》'置五升之饭为一日之食',是成所见本作'日'不作'曰'也……高山寺古钞本亦正作'日'。"钊按:作"日"是,但此句中"欲固"二字疑衍。因为据刘文典考,"《御览》八百五十引作'日

请置五升之饭足矣'"。语中无"欲固"二字。钊按：无此二字，文清意明；有此二字，反显累赘，当据删。

[16]"图傲乎！救世之士哉！"清本原文如此。此"图"当从闻一多和章炳麟说，训为"鄙"。闻一多指出："《天下》篇'图傲乎救世之士哉'，章炳麟谓'图为啚误'，《书·洪范》'洪惟图天之命''厥图帝之命''图厥政''图忱于正'，于省吾亦谓'图'皆'啚'之误，是其例证。"钊按：其说有理有据。此文读为"鄙傲乎！救世之士哉！"文字通畅，其意是说，（他们）鄙弃骄傲呀，可谓救世之士哉！此"鄙弃骄傲"同宋尹学派推行的"以聇合欢""见侮不辱"理念在基本精神方面是一致的。

[17]"公而不当，易而无私"，清本原文如此。此句中之"当"，乃"党"之误。刘文典言："《道藏》白文本、注疏本并作'党'。《疏》'公正而不阿党'，是成本字亦作'党'。《释文》作'当'，疑是'党'字漫漶，只存其半耳。"钊按：作"党"是，当据改。又，此句中之"易"，成《疏》为"平易"，似不确。此"易"当指"交易"，因为从事交易，必须公正无私，故曰"易而无私"。

[18]"选则不徧，教则不至，道则无遗者矣"，清本原文如此。钊按：此段文字有讹误。一是"至"乃为"全"字之形误（二字形近易误），据此，"教则不至"当作"教则不全"，此义正好与首句"选则不遍"相对应，则"至"应为"全"，当无疑义；二是第三句"道"，当读为动词"导"，此"导"正好与上面之"选"和"教"相对应。照此读，其"导则无遗"，则同前面"选则不徧""教则不全"之意相悖。问题出在"无"乃"有"之误。古人有反义互训之则，故"无"可读为"有"。据此，则全句当读为："选则不徧，教则不全，道则有遗者矣。"其文意豁然贯通。此"选则

不徧,教则不全,道则有遗",正好同前面所言"万物皆有所可,有所不可"之意相呼应。

[19]"常反人,不见观",清本原文如此。从字面上看,此语难解。"常反人",《陈译》释为"常违反人意"。钊按:此释有增字解经之嫌,似不确。余疑"常反人"乃"常烦人"之误。"烦"与"反"音近而误。"烦人",即使人厌烦,乃楚地方言,至今仍常用于人们交往之中。"不见观",于省吾曰:"《释文》'见',一本作'聚',高山寺卷子本作'取'。'观',应读作'欢',则'不聚观'即'不取欢'也。"前言"常烦人",后面接上"不取欢",两者正好相互贯通,彼此对应。进而证明"常反人"当作"常烦人"是也。

[20]"无藏也故有余,岿然而有余",清本原文如此。刘文典说:"'无藏也故有余'与下句'岿然而有余'语意重复。'无藏也故有余'疑是下文'岿然而有余'之注。细绎《疏》意,似'藏,积也。知足守分,散而不积故有余',即解'无藏也故有余'之谊。《疏》所以解《注》,则'无藏也故有余'六字之为注益明矣。"钊按:刘氏之说恐非是。其一,说"无藏也故有余"与下句"岿然而有余"语意"重复",实过于牵强。这两句虽然均言及"有余",但并非完全重复,而且郭《注》成《疏》均对之作了注疏,若两句完全重复,则《注》与《疏》就难以应对了。其二,说"《疏》所以解《注》,则'无藏也故有余'六字为注益明矣",似更令人费解,因为不合逻辑。

[21]"可谓至极",清本原文如此。据考,碧虚子校引江南李氏本、文如海本,"可谓"作"虽未"。刘文典言:"江南李氏本、文本义较长,高山寺古钞本作'虽未至于极'。"钊按:将清

本同以上相关古本用字比较，认为刘氏所谓"江南李氏本、文本义较长"之说允当。兹据改。

[22]"芴漠无形"，清本原文如此。《释文》云："'芴'，元嘉本作'寂'。"刘文典言："'芴漠'，叠韵连绵字，《史记·贾生传》作'沕穆'，《淮南子·原道》篇作'物穆'，《说苑·指武》篇作'吻穆'。'芴''沕''物''吻'，一声之转。元嘉本非。《疏》：'妙本无形，故寂漠也。'是成本亦作'寂'。《道藏》注疏本、白文本并作'寂'。"钊按：将"芴漠"与"寂漠"两种用字加以比较，似两者用在此处皆通，但以"芴漠"更优。如刘文典所言，"芴漠"乃"叠韵连绵字"，已有多种典籍用过该语（尽管用字有殊异）。关键在于基本内涵为"深微貌"（见中华书局《辞海》重印本注），则"芴漠无形"，犹言"深微无形"，文意清明。当保存清本"芴漠"之语，不必依众本改"芴"为"寂"。

[23]"谬悠之说"，清本原文如此。本句中的"谬悠"，成《疏》曰："谬，虚也；悠，远也。"钊按：按成《疏》，则"谬悠"含有悠远之意。细读经文，疑"悠"乃借为"幽"，《中华大字典》言："幽，隐也，深也。"则"幽"隐含深远之意。此"谬幽之说"，意为看似荒谬，而其实隐含深远的哲理。

[24]"而不敖倪于万物"，清本原文如此。刘文典言："《文选·江赋》注引'敖倪'作'傲睨'，'敖''傲'，'倪''睨'，古字通用。"钊按：其说是。"敖"当为"傲"之假字，"倪"当为"睨"之假字。"傲睨"意为"自宽纵不正之貌"（参见《辞海》注）。则"不敖倪于万物"，犹不自我放纵于万物是也。

[25]"芒乎昧乎，未之尽者"，清本原文如此。成《疏》曰："芒昧，犹窈冥也。言庄子之书，窈窕深远，芒昧恍忽，视听无辩，若

533

以言象征求，未穷其趣也。"钊按：成氏之说，可谓贴近原旨。此"芒昧"犹"蒙昧"，意为昏暗不明；"之"犹"能"，则"未之尽者"，犹言"未能尽者"，即未能将其中哲理尽善尽美地表达出来。

[26]"天与地卑，山与泽平"，清本原文如此。"天与地卑，山与泽平"，属惠施"历物十事"之一。关于此语中的"卑"，孙诒让曰："'卑'，借为'比'。《荀子·不苟》篇'山渊平，天地比'是其证。"刘文典言："孙说是也。"钊按：孙、刘两家之见，恐不确。因为"比"与"平"不对应。余以为《荀子》亦袭自《庄子》，其"比"乃因与"卑"音近而误。此"卑"，《中华大字典》注曰"犹近也"。据此，则"天与地卑"，犹云"天与地近"。前言"天与地近"，后面接上"山与泽平"，两者正可相互对应，旨在强调矛盾的相对性。后文"日方中方睨，物方生方死"，与此意亦可贯通。

[27]"连环可解也"，清本原文如此。钊按：此亦是惠施"历物十事"之语，句中的关键词是"可解"。"连环"可不可解呢？答案是肯定的："可"。此"可"，讲的是"解"的可能性。为什么"连环"存在"解"的可能性呢？古语曰："解铃还须系铃人。""连环"既然有人能制造出来，则制造者必然能够解开它。至于用什么方法解，那是另一个问题，不属于此题范围。因此，"连环可解"，并非胡话。

[28]"轮不蹍地"，清本原文如此。刘文典曰："'轮不蹍地'，高山寺古钞本作'轮行不蹍于地'。《疏》：'轮虽运行，竟不碾于地。'疑成所见本亦有'行'字、'于'字。"钊按：刘说恐不确，余疑高山寺古钞本误。因为"轮不蹍地"乃《天下》篇中所保存的"辩者二十一题"之一，该"二十一题"之重要特点，就是文

字简明扼要，如"鸡三足""卵有毛""火不热"等都如此。"轮不碾地"内涵已十分明确，故成《疏》曰："是以轮虽运行，竟不碾于地也。"若原文为"轮行不蹍于地"，则既不合"二十一题"具有简明性的特征，又否定了成《疏》的合理性。因为若原文为"轮行不碾于地"，则疏几同经文完全重复，似这样的疏，不如略而不疏。据此，疑高山寺古钞本可能是后人依成《疏》妄改。

[29]"指不至，至不绝"，清本原文如此。钊按：本句疑字有误，考《列子·仲尼》篇，作"有指不至，有物不尽"。两相对照，似清本后"至"字，应依《列子》作"物"字。其所谓"指"，即概念；其所谓"物"，即事物。"指不至，物不绝"是说，概念总是有不到之处；概念之所以有不到之处，是万物不可穷尽的缘故。万物的无限性，决定了概念反映事物的有限性。也可以说，面对万物的无限性，概念总是呈现出有限性。

[30]"狗非犬"，清本原文如此。对于此句，《释文》引司马云："狗犬同实异名。名实合，则彼所谓'狗'，此所谓'犬'也；名实离，则彼所谓'狗'，异于'犬'也。"钊按：司马之释，可为一说。此"狗非犬"，强调的是不同概念的差异性。在常人看来"狗"与"犬"的外延所指的动物客体是一致的，"狗"即是"犬"，"犬"即是"狗"，二者没有区别。但是，只要我们作细致推敲，就会发现"狗"与"犬"在内涵上是有差异的。在概念使用上，"犬"属于雅称，多用于褒义或雅文表达。如人们称自己喜欢的狗为"爱犬"而不言"爱狗"；古人谦称自己的儿子为"犬子"而不言"狗子"；古代典籍多用"犬"字，如《老子》所谓"鸡犬之声相闻"，《孟子》所谓"人有鸡犬放"等，均用"犬"字而不用"狗"字。相反，一些带贬义的语言，则多用"狗"字，不

用"犬"字，如"狗腿子""狗仗人势""狗急跳墙""猪狗不如""狗嘴里吐不出象牙来"等，都属此类。所以"狗"与"犬"，在概念使用上确有差异。"狗非犬"命题的提出，对于启示人们重视概念的差异性，有其独到价值，应予肯定。

[31]"此其柢也"，清本原文如此。关于此语中的"柢"，俞樾训为"略"，他说："'柢'与'氐'通。《史记·秦始皇纪》'大氐尽畔秦吏'，《正义》曰'氐，犹略也'。'此其柢也'，犹云'此其略也'。"钊按：俞氏之说虽亦言之成理，但本文似不必将"柢"训为"略"。《中华大字典》言："柢，本根也。""此其柢也"，犹言"此其本根也"。此语是针对惠施"特与天下之辩者为怪"的情况而言。此处所谓"特与天下之辩者为怪"，指的是惠施与人辩论时，总喜欢制造出一些怪命题的特点。在钊看来，此特点乃是惠施善辩的本根所在。照此释，文清意明，似不必转弯抹角将"柢"训为"略"。

（三）中心内容评析

本篇题名《天下》，取自篇首二字。全文共八节，从不同视角对我国古代相关学派作了简介，从而较为清晰地概述了我国古代学术演进脉络。

第一节，首先阐明"道术"的起源，指出"古之所谓道术"，"皆原于一"，即全部出之于"道"。作者认为，由于圣人的启示，"以道为门，兆于变化"，而产生各家各派。文中首先揭示儒学的兴起，"以仁为恩，以义为理，以礼为行，以乐为和"，"其在于《诗》《书》《礼》《乐》者，邹鲁之士、搢绅先生多能明之"等概述，当是评说儒家。又，所谓"以法为分，以名为表，以参为验，以稽为决"等语，似已言及法家、名家等相关学派。由于不同学派的出现，导致"内圣外王之道，暗而不明，郁而不发"，故作者哀叹"道术将为天下裂"。表明作者对百家争鸣充满忧虑。应当说，这同庄子齐是非、反独断的思想是一致的。第二节，着重对墨家的学术思想作了总体评价。指出"不侈于后世，不靡于万物，不晖于数度，以绳墨自矫而备世之急"。这是对墨家学术所作出的评说。文中也批评了墨家"均之太过，抑之太甚""生不歌，死不服""日夜不休，以自苦为极"等弱点。尽管如此，作者还是对之给予高度评价，说"墨子真天下之好也，将求之不得也，虽枯槁不舍也，才士也夫"。第三节，集中对宋尹学派作了介绍，"不累于俗，不饰于物，不苟于人，不忮于众，愿天下之安宁以活民命，人我之养，毕足而止"，等等。特别是"见侮不辱，救民之斗，禁攻寝兵，救世之战"等最显眼。其弱点是"上下见厌而强见""其为人太多，其自为太少"等等。作者对其给予很高评价："鄙傲（高大貌）乎！救世之士哉！"第四节，着重写彭田学派的思想追求，"公而不党，易而无私，决然无主，趣物而不两，不顾于虑，不谋于知，于物无择，与之俱往"。似具有尚公去私、朴实纯真、不用智巧等特征，虽有这些优点，但作者却对之无情批评："慎到之道，非生人之行而至死人之理，适得怪焉。"第五节，扼要地阐明了关尹、老聃的学术特色："以本为精，以物为粗，以有积为不足，澹然独与神明居""建之以常无有，主之以太一，以濡弱谦下为表，以空虚不毁万物为实"。这些乃是道家学派的基本点。由于作者系庄子之后学，故对本派的创始人特别推崇："关尹、老聃乎！古之博大真人哉！"第六节，集中描述庄周学派的学术主张,"芴漠无形,变化无常,死与生与,天地并与,神明往与！芒乎何之,忽乎何适,万物毕罗,莫足以归"。其"以谬幽之说,荒唐之言,无端崖之辞,时恣纵而不傥,不以觭见之也"。作者对之给予很高评价,"其于本也,弘大而辟,深闳而肆",且"独与天地精神往来而不傲睨于万物……以与世俗处"。第七、八两节,分别写惠施及桓团、公孙龙等辩者的学术追求。惠施属前代辩者,"其书五车",且尚存"历物之意"十大问题,如"至大无外,谓之大一；至小无内,谓之小一"等（请参见经文）。桓团、公孙龙乃后期辩者,他们同惠施相呼应,亦存有"辩者二十一题",如"卵有毛""鸡三足"等（请参见经文）。本文作者对辩者基本持否定态度,给予了严厉批评,说惠施"其道舛驳,其言也不中""存雄而无术""由天地之道观惠施之能,其犹一蚊一虻之劳者也"；"桓团、公孙龙辩者之徒,饰人之心,易人之意,能胜人之口,不能服人之心"。应当指出,惠施、公孙龙等,属先秦名家代表人物,他们虽也有这样或那样的失误,但亦有其独到之处,特别是对我国古代逻辑学、辩论学以及名实关系的探讨,均有其独特贡献,我们不应简单予以否定。

综观全文,本篇确可称为中国古代学术简史。它已涉及儒、墨、名、法等相关学派的学术建树和相应内容,在我国文化史上,尚属首次,故享有开山之祖的重要地位,的确难能可贵。虽然,由于作者个人知识所限,文中对若干重要学派（特别是法家、阴阳家、兵家、杂家等）未能作出具体论述,但已存文字,仍具有"凤毛麟角"的学术价值,应予高度重视。

《清本〈庄子〉校训析》主要参考文献

[1] 郭庆藩：《庄子集释》(《诸子集成》第三册)，王孝鱼点校，北京：中华书局，1986年

[2] 刘文典：《庄子补正》(全二册)，昆明：云南人民出版社，1980年

[3] 马叙伦：《庄子义证》，上海：商务印书馆，1930年

[4] 朱桂曜：《庄子内篇证补》，上海：商务印书馆，1935年

[5] 王叔岷：《庄子校释》，上海：商务印书馆，1947年

[6] 陈鼓应：《庄子今注今译》，北京，中华书局，1983年

[7] 章炳麟：《庄子解故》，台北：广文书局，1970年

[8] 俞樾：《诸子平议》，北京：中华书局，1954年

[9] 奚侗：《庄子补注》，布衣书局，1913年

[10] 林云铭：《庄子因》，上海：华东师范大学出版社，2011年

[11] 王叔岷：《庄子校诠》，北京：中华书局，2015年

[12] 郎擎霄：《庄子学案》，天津：天津市古籍书店，1990年

[13] 陈鼓应：《老庄新论》，上海：上海古籍出版社，1992年

[14] 曹础基：《庄子浅注》，北京：中华书局，1982年

[15] 王先谦：《庄子集解》，上海：上海书店出版社，1987年

[16] 王孝鱼：《庄子内篇新解·庄子通疏证》，长沙：岳麓书社，1983年

[17] 钱穆：《庄老通辩》，北京：生活·读书·新知三联书店，2002年

[18] 王夫之：《庄子解》，北京：中华书局，1964年

[19] 闻一多：《闻一多全集·庄子编》，武汉：湖北人民出版社，1993年

[20] 刘师培：《庄子斠补》，南京：江苏古籍出版社，1997年

[21] 严灵峰：《道家四子新编》，台北：商务出版社，1968年
[22] 武延绪：《庄子札记》，永年武氏刊行，台北：艺文印书馆，1974年
[23] 褚伯秀：《南华真经义海纂微》，北京：中华书局，2018年
[24] 陶鸿庆：《读诸子札记》，待晓庐排印本，1919年
[25] 陈碧虚：《庄子阙误》，《四库全书》

（罗萍根据著作内容整理）

代后记：黄钊学术人生

罗　萍

本书作者黄钊系湖北黄梅县人，武汉大学马克思主义学院教授、博士生导师，于2022年5月8日溘然长逝，终年84岁。作为他的金婚伴侣，我为其《清本〈庄子〉校训析》代书后记责无旁贷，重点旨在回顾黄钊的学术人生。

走进"勤补书斋"，黄钊的音容笑貌时时浮现在我眼前。我无法忘记54个春秋的相依相伴；更不能忘记他被诊断为扩心病后，十年来我们与疾病抗争的岁月；也没有忘记2020年元月新冠期间，他三次在家摔倒，我使出全身力气想扶起他，他瞪着双大眼睛望着我，无助的两老泪流满面地挣扎！女儿买的轮椅，直到武汉解封快递才送到。我推他到武大医院，到校内花园走走看看……如今，轮椅尚在，花园依旧，人已离去。我也不能忘记新冠期间在校园的日子，急需药品校医院没有，生活物资购买不便，住在校外的儿女两家不能进校，学生沈壮海、黄丽夫妇、佘双好、张焰夫妇不时主动解决我们的困难，令我们十分感动。

清本《庄子》校训析

我俩是武汉大学1961—1966年哲学系毕业的同班同学。怀着一腔热血，响应祖国号召，一同奔赴边疆云南，被分到东川市二中任教。那是一个知识分子接受再教育的特殊年代，黄钊即刻被下派农村，与农民同吃同住，接受"再教育"一年。那时正值全国学习毛主席著作热潮，他在劳动之余主动帮助学毛著的农民写总结，受到好评。一年劳动结束，他被东川市委宣传部借调去整理市里学毛著典型材料。在领导发现其能力后被正式调入市委宣传部，后又调到市委党校任教。我因孩子在哺乳期未下农村，一直被定格在中学教师岗位。一个偶然的机会，看到《光明日报》上国家招考改革开放后首届社会科学研究生的消息，我如获至宝。经过初试、复试，在报考湘潭大学哲学系的106名考生中，我和另两名考生被录取。接到录取通知，黄钊高兴地买来一包饼干庆祝。当初他也特想报考，可考虑到两个正上小学的孩子没有合适的亲人帮忙照顾，经济上我们也有困难，无奈决定只能一人报考。考虑到我俩的工作单位，决定让我报考。

1981年11月，我如期通过硕士研究生论文答辩，毕业留校任教。黄钊在1982年6月以那个时代最快的速度调入湘大哲学系，1983年春在湘大开讲中国哲学史课程，学生反映良好。调入湘大是黄钊哲学学术人生的开始。1985年11月，全国老子学术会议在湘潭召开，奉湖南省中哲史学会交代的任务——代表湘人学者拿出一本关于长沙马王堆出土"帛书老子"的著述。黄钊在给学生讲授中哲史的同时，一年内拿出《帛书〈老子〉校注析》30万字打印稿，受到大会好评与资深学者推荐。这就是台湾学生书

代后记：黄钊学术人生

局出版的黄钊人生的第一本著作：《帛书〈老子〉校注析》。紧接着他又主编了54万字的《道家思想史纲》。正准备接着写关于庄子研究的书时，1987年11月我们双双调入武汉大学，我到哲学系，黄钊到思政系。为服务于思政专业教学需要，又因他还兼任政治与行政管理学院副院长和思政系系主任职务，庄子研究被搁下。武大浓厚的学术氛围、自由的学术空气大大开阔了黄钊的学术视野，他根据思政专业教学需要，试图将德育教育与自己酷爱的中哲史研究结合起来，从其一生的教学研究与学术成果可以看出，他做到了。

2019年初，黄钊身体每况愈下，连续住院，至2020年元月新冠前夕才出院回家。这时他接到一项新任务，这就是2022年初出版由他主编的新时代思想政治教育专业系列教材：《中国优秀传统文化概论》。当时我并不希望他太劳累，但他说，中国优秀传统文化是其最爱，他责无旁贷，硬是带着一群年轻学者完成了这一全国统编教材。逝世前夕，他也欣喜地看到了壮海主编的，学术同仁与弟子们撰著的《勤补书斋学记——黄钊教授学术人生》一书。他的书房以"勤补书斋"命名，他用"勤补"二字勉励自己以勤补拙。在这个书斋里，他还留下了一本百余篇小诗打印稿——《勤斋诗稿》，许多地方他用红笔修改过。这表明，如果有时间，他想修改出版。

2021年初，黄钊想了结上世纪80年代的未竟之愿，着手撰著《清本〈庄子〉校训析》一书。他认为，庄子的哲学成就，处于当时哲学界的先进行列。庄子被玄学家尊为"三玄"之一，《庄子》

清本《庄子》校训析

一书被列为"六才子书"之"第一才子书",庄子被尊称为"思辨大师""寓言大师"。《庄子》之前,"世之显学"是儒墨两家;《庄子》之后,"儒道对擂"取代了"儒墨显学"。可见,庄子在中国哲学史上有着不可低估的显赫地位。黄钊正是怀着对中国哲学的热爱,对这位思辨大师的敬仰之情,不顾自身已进入耄耋之年的弱体,硬是用时常颤抖的手,紧握汉王笔在电脑上写出了30万字的《清本〈庄子〉校训析》一书,这是他在病情最严重时期的写作。按其病情,第一个病重期是2012年初至2014年5月,当时被诊断为扩心病,医生说,这种病人多数活不过两年。第二个病重期是2019年2月至2022年5月离世。此时,他的体重不足70斤,两耳严重失聪,每天就靠一个鸡蛋、两杯牛奶、一片面包、半根香蕉维持生命。主治医生对我说,黄老已"多脏器衰竭"。《清本〈庄子〉校训析》一书正是他在第二个病重期写成的一部初稿。

黄钊自感时日无多,每天都在书斋坚持写作,这种作息直到2022年5月5日下午。6日、7日早餐后他都习惯性拄着拐杖走进书房,写了一会又说,"不写了,休息"。当时他并没有像以往怕自己要走了应该向我交代点什么,我也没有意识到他可能要走了。我还不断安慰他,"休息休息,你太累了,书慢慢写"。我陪他到卧室休息,我精心熬煮了米粥,希望他喝下浓米汤,沾点五谷增些力气,他只喝了几口。8日早晨他没起床,坐在床上,我喂他吃了半个蒸鸡蛋,喝了一勺浓米汤,扶他上了个大厕所……中午没有吃饭,下午2点48分黄钊平静地离开了我们。

黄钊写完《清本〈庄子〉校训析》一书初稿,没有检查、修

代后记：黄钊学术人生

改、定稿，也没作任何交代，就乘鸾驾鹤西去，文中疏漏之处定有不少。我决定请哲学专家审稿，在不改变其学术观点前提下，修改其中错漏之处。武大哲学学院郭齐勇教授带病审阅了内卷及外卷、杂卷中部分节，修改了许多错漏之处，还为本书精心撰写了序言。武大哲学学院李维武教授审阅了全书，对书中的笔误、错、漏、掉字、掉段，以及对庄子经文的校对，都作了细致认真的审阅、修改。其用功之深，费时之多，令人感动！湖北大学哲学学院罗炽教授认真审阅了书稿，特别是对每篇"文字校训说明"都作了肯定或提出异议的批示。壮海、双好俩弟子也提出了不少宝贵的修改意见。我吸收专家意见，对原稿进行了认真修改，然后重新修订电子版文本。我希望再请一位专家审阅经我改动过的书稿，因为在这方面我对自己并无太多自信。武大哲学学院吴根友教授欣然接受我的邀请。根友认真审阅了修改稿，对文中古文写作、引文说明的错误以及其他错漏之处进行了一一更正。在此基础上形成经我在电子版上再次修改后送出版社的终稿。1987年调回武大后，我把教学与研究重点放在社会学，特别是妇女、婚姻、家庭等社会问题上。凭着几十年前的那点哲学功底看《庄子》一书深感吃力，但我又不能不参与这一工作。我至多就是一个学过老庄哲学的人，加之年过八旬，担负起汇总专家校审意见，对原稿进行修改的任务，难度定然不小。对于那些涉及庄子学术思想、学术观点的修改意见，一方面我不能准确辨别正误，另一方面，也是更重要的，逝者为大，黄钊关于庄子的学术思想、学术观点以及他对庄子的解读我要尊重。我深知他是一个不轻易改变自己学

545

清本《庄子》校训析

术观点的人，也知道上苍没有给他时间检查修改，稿中错漏之处定有不少，那就让他作为一家之言，等后贤们来正误吧！所以，我本着庄子无为而治之精神，凡涉及这方面的修改意见，请原谅我均未能采纳，相信这也是逝者能赋予我的权力。

在我义不容辞决定给本书写后记时，我特别翻看了黄钊近几年的著作后记。不看不知道，这一看让我忍不住泪水流。他曾在后记中写了不少感激话语。"我的老伴……在自己教学、科研均繁忙的情况下，几乎担负起全部家务，使我能够集中精力，倾心本书的撰著。对此，我只有在内心保持对她的永恒感激之情。"（《中国古代德育思想史论》后记，2010年8月23日）"特别是2012年到2014年，我因患心脏病，长期住院。这期间她更是倾尽全力，天天跑医院，陪在我的身边亲自护理、照料……我一直在内心深藏着对老伴的感激之情……特在此向她致以最真挚的谢意。"（《思想文化建设综论》后记，2018年6月）"对家庭，她总是默默奉献……是一位称职的'贤妻良母'……对孩子，她是慈祥的母亲。"（《我的家庭情结》，《湖北日报》1997年3月15日）这些话语今天读起来倍觉珍贵、亲切，它将成为我今后对以往共同生活的美好回忆！

勤奋、勤补是黄钊学术人生的完满写照，他度过了辛劳、拼搏的一生。《中国古代德育思想史论》（138万字）、《儒家德育学说论纲》（41.7万字）是他从事思政教育教学与研究的两大代表作。不惑之年的开门之作《帛书〈老子〉校注析》，八秩之后的封笔之作《清本〈庄子〉校训析》，绵延着他不懈的哲学人生追求。以后的日子你可以尽情逍遥，实现你追随老庄享受无待之游、天年之游

代后记：黄钊学术人生

的人生乐趣！不久后我将赴天堂伴你同游同乐！在此，我试以下联概括你的一生，并作旷世之念：

治学兼儒道释古今贯通撰文立言赢得著作等身名垂千古，

执教涉滇湘鄂南北奔波培苗施肥收获桃李满园功存百代！

最后，感谢武汉大学人文社科院对《清本〈庄子〉校训析》的特别重视与支持。感谢齐勇、维武、罗炽、根友，还有壮海、双好的智慧奉献！感谢姜修翔博士为该书修改所做的工作。本书得以顺利出版，我要特别感谢崇文书局，感谢社长韩敏先生，感谢许双编辑认真细致审阅书稿！

黄钊先生，安息吧！

2022年冬

读黄钊教授著《清本〈庄子〉校训析》感言

李维武

黄钊教授长期致力于中国哲学史研究，于道家思想情有独钟、多有研究，由之而对《老》《庄》典籍悉心钻研、详细考论、深入发微，早年撰有《帛书〈老子〉校注析》，晚年又成《清本〈庄子〉校训析》。两书皆学问扎实、功力深厚的煌煌大著，实可合称注解道家原典的上下篇。

《清本〈庄子〉校训析》一书，为黄钊教授晚岁倾其全部时间和精力成就的总结性著述。是书以郭庆藩撰、王孝鱼点校的《庄子集释》为底本，对古今之间庄学研究深入考察、多方综合，尤重视发掘和吸取20世纪中国学人注《庄》、解《庄》、论《庄》成果，从考据、训诂、义理三个方面，对《庄子》文本进行了新的注疏诠释，其优点与特色主要有三：一是校《庄》有功夫，不仅综合古今诸家之长，而且自立权衡作出评判选择，以成一家之言；二是训《庄》有新意，除采用传统的文字训诂方法外，又引入现代的哲学思想梳理方法，从两者的结合上对文本予以新的合

读黄钊教授著《清本〈庄子〉校训析》感言

理训释；三是析《庄》有广度和力度，对全书三十三篇内涵逐一辨析，细致区分诸篇的思想层次，明晰论说各篇的内在逻辑，将庄子其人与《庄子》其书的哲学内蕴充分昭显。若将是书的"校""训""析"合而观之，实则前后有呼应，相互可贯通，共同构成了对《庄子》一书的深入解读，真可谓赋精解于古典，出新意于陈篇。这既为学者、专家研读《庄子》提供了一个新的文本，也为初学之人进入《庄子》提供了一个好的门径。

庄生有言：薪尽火传，不知其尽。观黄钊教授是书，正为传世不尽之火也！

2022 年 11 月 4 日于武汉大学哲学学院

《清本〈庄子〉校训析》读后

罗 炽

我读到了好友黄钊教授的遗著《清本〈庄子〉校训析》的手稿。一书读罢，受益良多，感慨亦良多。

先说"清本《庄子》"。该书本是清人郭庆藩编著之《庄子集释》，是关于《庄子》注疏、训诂的集大成之作。黄先生选定此书为靶向，主要是考虑到郭氏之集释本具有一定代表性，其对时人及后学影响颇大，而郭氏之所取又存在诸多瑕疵和舛误，必须正本清源，防止谬种流传。这种动因，既表明了先生的学术胆识，也反映了先生对国学文化严肃、认真和负责的高尚情怀。

再说"校注"。校注之学本属文字音声小学，或称章句训诂之学。它是读者准确理解、深入研究经典的入门钥匙，是为学必筑之基。自秦置博士，汉武帝兴太学以来，章句之学始大行其道。儒家经学如此，道学及其他百家之学亦如此。自汉迄今，注庄之书汗牛充栋，代有名家，各有优劣，可商榷之处仍然不少。先生毅然抱病握笔，批糠陈迹，其勇气和精神令人敬佩。

《清本〈庄子〉校训析》读后

次说"析"。析即评析、分析，是一般校注之学的高级境界。它主要是对经典著作的分析，表明作者的价值取向和逻辑哲理。我以为这一点是本书胜于之前诸家注庄之作的一大特色。无析之校注，是就事论事的死知识，先生则发挥所长，运用哲学手段赋予死知识以灵魂，使之鲜活起来，让读者对著作之时代脉搏、因果联系、价值取向、现实意义豁然"朝彻"。把黄先生这本著作看作后学的读庄导本，不亦宜乎！

黄先生国学素养深厚，数十年勤勉问学，深钻故纸，优秀成果累累，是可形见的；尤其可贵的是先生的治学精神。以著作本书论，是先生在罹患扩心病换装了两个心脏起搏器情况之下动笔，拼命抢在离世之前完成的。终于不负初心，给后人留下了一颗宝珠。读此书当先理解先生的学品与人品，理解先生的为学之道。当然，一部煌煌《庄子》，本身就掺杂了庄子后学和慕庄之学者的作品，思想驳杂，内容丰富。而治庄学者代有其人，见仁见智，在所难免；物论不齐，本属自然。吹万不同，不可以绝对是非，这也是合乎认识规律的，读者宜自取之。

2022年冬于湖北大学哲学学院

校读黄钊老师《清本〈庄子〉校训析》有感

吴根友

黄钊老师以八十以上的高龄,开展《庄子》文本的定本校定训释与分析工作,其一生奉献于学术,尤精老庄研究,老而弥坚,鼓舞着我等后辈。

该书的特点与学术上的具体成就:其一,该书大胆运用现代语言学成果——《汉语大字典》,对于《庄子》文本中一些比较难以识读的字,给出了极为明白、通俗、可信的解读,让人有豁然开朗的感觉。其二,将《庄子》全书看作是庄学的思想体系,对于外、杂篇中一些带有的黄老道家思想进行了辨析,揭示了庄子后学与庄子思想的继承与发展的关系,合乎《庄子》全书的基本思想内容。其三,黄老师明确地提出,要以清人的学术成果为基础,在当代为青年学人提供一个比较好的《庄子》读本。这一观点既是具体的,也蕴涵着普遍的方法论意义。当代中国传统学术文化复兴,精深的学术研究成果也有,普及的读本也不少,但能够从学术上自觉地以清人的学术研究成果为基础,为青年后学提

校读黄钊老师《清本〈庄子〉校训析》有感

供比较可靠的古典哲学文本,有此思想与学术自觉的人却并不多。萧萐父先生曾经对传统文化与现代化的"接合点"问题提出:要继承明清之际的"早期启蒙思想"。黄老师提出要以清人的学术成果为基础,做出新的、合乎时代要求的新版古典哲学文本,我想这也是对"接合点"问题的深化与具体化。本人长期从事清代学术研究,对于黄老师这一不刊之鸿论,尤感亲切、得当。

学术如厝火积薪,后来者居上。黄老师提供的这本《清本〈庄子〉校训析》,在某些具体的学术认知上,后来者或可以商量、讨论,但黄老师提出要以清人的学术成果为基础来为当代青年提供合适的文本的这一鸿论,则为希声之言,希望能得到出版界有识之士的响应,动员一干学人,以清人的学术研究成果为基础,整理出一批适合于青年人要求的古代典籍系列作品,则黄老师这本著作将是早春的梅花——"俏也不争春,只把春来报。待到山花烂漫时,她在丛中笑"。

2023年1月13日于武汉大学哲学学院

崇文学术文库·西方哲学

1. 靳希平 吴增定 十九世纪德国非主流哲学——现象学史前史札记
2. 倪梁康 现象学的始基：胡塞尔《逻辑研究》释要（内外编）
3. 陈荣华 海德格尔《存有与时间》阐释
4. 张尧均 隐喻的身体：梅洛-庞蒂身体现象学研究（修订版）
5. 龚卓军 身体部署：梅洛-庞蒂与现象学之后
6. 游淙祺 胡塞尔的现象学心理学 [待出]
7. 刘国英 法国现象学的踪迹：从萨特到德里达 [待出]
8. 方红庆 先验论证研究 [待出]

崇文学术文库·中国哲学

1. 马积高 荀学源流
2. 康中乾 魏晋玄学史
3. 蔡仲德 《礼记·乐记》《声无哀乐论》注译与研究
4. 冯耀明 "超越内在"的迷思：从分析哲学观点看当代新儒学
5. 白奚 稷下学研究：中国古代的思想自由与百家争鸣
6. 马积高 宋明理学与文学
7. 陈志强 晚明王学原恶论 [待出]
8. 郑家栋 现代新儒学概论（修订版）[待出]

唯识学丛书（26种）

禅解儒道丛书（8种）

徐梵澄著译选集（4种）

西方哲学经典影印（24种）

西方科学经典影印（7种）

古典语言丛书（影印版，5种）

出品：崇文书局人文学术编辑部
联系：027-87679738，mwh902@163.com

我思
敢于运用你的理智

崇文学术译丛·西方哲学

1. 〔英〕W. T. 斯退士 著，鲍训吾 译：黑格尔哲学
2. 〔法〕笛卡尔 著，关文运 译：哲学原理 方法论
3. 〔德〕康德 著，关文运 译：实践理性批判
4. 〔英〕休谟 著，周晓亮 译：人类理智研究 [待出]
5. 〔英〕休谟 著，周晓亮 译：道德原理研究 [待出]
6. 〔美〕迈克尔·哥文 著，周建漳 译：于思之际，何所发生 [待出]
7. 〔美〕迈克尔·哥文 著，周建漳 译：真理与存在 [待出]

崇文学术译丛·语言与文字

1. 〔法〕梅耶 著，岑麒祥 译：历史语言学中的比较方法
2. 〔美〕萨克斯 著，康慨 译：伟大的字母 [待出]
3. 〔法〕托里 著，曹莉 译：字母的科学与艺术 [待出]

崇文学术译丛·武内义雄文集（4种）

1. 老子原始 2. 论语之研究 3. 中国思想史 4. 中国学研究法

中国古代哲学典籍丛刊

1. 〔明〕王肯堂 证义，倪梁康、许伟 校证：成唯识论证义
2. 〔唐〕杨倞 注，〔日〕久保爱 增注，张觉 校证：荀子增注 [待出]
3. 〔清〕郭庆藩 撰，黄钊 著：清本《庄子》校训析
4. 张纯一 著，墨子集解 [待出]